清代鸦片问题探究

王宏斌 著

中国社会科学出版社

图书在版编目（CIP）数据

清代鸦片问题探究／王宏斌著．—北京：中国社会科学出版社，2024.7
ISBN 978-7-5227-3614-3

Ⅰ.①清…　Ⅱ.①王…　Ⅲ.①毒品—社会问题—研究—中国—清代
Ⅳ.①D669.8

中国国家版本馆 CIP 数据核字（2024）第 103327 号

出 版 人	赵剑英
责任编辑	安　芳
特约编辑	刘中平
责任校对	张爱华
责任印制	李寡寡

出　　版	中国社会科学出版社
社　　址	北京鼓楼西大街甲 158 号
邮　　编	100720
网　　址	http://www.csspw.cn
发 行 部	010-84083685
门 市 部	010-84029450
经　　销	新华书店及其他书店
印　　刷	北京君升印刷有限公司
装　　订	廊坊市广阳区广增装订厂
版　　次	2024 年 7 月第 1 版
印　　次	2024 年 7 月第 1 次印刷
开　　本	710×1000　1/16
印　　张	26
字　　数	428 千字
定　　价	156.00 元

凡购买中国社会科学出版社图书，如有质量问题请与本社营销中心联系调换
电话：010-84083683
版权所有　侵权必究

《河北师范大学历史文化学院双一流文库》编辑委员会

主　任　贾丽英　李志军
副主任　宋　坤　陈瑞青　申艳广　贺军妙
委　员（以姓氏笔画为序）
　　　　王向鹏　牛东伟　邢　铁　汤惠生　李　君
　　　　陈灿平　张怀通　张翠莲　吴宝晓　武吉庆
　　　　郭　华　徐建平　倪世光　康金莉　董文武

目　　录

绪　论　清代禁毒史研究的新视野 ·················· 1
　　一　学术发展概述 ···························· 2
　　二　主要研究领域和研究成果 ···················· 7
　　三　开拓学术研究的新视野 ····················· 11

第一章　罂粟的传入及其医药价值研究 ················ 15
　　一　罂粟种植与鸦片早期传播史 ·················· 15
　　二　罂粟种植在唐代传入中国 ···················· 21
　　三　宋辽金元时期的罂粟医药价值 ················· 22
　　四　明朝的鸦片输入及其医药价值 ················· 27
　　五　鸦片与烟草混合吸食方法的传入及其危害 ············ 32
　　六　单纯吸食鸦片法的发明与传播 ················· 40
　　结　论 ································ 42

第二章　英国东印度公司对中国的鸦片进攻 ············· 44
　　一　东印度公司的鸦片攻关 ····················· 44
　　二　1799 年的鸦片贸易禁令 ···················· 48
　　三　疯狂的港脚商 ··························· 51
　　四　虚张声势的禁烟措施 ······················ 53
　　五　伶仃洋上的鸦片趸船 ······················ 63
　　六　鸦片走私数量与价值 ······················ 66
　　七　鸦片走私与白银流向的改变 ··················· 72
　　结　论 ································ 78

第三章　鸦片战争前夕的禁烟运动 …… 80
一　印度鸦片走私者 …… 80
二　武装走私日益猖狂 …… 86
三　烟毒泛滥全国 …… 89
四　鸦片弛禁论的出台 …… 98
五　朝廷内外禁烟问题大讨论 …… 106
六　道光帝决策禁烟 …… 112
七　禁烟运动掀起高潮 …… 115

第四章　第一次鸦片战争与毒品弛禁 …… 130
一　鼓动战争的鸦片贩子 …… 131
二　鸦片走私在战时 …… 135
三　英国人抗议鸦片走私 …… 137
四　中英外交官关于鸦片的"谅解" …… 143
五　公开的鸦片走私与价值 …… 149

第五章　英国外交官关于鸦片贸易合法化的密谋活动 …… 167
一　首任驻华公使璞鼎查关于鸦片贸易合法化的劝诱活动（1842—1844） …… 167
二　第二任驻华公使德庇时关于鸦片贸易合法化的劝诱活动（1844—1848） …… 174
三　第四任驻华公使包令关于鸦片贸易合法化的劝诱活动（1854—1857） …… 180
结　论 …… 191

第六章　两次鸦片战争期间禁烟的困境 …… 193
一　两次鸦片战争期间"明禁暗弛"局面的形成 …… 194
二　"重治吸食"的困境 …… 203
三　关于"重治吸食"条款的质疑 …… 213
结　论 …… 220

第七章 四国六方大博弈：洋药税厘十年外交谈判 ... 224
一 洋药税厘并征问题之提出 ... 224
二 英国反对鸦片贸易公会的抗议活动（1874—1885） ... 228
三 威妥玛的解释与印度政府撤回反对意见 ... 231
四 中英外交官关于征收洋药税厘的第一轮谈判
（1879年5月—1880年1月） ... 235
五 中英外交官关于征收洋药税厘的第二轮谈判
（1881年5月—11月） ... 241
六 中英外交官关于征收洋药税厘的第三轮谈判
（1882年1月） ... 246
七 英印政府鸦片贸易政策之维持与调整
（1881—1882年） ... 251
八 中英外交官关于洋药税厘并征的第四轮谈判
（1883年3月—1885年7月） ... 257
九 香港总督设难与中葡洋药贸易谈判
（1885年8月—1886年） ... 262
附录：外交博弈背后的巨大经济利益冲突 ... 270

第八章 土药的生产与禁种 ... 279
一 罂粟种植的禁与弛 ... 279
二 西方传教士与禁烟 ... 282
三 地方性的禁烟活动 ... 288
四 "土药"产量与烟毒泛滥程度 ... 300
结 论 ... 306

第九章 清末新政时期的禁烟运动 ... 312
一 清廷的鸦片政策与弥漫全国的烟毒 ... 312
二 禁烟运动的起因 ... 317
三 禁烟运动的主要经过 ... 321
四 上海万国禁烟会 ... 325

五　制定《贩卖吗啡及制造施打吗啡针治罪专条》的艰难
　　　　进程 ……………………………………………………… 329
　　六　中英禁烟缩短限期谈判 …………………………………… 332
　　结　论 ……………………………………………………………… 335

第十章　英国鸦片商、外交官与中国清末禁烟运动 …………… 339
　　一　英国鸦片商的请求与其外交官的连番抗议 ……………… 339
　　二　英国外交官在谈判中不断提出新的要求 ………………… 344
　　结　论 ……………………………………………………………… 355

第十一章　清末广东禁烟运动与中英外交风波 ………………… 360
　　一　"牌照捐"的内部酝酿与争论 …………………………… 360
　　二　"牌照捐"的推行与外交风波的掀起 …………………… 368
　　三　"加税停捐"的北京外交谈判 …………………………… 379
　　结　论 ……………………………………………………………… 382

第十二章　清代禁止鸦片烟毒的教训 …………………………… 383
　　一　禁毒政策与立法精神的演变 ……………………………… 383
　　二　禁烟的方法与措施 ………………………………………… 385
　　三　破坏中国禁烟的三大邪恶势力 …………………………… 387
　　四　沉痛的教训 ………………………………………………… 388

征引的中外档案与文献 …………………………………………… 391

后　记 …………………………………………………………… 409

绪 论
清代禁毒史研究的新视野

吸毒在全球范围内都很普遍。就海洛因、可卡因、安非他明、摇头丸和大麻等传统非法药物而言，联合国每年都会对世界各地的毒品使用流行情况进行快速统计。据《2019年世界毒品报告》指出，估计有2.71亿人，大约占全球15—64岁人口的5.5%，在前一年使用过毒品。最常用的毒品是大麻，估计有1.88亿人；其次是使用鸦片类药物，有5340万人；使用安非他明和其他兴奋剂的有2900万人；使用摇头丸（MDMA）的有2100万人；使用可卡因的有1800万人①（上述使用毒品人数统计中含交叉使用者）。在过去的二十年中，麻醉药物类型有一些重大变化，例如鸦片类药物使用人数的增长。鸦片类药物既包括植物为基础的鸦片类药物，如海洛因；也包括合成鸦片类药物，如吗啡或芬太尼。鸦片类药物作为处方药（哌替啶、可待因和吗啡都是处方药）在疼痛治疗中发挥着重要作用。然而，与鸦片类药物相关的问题，包括依赖和过量，在北美已被宣布为需要处理的"公共卫生紧急情况"。

毒品是人类社会的一种毒瘤，与艾滋病和恐怖活动并称为当今世界三大毒瘤。历史的教训反复昭示，毒品传播往往是一个国家、一个地区经济挫伤、社会动荡的重要根源，是危害国家安全、影响经济发展和社会稳定

---

① Edited by David R. Bewley-Taylor Professor of International Relations and Public Policy and Director of the Global Drug Policy Observatory, Swansea University, UK Khalid Tinasti Visiting Teaching and Research Fellow, Global Studies Institute, University of Geneva, Executive Secretary of the Global Commission on Drug Policy, Switzerland and Honorary Research Associate, Global Drug Policy Observatory, Swansea University, UK, *Research Handbook on International Drug Policy*, Edward Elgar Publishing, Inc William Pratt House 9 Dewey Court Northampton Massachusetts, US Catalogue, 2020, p.17.

的一大祸患。联合国麻醉药品委员会近期的报告是：吸食人群不分种族、不分国家和不分信仰，遍及全球200多个国家和地区，全球每年毒品交易额为8000亿—10000亿美元，每年因滥用毒品导致死亡的人数高达20万人，还有上千万人因吸毒而丧失劳动能力。毒品泛滥已经成为世界性的社会问题。由于我国与臭名昭著的世界两大鸦片产地——"金三角"和"金新月"为近邻，国际毒品贩子借道我国边境将海洛因等毒品运至其他国家和地区，牟取暴利，对于我国构成了严重威胁；国内制造的冰毒、摇头丸等新型毒品犯罪活动呈现迅速上升趋势；滥用毒品的人数规模仍在迅速扩大，海洛因、摇头丸和冰毒等精神麻醉药品交叉使用的局面已经形成。因此，我国的禁毒工作任务相当繁重，关于禁毒史的学术研究非常重要。

一　学术发展概述

《2022年中国毒情形势报告》指出：截至2022年底，现有吸毒人员112.4万名，其中"滥用海洛因41.6万名，冰毒58.8万名，氯胺酮3.2万名"。① 一般来说，未登记的吸毒人数远远大于登记在册的人数。根据有关部门估计，中国的吸毒人数约有300万—500万之间，这个数字约相当于第一次鸦片战争之前吸食毒品人数的2倍②，按照现在吸毒者每人每年耗资人民币2万元计算，国家每年因此造成的经济损失高达上千亿元。毒品流行之广、影响之大、危害之深超过了历史上的任何一种瘟疫。吸毒和贩毒极易诱发诈骗、暴力犯罪及卖淫、艾滋病传播等一系列危害社会稳定发展的问题。毒品问题在世界各地还经常与恐怖主义、洗钱和贩卖人口等跨国有组织犯罪相互交织在一起。

　　近代中国鸦片烟毒泛滥成灾，引起社会各界的广泛关注。国外首先开始鸦片问题研究的是美国人马士，他在《中华帝国对外关系史》中比较详

---

① 《2022年中国毒情形势报告》，中国禁毒网2023年6月21日。
② 道光十八年（1838），走私进口中国的鸦片为40500箱，约合6042000斤，以瘾君子岁食3斤推算，当年应有200万人经常吸食鸦片，如果以瘾君子岁食6斤计算，则为100万人吸食鸦片，因此当时吸食鸦片的人数大约在100万到200万之间。

细地讨论了鸦片的早期贸易①；接着是欧文在其《英国对于中国和印度的鸦片政策》中，讨论了英国对印度和中国的鸦片政策演变过程②；然后是格林堡在其《鸦片战争前中英通商史》中，深入讨论中英之间的早期鸦片贸易与摩擦③；洛德威克和凯瑟琳·洛林在《反对鸦片的十字军：新教传教士在中国，1874—1917年》一书中重点讨论了新教传教士在中国的反鸦片运动④；卡尔·特罗基在《鸦片帝国和全球政治经济：1750—1950年亚洲鸦片贸易研究》一书中讨论了鸦片贸易对全球的影响⑤；阿玛尔·法洛基在《颠覆走私，殖民主义，印度商人和鸦片政治》一书中谴责殖民主义者利用鸦片走私作为手段的颠覆行径⑥；马丁·布思在《鸦片史》一书中简略介绍了鸦片在世界各国传播情况⑦；亨特·贾宁在《19世纪的中印鸦片贸易》一书中重点讨论了19世纪中印两国的贸易⑧；威廉·B. 麦克利斯特在《二十世纪毒品国际外交史》中讨论了鸦片贸易引起的国际交涉问题⑨；布鲁克等人在《东亚历史中的鸦片》一书中着重探讨了东亚国家对待鸦片的政策⑩；大卫·安东尼·贝罗在《鸦片与帝国限制：中国内部的鸦片问题》一书中阐述了1729年至1850年清廷对待鸦片问题的态度和措施⑪，等等。

---

① ［美］马士：《中华帝国对外关系史》，上海书店出版社2006年版。
② David Edward Owen, *British Opium Policy in China and India*, New Haven: Yale University Press, 1934.
③ ［英］格林堡：《鸦片战争前中英通商史》，康成译，商务印书馆1961年版。
④ Lodwick, Kathleen Lorraine, *Crusaders Against Opium: Protestant Missionaries in China*, 1874 – 1917, Lexington: University of Kentucky Press, 1996.
⑤ Trocki, Carl, *Opium, Empire and Global Political Economy: A Study of the Asian Opium Trade 1750 – 1950*. London: Routledge, 1998.
⑥ Farooqui, Amar, *Smuggling as Subversion, Colonialism, Indian Merchants and the politics of Opium*. New Delhi: New Age International Publishers, 1998.
⑦ ［美］马丁·布思：《鸦片史》，任华梨译，海南出版社1999年版。
⑧ Hunt Janin, *The India-China Opium Trade in the Nineteenth Century*, McFarland Company, Inc., 1999.
⑨ William B. Mcalliste, *Drug Diplomacy in the Twentieth Century: An International History*, London and New York: Routledge, 2000.
⑩ Brook, Timothy and Bob Tadashi Wakabayashi, *Opium in East Asian History*, Berkeley: University of California Press, 2000.
⑪ David Anthony Bello, *Opium and the Limits of Empire Drug: Prohibition in the Chinese Interior*, 1729 – 1850, the Harvard Univerity Asia Center, 2005.

以上这些论著对于鸦片贸易的走私性质和毒害作用认识一致，但是，对于鸦片战争爆发的性质、后果的认识并不完全一致。有的人认为，鸦片走私贸易是世界近代史上"持续最久的有组织的国际性的犯罪活动"。鸦片贸易（包括合法和不合法贸易），不仅为英国输了血，而且为英国发动对华侵略战争（第一次鸦片战争）提供了军费等大力支持。例如，《剑桥中国晚清史》的作者明确指出："鸦片贸易经常取得设在印度的英政府鸦片制造业的供应，它持续到1917年为止，达一百多年之久。这种近代史上延续最久的有组织的国际性的犯罪活动，为早期英国对中国的侵略输了血。为了进行第一次鸦片战争，一些鸦片商大亨不仅帮助巴麦尊制定计划和战略，而且提供必须的物质援助：把鸦片贸易船只租给舰队使用；鸦片贸易船只的船长给他们当领航员，而其他职员则充当翻译；自始至终给了殷勤的招待，并出谋划策和提供最新情报；用贩卖鸦片得来的白银换取在伦敦兑换的汇票，以支持陆海军的军费。"① 有的人认为鸦片贸易导致了东亚国家经济崩溃，例如，欧文认为，英国主导的鸦片贸易给中国造成了巨大伤害。② 有的人认为鸦片贸易是经济全球化的一个重要因素，例如，卡尔·特罗基指出：欧美人是中国本土鸦片大规模消费的主要煽动者。近代世界独特的历史影响直接源自鸦片贸易。鸦片能够为英国企业持续提供大量收入，再加上它产生了大量从鸦片贸易中获利的资本家。"这些资本家在整个19世纪为帝国的游说集团提供了至关重要的支持。这一重要因素从而促成了大英帝国资本和附属国商人、南亚东南亚以及中国本土资本集团的发展。这两种功能都为全球资本主义结构奠定了基础。"③

国内关于鸦片贸易的研究成果无多。晚清的禁毒史著作只有一种，即李圭的《鸦片事略》④。民国时期的禁毒史著作也只有三种：罗运炎的《中

---

① ［美］费正清编：《剑桥中国晚清史（1800—1911）》上卷，中国社会科学院历史研究所编译室译，中国社会科学出版社1985年版，第205页。

② David Edward Owen, *British Opium Policy in China and India*, New Haven: Yale University Press, 1934, p. 18.

③ Trocki, Carl, *Opium, Empire and Global Political Economy: A Study of the Asian Opium Trade 1750–1950*, London: Routledge, 1998, pp. 7, 17.

④ 李圭：《鸦片事略》1896年初刻，后来有新的版本，如与《信及录》的合刊本，神州国光社1946年版。

国烟禁问题》《毒品问题》①，于恩德的《中国禁烟法令变迁史》②。在上述著作中，除了于恩德的著作是较为系统研究既往禁烟法令的变迁史之外，其他编著都是关于鸦片问题的资料性选辑。从1949年中华人民共和国成立到1976年，毒品问题的研究多为对第一次鸦片战争之前的禁烟运动的研究，成果十分有限。

改革开放后，1977年恢复的高等学校考试招生制度和随后恢复的研究生制度，培养了一批年富力强的学者。正是因为有了这样一种活泼的学术氛围和人才培养机制，使中国史学研究形成了一支中坚力量。

笔者在《历史研究》1990年第4期发表了《清末新政时期的禁烟运动》，在《近代史研究》1993年第5期发表了《鸦片史事考》，在《中州学刊》1995年第1期发表了《试论中国禁止鸦片烟毒的禁烟与教训》，在《民国档案》1996年第1期发表了《民国初年禁烟运动述论》等文。王金香在《史学月刊》1990年第2期发表了《清代第二次禁烟运动探略》，在《民国档案》1992年第2期发表了《二、三十年代国内鸦片问题》，1994年2期发表《南京国民政府初期的禁烟政策》等文。朱庆葆在《江苏社会科学》1994年第4期发表了《论清代禁烟的举措和成效》，在《光明日报》1995年5月22日发表了《近代中国鸦片泛滥的历史教训》等文。此外，魏宏运在《档案史料与研究》1993年第4期发表了《三四十年代日本的鸦片侵华政策》一文，连心豪在《台湾研究集刊》1994年第4期发表了《日本据台时期对中国的毒品危害》。以上文章的相继发表，标志着中国近代禁毒史的研究全面展开。

经过几年的学术积累，一批禁毒史著作相继问世，产生了广泛的影响。据不完全统计，从1995年到2022年年底，出版的有关近代中国毒品史的学术著作有25部。笔者著有《禁毒史鉴》《鸦片：日本侵华毒品政策五十年》《近代中国价值尺度与鸦片问题》《毒品问题与近代中国》《禁烟史话》③；苏

---

① 罗运炎：《中国烟禁问题》，大明图书公司1934年版；《毒品问题》，大明图书公司1936年版。
② 于恩德：《中国禁烟法令变迁史》，上海：中华书局1934年版。
③ 王宏斌：《禁毒史鉴》，岳麓书社1997年版；《鸦片：日本侵华毒品政策五十年》，河北人民出版社2005年版；《近代中国价值尺度与鸦片问题》，东方出版社2001年版；《毒品问题与近代中国》，当代中国出版社2001年版；《禁烟史话》，社会科学文献出版社2000年版。

智良著有《中国毒品史》《禁毒全书》《上海禁毒史》①《全球禁毒的开端：1909年上海万国禁烟会》；朱庆葆、蒋秋明著有《鸦片与近代中国》《中国禁毒历程》《刺刀下的毒祸》②；王金香著有《中国禁毒简史》《中国禁毒史》③；美国学者马丁·布思著有《鸦片史》④；美国学者贝尔著有《鸦片与帝国的禁令》⑤；日本学者江口圭一著有《日中鸦片战争》⑥；韩国学者朴橿著有《中日战争与鸦片，1937—1945》⑦。此外，还有刘志琴的《烟毒兴灭》⑧，马模贞等的《中国百年禁毒历程》⑨，秦和平的《云南鸦片问题与禁烟运动》⑩，邵雍的《中国近代贩毒史》⑪，龚缨晏的《鸦片的传播与对华鸦片贸易》⑫，肖红松的《近代河北烟毒与治理研究》⑬，李秉新的《近代中国禁毒历程》⑭，齐霁的《中国共产党禁毒史》。⑮不仅如此，有关禁毒史料的整理和出版也取得了一定成绩，例如，《近代中国烟毒写真》《中国禁毒史资料》等，为中青年学者的研究与学习提供了很大便利。与此同时，各种报刊上还发表了数百篇文章。

---

① 苏智良：《中国毒品史》，上海人民出版社1997年版；赵长青、苏智良：《禁毒全书》，中国民主法制出版社1998年版；《上海禁毒史》，上海三联书店2009年版；苏智良、刘效红：《全球禁毒的开端：1909年上海万国禁烟会》，上海三联书店2009年版。

② 朱庆葆、蒋秋明：《鸦片与近代中国》，江苏教育出版社1995年版；蒋秋明、朱庆葆：《中国禁毒历程》，天津教育出版社1996年版；曹大臣、朱庆葆：《刺刀下的毒祸——日本侵华期间的鸦片毒化活动》，福建人民出版社2005年版。

③ 王金香：《中国禁毒简史》，学习出版社1996年版；《中国禁毒史》，上海人民出版社2005年版。

④ [美] 马丁·布思：《鸦片史》，任华梨译，海南出版社1999年版。

⑤ Opium and the Limits of Empire Drug Prohibition in the Chinese Interrior, 1729-1850, By David Anthony Bello, Published by the Harvard University Asia Center Distributed by Harvard University Press, 2005.

⑥ 江口圭一：《證言日中アヘソ戦争》（《日中鸦片战争》），东京：岩波书店1991年版。

⑦ [韩] 朴橿：《中日战争与鸦片，1937—1945》，游娟译，台北："国史馆"1998年版。

⑧ 刘志琴主编：《烟毒兴灭》，民主与建设出版社1997年版。

⑨ 马模贞、王玥、钱自强编著：《中国百年禁毒历程》，经济科学出版社1997年版。

⑩ 秦和平：《云南鸦片问题与禁烟运动》，四川民族出版社1998年版。

⑪ 邵雍：《中国近代贩毒史》，福建人民出版社2004年版。

⑫ 龚缨晏：《鸦片的传播与对华鸦片贸易》，东方出版社1999年版。

⑬ 肖红松：《近代河北烟毒与治理研究》，人民出版社2008年版。

⑭ 李秉新：《近代中国禁毒历程》，河北人民出版社1997年版。

⑮ 齐霁：《中国共产党禁毒史》，上海社会科学出版社2017年版。

二 主要研究领域和研究成果

学术的爆炸式发展,拓展我们的研究视野。从上面的情况可以看出,关于近代中国毒品问题的研究呈现出生机勃勃的局面,突出的特点是,研究领域不断深化和拓宽,学科体系构建日趋完善。鉴于20世纪末已经有文章对于新时期的禁毒史的研究成果作过系统的总结。① 这里仅从学科发展的角度按照历史事件发生的时间顺序对于专题性研究成果做一简要归纳介绍。

第一,关于罂粟和鸦片的早期输入问题。有的学者仔细检索了中国史籍中关于罂粟种植和使用情况,认为罂粟种植在中国始于公元7世纪末和8世纪初,到了9世纪,汉中与成都盆地的田地已开始种植罂粟。在宋辽金元时期,罂粟的医药价值逐渐被发现,主要用于治疗咳嗽、痢疾等疾病。到了明代,鸦片开始输入中国,由于输入鸦片的商人来自阿拉伯人和欧洲人,在中国因此留下了"阿芙蓉"(Afyun)和"鸦片"(Opium)两个名称。明朝人使用鸦片限于富商大贾和宫廷,主要用于治疗痢疾、脱肛、头痛和男子遗精早泄等症。② 而鸦片对于中国社会造成巨大危害,导引于烟草与鸦片拌合吸食方法的传入。单纯吸食鸦片烟是从混合吸食烟草与鸦片方法中发展而来。混合吸食烟草与鸦片的方法大约在康熙时期传入,在雍正时期蔓延开来。因此,雍正七年(1729)清政府发布禁止鸦片烟谕令。关于这个谕令,过去有些误解,有的人认为这是中国禁止鸦片输入的开端。实际上,清廷发布的谕令只是禁止制造和贩卖"鸦片烟",而这里的"鸦片烟"是指烟草与鸦片的混合物。③ 鸦片作为药物,在乾隆时期仍然是合法的进口商品,不在禁止之列。鸦片输入被禁止始于

---

① 例如,吴义雄在《史学月刊》1999年第6期发表《开拓中国禁毒史和毒品史的研究》一文,对于此前出版的几部禁毒史著作进行了评述;肖红松在《河北大学学报》1999年第2期发表《近代中国毒品史研究综述》一文,对于此前发表的有关近代中国的禁毒史论著进行了全面评议。

② 王宏斌:《罂粟传入中国及其在古代的医药价值》,《中国社会科学文摘》2010年第1期;《罂粟传入中国及其在中国的早期医药价值析论》,《广东社会科学》2009年第5期。

③ 王宏斌:《鸦片史事考》,《近代史研究》1993年第5期;吴志斌、王宏斌:《中国鸦片源流考》,《河南大学学报》1995年第5期。

嘉庆时期，是时，单纯吸食鸦片的危害已经在广东、福建等沿海地区充分显露出来。

第二，关于第一次鸦片战争之前的毒品走私情况，学者们比较关注其输入量与白银外流的关系，比较重视白银外流引起的国内贵金属相应减少和银钱比价的波动情况。通过对各种资料的比对，有的人根据《英国对华贸易与中国门户开放》一书所披露的查顿—马地臣洋行经销的账本、密尔本的《东方贸易》以及其他中外文资料，对于马士的统计进行了补充和修正。① 有的学者查阅了更多的资料，并对相互矛盾的数据进行了仔细研究，得到的数据更加接近实际情况。② 有的学者通过对近代中国不同时期毒品输入情况的系统对比分析之后，对于先前的一些观点表示了质疑，认为毒品输入对于中国社会产生的经济破坏作用十分严重和复杂，仅仅用白银外流、银钱比价发生波动是远远不够的。尤其是以银钱比价的波动情况说明白银的外流和鸦片的输入，是有问题的。③ 关于第一次鸦片战争前的禁烟运动，从阶级斗争的观念出发，有的学者认为当时存在"严禁派"和"弛禁派"的对立。④ 有的学者仔细研究了参与讨论的21位官员的奏折，认为并不存在"弛禁派"，在他们看来，各地将军和督抚无一不赞成禁烟，只是在对待吸食者是否采用重刑存在分歧而已⑤。还有学者对于林则徐、许乃济、邓廷桢、魏源和包世臣的禁烟思想进行了分别研究。⑥

---

① 李伯祥、蔡永贵、鲍正廷：《关于十九世纪三十年代鸦片进口和白银外流的数量》，《历史研究》1980年第5期；刘鉴唐：《鸦片战争前四十年间鸦片输入与白银外流数字的考察》，《南开史学》1984年第1期。
② 吴义雄：《鸦片战争前的鸦片贸易再研究》，《近代史研究》2002年第2期；龚缨晏：《鸦片的传播与对华鸦片贸易》，东方出版社1999年版；连东：《学界关于鸦片输华数量之原委》，《历史教学》2010年第1期。
③ 王宏斌：《乾嘉时期银贵钱贱问题探源》，《中国社会经济史研究》1987年第2期；《论太平天国时期银价下落问题》，《近代史研究》1987年第6期；详见王宏斌《清代价值尺度：货币比价研究》，生活·读书·新知三联书店2015年版，第185—256页。
④ 苏智良：《中国毒品史》，上海人民出版社1997年版，第96—97页。
⑤ 王宏斌：《禁毒史鉴》，岳麓书社1997年版，第102页。
⑥ 王中茂：《许乃济弛禁策再认识》，《史学月刊》2004年第7期；萧致治：《林则徐禁烟研究中的几个问题》，《江海学刊》2006年第3期；吴义雄：《邓廷桢与广东禁烟问题》，《近代史研究》2008年第5期；朱新镛：《邓廷桢1836—1838年的广东禁烟》，《开放时代》1995年第7期；钟觉民：《魏源禁毒思想述评》，《邵阳学院学报》2007年第6期；郑大华：《包世臣与嘉道时期的禁烟和抗英斗争》，《安徽史学》2007年第2期。

第三，两次鸦片战争期间，清政府的禁烟政策遇到内外两种阻力：一方面，英国政府极力庇护中国沿海地区的鸦片走私贸易，企图劝诱中国官员承认鸦片贸易合法化；另一方面，贩卖鸦片利益集团、受贿的不法官吏、鸦片吸食者和各级行政司法官员构成来自中国内部四种禁烟运动的阻力。在此背景之下，《查禁鸦片烟章程》对鸦片吸食者判处死刑的条款在执行过程中难以得到有力贯彻，禁烟运动也因此逐渐形成"明禁暗弛"的局面。从实施效果看，主张用死刑对付吸食者的建议并不完全可取，而反对"将食烟之人拟以死罪"，主张慎刑并以"常例治之"的看法则有一定合理性。"惟用法过严，转致互相容隐"，是刑罚学上遇到的一种反常现象。"互相容隐"是说人们对于犯罪者不仅不痛恨，不揭发，反而产生了怜悯心，设法予以保护。过重的刑罚不但不能维护正义，反而会招致人们的反感和憎恨。这些教训值得深思！①

第四，第二次鸦片战争之后，清朝官员在英国外交官的逼迫下，被迫承认鸦片贸易合法化。这个问题过去曾经被关注，但因中文资料有限，大多语焉不详。② 有的学者仔细阅读了英国议会文件，发现从1841年2月26日巴麦尊训令乔治·懿律促使中国解除鸦片禁令开始，一直到1858年11月8日中英两国代表签署《通商章程善后条约：海关税则》，正式承认鸦片贸易合法化为止，英国的这一外交图谋的最终实现经历了将近18年的时间。参与这一外交阴谋活动的人员中，既有英国首相巴麦尊，又有外交大臣阿伯丁、曼兹伯利、克勒拉得恩；既有英国驻华公使、商务监督璞鼎查、德庇时和包令，又有驻广州、厦门和上海的领事官李太郭、阿礼国和沙利文，由此可见，逼迫清朝官员承认鸦片贸易合法化是英国政府既定的一贯坚持的外交方针和政策③，这是一件典型的邪恶战胜道义的事例。

第五，鸦片贸易合法化之后，关于洋药税厘的征收问题，中英之间存在严重分歧，外交照会往来不断。有的学者仔细考察了洋药走私问题，认

---

① 王宏斌：《两次鸦片战争期间禁烟运动的困境》，《历史研究》2013年第1期。
② 郭卫东：《不平等条约与鸦片输华合法化》，《历史档案》1998年第2期；胡维革：《论鸦片贸易合法化对近代中国社会的影响》，《东北师大学报》1988年第3期；傅娟：《19世纪中英鸦片贸易合法化探析》，《四川师范大学学报》1996年第2期。
③ 王宏斌：《从英国议会文件看英国外交官关于鸦片贸易合法化的密谋活动》，《晚清改革与社会变迁》，社会科学文献出版社2009年版，第307—330页。

真阅读了有关洋药"税厘并征"谈判的文件,指出这一外交谈判尽管旷日持久,在中国外交官的据理力争之下,英国外交官做出了一些让步。"洋药税厘并征"对于阻止洋药大量进口起了一定作用。但是,谈判一波三折,险象环生,澳门因此而被长期租占。① 这一时期,"洋药"和"土药"厘金的征收情况,尤其是鸦片税厘对于财政的增长,对于洋务企业的支持作用,引起了部分学者的研究兴趣,而后,启发年轻学者开始深入探讨,这一方面因此有了重要进展。② 当然,在鸦片贸易合法化之后,由于吸食鸦片风气迅速蔓延,引起了一系列社会问题。尤其是有感于现实的毒品问题,"为现实而追溯历史",有的人开始关注历史上的毒品传播问题,开始研究贩毒组织、贩毒方法和青少年吸毒犯罪等问题。③

第六,清末禁烟运动研究的成果丰富,涉及领域广阔。晚清时期再次在全国范围内掀起禁烟运动新高潮始于 1906 年,这次禁烟运动的出现有着非常复杂的国际国内背景,国际舆论承认,此次禁烟清朝政府是认真的,是真诚的,效果是显著的。从 1990 年开始,新成果陆续发表④,而后引起研究热潮。有的人对于上海万国禁烟会的召开和讨论情况进行了研究,认为这是全球反对毒品贸易的开端⑤;有的人详细探讨了围绕着广东禁烟章程的颁布,中英外交官的争执情况,认为英国外交官代表英国鸦片商,不顾人间道义,一次次向中国政府发难,抗论交涉几无虚日,根本目的是设法延长毒品贸易时间⑥;有的人考察了传教士与此次禁烟运动的关系,认为大多数传教士,无论国籍如何,都一致反对鸦片贸易,尖锐抨击英国的鸦片政策,这在一定程度上对于英国改变毒品贸易政策起了一定

---

① 王宏斌:《中、英、印围绕鸦片税厘征收之博弈(1876—1885)》,《历史研究集刊》2021年第1期;《禁毒史鉴》,岳麓书社1997年版,第190—261页。
② 罗玉东:《中国厘金史》,台北:文海出版社1979年版;蒋秋明、朱庆葆:《中国禁毒历程》,天津教育出版社1996年版,第97—141页;刘增合:《鸦片税收与清末新政》,生活·读书·新知三联书店2005年版,第29—84页。
③ 苏智良:《中国毒品史》,第148—179页;邵雍:《中国近代贩毒史》,福建人民出版社2004年版,第51—65页;黄百灵:《清朝云南的罂粟种植及其对农村经济的影响》,《四川大学学报》2004年第1期;刘华明:《简论近代上海地区的鸦片烟毒危害》,《河南大学学报》1999年第3期。
④ 王宏斌:《清末新政时期的禁烟运动》,《历史研究》1990年第24期;王金香:《清代第二次禁烟运动探略》,《史学月刊》1990年第2期。
⑤ 苏智良、刘效红:《全球禁毒的开端:1909年上海万国禁烟会》,上海三联书店2009年版;王金香:《近代国际禁烟会议与中国禁烟》,《史学月刊》1997年第4期。
⑥ 王宏斌:《清末广东禁烟运动与中英外交争执》,《近代史研究》2003年第6期。

作用①；有的人则从鸦片税收与财政的关系，主要探讨了禁烟运动对兴学、练兵、警察和海军经费影响，认为毒品贸易和生产为新政的开展提供了一定的资金支持，不道德的经费支持了清廷的改革活动②；有的人则从区域史的角度，探讨了禁烟运动在各省的进行情况③；有的人则从民间反抗和革命的角度探讨了禁烟运动引起的社会秩序的紊乱④；有的人则从民族主义的观念上研究了清末禁烟运动的发生，认为民族主义的传播使人认识到亡国灭种的威胁就在眼前，为禁烟运动提供了强有力的精神支持⑤。

三 开拓学术研究的新视野

纵观近30年来关于中国近代禁毒史研究成果，我们不仅看到史学界发表了一批学术论文，出版了一批专著，从数量上远远超过了以往，而且通过仔细阅读，发现这些论著在质量上也远远超过以前。就论著的范围来看，过去的中国近代禁毒史研究常常集中在第一次鸦片战争前后的中英关系上，现在越来越多的研究者把研究的重点确定在各个时期的禁毒运动上，确定在各个政权的毒品政策上，确定在日本对中国的毒品政策上，使这一问题的研究越来越广泛，越来越深入，已经呈现出百花齐放的局面。不过，从学术发展的需要来看，禁毒史的研究还存在若干问题，有待于加强和完善。

第一，无论是研究毒品传播问题，还是总结禁毒斗争经验，都具有重大学术价值。毒品泛滥对于近代中国政治、经济和社会生活都产生了广泛

---

① 甘开鹏：《美国来华传教士与晚清鸦片贸易》，《美国研究》2007年第1期；杨大春：《论基督教会在清末的禁烟活动》，杨代春的《早期万国公报的禁烟宣传》，载王宏斌主编《毒品问题与近代中国》，当代中国出版社2001年版，第60—91页；林立强：《美国传教士卢公明与晚清社会的鸦片问题》，《福建师范大学学报》2004年第2期。

② 刘增合：《清末鸦片禁政与新政改革之契合》，《史学月刊》2003年第8期；《鸦片税收与清末兴学新政》，《社会科学研究》2004年第4期；《鸦片税收与清末练兵经费》，《史学集刊》2004年第1期；《度支部与清末鸦片禁政》，《中国社会经济史研究》2004年第1期；《鸦片税收与清末警政改革》，《江苏社会科学》2004年第4期；《清末禁烟背景下的海军经费筹措》，《学术研究》2005年第3期；王金香：《清末鸦片税收述论》《山西师大学报》（社会科学版）2000年第4期。

③ 秦和平：《清末民初云南的禁毒运动》，《中国边疆史地研究》1997年第4期。

④ 张志勇：《辛亥革命与禁烟运动》，《史学月刊》2002年第12期；邵雍：《清末烟苗禁种与反禁种的历史考察》，《史林》2007年第6期。

⑤ 吴春梅：《近代民族主义的兴起与清末的禁毒运动》，《江海学刊》1998年第4期。

而复杂的影响。通过对于毒品问题的深入研究，不仅可以揭示近代中国复杂的社会矛盾，而且有助于认识半殖民地社会的本质问题。近年来，中国的吸毒人数在快速增加，毒品犯罪日益猖獗。现实的禁毒斗争形势不容乐观，要求学术界从国家的安危和民族的兴衰的高度，提供历史的经验和教训。加强毒品传播问题的研究，积极总结历史上禁毒的经验和教训，大力宣传毒品的社会危害，是中国当代史学工作者义不容辞的责任。开展中国近代禁毒史研究，现实意义重大，不容史学界忽视。

　　第二，关于中国近代禁毒史研究的资料需要进一步整理和发掘。历史研究的基本任务就是对于事实进行客观的描述。而这种描述又必须建立在扎实的史料基础上，每一个结论都必须有充分的史料支持。目前，在中国近代禁毒史的研究中，史学界已经挖掘了不少中文档案资料，报刊资料和私人笔记资料，也整理和出版了一些禁毒史资料。但是，这些资料是很不完整的，远远不能满足研究的基本需要。因为，不仅中国的禁毒档案资料尚未得到完整的整理和利用，而且更重要的是有关毒品史的外文资料尚未得到充分搜集和利用，尤其是对于中国强行输入毒品的两个国家——英国和日本的贩毒资料尚未得到系统挖掘和整理。不能有效利用英文、日文外交文件和东印度公司/新老沙逊洋行档案资料，自然难以写好中国近代禁毒史。国家应当划拨专款，用以搜集与中国有关的毒品史资料。这是中国近代禁毒史研究提高水平的基础性工作。为了重建历史，还原其本相，不仅需要发掘新的史料，而且需要对于已经公布的史料进行系统而准确的解读。

　　第三，毒品传播是一个非常复杂的国际问题。因此，关于中国近代禁毒史的研究，应当兼顾域外毒品史的研究成果。毒品的生产、供应和消费是一个完整的商业链条。近代中国只不过是一个重要的消费地而已，印度、伊朗是鸦片的主要产地，日本、德国是吗啡和海洛因的主要制造国，英国商人则是鸦片、吗啡和海洛因的主要输入者。因此，考量中国近代的毒品问题，不应当将其范围仅仅局限在中国。不了解域外的鸦片生产、加工情况，不了解英国、日本、德国、印度等国的毒品政策，难于深入把握毒品的世界传播对于近代中国的影响。因此，我们的研究视野需要进一步拓宽，需要国际对话，需要开展国际合作，需要借鉴国外的研究成果。当然，我们的研究成果也需要得到国外同行的确认。通过相互学问切磋，提升国际禁毒史研究的新水平。

第四，毋庸讳言，既往的相当多的研究成果存在于就毒品而论毒品的倾向，过多地关注毒品的输入数量。事实上，中国近代的毒品问题渗透着各种错综复杂的社会因素，毒品既与财政、货币和金融有着密切的关系，又与医药卫生、消费心理和风俗习惯有着无法分割的关系，因此，禁毒史的研究，不仅需要经济学和社会学的理论，而且需要心理学和医学知识。只有采用多学科交叉研究方法，才能真正认识毒品问题。笔者认为，禁毒史研究的深入开展不仅依赖于研究者眼光的调整和学术识见的增强，而且需要集中具有各种知识专长的学者，形成知识互补，打通学科之间的藩篱。

第五，中国鸦片消费问题及鸦片消费文化。在鸦片器物的研究方面，史蒂文·马丁（Steven Martin）[①]和皮特·李（Peter Lee）[②]两位学者分别就烟具的形制、烟具的仪式化使用展开讨论，前者对烟具图片资料的收录向我们展示出清代鸦片消费文化的历史实感，后者借助物质文化史研究的路径也为清代鸦片消费的多层次讨论提供了借鉴意义。[③]曼彻斯特大学的郑扬文开展了鸦片消费和社会生活问题的研究。她的博士论文《中国鸦片社会生活史》（The Social Life of Opium in China）利用清人笔记、英国外交部档案和东印度公司档案，展示出鸦片从药品到奢侈品，再到大众消费品，再到毒品的变化过程。该书认为，鸦片在社会内部流行的方向为从上到下，鸦片在清代很长一段时间内是奢侈品，华丽的烟具成为社会区隔的标志。[④]近年来，欧美学者对中国近代鸦片消费史的关注逐渐增多，其背后的驱动力乃是针对"鸦片对中国社会造成巨大危害"这一论断的质疑。冯客（Frank Dikötter）在《麻醉文化：中国毒品史》（*Narcotic Culture*：*a*

---

① Steven Martin, Photographs by Paul Lakatos, *The Art of Opium Antiques*, Chiang Mai, Thailand: Silkworm Books, 2007.

② Peter Lee, *The Big Smoke*: *The Chinese Art and Craft of Opium*, Thailand: Lamplight Books, 1999; Peter Lee, *Opium Culture*: *The Art and Ritual of the Chinese Tradition*, Simon and Schuster, 2005.

③ 李长莉关于晚清上海社会变迁的研究曾涉及鸦片对城市生活产生的影响。见李长莉《晚清上海社会的变迁——生活与伦理的近代化》，天津人民出版社2002年版。此外还有如下论文对清代鸦片消费进行讨论：王龙飞：《隐现二百年——社会文化视野下的鸦片烟馆》，硕士学位论文，华中师范大学，2011年；张广杰：《晚清上海鸦片消费研究1858—1906》，硕士学位论文，苏州大学，2009年；陈娟：《禁烟问题新议：从畸形的鸦片吸食消费文化心理看禁烟问题》，《黑龙江史志》2012年第16期。

④ Zheng Yangwen, *The Social Life of Opium in China*, Cambridge, Cambridge University Press, 2005.

History of Drugs in China)一书中尝试突破既往中西方学术界关于鸦片的共识,试图说明在清代禁烟运动之前,鸦片造成的危害并没有学界此前认定的那么严重。他论证的方法是重点论述鸦片的消费史,强调鸦片作为一种消费品已为清人所接受,成为"招待客人的上品、娱乐的上方、生活在优越的上层社会的标志和精神贵族的象征",因此鸦片"对健康与长寿并没有重大的不良影响"[1]。学者对于这种观点评价不一。蓝诗玲(Julia Lovell)在她的新著《鸦片战争》中评价此书有着"关于晚清和民国时期毒品使用情况开人茅塞的论述"[2]。而黄宇和对这种观点进行了猛烈抨击,认为冯著乃是为鸦片树碑立传。[3] 中西学者对鸦片消费史的关注显示出鸦片消费史研究存在某些空间。但是这些研究明显存在一些问题,由此引发的争论,也在提醒着我们或许只有分析鸦片消费心理、消费动机和消费方式,并兼顾清代禁烟和消费并存的复杂语境,才能更加完整地呈现出清代鸦片消费问题的全貌。

上述研究领域和研究方向既是中外禁毒史学界最为关注的重大问题,也是个人在此方面用力最多的地方。本书较多地反映了笔者长期以来的认真思考,也吸收了学界的最新研究成果,渴望成为最新学术研究成果的一个概览。它在许多方面揭示了围绕着鸦片问题在中、英、葡、美等多国之间展开的重大历史事件。

本书将清代鸦片政策的形成看作是行为者、思想、机构和政策倡导者之间的动态迭代互动。探讨的关键问题在国与国之间、国家机关和其他社会机构之间是如何处理毒品问题的,包括旨在改善健康和减少危害的政策法规,以及学者和官员价值观在政策制定中的相互作用。但愿这本书引起毒品政策制订者的兴趣,包括公共卫生、犯罪学、社会学、政治学的相关政策制订研究者。

本书即将付梓之际,我想对我的家人表达我的感激之情。把这本书献给我的妻子和孩子们,你们的无微不至关爱和大力支持使我能够全心开展研究。你们是我生命的灵感,我爱你们!真诚感谢你们!

---

[1] Frank Dikötter, Lars Laamann and Zhou Xun, *Narcotic Culture: a History of Drugs in China*, London: Hurst & Company, 2004.

[2] [英]蓝诗玲:《鸦片战争药·梦·国族构建》,刘悦斌译,新星出版社2015年版,第28页。

[3] 黄宇和:《读史札记——论冯客的鸦片赞歌及其他》,《中央研究院近代史研究所集刊》,2005年第47期。

第一章
罂粟的传入及其医药价值研究

清代雍正、乾隆年间，吸食鸦片烟风气日渐蔓延开来。尤其是到了嘉庆、道光年间，随着走私贸易的猖獗进行，鸦片对于中国社会构成了严重威胁。许多学者对于当时的鸦片危害和走私输入情况进行了认真研究，澄清了许多问题。但是，到目前为止，关于罂粟与鸦片传入中国的早期情况，尤其是二者传入中国之后对于古代中国人的社会生活究竟产生了哪些重要影响，还很少有人进行深入探讨。为了弄清这些基本事实，笔者收集了大量资料，现在予以初步梳理，以期得到对罂粟和鸦片史的正确认识。①

一 罂粟种植与鸦片早期传播史

鸦片来自罂粟。乳胶是通过切割未成熟的罂粟种子囊而获得的。欧洲报道的一种精神活性植物的最早的古植物遗迹与罂粟相对应。1853 年至 1854 年间，在瑞士湖畔分布的一些史前普法尔堡（Pfahlbau）定居点进行挖掘时，费迪南德·凯勒在罗本豪森（Robenhausen）找到了一些罂粟种子和荚果，以及一块罂粟籽蛋糕，这是此类遗址最著名的例子之一。不久之后，在格拉纳尔（Albuñol）的埋葬地也发现了胶囊和种子。它们是在埃斯巴达草编织的袋子里被发现的，这些袋子和其他墓葬用品都是 6000 多年前沉积在死者身边的。从两只凉鞋和一块布上获得的埃斯巴达草样本的放射

---

① 本章内容以《罂粟传入中国及其在古代的医药价值析论》为题发表于《广东社会科学》2009 年第 5 期，编入《中国社会科学文摘》（其标题改为《罂粟传入中国及其古代的医药价值析论》）2010 年第 1 期；《鸦片史事考三则》发表于《近代史研究》1993 年第 5 期，略有增删。

性碳－14 测定法就可以看出其样本生活的年代。①

　　罂粟原产于地中海地区，有证据表明，自公元前 5500 年的新石器时代早期以来，欧洲就开始种植罂粟。然而，它被驯化的地区仍然是未知的。迄今为止，在欧洲东南部和近东的新石器时代遗址中还没有发现罂粟的遗迹。考古学家在现代以色列阿特利特－亚姆的新石器时代遗址中的一个建筑物中发现了单一罂粟种子，时间大约在公元前 7 世纪中期。② 不过，很难确定这粒种子是人工培育的或野生的。

　　在欧洲的许多新石器时代遗址，如罗本豪森都发现了栽培品种的胶囊和种子。学者们一直认为这个物种的驯化发生在新石器时代早期的西地中海地区。③ 鉴于罂粟经常出现在中欧最早的农作物群体中，萨拉维等人认为罂粟的种植很可能始于西北欧。④ 然而，在新石器时代早期的意大利拉马尔莫塔的遗址和西班牙祖赫罗斯的拉奎瓦德洛斯穆尔西埃拉戈斯，最早的罂粟作为一种栽培品种的发现已经相当遥远，大约公元前 5600—前 5400 年⑤。

　　无论罂粟最初是在哪里被种植的，在新石器时代，罂粟的种植迅速扩张到欧洲大陆的西北部和现在的捷克共和国，则是毋庸置疑的。大约在公

---

①　Ferdinand Keller, *The Lake Dwellings of Switzerland and Other Parts of Europe*, London: Longmans, Green and Company, 1866; Manuel Góngoray y Martínez, *Antigüedades Prehistóricas de Andalucía: Monumentos, Inscripciones, Armas, Utensilios y otros Importantes Objetos Pertenecientes a los Tiempos Más Remotos de su Población*, Madrid: Real Academia de la Historia, 2007 [1868]; Carmen Cacho Quesada et al., "La Cestería Decorada de la Cueva de los Murciélagos (Albuñol, Granada)," *Complutum* 6, no. 1 (1996), pp. 105 – 122.

②　Mordechai E. Kislev, Anat Hartmann, and Ehud Galili, "Archaeobotanical and Archaeoentomological Evidence from a Well at Atlit-Yam Indicates Colder, More Humid Climate on the Israeli Coast during the PPNC Period," *Journal of Archaeological Science* 31, no. 9 (2004), pp. 1301 – 1310.

③　Mark D. Merlin, *On The Trail of the Ancient Opium Poppy*, Rutherford: Fairleigh Dickinson University Press, 1984; Jürgen Schultze-Motel, "Die Urgeschichtlichen Reste des Schlafmohns (*Papaver somniferum* L.) und die Entstehung der Art," *Die Kulturpflanze* 27, no. 2 (1979, pp. 207 – 215; Corrie C. Bakels, "Der Mohn, Die Linearbandkeramik und das westliche Mittelmeergebiet," *Archäologisches Körrespondenzblatt* 12 (1982), pp. 11 – 13; Corrie C. Bakels, "Fruits and Seeds from the Linearbandkeramik Settlement at Meindling, Germany, with Special Reference to Papaver somniferum," *Analecta Praehistorica Leidensia* 25 (1996), pp. 55 – 68.

④　Aurélie Salavert, "Le pavot (Papaver somniferum) à la fin du 6e millénaire av. J.-C. en Europe occidentale," *Anthropobotanica* 1, no. 3 (2010), pp. 3 – 6.

⑤　For specific references see Ferrán Antolín, Stefanie Jacomet, and Ramón Buxó, "The Hard Knock Life: Archaeobotanical Data on Farming Practices during the Neolithic (5400 – 2300 cal BC) in the NE of the Iberian Peninsula," *Journal of Archaeological Science* 61 (2015), pp. 90 – 104.

元前4000年前后被引进到不列颠群岛。在英国北安普敦郡的红地农场场长的手推车里，人们在浸水的沟渠的早期填充物中发现了8颗种子。没有其他可耕种的杂草和谷物残留，表明这种植物本身可能就是一种作物。在青铜时代，对罂粟种植的唯一限制来自自然因素，如斯堪的纳维亚半岛。①

史前时期的罂粟是用来做什么的？种植这种植物并不一定意味着它是为了其精神活性特性而种植的，因为它还有其他用途。例如，凯勒认为在罗本豪森（Robenhausen），这种植物可以用作粮食作物和产油作物。"在罗本豪森发现了一整块花园里的罂粟囊或罂粟种子，这些种子可能被榨成油，或者被吃掉，撒在面包上。"后来，这种植物在湖泊殖民者中一定有相当重要的地位，因为他们可能从它的种子中获得油。② 此外，在Vaux-et-Borset新石器时代遗址出土的一个陶罐的模型中，还添加了罂粟籽作为调和剂。

史前人类可能也知道这种植物的乳胶具有麻醉性。贡戈拉描述了在Murcielagos墓地杯子里发现的罂粟，"它们与大量的罂粟胶囊有关，罂粟胶囊是睡眠和死亡的象征，其中许多是在每具尸体旁边的小草袋中发现的"③。这清楚地表明，这种植物在埋葬仪式中发挥了重要作用，也许是由于它的麻醉特性。当然，伊比利亚新石器时代的团体利用这种汁液作为药物。在西班牙巴塞罗那的瓦里西特矿井中，两具男性成年人的骨骼中发现了微量的鸦片制剂。④

公元前1000年，虽然鸦片可能是矿工的奖赏，但必须指出的是，其中一名矿工在双重钻孔手术中幸存下来，他的牙齿里发现了罂粟胶囊的残留物。在阿尔梅利亚（Almería）富恩特阿拉莫的青铜时代遗址，与阿尔加里亚文化相对应，在两个贵族墓穴中的陶瓷容器中发现了鸦片的痕迹，一个

---

① Gill Campbell and Mark Robinson, "Environment and Land Use in the Valley Bottom," in *The Raunds Area Project: A Neolithic and Bronze Age Landscape in Northamptonshire*, ed. Jan Harding and Frances Healy, Swindon: English Heritage, pp. 18 – 36; Hans-Peter Stika and Andreas G. Heiss, "Plant Cultivation in the Bronze Age," in *The Oxford Handbook of the European Bronze Age*, ed. Harry Fokkens and Anthony Harding, Oxford: Oxford University Press, pp. 348 – 369.

② Keller, *The Lake Dwellings of Switzerland*, pp. 341 – 343.

③ Góngoray Martínez, *Antigüedades Prehistóricas de Andalucía*, 55, Author's translation, emphasis added.

④ Jordi Juan-Tresserras and María Josefa Villalba, "Consumo de Adormidera (*Papaver somniferum* L.) en el Neolítico Peninsular: El Enterramiento M28 del Complejo Minero de Can Tintorer," in *Actes del II Congrés del Neolític a la Península Ibèrica*, Saguntum-PLAV, Extra-2 (1999), pp. 397 – 404.

属于成年男性的墓葬石臼,和一个装有女性骨架的皮托斯。①

但是,在公元前2000年的东地中海,罂粟用于仪式的迹象更为一致,主要是以罂粟囊的图像描绘的形式,要么展示在奇特的物体上,要么作为宗教场景的一部分。尽管在某些情况下,罂粟植物的识别是有争议的。其中一个最突出的例子来自米诺斯世界,在那里鸦片的麻醉性质被用于宗教仪式和治疗目的。从青铜器时代晚期开始广泛传播,约公元前1450年开始。② 在克里特岛的加齐(Gazi)避难所进行的挖掘,可以追溯到米诺斯三世晚期(公元前13世纪),发现了一个地下室,里面有一个巨大的陶土女神雕像,头上有三个罂粟囊形状的发夹,因此被称为"罂粟女神"。罂粟囊呈垂直切口,这表明人们已经掌握了提取鸦片的方法。此外,在同一个房间管状花瓶和木炭中发现吸入了鸦片蒸气。③

鸦片可能是青铜器时代晚期(约公元前1500年)东地中海交易网络中的一种商品。罗伯特·梅里利斯(Robert Merrillees)根据一种特殊的陶器的分布情况,这种陶器类似于一个倒置的罂粟囊,他认为这些小瓶子是由塞浦路斯运往埃及和黎凡特的容器。④ 虽然某些实例报告了鸦片生物碱

---

① Hermanfrid Schubart, "Estudios sobre la Tumba 111 de Fuente Álamo (Almeria)," *Spal* 15 (2006), pp. 103 – 148.

② Saber Gabra, "Papaver Species and Opium through the Ages," *Bulletin de l'Institut d'Egypte* 37, no. 1 (1956), pp. 39 – 56; P. G. Kritikos and S. P. Papadaki, "The History of the Poppy and of Opium and Their Expansion in Antiquity in the Eastern Mediterranean Area," *Bulletin on Narcotics* 19, no. 3 (1967), pp. 17 – 38; P. G. Kritikos and S. P. Papadaki, "The History of the Poppy and of Opium and Their Expansion in Antiquity in the Eastern Mediterranean Area," *Bulletin on Narcotics* 19, no. 4 (1967), pp. 5 – 10; Merlin, *On The Trail of the Ancient Opium*; Helen Askitopoulou, Ioanna A. Ramoutsaki and Eleni Konsolaki, "Archaeological Evidence on the Use of Opium in the Minoan World," *International Congress Series* 1242 (2002), pp. 23 – 29.

③ Spyridon Marinatos, "Ai Minoikai Theai tou Gadsi," *Archaoilogike Ephemeris*, pp. 278 – 291. [In Greek.]

④ Robert. S. Merrillees, "Opium Trade in the Bronze Age Levant," Antiquity 36 (1962), pp. 287 – 292; N. G. Bisset, J. G. Bruhn, and M. H. Zenk, "The Presence of Opium in a 3, 500 Year Old Cypriote Base-Ring Juglet," *Ägypten und Levante* 6 (1996), pp. 203 – 204; Klaus Koschel, "Opium Alkaloids in a Cypriote Base Ring I Vessel (Bilbil) of the Middle Bronze Age from Egypt," *Ägypten und Levante* 6 (1996), pp. 159 – 166; Robert S. Merrillees, *The Cypriote Bronze Age Pottery Found in Egypt* (Lund: Paul Åströms Förlag, 1968); Rachel Katherine Smith, "Novel Applications of Mass Spectrometry to Organic Residues in Archaeology", PhD diss., University of York, 2015; Zuzana Chovanec, Shlomo Bunimovitz, and Zvi Lederman, "Is There Opium Here? Analysis of Cypriot Base Ring Juglets from Tel Beth-Shemesh, Israel," *Mediterranean Archaeology and Archaeometry* 15, no. 2 (2015), pp. 175 – 189.

第一章 罂粟的传入及其医药价值研究

的痕迹,但其他分析未能检测到鸦片。① 毫无疑问,西亚和欧洲的史前人类已经积极地食用精神活性植物——罂粟。

鸦片在公元 7 世纪的阿拉伯伊斯兰教诞生之前的许多世纪就已经被该地区的人们所使用。鸦片最初种植于地中海东部,很可能是公元前 3400 年左右开始在小亚细亚地区。中世纪时,阿拉伯商人传播的鸦片与穆斯林哈里发的陆地和海洋扩张密切相关。9 世纪,阿拉伯和其他穆斯林学者和医生成为鸦片知识的保管人,他们从希腊祖先的著作中学到了鸦片知识。他们发表了关于鸦片及其制剂的文本,对鸦片的研究在当时达到了顶峰,记录在著名的内科医生和哲学家阿维森纳的著作中,他本人就是死于过量的鸦片和葡萄酒混合物。从这些穆斯林文献中可以看出,中世纪的穆斯林社会,就像他们在欧洲的同代人一样,主要将鸦片作为一种药物(止痛药或避免饥饿的一种方法),娱乐用途保持在最低限度。尽管如此,在前现代社会,娱乐性药物和医疗性药物之间的界限仍然相当模糊。②

人们普遍认为,鸦片是在伊朗萨法维王朝提取的,是作为一种治疗许多疾病和或娱乐目的的补救措施,欧洲的情况就是如此。奥斯曼人也是类似,他们以药丸或糊状的形式摄入鸦片,或者将其与各种香料、乳香糖和甜味混合物混合食用。在伊朗,大多数以这些形式吸食鸦片的人可能不需要增加剂量,并且在老年时继续消耗相同的数量。在现代早期伊朗,不太常见的鸦片吸食模式包括一种叫作 kuknar 的发酵鸦片以及用煮沸的鸦片水或煮沸的罂粟荚制成的简单茶叶,以及鸦片混合物。③ 在近代早期的伊朗,鸦片的消费者来自不同的群体和社会阶层。吸食鸦片在宫廷和精英阶层中

---

① Shlomo Bunimovitz and Zvi Lederman, "Opium or Oil? Late Bronze Age Cypriot Base Ring Juglets and International Trade Revisited," *Antiquity* 90, 354 (2016), pp. 1552-1561.

② Taha Baasher, "The Use of Drugs in the Islamic World," *British Journal of Addiction*, 76, no. 3 (1981), pp. 233-243. On the medicine-drug divide as a modern construct, see David Herzberg, *White Market Drugs: Big Pharma and the Hidden History of Addiction in America*, Chicago: The University of Chicago Press, 2020, pp. 10-12.

③ "Most people who took opium [in Iran] typically did so in the form of a regular daily dose, ingesting it in the form of a pill… [T]hese pills were the size of a pea. People would, however, typically start with a needlepoint of opium and gradually increase their intake until it had reached the size of a pea… [Generally,] committed opium users did not need to steadily increase daily dosage to achieve the same result. Most users would reach a plateau, then continue to ingest specific dose that suited them, and often did this into old age"; Matthee, The Pursuit, pp. 99-100.

尤其普遍,在苏菲派和文人兼诗人中也很普遍对于早期也是如此。在奥斯曼帝国,许多苏丹人都喜欢鸦片,苏菲修道会的成员经常用它来增强他们的精神追求和仪式。但在上层社会之外,据报道,许多普通的伊朗人和奥斯曼人也会在咖啡馆里摄取一些鸦片,消磨时间。①

总的来说,鸦片的使用似乎直到11世纪末和12世纪才在中东广为人知,当时蒙古入侵该地区成为鸦片使用扩散的催化剂。因此,到16世纪早期萨法维王朝控制伊朗的时候,鸦片的消费已经在那里非常普遍了。虽然我们缺乏关于邻国奥斯曼帝国鸦片的可靠信息,但欧洲人写的游记表明,在那里鸦片的使用可能也已经变得司空见惯了。

如上所说,在小亚细亚、地中海沿岸和西北欧,人类种植罂粟和采集鸦片的历史十分悠久。② 一种说法是,在公元7世纪罂粟种植与鸦片生产已经传入中国。依据的是这样一条资料:"乾封二年(667),(拂菻国国王)遣使献底也伽。"③ 拂菻,旧称"大秦",即东罗马帝国。"底也伽"是 Theriaka 的音译,是一种治疗痢疾的特效药物,其中含有鸦片的成分。笔者认为这是含有鸦片质的药丸偶尔的少量输入,而不是真正鸦片输入的开端。主要理由有三:第一,"底也伽"与鸦片的概念不同,这正如罂粟不是鸦片,鸦片不是吗啡,吗啡不是海洛因一样,尽管后者都是由前者提取加工制成的;第二,自唐代到明成化年间,史籍浩繁,目前还没有发现有关鸦片向中国输入的正式记载,因此,把数百年前的偶尔的零星含有鸦片的药丸作为鸦片输入中国的开端是不妥当的;第三,鸦片最初是作为药

---

① Mehrdad Kia, Daily Life in the Ottoman Empire, Santa Barbara, CA: Greenwood, 2011, p. 245; Heghnar Zeitlian Watenpaugh, "Deviant Dervishes: Space, Gender, and the Construction of Antinomian Piety in Ottoman Aleppo," *International Journal of Middle East Studies* 37, no. 4 (2005), pp. 535 – 565.

② 按照植物学的分类,全世界的罂粟科植物有25属,200余种,多数为草本,也有少量木本。其中对于人类生活影响较大的是鸦片罂粟,英文的学名为 Papaver somniferum。该种罂粟花卉名贵,极具庭院观赏价值,不仅种籽可以食用,果壳可以入药,尤其是花蕾中的汁液(即生鸦片)对于人体具有较强的麻醉镇静作用。考古学家发现,在公元前4000年新石器时代的瑞士湖边的村庄遗址中保存有这类罂粟籽,公元前3400年的美索不达米亚的平原上已经有人在种植这种罂粟了,公元前2000年的欧洲已经开始普遍种植罂粟。鸦片的采集技术在埃及首先被发明,在公元前1552年的底比斯诊疗记录中,鸦片已经被用于治疗各种疾病。公元3世纪前后,希腊人亦已掌握了从罂粟蒴果中榨取鸦片的技术。([美]马丁·布思:《鸦片史》,任华梨译,海南出版社1999年版,第18—22页。)

③ (后晋)刘昫:《旧唐书》卷198,列传148,第35页,《文渊阁四库全书》本。

物向中国输入的，应当在医药典籍上有应用记载，然而查阅唐、宋、辽、金、元数百年间的重要医药书籍，从民间配方到宫廷医案，并未提及鸦片的临床应用；第四，从鸦片的早期译音来看，鸦片是由中亚传入中国的。公元7世纪，伊朗人和阿拉伯人尚未掌握鸦片提取技术，因此不可能将鸦片提前传入中国。

笔者认为，依据上述这条孤零零的材料将公元7世纪视为鸦片输入中国的开端是不妥当的。

二 罂粟种植在唐代传入中国

罂粟种植在中国始于7世纪末或8世纪初，主要是罂粟种植在当时已经成为事实。一首唐诗这样写道："开花空道胜于草，结实何曾济得民。却笑野田禾与黍，不闻弦管过青春。"① 这是迄今为止，我们查阅到的中国最早的关于罂粟的种植记载。米囊花是罂粟的别名。作者郭震（656—713），字元振，魏州贵乡（今河北大名东南）人，咸亨四年（673）进士。先后任通泉尉、右武卫铠曹参军、奉宸监丞等职位；长安元年（701），任凉州（治所在甘肃武威）都督；神龙二年（706），为安西（唐代方镇之一，所辖龟兹、疏勒、于阗、焉耆，均在天山以北）大都护；太极元年（712），任朔方（为唐代方镇之一，又称灵武，或灵州，治所在今宁夏灵武西南）大总管；开元元年（713），任饶州（州名，治所在今江西鄱阳）司马，病死途中，封代国公。由于作者生活在7世纪末或8世纪初，我们断定，罂粟传入中国的时间为7世纪末或8世纪初。又由于作者的镇所均在宁夏、甘肃、新疆境内，我们断定，罂粟种植在长安以西的丝绸之路上。是时，人们对于罂粟的认识尚局限在庭院花卉观赏的初级阶段。

到了9世纪，汉中与成都盆地的田地中已开始种植罂粟。晚唐一位诗人在马上吟诵道："行过险栈出褒斜，出尽平川似到家。万里客愁今日散，马前初见米囊花。"② 诗中的"险栈"，指北栈道，即沿着褒水、斜水所修建的栈道。自陕西凤县东北草凉驿入栈，西南至凤县折向东南，经留坝，

---

① 郭震：《米囊花》，《御定全唐诗》卷66，第5页，《文渊阁四库全书》本。
② 雍陶：《西归出斜谷》，《佩文斋咏物诗选》卷364，第1页，《文渊阁四库全书》本。

又南至褒城旧治北鸡头关出栈。五代以前，前往四川，通常经褒谷南下蜀中。"褒斜"，乃是古道路名，与终南山之褒水、斜水平行，为古代连接关中平原与汉中盆地之要道。自汉至五代，凡南北兵争，双方行军往往取道于此①。作者雍陶，字国钧，成都人。太和年间（827—835）登进士第。大中八年（854），自国子毛诗博士，出任简州（治所在今四川简阳）刺史。在上任途中，途经褒斜到达汉中，看到米囊花，异常兴奋，立即产生回到家乡的感觉。是诗证明，诗人家乡成都地区与汉中的田野里已有罂粟种植。不过，同时也说明，首都长安所在的关中地区尚未种植罂粟。否则，米囊花不会成为诗人家乡特有的标志。

一位诗人在《江南杂题三十首》中写道："碧抽书带草，红节米囊花。"② 由此可知，晚唐江南地区已开始种植罂粟。江南诗人李贞白，对于罂粟生长情况业已非常熟悉，否则，对于其蒴果形状的描写不会如此逼真："倒排双陆子，希插碧牙筹。既似牺牛乳，又如铃马兜。鼓槌并瀑箭，直是有来由。"③

从上述诗人的吟咏情况来看，罂粟传入中国的时间大致在7世纪末或8世纪初。整个唐代属于罂粟移植中国的初期阶段，人们对于罂粟的认识基本上局限在花卉观赏阶段。《备急千金方》和《银海精微》是盛唐医学家孙思邈（581—682）集其大成的医药著作，其中没有一个药方涉及罂粟。《颅囟经》二卷，则是唐末宋初医药著作，亦无关于罂粟的任何配方。这说明，罂粟的医药价值在唐代还没有被医家认识到。

三　宋辽金元时期的罂粟医药价值

到了北宋时期，罂粟种植范围进一步扩大。大诗人苏轼之弟苏辙闲居颍川，开始向当地农夫学习种植罂粟，留下《种药苗二首》，其中一首为

---

① "褒谷山，在县北五里。南口为褒，北口为斜，长四百七十里。褒谷在县东二百步，褒姒之所出也。褒斜道，一名石牛道，张良令汉王烧绝栈道，示无还心，即此道也。"（《元和郡县图志》卷22，《兴元府》）

② 张祜：《江南杂题三十首之四》，《全唐诗补编》卷8。按语：张祜，字承吉，清河人。唐大中（847—859），卒于丹阳。

③ 李贞白：《咏罂粟子》，《御定全唐诗》卷870，第18页。

《种罂粟》："筑室城西，中有图书。窗户之余，松竹扶疏。拔棘开畦，以毓嘉蔬。畦夫告予，罂粟可储。罂小如罂，粟细如粟。与麦皆种，与穄皆熟。苗堪春菜，实比秋谷。研作牛乳，烹为佛粥。老人气衰，饮食无几。食肉不消，食菜寡味。柳槌石钵，煎以蜜水。便口利喉，调养肺胃。三年杜门，莫适往还。幽人衲僧，相对忘言。饮之一杯，失笑欣然。我来颍川，如游庐山。"从这一首诗可以看出，在北宋时期罂粟的功能还很有限，苗可以当成蔬菜食用，籽可以充饥，熬成"佛粥"，可以治病，调肺养胃而已。在引子中苏辙写道："予闲居颍川，家贫不能办肉。每夏秋之交，菘芥未成，则盘中索然，或教予种罂粟、决明，以补其匮。寓颍川诸家，多未知此，故作种药苗二诗以告之。"① 颍川，古郡名，治所在今河南省禹州。从这段话中，我们可以看出颍川的农家已经有人掌握了罂粟栽培技术，而从外地迁移到颍川的移民大多不了解罂粟的种植技术与食用功能，这说明罂粟种植在当时还不普遍，所以，诗人感到有必要以诗歌方式向朋友传播罂粟种植技术和食用方法。

无独有偶，另一位诗人也用诗歌详细记述了自己为什么要种植罂粟以及罂粟的生长情况。"前年阳亢骄，旱日赤如血。万里随羽书，挥鞭无留辙。炎毒乘我虚，两岁苦病暍。遇夏火气高，烦蒸不可活。饱闻食罂粟，能涤胃中热。问邻乞嘉种，欲往愧屑屑。适蒙故人惠，筠籢里山叶。堂下开新畦，布艺自区别。经春甲未坼，边冷伤晚雪。清初气忽动，地面龟兆裂。含滋竟出土，新绿如短发。常虑蒿莠生，锄剗不敢缺。时雨近沾足，垂凌争秀发。开花如芙蓉，红白两妍洁。纷纷金蕊落，稍稍青莲结。玉粒渐满房，露下期采折。攻疾虽未知，适愿已自悦。呼童问山鼎，芳乳将可设。"② 是诗作者李复，字履中，先世居住祥符（今河南开封市），因其父官关右，遂移居长安。元丰二年（1079），登进士，官至集贤殿修撰，有《潏水集》。"潏水"，在今长安县境内。作者种植罂粟是为了获取罂粟籽，以治疗胃病，"能涤胃中热"。这与苏辙的上述认识是基本一致的。

北宋时期，罂粟的使用范围基本限于熬制"罂粟汤"和"佛粥"。关

---

① （宋）苏辙：《栾城集》第三集第五卷，第1页，《文渊阁四库全书》本。
② （宋）李复：《潏水集》卷10，第7页，《文渊阁四库全书》本。

于"罂粟汤",大诗人苏轼在《归宜兴留题竹西寺》诗中有所提及,"道人劝饮鸡苏水,童子能煎罂粟汤"①。江西诗人黄庭坚亦有这样的诗句,"女奴煮罂粟,石盆泻机泉"②。江南宜兴的"童子能煎罂粟汤",江西的"女奴煮罂粟",固然证明罂粟不太罕见,但同时也说明仍然比较珍贵,毕竟是用来招待贵客的物品。正是由于比较珍贵,罂粟成为达官贵人互相馈赠的礼物。③ 关于"罂粟汤"的养胃健身的功能当时人比之"丹石",也有明确记载。"万粒匀圆剖罂子,作汤和蜜味尤宜。中年强饭却丹石,安用咄嗟成淖糜。"④ 而"佛粥",又称"罂粟粥",配料及熬制、服用方法如下:"白罂粟米二合,人参末三大钱,生山芋五寸长,细切研三物。以水一升二合煮取六合,入生姜汁及盐花少许,搅匀,分服。不计早晚食之,亦不妨别服汤丸。"⑤

大致说来,罂粟在医药学中具有驱除邪热,养肺健胃的医疗保健作用,这是北宋时期人们对于其医疗功能的基本认识。北宋末年的一本药物学著作如实地总结了前人的种植经验和医药效果,代表着当时人对于罂粟的基本认识。略谓:"罂子粟,旧不著所出州土,今处处有之。人家园庭中多莳以为饰,花有红白二种,微腥气。其实作瓶子,似髇,音哮箭头中有米,极细。种之甚难。圃人隔年粪地,九月布子,涉冬至春始生苗,极繁茂矣。不尔,种之,多不出,出亦不茂。俟其瓶焦黄,则采之。主行风气,驱逐邪热,治反胃,胸中疾滞及丹石发动,亦可合竹沥作粥,大良。然性寒,利大小肠,不宜多食。食过度,则动膀胱气耳。"⑥

到了南宋、辽、金、元时期,罂粟的种植范围进一步扩大。著名诗人杨万里对于罂粟写下脍炙人口的诗歌。"铅膏细细点花梢,道是春深雪未消。一斛千囊苍玉粟,东风吹作米长腰。鸟语蜂喧蝶亦忙,争传天诏诏花

---

① (宋)苏轼:《东坡全集》卷15,第8页,《文渊阁四库全书》本。
② (宋)黄庭坚:《山谷外集》卷5,第2页,《文渊阁四库全书》本。
③ "承惠及罂粟、咸豆等,益荷厚意。"[(宋)苏轼:《答南华辩禅师》,《东坡全集》卷84,第3页。《文渊阁四库全书》本。]
④ (清)谢薖:《罂粟》,《御定佩文斋咏物诗选》卷364,第2页。
⑤ (宋)唐慎微:《证类本草》卷26,第16页,《文渊阁四库全书》本。按语:据四库全书提要者考订,是书成于北宋末年。
⑥ (宋)唐慎微:《证类本草》卷26,第15页,《文渊阁四库全书》本。

王。东皇羽卫无供给，探借春风十日粮。"① 关于罂粟的种植、生长情况以及使用功效，周紫芝写了两首诗。第一首诗是《种罂粟》②，第二首诗是《罂粟将成》③，所谈医药功能与北宋时期相同。

与北宋相比，除了诗人在诗歌中继续吟诵罂粟之外，南宋时期有许多文人在笔记、文集和方志中开始记录罂粟的种植和使用情况。陈元靓在《岁时广记》中如此写道："重九日，宜种罂粟，早午晚三时种，开花三品。按本草名罂粟子，味甘平，无毒，主丹石发动，不下食者，和竹沥煮作粥，食之，极美。一名象谷，一名米囊，一名御米花。《图经》云：种之甚难，圃人隔年粪地，九月布子，涉冬至春始生苗，极繁茂矣。不尔，种之多不出，亦不茂，俟其瓶焦黄，则采之。衍义曰：研末以水煎，仍加蜜，为罂粟汤。"④ 这一记载反映了南宋时期对于罂粟的不同称呼。"罂粟""米囊""象谷""御米花"等，都是时人对于罂粟果实形象性的称呼⑤。这里需要注意的是，人们对于罂粟的认识还很有局限性。

在南宋时期的方志风物记载中，涉及罂粟的地方较为模糊，大抵重复前代诗人的认识。如：《淳熙三山志》曰："罂粟花，有红白二种。九月布子，春深乃生，实如小罂，子如细粟。"⑥《重修毗陵志》云："罂小如罂，

---

① （南宋）杨万里：《米囊花》，《诚斋集》卷8，第17页。《文渊阁四库全书》本。
② "墙根有地一弓许，人言可种数十竹。翁来只作三年留，仅比浮屠桑下宿。竹成须待五六年，我已归乎卜新筑。园夫笑谓主人言：不如锄苗种罂粟。二月春风上翠茎，三月轻红照新绿，嫣花落尽罂不空，碎粒圆时粟初熟，乳膏自入崖蜜甜，满贮醍醐饮僧粥。与其种竹供后人，孰若栽花资老腹。人间作计真眼前，万事皆尔真可怜。十年种木尚不肯，百年种德知何缘。倚锄自顾颇羞涩，病眼对花空惘然。"［（南宋）周紫芝：《太仓稊米集》卷22，第6页，《文渊阁四库全书》本］
③ "庾郎十饭九不肉，家无斗储饭不足。穷儿朝来忽乍富，墙下千罂俱有粟。只今锦烂花争妍，想见云翻釜初熟。一饭醍醐生玉池，再饮沆瀣充朝饥。味虽似淡中实美，暖能扶老甘归脾。黄粱岁割一万斛，谩饲谷伯如猪肥。君不见，峨嵋仙人家海涯，自种紫芋羹蹲鸱，尚说人间无此味。天酥酡固不可知，愿借东坡玉糁句，题作此窗罂粟诗。"［（南宋）周紫芝：《太仓稊米集》卷29，第1—2页，《文渊阁四库全书》本］
④ （宋）陈元靓：《岁时广记》卷36。按语：陈元靓，乃一隐士，事迹不详。是书前有知无为军巢县事朱鉴序，因朱鉴乃理宗时人，可以推定陈元靓是南宋人。因此这个记录，应当反映的是南宋时期江南地区罂粟种植及其使用情况。
⑤ "罂粟"，以其状如罂，罂内有粟也；"米囊"，以其果内有米，状如米囊也；"象谷"，以其果实象谷米也；"御米"，以其米可以供御用，故有是名。
⑥ （南宋）梁克家：《淳熙三山志》卷41。按语："淳熙"，南宋孝宗年号，即公元1174—1189年。"三山"，地名，在今南京西南面。

粟细如粟，与麦皆种，与稷皆熟……斫作牛乳，烹为佛粥。"① 《新安志》记载："有罂子粟，结房如瓶罂，如髇箭，花艳好，而实细美，非他粟之类。"② 这种记录，说明罂粟的种植和使用情况，尚不是十分普及。尤其是在辽人、金人控制的北方地区，罂粟种植还是比较困难的事情。正是种植罂粟在北方难以达到预期的效果，金代山西诗人元好问才有"花有如罂粟，能同橘不迁"的感叹。③

南宋、辽、金、元时期，罂粟在医药学上进一步发挥作用，除了治疗脾胃等疾病之外，开始更多地用于治疗咳嗽、痢疾等顽症，并解金石之毒。以下是南宋医家的几种验方：

"养中汤，治肺胃受寒，咳嗽多疾，胸满短气，语声不出，昼夜不止，饮食减少。不以远年日近，并皆治之。半夏炙八钱，甘草湿半两，罂粟壳去蒂盖蜜炙二两半，肉桂去粗皮半两，右为细末，每服一大钱，水一盏，生姜四片，同煎至七分，通口服，不拘时候。"④

"御米汤，治久患痢疾，或赤或白，脐腹□□□痛，里急后坠，发歇无时，日夕无度，及下血不已，全不入食，并皆主之。厚朴去粗皮，炒，姜制，十两；罂粟壳，蜜炙；白茯苓，去皮；甘草，炙；各五两。人参，去芦；干姜，炮，各二两半。"⑤

"人参散，治妊娠心气不足，调正脾胃，进食补胎，流利关膈。罂粟一两，炒，白扁豆一两，藿香一分，甘草半两，炙，人参一分。右为细末，每服一钱，麦门冬，熟水调下，日午夜，卧服。"⑥

"宁神散，治嗽。御米壳（二两，蜜炙），人参、苦葶苈，以上各一两；右为末，入乌梅同煎，三、五沸，去滓，稍热服，食后。"⑦

---

① （明）朱昱撰：《重修毗陵志》卷13，全国图书馆缩微中心，2001年。
② （南宋）罗愿：《新安志》卷2，叙物产，第3—4页。按语：是书成于南宋淳熙年间。
③ （金元）元好问：《治圃杂书》，《元诗选初集》甲集。按语：元好问，金代文学家，秀容（今山西省忻县）人。金亡，不仕。是诗描写的是罂粟难于移植的情况，借用的典故是"南桔北枳"。是诗也出现在元代诗人方回的《桐江续集》第十六卷中，究竟是何人所作，存疑待考。
④ （宋）陈师文：《太平惠民和剂局方》卷4，第14页，《文渊阁四库全书》本。
⑤ （宋）陈师文：《太平惠民和剂局方》卷6，第27页，《文渊阁四库全书》本。
⑥ 《产宝诸方》，（清）丁丙编：《当归草堂遗书丛书初编》，光绪四年线装书。
⑦ （金）张从正：《子和医集·儒门事亲》卷十二，第12页。

"宁肺散，御米（蜜炒，去穰）、甘草、干姜、当归、白矾、陈皮，以上各一两；右为末，煎薑汁，调三钱。"①

通过以上研究，我们可以得到如下结论：北宋时期，罂粟种植范围比唐代有所扩大，利用罂粟熬制"佛粥"和"罂粟汤"，主要用于养肺健胃。南宋、辽、金、元时期，随着罂粟种植范围的进一步扩大，其医药使用范围亦有所扩大，利用罂粟可以调制"养中汤""御米汤""人参散""宁神散""宁肺散"和"九仙散"等，治疗脾虚肺寒，咳嗽多疾，胸满短气，饮食减少，腹痛痢疾，妊娠心气不足等疾病，可以说在这一时期罂粟在医药学上得到了完全积极的应用。

四 明朝的鸦片输入及其医药价值

罂粟在明朝的社会生活中作用越来越大，不仅在日常生活中以罂粟为原料，可以制成各种美味佳肴（诸如：烹调蔬菜，熬制佛粥，烙成面饼，制成馄饨和豆腐，等等）②，而且在治病救人方面也得到了充分利用。李时珍全面总结了前人的经验，对于罂粟的生长情况和医疗功效作了更精细的记载，指出："罂粟秋种冬生，嫩苗作蔬食甚佳。叶如白苣，三四月抽苔结青苞，花开则苞脱。花凡四瓣，大如仰盏，罂在花中，须蕊裹之。花开三日即谢，而罂在茎头，长一两寸，大如马兜铃，上有盖，下有蒂，宛然如酒罂。中有白米极细，可煮粥和饭食。水研滤浆，同绿豆粉作腐，食，尤佳。亦可取油。其壳入药甚多，而本草不载，乃知古人不用之也。"③ 在他看来，罂粟籽，甘平，无毒，可以行风气，逐邪热，治反胃和胸中痰滞；罂粟壳，可以止泻痢，固脱肛，治遗精，敛肺涩肠，治咳嗽，止心

---

① （金）张从正：《子和医集·儒门事亲》卷12，第12页。
② "救饥采嫩叶，煠熟，油盐调食。取米作粥，或与面作饼，皆可食。其米和竹沥煮粥，食之，极美。"[（明）朱橚：《救荒本草》卷7，第3页，《文渊阁四库全书》本]"馄饨，用鲜乳饼，加罂粟米屑、葱白，拌花椒，缩砂仁、盐，匀之为馅。"[（明）宋诩：《竹屿山房杂部》卷2，第5页，《文渊阁四库全书》本]"造罂粟腐法，罂粟和水研细，先布后绢，滤去壳，入汤中，如豆腐浆，下锅，令滚，入绿豆粉，搅志腐。凡粟二分，豆粉一分，芝麻同法。"[（明）高濂：《遵生八笺》卷13，第14页，《文渊阁四库全书》本]
③ （明）李时珍：《本草纲目》卷23，第22页，《文渊阁四库全书》本。

腹、筋骨诸痛①，书中记录了大量处方，限于篇幅，在此不再列举。

现在，我们把注意力转向鸦片的输入和使用。查阅中国各类图书，在元代以前的图书中没有发现任何关于鸦片的信息，因此，我们可以推断，在元代之前不仅外国鸦片尚未输入中国，而且中国人也没有掌握鸦片的采集方法。"鸦片"，又写作"阿片"，是外来词语，是 opium 的音译。"鸦片"的别名为"阿芙蓉"或"合甫融"，也是一个外来词语，是阿拉伯语 afyun 的音译。由此可见，"鸦片"最初是一种舶来品。那么，鸦片究竟是何时输入中国呢？

在明朝的图籍中，最早出现记录鸦片信息的是一本名为《蟫精隽》的书籍。是书分条记载有关史事，作者在其第十卷"合甫融"一条中这样写道："海外诸国并西域产有一药，名'合甫融'，中国又名鸦片。状若没药，而深黄柔韧，若牛胶焉。味辛，大热，有毒，主兴助阳事，壮精益元气。方士房中御女之术，多用之。又能治远年久痢，虚损元气者，往往服不三数分。多服，能发人疔肿、痛疽、恶疮，并一应热疾。而其性酷烈，甚于硫磺、丹砂，热燥猛于苏合油、附子，自仙灵脾、琐阳、阳起石、丁香、鹿茸、龙骨、兔丝而下功皆不及也。成化癸卯，尝令中贵出海南、闽浙、川陕，近西域诸处收买之，其价与黄金等。"② 这一珍贵资料除了说明"合甫融"的药用价值之外，重要价值在于第一次记录了鸦片在中国市场上已经成为一种商品，"价同黄金"，可以在广东、福建、浙江、四川、陕西等地购买；重要价值在于说明输入中国的鸦片有两个来源："西方诸国并西域"。这里的"西方诸国"，显然是指将鸦片称作 opium 的欧洲国家。"西域"，应当是指将鸦片称作 afyun 的阿拉伯国家和地区。鸦片的两种音译最早出现在同一条资料中，说明欧洲人和阿拉伯人向中国运送鸦片几乎是同时进行的。究竟是阿拉伯人还是欧洲人最先向中国运送鸦片？在没有比较可靠的资料情况下，我们在此无法作出明确判断。这一资料还是明廷在市场上直接收买外国商人鸦片的最早记载。成化癸卯年（1483），朝廷派遣太监到边远省区大规模收购鸦片，表明鸦片在当时宫廷生活中已有相

---

① （明）李时珍：《本草纲目》卷23，第22—55页，《文渊阁四库全书》本。
② （明）徐伯龄：《蟫精隽》卷10，第14—15页，《文渊阁四库全书》本。按语：徐伯龄，字延之，嵊县（今属浙江省）人，为山林隐士。生活于天顺（1457—1464）、成化（1465—1487）年间，因此可以记载成化癸卯时事。

当重要的作用。

除此之外，明朝中期关于鸦片的记载还很少见。但是，到了明朝末年，关于鸦片的记载开始多了起来。由于鸦片最初是作为药物进口的，所以，关于鸦片的介绍往往谈及其医药功能。云南的一位地方官说："哈芙蓉，夷产也。以莺粟汁和草乌合成之。其精者为鸦片，价埒兼金，可疗泄痢、风蛊诸症，尤能坚阳不泄，房中之术多用之。然亦有大毒，滇人忿争者，往往吞之，即毙。"① 这里的"哈芙蓉"，也是鸦片的阿拉伯音译。作者以其精与粗区分鸦片的名称显然是不正确的，说"哈芙蓉"系罂粟汁与草乌的合成品也是不准确的。

关于鸦片采集方法，明末清初科学家方以智（1611—1671）留下的记载是："其结青苞时以针刺十数眼，其精液自出，收入瓷器，用纸封口，曝二七日，即成鸦片，最能涩精。"② "以针刺十数眼"，采集鸦片，这个记载还不够精确。因为采集鸦片汁液的通常做法是用利器在罂粟蒴果的外面划伤三五处伤痕，伤痕的深度是不可伤及里面的硬壳，这样才能保证汁液慢慢浸出。医药学家缪希雍的记载最为准确。他说："阿芙蓉，罂粟花之津液也。罂粟结青苞时，午后以大针刺其外面青皮，勿损里面硬皮，或三五处，次早津出，以竹刀刮取入瓷器，阴干用之。其气味与罂粟壳相同，而此则止痢之功尤胜。故小儿痘疮行浆时，泄泻不止，用五厘至一分，未有不愈，他药莫逮也。"③

著名医药学家李时珍采纳了缪希雍的观点，并对鸦片的医药性能作了比较全面的解释。"阿芙蓉，前代罕闻，近方有用者，云是罂粟花之津液也。罂粟结青苞时，午后以大针刺其外面青皮，勿损里面硬皮，或三五处，次早津出，以竹刀刮收入瓷器，阴干用之。故今市者犹有苞片在内……气味酸，涩，温，微毒。主治泻痢、脱肛不止，能涩丈夫精气。"④

大致说来，鸦片作为珍贵的药物，在明代主要用于治疗痢疾、脱肛、小儿痘疮以及各种头风、疼痛病症，同时还用于治疗男性疾病，所谓"坚

---

① （明）谢肇淛：《滇略》卷3，第18页，《文渊阁四库全书》本。按语：谢肇淛，万历时期（1573—1620）人。
② （明）方以智：《物理小识》卷9，第21页，《文渊阁四库全书》本。
③ （明）缪希雍：《神农本草经疏》卷30，第19页，《文渊阁四库全书》本。
④ （明）李时珍：《本草纲目》卷23，第24页，《文渊阁四库全书》本。

阳不泄"者也。下面是几种著名的药方：

"一粒金丹。真阿芙蓉一分，粳米饭，捣作三丸。每服一丸，未效，再进一丸，不可多服。忌醋，令人肠断。风瘫，热酒下；口目㖞邪，羌活汤下；百节痛，独活汤下；正头风，羌活汤下；偏头风，川芎汤下；眩迷[晕]，防风汤下；阴毒，豆淋酒下；疟疾，桃、柳枝汤下；痰喘，葶苈汤下；久嗽，干姜、阿胶汤下；劳嗽，款冬花汤下；吐泻，藿香汤下；赤痢，黄连汤下；白痢，姜汤下；禁口痢，白术汤下；诸气痛，木香酒下；热痛，栀子汤下；脐下痛，灯心汤下；小肠气，川楝、茴香汤下；血气痛，乳香汤下；胁痛，热酒下；噎食，生姜、丁香汤下；女人血崩，续断汤下；血不止，五灵脂汤下；小儿慢脾风，砂仁汤下。"①

"赤白痢下。鸦片、木香、黄连、白术各一分，研末，饭丸小豆大。壮者一分，老幼半分，空心米饮下。忌酸物、生冷、油腻、茶、酒麹，无不止者。口渴，略饮米汤。"②

"鸦片散，治痘当起胀灌脓时，泄泻不止，诸药不效者，如神。真鸦片一钱，莲肉炒一钱，右每服半分或一分，米饮调下，立止。"③

"大金丹，治痰火翻膈，中风湿痰，虚损怯症。牛黄、珍珠、冰片、麝香、犀角、狗宝、羚羊角、孩儿茶，以上各五钱；血结、珠砂、鸦片，各三钱；琥珀、珊瑚、沉香、木香、白檀香，各三钱。金铂五贴，存一半为宜。共为细末，用人乳汁为丸。如芡实、大金铂为衣，每服一丸，不拘时，用梨汁送下。"④

正是由于鸦片在明朝医药学上应用广泛，奇效无比，它才成为外国经常向中国输入的重要商品之一。明廷为此还制定了鸦片进口税率，保存到现在的《陆饷货物抽税则例》规定："阿片每十斤税银二钱。"⑤ 这项税则

---

① （明）李时珍：《本草纲目》卷23，第25页，《文渊阁四库全书》本。
② （明）李时珍：《本草纲目》卷23，第25页，《文渊阁四库全书》本。
③ （明）孙一奎：《赤水元珠》卷28，第50页，《文渊阁四库全书》本。
④ （明）高濂：《遵生八笺》卷18，第55—56页，万历十九年刻本。
⑤ （明）张燮：《东西洋考》卷7，第13页，《税饷考》，《文渊阁四库全书》本。

第一章 罂粟的传入及其医药价值研究

制定于万历十七年（1589）。一项税则不可能对偶尔的少量的货物来制订。万历四十三年（1615），明朝又新订《货物抽税见行则例》，将鸦片入口税率改为"每十斤税银一钱七分三厘"①。这项税则一直维持到明朝灭亡。这些资料足以证明，从16世纪开始，鸦片已经成为中国需要经常进口的贵重物品。向中国输入鸦片的商贩，既有阿拉伯人、爪哇人和泰国人，也有葡萄牙人、荷兰人等西欧人。尤其是在葡萄牙人占据澳门（1553年），荷兰人占据台湾（1624年）之后，鸦片成为经常进口的商品。

明朝人服食鸦片的方法主要是吞服，即由医家将其拌合其他药料，制成中药丸散，如"一粒金丹""鸦片散""大金丹"等，主治痢疾、头风及男子遗精、早泄等症。鸦片在明朝得到了积极的应用，对于当时中国人的身体健康是有功效的。但由于吞服鸦片或鸦片质的合成药品极易成瘾，一些患者难免受其控制，成为瘾君子，也造成了一些不良后果。当时鸦片价格极为昂贵，普通百姓无力消费，鸦片流毒限于富贵阶层极少数人，"相传明神宗御极三十年，不召见群臣，即为此物所累"②，绝非空言。1958年，发掘定陵地宫，经过科学化验，发现朱翊钧尸骨中确实含有较重的吗啡成分，偶尔服食过鸦片不可能留下这样的记录，证明他是一位经常服食鸦片的瘾君子。③ 皇帝如此，王公大臣、贵戚阉宦难免互相浸染，宫廷先受其毒，无怪乎成化年间，明廷派出太监到各地收买鸦片。只是由于流毒范围有限，尚未引起医家重视而已。

通过上述资料分析，我们知道，明朝人对于罂粟的医药使用范围比宋元时期有所扩大，除了继续用于治疗脾虚肺寒，咳嗽多痰，胸满短气，饮食减少，痢疾腹痛，妊娠心气不足等症外，还用于治疗脱肛、遗精、痘疮和镇痛等。在日常生活中，罂粟还被做成佛粥、面饼、馄饨和豆腐等食品，得到了相当积极的使用。而鸦片进口发生在明朝中期，成化年间开始留下记录。鸦片输入从一开始就留下两组截然不同的译称："鸦片"或"阿片"，"合甫融"或"阿芙蓉""哈芙蓉"。这说明鸦片来源

---

① （明）张燮：《东西洋考》卷7，第15页，《税饷考》，《文渊阁四库全书》本。
② 雷瑨辑：《蓉城闲话》，见中国史学会主编《鸦片战争》第1册，上海人民出版社1957年版，第292页。邹漪《启祯野乘》与许熙重《神宗大事纪要》均有这类记载。
③ "前些年发掘定陵地下宫殿，把一五七三至一六二〇年明代万历皇帝的骨头化验了，发现有吗啡，证明他是吃鸦片的。这一事实，更说明当时的王公大臣，连皇帝在内，吞服鸦片的恐怕不在少数。"（牟安世：《鸦片战争》，上海人民出版社1982年版，第11页。）

一开始就不同,进口商分别来自欧洲和阿拉伯国家。鸦片当时作为珍贵的药物,在明朝主要用于治疗各种疼痛病症,同时还用于房中术,医治男子遗精、早泄等症。由于鸦片价格昂贵,明朝人对于鸦片的使用大多是积极的。尽管如此,却不能完全排除鸦片被滥用的可能性。

五 鸦片与烟草混合吸食方法的传入及其危害

鸦片对于中国社会造成巨大危害,导因于烟草与鸦片拌合吸食方法的传入。这个问题以往很少有人注意,即使偶尔提及,也未深究,还有严重误解。要想了解鸦片烟的由来,需要追述一下吸食烟草方法的传入。烟草在全球药物史上是独一无二的典范。它之所以独特,是因为在现代早期,没有其他精神药物像烟草那样广泛而迅速地传播。烟草的传播是平等的,不分国界、不分种族、不分民族、不分信仰,跨越了阶级、语言、性别和职业,在工业化之前的大西洋世界,没有其他热带商品具有如此大的社会、经济和财政重要性。烟草在美洲作为一种祭品,允许与神圣一道进行体验,这与它在美洲扮演的社交仪式有着紧密的联系。烟草的摄入方法有几种,或通过鼻腔嗅闻,或通过火点燃将烟雾吸入腹腔,或通过口腔咀嚼,或涂抹在皮肤上作为膏药。中国人吸食烟草没有接受美洲的宗教仪式,主要采用前两种方法,同世界各地一样将其视为社交的工具、独处的伙伴、减轻疲劳的方法。

15世纪末16世纪初地理大发现,原产于美洲的烟草被带到欧洲,美洲土著居民吸食烟草的方法很快经由欧洲人介绍传播到世界各地。烟草在世界各地的传播十分迅速,研究证明,17世纪初,烟草几乎同时出现在欧洲、非洲、亚洲的主要港口城市。① 大约在万历末年或天启初年也传到了中国。方以智记载说:"万历末,有携至漳泉者……渐传到九边,皆衔长管而火点吞吐之,有醉仆者。崇祯时严禁之,不止。其本似春不老,而叶大于菜,暴干以火酒炒之,曰'金丝烟'。北人呼为'淡把姑',或曰'担不归'。可以去湿发散,然久服则肺焦,诸药多不效,其症忽吐

---

① Edited by Paul Gootenberg, *The Oxford Handbook of Global Drug History*, Oxford University Press Oxford University Press 2022, p. 187.

黄水而死。"① 医家张景岳在《景岳全书》中记载了烟草在我国南方传播情况。他说，烟草始自闽广，传至吴楚，再传至西南地区。"此物自古未闻也，近自我明万历时出于闽广之间，自后吴楚间皆种植矣，然总不若闽中者……今则西南一方无分老幼，朝夕不能间矣。"② 明末清初，种植吸食烟草风气迅速从福建向各地传播。崇祯年间，"北土亦多种之，一亩之收可以敌田十亩，乃至无人不用。"③ "顺治初，军中莫不用烟，一时贩者辐辏，种者复广，获利亦倍初价。"④ 上自公卿士大夫，下逮兵役妇女，有许多人嗜吸烟草。正是由于吸食烟草习惯传播太快，引起明朝政府的警惕，于崇祯十二年（1639）即诏令禁止，"犯者论死"⑤。清代文学家厉鹗也说："烟草，《神农经》不载，出于明季，自闽海外之吕宋国移种中土，名淡巴菰，又名金丝熏。见姚旅《露书》，食之之法，细切如缕，灼以管而吸之，令人如醉。祛寒，破寂，风味在曲生之外，今日伟男髻女无人不嗜。"⑥

吸食鸦片烟是从吸食烟草的方法中发展而来的。它的流行是因为烟草和烟斗的早期传播。烟草传入东南亚国家较早，混合吸食鸦片与烟草的方法发明于爪哇，经荷兰人传入中国。传教士艾约瑟说，德国医生甘伯佛耳在康熙年间著有一书，记载了鸦片与烟草拌合吸食的情况。"咬嚼巴黑人吞服之外，复有一以黄烟和鸦片之法，先取水入阿片中搅和匀，以是水拌黄烟，竟吸取。其能使头眩脑热，志气昏惰，而多生喜乐也。咬嚼巴地处于孔道旁，高搭芦棚，以阿片水所调和之黄烟待客，有于之途经过者，即招之使吸。服食惯者，不能令其中止不服。"⑦ 这里所说的咬嚼巴，一作葛喇巴，系爪哇的一座城市。李圭的《鸦片事略》也说："明末，苏门答腊人变生食而吸食，其法先取浆蒸熟，滤去渣滓，复煮和烟草叶为丸，置竹管就火吸食。"⑧ 苏门答腊与爪哇隔海峡相望，应是鸦片水与烟草拌合吸食的

---

① （明）方以智：《物理小识》卷9，第28页，《文渊阁四库全书》，台北：台湾商务印书馆，2008年影印本。
② （明）张介宾：《景岳全书》卷48，《文渊阁四库全书》本。
③ （明）杨士聪：《玉堂荟记》卷4，全国图书馆缩微中心，2005年。
④ （明）叶梦珠：《阅世编》卷7，中华书局2007年版，第189页。
⑤ （明）杨士聪：《玉堂荟记》卷下，商务印书馆1960年版，第69—70页。
⑥ （清）厉鹗：《樊榭山房集》卷10，"天香"条，第21页，《文渊阁四库全书》本。
⑦ ［英］艾约瑟：《罂粟源流考》，《万国公报》第15年第9期。
⑧ （清）李圭：《鸦片事略》，参见《信及录》附录，神州国光社1946年版，第184页。

早期发源地之一。这一说法与德国医生甘伯佛耳的记载基本一致。而问题是，鸦片水与烟草拌合吸食的方法何时传入中国？传播情况如何？

雍正二年（1724），一位参与镇压台湾朱一贵起义的清朝官员，在其治台方略中要求禁止"鸦片烟"。他说："鸦片烟不知始自何来，煮以铜锅，烟筒如短棍，无赖恶少，群聚夜饮，遂成风俗。饮时以蜜糖诸品及鲜果十数碟佐之，诱后来者。初赴饮，不用钱，久则不能自已，倾家赴之矣，能通宵不寐，助淫欲，始以为乐，后遂不可复救。一日辍饮，则面皮顿缩，唇齿龃露，脱神欲毙，复饮乃愈。然三年之后，无不死矣。闻此为狡黠岛夷诳倾唐人财命者，愚夫不悟，传入中国已十余年，厦门多有，而台湾特甚，殊可哀也。"① 这一资料证明"鸦片烟"于康熙末年已在福建厦门、台湾流行开来，成为一种风俗。正是由于发现这种吸食"鸦片烟"的恶习迅速蔓延，出于道德风俗的原因，雍正七年（1729），清廷颁布了中国第一道查禁自己的臣民贩卖"鸦片烟"的命令。规定："凡兴贩鸦片烟，照收买违禁货物例，杖一百，枷号一月；再犯，发近边充军。私开鸦片烟馆，引诱良家子弟者，照邪教惑众律拟绞监候；为从杖一百，流三千里；船户、地保、邻右人等俱杖一百，徒三年；如兵役人等借端需索，计照枉法律治罪；失察地方文武各官并不行监察之海关监督，均交部严加议处。"② 雍正时期，清廷禁止的"鸦片烟"究竟是何种物品？"鸦片烟馆"是什么样的场所？当年在福建发生的一起冤狱平反事件，可以说明这些问题。

雍正六年（1728），福建漳州一位名叫陈远的商人，在广州以桔饼兑换鸦片、木香而归。次年春天，因清廷要求各地查禁"鸦片烟"，被漳州知府李治国所派密探查获，收缴鸦片33斤。漳州知府李治国按照兴贩"鸦片烟"例，拟将陈远枷号一月，发边卫充军。这一案件申报到福建巡抚衙门，巡抚刘世明亲自提审，陈远满口呼冤，坚称鸦片是必需的药材，并不是"鸦片烟"，"鸦片烟"是用鸦片水拌合黄烟烟丝而成，要求检验证

---

① （清）蓝鼎元：《与吴观察论治台湾事宜书》，《鹿洲初集》卷2，第15—16页，《文渊阁四库全书》本。
② 《大清律例案语》卷50，第45页。又，雍正八年（1730）颁布禁止台湾民人贩运"鸦片烟"条例。曰："台湾流寓之民，凡无妻室者应逐令过水。""其越界生事之汉奸，如在生番地方，谋占番地，并勾串棍徒包揽偷渡，及贩卖鸦片烟者，亦分别治罪，逐令过水。"

明。刘世明乃令福州府传到太和堂药铺户陈书佩当场认验。陈书佩认验后说："验得此系鸦片，熬膏药用的，又可做鸦片丸，医治痢疾，这是并未做成烟的鸦片。"刘世明据此上奏说："夫鸦片为医家需用之药品，惟加入烟草始淫荡害人，为干犯禁例之物。李治国何得设计诱出陈远家藏鸦片，便以鸦片烟之例问拟枷号、充军，错混施行，甚属乖谬。法应照依故入人罪，列款题参。"① 在说明这是一桩冤案之后，刘世明考虑到禁止"鸦片烟"令刚刚下达，担心因题参李治国，引起百姓藐视官府，不利禁令贯彻，建议将错就错，将33斤鸦片收归藩库。这通奏折送达御案，雍正皇帝非常重视，朱批将33斤鸦片退还陈远本人。朱批说："其三十余斤鸦片若系犯法之物，即不应宽释。既不违禁，何故贮藏藩库。此皆小民贸易血本，岂可将错就错，夺其生计。如欲留为异日证据，数两几片足矣，未有全留贮库之理。虽系细事，殊关舆论。汝等身膺封疆重任，慎勿因其细而漫忽视之。蚩蚩愚氓正于此等处，观汝之体恤民隐周详与否也。"② 从这一案件的处理结果来看，当时清廷所禁止的是"鸦片烟"，而不是"鸦片"。"鸦片烟"与"鸦片"是两种东西，两种概念。"鸦片烟"是烟草与鸦片的混合物，是鸦片与烟草的拌合物。单纯的鸦片作为合法的医治泻痢等疾病的特效药材是允许贸易的，不在禁止之列。正是由于二者概念不同，我们才能理解在雍正、乾隆时期，为什么清廷一面允许海关进口鸦片③，一面又在国内查禁"鸦片烟"的政治措施。至于"鸦片烟"与"鸦片"在晚清演变为同一概念，那是词义变化的结果。通过平反陈远冤案，还可以看出，当时单纯吸食鸦片的方法尚未发明，尚未造成严重社会危害。

有些学者看到这一资料后，不加深入考辨，而根据晚清以来人们把"鸦片烟"与"鸦片"同指一物的现象，嗤笑刘世明等人把"鸦片烟"与鸦片区别对待的做法是无知，实际上是自己犯了主观臆猜的错误。雍正、乾隆时期，"鸦片烟"一词专指鸦片与烟草的混合物，有很多有力的资料可以确证。

---

① 《雍正朝朱批谕旨》第3函，第14册，第23页。
② 《雍正朝朱批谕旨》第3函，第14册，第23页。
③ 康熙二十七年（1688），定鸦片每百斤征税银三两，又分头银二两四钱五分；雍正年间征税如故。乾隆二十年（1755），定鸦片一斤估价五钱，税率不变。参见《筹办夷务始末》（道光朝）卷1，第13页。

雍正六年（1728），广东竭石镇总兵苏明良在其奏折中说："鸦片一向产自外洋，近来闽广洋商以药材为名，兴贩获利。惟闽省厦门、台湾最盛，因而一种无赖闯棍勾引良家子弟以此射利，用小铜锅将鸦片炮制成膏，然后将烟丝入内拌匀，晾干为烟。又截竹为筒，内贮棕丝以便呼吸，乃私设馆舍，聚数人成群结党，相依枕席，循环递吸。夜聚晓散，夜夜如是，无从间断。"① 这里苏明良把"鸦片烟"的制作和吸食方法写得明明白白。

雍正初年，黄叔璥为巡台御史，在《台湾使槎录》中，他说："鸦片烟，用麻葛同鸦土切丝于铜铛内，煮成鸦片，拌烟，另用竹筒，实以棕丝，群聚吸之，索值数倍于常烟。专制此者，名开鸦片烟馆。吸一两次后，便刻不能离，暖气直注丹田，可竟夜不眠。土人服此为导淫具。肢体萎缩，脏腑溃出，不杀身不止。官弁每为严禁，常有身被逮系，犹求缓须臾，再吸一筒者。鸦片土出咬𠺕吧。"② 此书成于乾隆元年（1736），为当时学者推重，将其内容直接纂入地方史志。这一资料不仅说明了"鸦片烟"的制作方法和"鸦片烟馆"的名称由来，同时还指出了它的社会危害和禁止的理由。乾隆十二年（1747），台湾提督范咸在《重修台湾府志》中，全段录用了黄叔璥的记载，并说夷人"怀其土入中国，依法制烟，流毒漳泉厦门，今则蔓延及台，虽禁不能遽绝"③。乾隆十六年（1751），印光任等在《澳门纪略》中指出，鸦片烟"有禁勿市"④。鸦片则可以作为合法商品输入。乾隆三十七年（1772），朱景英在《海东札记》中说："鸦片产外洋咬𠺕吧、吕宋诸国，为渡海禁物。台地无赖人多和烟吸之，谓可助精神，彻宵不寐。凡吸必邀集多人，更番作食，铺席于地，众偃坐席上，中燃一灯，以吸百余口至数百口为率。烟筒以竹为管，大约八九分，中实棕丝头发，两头用银镶首，侧开一孔，如小指大，以黄泥捏成壶卢样，空其中又为煅之，嵌入首间小孔上，置鸦片烟于壶卢首，烟止少许，吸之一口立尽，格格有声，饮食顿令倍进，日须肥甘，不尔，肠胃不安。初服数月犹可中止，迨服久，偶辍，则困惫欲死。卒至破家丧身。"⑤ 这里

---

① 中国第一历史档案馆编：《雍正朝朱批奏折汇编》第13册，第848—851页。
② 黄叔璥：《台海使槎录》卷2，台湾大通书局、人民日报出版社2009年版，第44页。
③ 范咸：《重修台湾府志》卷19，台湾大通书局、人民日报出版社2009年版，第577页。
④ 印光任、张汝霖：《澳门纪略》下卷，《澳蕃篇》，嘉庆五年刻本，第39页。
⑤ 朱景英：《海东札记》卷3，台湾大通书局、人民日报出版社2009年版，第30—31页。着重点为笔者所加。

将混合吸食鸦片与烟草的工具、过程和吸食量说得相当具体。其工具类似现在在农村中常见的"旱烟袋",其吸食量是"百余口至数百口"。这种混合吸食法,由于鸦片量较小,"初服数月犹可中止",服久,才能成瘾。这与后来单纯吸食鸦片的方法和成瘾的过程有很大区别。它还说明直到1772年,"鸦片烟"的含义仍是鸦片与烟草的拌合物,依然流行于福建沿海和台湾等地。

另外,还有一条重要史料说明直到乾隆末年,这种混合吸食鸦片与烟草的方法仍在京师地区流行。1793年8月16日,英国马戛尔尼使节团到达通州,该使节团的秘书乔治·斯丹东(Sir George Leonard Staunton)记录说:"中国官员对于吃饭真是过于奢侈了。他们每天吃几顿饭,每顿都有荤菜许多道。空闲的时候,他们就吸烟或者嚼槟榔。他们有时把一些香料放进烟内,有时放进一些鸦片。"①

上面考察了烟草与鸦片拌合物——"鸦片烟"于雍正、乾隆年间(1723—1795)在中国流行的情况,尚未指出这种混合吸食方法传入中国的确切时间。前面已经指出,马士认为混合吸食鸦片与烟草的方法是由荷兰人盘踞台湾传入的。② 这话似乎有些道理,只是缺乏史料支持,难以凭信。《剑桥中国晚清史》的作者说:"1620年,台湾人开始把鸦片和烟草混合起来,用作麻醉剂传播到东南沿海。"③ 这种说法的错误更加明显,因为1620年,荷兰人尚未占据台湾,根本不可能把这种方法提前传入,进而传入中国东南沿海地区。在笔者看来,鸦片与烟草混合吸食方法传入台湾的时间应以蓝鼎元的说法为是。雍正二年(1724),蓝鼎元在写作《平台纪略》时,认为"鸦片烟""传入中国已十余年"。根据这种说法,"鸦片烟"传入台湾的时间应当在康熙五十年(1711)前后。这一记载在有关"鸦片烟"传入中国的记载中最为原始,最为清晰,应当最接近事实。

---

① [英]斯丹东:《英使谒见乾隆纪实》,叶笃义译,上海书店出版社2005年版,第271页。

② "在1624—1662年,荷兰人盘踞台湾时,他们从爪哇把那里所盛行的烟草与拌合的方法介绍到台湾,这种习惯又经由殖民者的首府——厦门传播到中国大陆。"([美]马士:《中华帝国对外关系史》第1卷,张汇文译,商务印书馆1963年版,第197页)按语:荷兰人占据中国的时间为1624—1683年。

③ [美]费正清编:《剑桥中国晚清史(1800—1911)》上卷,中国社会科学院历史研究所编译室译,中国社会科学出版社1985年版,第183页。

从上述情况来看，大致可以得出这样的结论：混合吸食鸦片与烟草的方法大约在清朝康熙末年传入台湾、福建，流行于江南地区，随着这种吸食"鸦片烟"习惯的迅速传播引起了一系列的社会问题，导致雍正七年（1729）清廷采取严厉措施，下令禁止贩运和制造"鸦片烟"。然而有禁而不止，直到1793年鸦片"和烟"的方法仍未彻底禁止。大约在18世纪80年代，也就是乾隆中后期由于单纯吸食鸦片方法的发明，混合吸食鸦片与烟草方法才逐渐被取代。所以，自传入到消失，混合吸食鸦片与烟草的方法在中国流行了将近一个世纪，待到乾隆中期单纯吸食鸦片法发明并流传后，直接从混合吸食鸦片与烟草的方法中承袭了两个非常重要的名词：一个是"鸦片烟"，另一个是"鸦片烟馆"。不过，它们的含义已发生重要变化，"鸦片烟"成了鸦片的同义词，"鸦片烟馆"不再是炮制鸦片与烟草混合物的场所，而是专供人们消费鸦片膏的毒窟。

嘉庆时期，随着单纯吸食鸦片的风气日渐蔓延，人们对于鸦片危害的认识日益清晰，开始引起官方的重视。1799年12月2日（嘉庆四年十一月十一日），两广总督觉罗·吉庆在广州下令禁止鸦片输入。广东巡抚陈大文通知粤海关监督，要求他立即通告外国商人。尽管这一法令的中文文件无从参考，而它的英文译文则保存在英国东印度公司的档案中，是由托马斯·斯丹东翻译的。马士在编撰《东印度公司对华贸易编年史》时，辑录了这个重要文件。该文件先是陈述鸦片的社会危害，接着明确指出："为杜绝此种祸根，必须阻塞其源。余等经缜密查访，此物系外国人输入，经由虎门进口……目前不竭力剪除祸害，则后患何堪设想！是以余等特颁此令，通告全省各地及各官卡文武官弁一体知照，随时随地严行查禁，即予惩处。同时，余等要求海关监督大人亦颁发严令，饬谕该管之官吏、家人及各关卡等弁兵，今后必须对引水船只、巡船及渔船等严行搜查，有无夹带烟土。如有违犯，即予拿捕，送官究办，治以应得之罪。"① 这一法令的颁布时间在中文的著作中也有记录。两广总督卢坤主编的《广东海防汇览》中记载有卢坤这样一段话："伏查外洋鸦片流入中华，由来已久，其初本以药材贩运入关，完税行销，沿海商民沾染外夷习气，煎膏吸食。迨

---

① [美]马士：《东印度公司对华贸易编年史（1635—1834年）》第一、二卷，区宗华译，中山大学出版社1991年版，第655页。

嘉庆四年（1799）前督臣以鸦片有害民生，禁止入口，贩运者不得入关，而吸食者，传染日广，夷人遂私带鸦片烟土在外洋寄泊销卖。"中英文资料记载一致，互相印证，都确凿证明中国官方下令禁止鸦片输入始于1799年12月2日。①

总之，在18世纪，鸦片的供应来自中国以外。例如，从18世纪80年代开始，英国商人将毒品走私到中国。混合吸食鸦片不是西方殖民者在亚洲和远东殖民地有意推行的一种恶习，更不是中国人在西方世界推行的一种亚洲习惯。混合吸食鸦片及其在全球的迁移是中西方商品、技术和观念"相互采用"的结果，这种交流还包括不同的社会和文化实践，如吸烟、军事战术和技术。"在这些过程中，海员、商人和走私者扮演了关键角色，在前现代全球化进程中，他们不仅将毒品，而且还将毒品使用的文化习惯传递给世界各地不同的社会群体。"②

在中国流行的"鸦片烟馆"最初是一种社会交际的场合，如同中东地区的"咖啡馆"一样③，乃是纨绔子弟、社会名流聚集的场所，"鸦片烟"成为当时最时髦的消遣品之一。在现代早期的中东地区，鸦片的消费是通过"传统的"，往往是复杂而有品位的准备，通过吃或吸食来进行的。"但是到了18世纪和19世纪，一种新的娱乐消费方式——吸食鸦片在奥斯曼和伊朗的土地上被引入。这种新方法从东亚传播到该地区，并加入了长期存在的消费方法。它之所以流行，是因为烟草和烟斗早期在咖啡馆里传播开来。这种向吸毒的转变包括大麻，这是在中东咖啡馆的社会生活中出现的四边型毒品文化的最后一站。"④

18世纪和19世纪，吸食大麻、吸食鸦片和烟草混合品、饮用咖啡乃是中东娱乐性毒品文化的真正变革。这种多重而又同时发生的吸毒文化就发生在咖啡馆里。咖啡馆通过为普通的中东人提供一个悠闲混合的选择，

---

① 两广总督卢坤道光十四年九月奏折，《广东海防汇览》卷37，方略26，第28页，道光十八年刻本。

② Stephen Snelders, *Drug Smuggler Nation Narcotics and the Netherlands*, 1920–1995, Manchester University Press, 2021, p. 54.

③ 18世纪和19世纪，在中东流行咖啡馆的场所，在这个场所中，人们在消遣咖啡、烟草的同时，开始用烟斗吸食大麻和鸦片。

④ Edited by Paul Gootenberg, *The Oxford Handbook of Global Drug History*, Oxford University Press Oxford University Press 2022, p. 301.

从而改变了社会场景和城市景观，建立了一种新的社交方式。① 从鸦片和大麻摄入到在咖啡馆里吸食大麻的行为增强了这种新奇的欢乐感。喝咖啡的时候，嘴里叼着大麻或鸦片的烟斗，引发了一场公共的社交活动仪式。这可以从19世纪关于奥斯曼帝国咖啡馆吸食大麻和鸦片的报告中得到证实②。例如，意大利公主（Cristina Trivulzio Di Belgiojoso）在1850年至1855年被流放到奥斯曼帝国，她将她在那里旅行遭遇详细记录下来，为此提供了一个丰富多彩的证据，证明了19世纪奥斯曼帝国叙利亚的一家咖啡馆里吸食大麻的场景。

"这种麻醉剂在叙利亚广泛使用……如果你看到两个……男人面对面坐在咖啡馆的桌子上，一言不发地对着对方吹着烟雾，你可以肯定这两个人正在进行大麻狂欢。"③

六　单纯吸食鸦片法的发明与传播

利用烟枪单纯吸食鸦片是一种比较独特的消费毒品方法，主要流行于中国，其他国家和地区很少采用。中国人单纯吸食鸦片的方法是，先把生鸦片放在锅里，加水熬成黏液，然后分别倒在小银罐中，以一尖头平尾的银签沾些鸦片汁在灯上烘烤，直到汁液干涸，再蘸些鸦片汁烘烤，如此反复多次，直到签上累积成一个小球，这小球叫作"烟泡"。烧好烟泡后，把它放在一尺多长的竹制烟枪末端的铜质烟斗中的尖嘴上，尔后将烟斗部分置于带有玻璃罩的烟火上烧烤，待烟泡遇火化成烟时，将其全部吸入腹腔，躺在卧榻上静静地享受。如此反复数次，直到满足为止。这种吸食法需要一整套程序和一整套包括烟灯、烟枪、烟盘、烟签、烟膏盒、烟灰缸在内的工具。

单纯吸食鸦片法的发明，导致消费毒品的恶习在中国迅速蔓延，不可遏止，毒品需求量越来越大，这在鸦片流毒中国史上是一个相当重要的事

---

① Alon Tam, "Cairo's Coffeehouses in the Late Nineteenth and Early Twentieth Centuries: An Urban and Socio-Political History", PhD diss., University of Pennsylvania, 2018.
② Matthee, *The Pursuit*, p.212.
③ Cristina Belgiojoso, *Harems, Hashish, and Holy Men* (Amazon Digital Services, Inc., [1858] 2012), Chap. 54, Kindle Edition.

件。由于史籍记载简陋,过去人们对此很少研究,认为是一个"无从查考"的问题。由于无法确切地指出单纯吸食鸦片法发明的时间和地点,只好笼统地说是在混合吸食鸦片与烟草基础上发明的。但是,如前所说,拌合吸食的"鸦片烟",是把鸦片切成碎末,放入水中搅匀,然后把切成丝的烟草放入鸦片水中搅匀烘干而成。这种炮制方法如同将香料加入烟丝一样较为简单,吸食工具也不复杂,无须烟灯、烟盘、烟签、烟榻之类。而单纯的吸食鸦片法工序和工具都相当复杂,所以很难想象单纯吸食法是从混合吸食法中直接发展而来的。

虽然,目前尚不知道单纯吸食法是怎样出现的,但能够证明此法发明于乾隆中后期,盛行于乾嘉之际的文献资料很多。浙江绍兴一位大儒在其《梦厂杂著》中说:"鸦片出海外诸国……其物如马粪,色微绿,以水浸之,凡三宿三易水,去渣存汁,而先后出者递为高下,微水炼之成膏,如医家所用以敷人疮毒者,分之丸如粟粒,置灯檠于床,持竹筒如洞箫者,横卧而吸。其烟必两人并卧,传筒互吸,则兴致倍加。其烟入腹能益神气,彻夜无倦色。然若连朝不辍,至数月后,则浸入心脾,每日非如期呼吸则疾作,俗呼为瘾。瘾至,其人涕泪交横,手足委顿不能举。"① 这里对单纯吸食鸦片的方法,煎熬的程序以及产生的社会危害描写得相当准确。此书成于1800年(嘉庆五年)以前,可见单纯吸食鸦片法在乾嘉之际已为人熟知。嘉、道之际许多研究鸦片问题的学者,如萧令裕、包世臣等人,也都一致认为,单纯吸食鸦片法开始流行于乾隆中后期。②

另外,进口鸦片数量的变化,也可以证明单纯吸食法开始流行于乾隆中期以后。因为,在1765年(乾隆三十年)以前,每年进口的鸦片"不过二百箱"③。乾隆中期以后,随着单纯吸食鸦片法的发明和流行,国内鸦片需求量迅速增加,英国东印度公司瞄准这个机会,扩大对华鸦片输入,1795年前后达到每年三四千箱的水平。从1765年到1795年,这三十年间鸦片输入量的激增,可以看出单纯吸食鸦片法一旦发明,便迅速蔓延。反言之,鸦片进口量的激增,正好说明单纯吸食法发明并流行于乾隆中后期。

---

① 俞蛟撰:《梦厂杂著》卷4,《乡曲枝辞下》,上海古籍出版社1988年版,第154页。
② 萧令裕:《粤东市舶论》,见《海国图志》卷7;包世臣:《安吴四种》卷26,光绪十四年铅字本,第5页。
③ 魏源:《筹海篇》,见中华书局编辑部编《魏源集》,中华书局1983年版,第880页。

结 论

搞清了混合吸食鸦片与烟草方法在中国传播的时间和情况之后，便可以纠正一些误解。例如，明代戏曲作家汤显祖（1550—1616）有一首题名为《香山验香所采香口号》小诗。诗文曰："不绝如丝戏海龙，大鱼春涨吐芙蓉。千金一片浑闲事，愿得为云护九重。"徐朔方在《文史》第12期发表《汤显祖与利玛窦》一文，认为汤显祖诗中的"芙蓉"就是"鸦片"，诗文是讥讽明神宗吸食"鸦片烟"，进而说："汤显祖的这首小诗带有敏锐的时代感，可以说不亚于龚自珍在鸦片战争前夕所写的那首同题材的七绝《己亥杂诗·津梁条约遍南东》。"这是一种严重误解。"芙蓉"不是鸦片。"鸦片"是英语Opium的译音。鸦片在中国又叫"阿芙蓉"，或"合浦融"，是阿拉伯语Afyun的音译。而"芙蓉"是荷花的别称，或者是木芙蓉。如前所说，混合吸食鸦片与烟草的方法大约在18世纪初期才传入中国，而汤显祖卒于万历四十四年（1616），万历皇帝死于万历四十七年（1619），显然，他们二人谁也不了解"鸦片烟"是怎么一回事。万历皇帝与鸦片有染，如前所说是吞服鸦片。吞服鸦片药丸在中国由来已久，"吞服"与"吸食"两种服用鸦片方法不同，不能混淆。万历皇帝不曾吸食"鸦片烟"，汤显祖更不可能写诗予以讥讽，徐朔方的有关推论自然是站不住脚的。

这里需要说明的是，《鸦片战争》第一册摘选的《曾羽王日记》中的一段话经常引起人们的误解。"余幼时，闻有鸦片烟之名，然未见有吸之者，止福建人吸之。余年三十六而遭鼎革，始于青村王继维把总衙内见有人吸此，以为目所亲睹也。"[①] 这段话通常被用来说明中国早期吸食鸦片烟的情况。笔者找到《曾羽王日记》进行核对，结果发现原来日记的这段话并无"鸦片"二字。既然没有"鸦片"二字，这一资料只能用于说明烟草传播情况，而不能作为"鸦片烟"传播的证据。

还需要说明的是，禁止鸦片入口的时间。很多书中认为中国禁止鸦片输入的时间应该从1729年起，即雍正七年朝廷颁布禁止制造、贩卖和吸食

---

① 《曾羽王日记》，《鸦片战争》第1册，第312页。

"鸦片烟"条例。实际上这是一种误解。确切地说，禁止制造、贩卖和吸食"鸦片烟"（烟草与鸦片混合品）始于1729年，而禁止鸦片输入的时间则应从1799年开始。雍正、乾隆时期虽然明文规定禁止制造、贩卖和吸食"鸦片烟"，但并没有真正认识到鸦片的危害，所以，海关一直把鸦片作为合法的商品进行征税。

第二章
英国东印度公司对中国的鸦片进攻

如前所述,鸦片自明代输入中国,作为珍贵的药物,它在中国医学史上曾起过积极作用,吞服鸦片质的药丸虽不可避免地产生过一些毒副作用,但对当时的中国社会危害不大。鸦片流毒范围有限,没有引起全国的高度重视,虽制定了禁止兴贩、制售"鸦片烟"的条例,而仍允许鸦片进口。鸦片造成社会危害是在单纯吸食鸦片方法发明之后才形成的。而单纯吸食鸦片方法是在乾隆中后期的广东开始流行的。随着这种吸食方法的流行,国内鸦片需求量急剧增大。英国东印度公司看准了这个机会,对印度鸦片生产、销售实行了垄断,向中国大力发动鸦片进攻。由于封建国家机器的腐朽,沿海官员兵弁择肥而噬,与中外鸦片贩子勾结在一起,破坏王朝的禁令,使鸦片走私输入越来越大,流毒日益严重。东印度公司是无耻的殖民强盗,中国的腐败官吏则是为虎作伥的伥鬼。诚如魏源所云:"中朝但断大官瘾,阿芙蓉烟可立尽。"

一 东印度公司的鸦片攻关

为了适应资本扩张的需要,在战胜海上霸主西班牙之后,英国人便开始尝试向东方扩张。1591年,英国人抵达印度,1600年便成立了东印度公司,此后逐渐发展成为垄断东方殖民地贸易的庞大公司。这个公司既拥有雄厚的资本,又拥有强大的武装力量,带有浓厚的海盗性质。它的活动范围名义上限于印度半岛,实际上包括了整个亚洲。该公司以租赁方式使印度的孟买、加尔各答等城市成为自己的商业据点,又迅速将其变为军事据点。当时，莫卧尔王朝统治下的印度，政治非常混乱，各邦之间矛盾重重。由于政治上分崩离析，便为英国东印度公司势力扩张造成了十分有利的条件。东印度公司玩弄一系列政治阴谋，威胁利诱、分化瓦解和收买印度地方长官，对印度的政治取得了很大支配权。1757年，赢得了普拉西战争后，以武装力量征服了孟加拉王国，控制了鸦片生产地。从此，东印度公司变成了一个拥有领土的"国家"。1772年，哈斯丁斯成为孟加拉第一任总督后，继续玩弄"分而治之"的伎俩，挑拨印度各地王公的关系，从中坐收渔利。各地王公在公司的威胁利诱下，逐渐沦为其藩属。

1715年，英国东印度公司决定参加对华贸易后，便积极进行活动，寻求和扩充自己的市场，在广州派驻了负责商务的正式代表——"大班"①。大班一到广州，就为公司和商人的权益而到处奔波，时而抗议中国政府的附加税，时而以撤退广州贸易相要挟。1757年，清廷感受到了海上日益增强的压力，认为如果允许英国人前往宁波贸易，将对广州口岸构成冲击，因此限令广州为对西洋各国贸易的唯一通商口岸。② 这时，英国以工业革命生产的大量产品为后盾，对华贸易迅速超过了其他国家，英国的东印度公司已占有广州中外贸易的大部分产品。

18世纪中叶，英国商人（主要是东印度公司）自中国输出的货物以茶叶为大宗，其次则为生丝和土布，此外还有一些零星的货物，如大黄、瓷器、食糖和樟脑等。美国从广州输出的主要商品也是茶叶、生丝和土布。英美两国几乎垄断了这三项货物的全部出口贸易。其中英国在茶叶和生丝上占绝对优势，美国运出的土布比英国相对多一些。19世纪30年代，英国政府从茶叶中得到的收入约占全部收入的10%。经东印度公司贩往中国的商品数量则很有限。英国主要向中国输出毛织品、金属，另外从印度贩卖棉花。所有这些商品对中国来说，都无很大吸引力。中国盛产绸缎、土布，英国的毛呢织品很难在中国找到销路，不赔本就卖不出去，其他商品市场需要量也很小。印度的棉花比较有销路，因为这是两广地区手工业的重要原料。但中国也是盛产棉花的国家，只有在苏、淞一带棉花歉收时，

---

① 1715年，英国东印度公司正式向中国派遣了"大班"，而在此以前，它的船只已开始在中国沿海进行商业和海盗活动。详见［美］马士《东印度公司对华贸易编年史（1635—1834年）》第一、二卷，区宗华译，中山大学出版社1991年版，第15—64页。

② 王宏斌：《乾隆皇帝从未下令关闭江、浙、闽三海关》，《史学月刊》2011年第6期。

印度棉花才有销路。所以，棉花贸易有一定风险，销路好时，英国商人可以赚一笔钱，有时连一包货也卖不出去，赔累不堪。

总之，英国不能向中国提供适宜消费的商品，而又迫切需要中国的茶、丝和土布，所以中国对外贸易经常处于出超国的地位。到鸦片战争前夕，中国每年出超的合法商品价值高达白银二三百万两以上，英国必须用白银来支付。在历史上，第一次来到中国的几只英船，就开始向中国输送白银，抛出了 8 万枚西班牙银元，却没有卖出几件商品。一直到 18 世纪早期，英国东印度公司来华的商船经常要带 90% 的白银，商货船载不及 10%。殖民制度宣布，赚钱是商人最终和唯一的目的。东印度公司当然不甘心每年把大量白银输往中国，不愿做这种单程贸易，为了获取高额利润，必须设法扭转对华贸易上的逆差。为此，他们选中了鸦片，采取种种手段向中国倾销杀人的毒品。正是在这种背景下，东印度公司于 1773 年制订了鸦片政策，随后便一步步贯彻执行。

英国商人很早就参与了向中国贩卖鸦片的活动。1720 年，英国出版了小说家笛福的《鲁滨孙飘流续记》。在这本书的第二卷里已经从文学的角度反映了早期的鸦片贸易问题。书中描写的主人公鲁滨逊是位商人，这位冒险商人曾经到过非洲、印度和中国。他在中国干的第一件事，就是出售鸦片。他说：“我们买了一些鸦片……这是我们的第一批货物，拿去卖给了中国人之后真赚了一些钱；在中国，这些东西正是缺门货。”[①] 1773 年以前，英国的商船已经成批地出现在中国东南沿海，这些商人肯定夹带数量不等的鸦片。英国人也承认：“通常公司开行到中国之船，其船员常有携带鸦片之事。"[②] 1729 年，中国禁止"鸦片烟"令下达之后，为了不妨碍其他贸易，东印度公司曾警告其所属船员不要夹带鸦片，以免引起中国当局的干涉。例如，1733 年东印度公司有三条船来华，启航后，率领这三条船的突挐（Turner）便向他的船长发出了这样的通知："前时经圣乔治要塞开来的船只，经常带鸦片到中国出售，现在不知在你的船上是否有这种商品带往该市场，我们认为，我们有责任通知你，中国皇帝最近制定严厉禁止鸦片的律令。科罚办法是，凡在你的船上发现，一律没收，不仅将船

---

① ［英］丹尼尔·笛福：《鲁滨孙飘流续记》，甘肃人民出版社 1983 年版，第 162 页。
② ［美］马士：《东印度公司对华贸易编年史（1635—1834 年）》第一、二卷，区宗华译，中山大学出版社 1991 年版，第 214—215 页。

只及货物没收,而且将敢于向你们购买者处以死罪;顾虑及此,必须采取更有效的办法,防止发生这种不幸事件。为此,你必须尽可能用最好的办法,严密查询及检查你的船,查看船上有没有这样的东西,如果有,你应立即在离开马六甲之前,将它从你的船上拿走。"① 东印度公司虚惊一场,因为中国禁止的是"鸦片烟",而不是鸦片。不久,他们又开始大量贩起鸦片。

随着单纯吸食鸦片方法的发明和流传,中国消费的鸦片数量逐渐增加。葡萄牙人以澳门为据点,大量向中国贩运鸦片,获得了丰厚的利润,英国人看红了眼,企图以发展毒品贸易,达到其开辟中国市场的目的。1727 年,英国运到中国的鸦片约 200 箱。1757 年,英国占领印度鸦片产地孟加拉,十年之后,运到中国来的鸦片增加到 1000 箱。1773 年,是英国对华鸦片贸易史上十分重要的一年。在这一年,英属印度政府确立了鸦片政策,把孟加拉、比哈尔和奥理萨的鸦片专卖权给予了东印度公司。1797 年,又将制造鸦片的特权给予东印度公司,从此以后,英国对华鸦片贸易就在这个垄断组织的操纵下,一步一步地发展起来。为什么要垄断鸦片的生产和销售?英国第一任印度总督哈斯丁斯(W. Hastings)在 1773 年曾直言不讳地说:"鸦片不是生活必需品,而是一种有害的奢侈品。除仅仅为对外贸易的目的外,它是不被容许的。明智的政府应该严格限制鸦片的国内消耗。"② 生产鸦片主要是为了出口。这里尽管没有专门指明是为了运销中国,而在事实上是把中国作为鸦片倾销市场的。从哈斯丁斯起的历任英国印度总督所奉行的鸦片政策,都是严格限制鸦片在国内的消耗,而极力扩大外销,足见其罪恶目的。一场以鸦片为武器的攻关战争悄悄开始进行了。

1782 年,东印度公司的"恩沙资"号(Nonsuch)海船一次运到中国的鸦片即高达 1601 箱,规模之大,实属罕见。1786 年,东印度公司的一个航务长曾记录当年输入中国的鸦片有 2000 箱。③ 这时,"鸦片像英国的哆啰呢和印度的棉花一样,是进口船只中的货载,公开的交易,并且用同

---

① [美] 马士:《东印度公司对华贸易编年史(1635—1834 年)》第一、二卷,区宗华译,中山大学出版社 1991 年版,第 214—215 页。

② *Report of the Royal Commission on Opium*,1894. 转引自丁名楠《帝国主义侵华史》第一卷,人民出版社 1972 年版,第 17 页。

③ [美] 马士:《东印度公司对华贸易编年史(1635—1834 年)》第一、二卷,区宗华译,中山大学出版社 1991 年版,第 460 页。

样的方法经过船只的保商,即公行的一个会员出售的。"① 这些资料表明,东印度公司垄断后的鸦片贸易额在迅速增加,鸦片贸易在公开、大规模地进行。

唯利是图的英国商人在殖民地印度垄断了鸦片生产后,便把它向中国大力推销,借以抵销茶、丝的货款,然后在欧洲市场上卖掉在中国贩回的茶、丝,再带上棉纺织品和其他奢侈品运到印度,购买鸦片和棉花。在这种循环往复的三角贸易关系中,鸦片起着重要的作用。东印度公司紧紧抓住这个关键环节,把英—印—中的三角贸易链条带动起来,从而使自己获取了一箭双雕的便宜,既把自己生产的纺织品在印度大量倾销出去,又把本国需要的茶、丝从中国大量购进来。对于英国来说,没有鸦片,就不会有三角贸易。

二 1799 年的鸦片贸易禁令

鸦片输入中国数量的迅速增加,意味着中国吸食鸦片烟人数的增加。"内地嗜食渐众,贩运者积岁而多。"② 吸食鸦片恶习的蔓延,引起社会风气进一步败坏。尽管在乾隆时期进口的鸦片尚不足以影响中国对外贸易的顺差,清廷不可能从财政上着眼下令禁止,但作为一个社会道德问题,它不可能不引起有识之士的重视。

鸦片在中国何时由合法输入转入非法贸易?这是一个非常重要的时间节点。不仅关系中国禁毒时间的起点,也关系世界禁毒史的肇始。凡是研究清代鸦片走私贸易,无人不关注这一问题。但是,直到今天,仍是见仁见智,众说纷纭。许多人认为从雍正七年(1729)中国就开始禁止鸦片贸易,这种说法缺乏根据。如前所说,笔者认为,当年禁止的"鸦片烟"是烟草与鸦片的混合物,而非"鸦片"。有的文献记载从嘉庆元年(1796)清廷开始废止鸦片输入关税,禁止鸦片进口。我对此保持怀疑态度。在《禁毒史鉴》的一个注释中曾经指出:"《清朝续文献通考》卷五十三,虽

---

① [美]马士:《中华帝国对外关系史》第一卷,张汇文译,商务印书馆1963年版,第120页。

② 梁廷枏著,邵循正校注:《夷氛闻记》卷1,中华书局1959年版,第5页。

载有一道嘉庆元年（1796）的上谕，但肯定有误。这道上谕是由粤督蒋攸铦上奏查禁鸦片章程引起的，而蒋在嘉庆元年身任御史，嘉庆十六年（1811）才升任两广总督，所奏查禁鸦片章程应在嘉庆二十年（1815）。《通考》不确。"

但这种说法明显缺乏档案支持。1798年12月9日，印度总督接到东印度公司一个航务长的报告。报告说："本年初，职处又屡闻中国政府禁止再将鸦片输入这个帝国，因为这种毒品对中国人的健康和道德都有损害，同样的传闻，经由商人们口头通知在此处的私商。我们深信无论如何最近还没有法令颁布，因为大家相信海关监督从这种非法贸易中获得巨额规费（走私贿赂费），他暗中鼓励而不是真想采取有效的办法，但据说本省的抚院或总督已对这种交易采取积极行动，而且可能会找一些有利的机会重提此事，我们迫切希望防止公司被卷入这种非法贸易的任何事故。因此，我们请求总办事处颁布严令，禁止今后驶来中国的公司船载有鸦片。"① 从英国东印度公司航务长的报告可以看出，1798年12月9日，他只是听说中国准备颁布禁止鸦片入口禁令。是时，他并未看到这个禁令，他所了解的是觉罗·吉庆的一系列禁烟活动。

两广总督觉罗·吉庆为官一向比较清廉，于1796年擢升为两广总督。他一到任就着手整顿海防水师，修筑炮台，缉拿海盗。1798年，他看到吸食鸦片的风气有禁不止，继续向内地蔓延，鸦片输入越来越多，认为这是海关官员受贿纵容贩运的结果，遂向粤海关监督发出咨文，转饬所属职员认真查禁鸦片，如再受贿放纵，将严惩不贷。

关于1798年和1799年的中国禁烟活动，《广东海防汇览》有一条记载，提及此事。"伏查外洋鸦片流入中华，由来已久，其初本以药材贩运入关，完税行销，沿海商民沾染外夷习气，煎膏吸食。迨嘉庆四年前督臣以鸦片有害民生，禁止入口，贩运者不得入关，而吸食者，传染日广，夷人遂私带鸦片烟土在外洋寄泊销卖。"② 根据这一记载，两广总督觉罗·吉庆奏请查禁鸦片进口的时间应为嘉庆四年（1799）。

---

① ［美］马士：《东印度公司对华贸易编年史（1635—1834年）》第一、二卷，区宗华译，中山大学出版社1991年版，第630页。
② 《道光十四年九月初十日两广总督卢坤奏折》，卢坤、邓廷桢主编，王宏斌等校点：《广东海防汇览》卷37，河北人民出版社2009年版，第924页。

为了查证这一记载的准确性，笔者曾经两次前往中国第一历史档案馆，终于看到了这一奏折。(1834年7月26日)(道光十四年六月二十日)两广总督卢坤与广东巡抚祁𡎴在合奏中这样写道：

> 查鸦片产自外洋，嘉庆四年以前原准夷人贩运进关，照药材收税，载在粤海关则例，此其延入内地之由。自嘉庆四年（1799）前督臣奏请严禁以后，夷船在外海私销，始而停泊澳门以外，继因内地查禁，移泊伶仃外洋。各省海口均属一水可通，奸徒航海贩卖，以致蔓延日甚，而广东尤为聚处。①

这是清宫档案记载，确凿无疑。以两广总督卢坤和广东巡抚祁𡎴行事之谨慎，可知他们在上奏之前，肯定经过了查阅和核实的过程。因此，中国禁止鸦片输入可以确定为嘉庆四年（1799）。而令人遗憾的是，我没有查到觉罗·吉庆的原始奏折。两广总督邓廷桢对此也说：鸦片在"雍正、乾隆年间载在海关则例，列入药材项下，原无禁止贩卖吸食之例。嘉庆四年（1799），前督臣觉罗·吉庆议以外夷之泥土，易中国之货银，殊为可惜，且恐内地民人辗转传食，费时失业，奏请不许贩卖"②。

上述两位总督的奏折以及英国东印度公司航务长的报告互相印证，可知中国官方下令禁止鸦片输入始于1799年12月2日，是由两广总督觉罗·吉庆奏请颁布的。中英文资料记载一致，确凿无疑。

东印度公司看到这种情况，也被迫宣布自己不再经营鸦片生意，但这不过是应付清朝政府的手段。实际上鸦片贸易一刻也没有停止过，只不过是把鸦片货栈迁移到澳门而已。英国东印度公司以每年交澳门当局10万两白银为代价，换取葡澳当局允许英国船只每年装载5000箱鸦片进入澳门。这样，澳门不仅成为鸦片的囤积地，而且作为鸦片的最大市场很快兴盛起来。中国方面由于两广总督觉罗·吉庆很快去职，查禁鸦片的活动立即松弛。1803年，东印度公司的航务委员会向公司报告说："这个法令的实效

---

① 《两广总督卢坤广东巡抚祁𡎴奏为办理广东省贩卖吸食鸦片事》道光十四年六月二十日，中国第一历史档案馆藏朱批奏折，档号：04-01-01-0758-030。

② 《两广总督邓廷桢奏为遵旨会议鸦片入口应行变通办理并酌拟章程九条事》道光十六年七月二十七日，中国第一历史档案馆藏录副奏折，档号：03-9498-047。

第二章　英国东印度公司对中国的鸦片进攻

随立法者迁调而终止,自从他离开后,售卖这种货物就毫不困难,正如他未到任之前一样,而我们已经很早就趁便将这种情况报告。"① 中国这次较为积极的禁毒行动就这样搁浅了。

三　疯狂的港脚商

在东印度公司垄断鸦片贸易的初期,除了公司的船只大量装载鸦片之外,还有一些零星的港脚商人参与对华鸦片贸易。中国宣布禁止鸦片输入之后,东印度公司被迫宣布不再经营鸦片贸易,大批港脚商人出现在中国沿海地区,非法经营毒品贸易。所谓的"港脚商",就是指那些来往于中、印之间进行贸易的英印散商。他们所从事的贸易活动被称为"港脚贸易"。他们的船只妄称为"港脚船"。港脚商人虽不属于东印度公司,却受到该公司的控制。港脚商人与东印度公司之间存在着控制与反控制的矛盾,又有相互依赖、相互利用的关系。由于中国禁止输入鸦片,东印度公司为了继续从中国输出茶、丝等大宗合法商品,表面上不得不宣布自己与鸦片贸易没有关系。尝到了甜头的东印度公司又不肯放弃鸦片贸易获取暴利的机会,便把鸦片贸易的许可证签发给了港脚商。这样,由东印度公司垄断鸦片种植和加工,然后把生产出来的鸦片拍卖给港脚商,再由港脚商人把鸦片运到中国沿海推销,形成了从生产到运销的全过程。东印度公司继续控制着对华鸦片贸易,港脚商人实际是公司的鸦片推销员。没有这些推销员,东印度公司生产的鸦片就不能顺利出售;没有公司颁发的特许状,港脚商人就不能参与鸦片贸易,从而获取贩毒暴利。这就是他们之间在罪恶的毒品活动中结成的相互勾结、相互利用、相互依赖的狼狈为奸的关系。东印度公司与港脚商人之间存在着控制与反控制的矛盾主要表现在争夺鸦片利益上。港脚商人不愿接受东印度公司驻广州商馆代表的控制的最初原因,是感到"大班"限制了他们的活动范围和方式。后来由于中国采取严厉的查禁鸦片走私措施,走私船无法进入广州附近的内河,只好停留在伶仃洋上推销。这样,从印度来的鸦片走私船不再进入商馆的视野范围,便

---

① [美]马士:《东印度公司对华贸易编年史(1635—1834年)》第一、二卷,区宗华译,中山大学出版社1991年版,第736页。

与中国的鸦片贩子发生联系,东印度公司的广州商馆也就逐渐失去了它对港脚商人的控制力。另一方面,依靠贩毒获取暴利的港脚商人很快成为腰缠万贯的富翁,他们在拥有了较为雄厚的资产后,很快成为一个利益一致的社会集团。这个集团对于公司垄断鸦片生产、实行专卖非常不满,便设法摆脱公司的控制,在伦敦上层社会活动,收买报刊,鼓吹取缔东印度公司的东方贸易特许状。

在东印度公司垄断鸦片贸易的早期(1773—1795年),输入中国的鸦片主要靠公司自己的船只运输,通过中国的行商进行销售,港脚商人所从事的鸦片贩运活动自然有限。嘉庆元年(1796),清廷下令禁止鸦片输入,中国的行商表示不再经营鸦片生意,东印度公司也被迫宣称自己与鸦片贸易脱离关系。东印度公司退居幕后,继续操纵向中国进攻的鸦片战。港脚商人活跃在中国东南沿海,疯狂地进行走私活动。港脚商人作为鸦片推销员与东印度公司的老板沆瀣一气,共同经营毒品走私贸易。①

从1796年清廷宣布禁止鸦片入口,到1833年东印度公司失去贸易垄断权这38年间的鸦片走私,以其走私方法和地点的不同,可以1821年为界划分为两个阶段。前一阶段鸦片囤积地点在澳门,后一阶段鸦片储存在伶仃洋的趸船上。

第一阶段开始时,由于两广总督觉罗·吉庆认真执行禁毒上谕,东印度公司与港脚商的鸦片船不能直接停靠广州,迫切需要一个不受清廷控制的而又紧靠中国内地的鸦片集散中心,很快他们就发现澳门是最为理想的地点。澳门,这块由葡萄牙人控制的东方殖民地在英国东印度公司垄断鸦片贸易之前,就曾是鸦片交易的重要场地。东印度公司垄断鸦片贸易之后,澳门的鸦片交易虽不兴旺,但一刻也没有停止过。东印度公司想把澳门变成对华鸦片批发中心,就必须同葡萄牙人进行交涉,付出一定代价。通过一阵肮脏的谈判,英国的鸦片贩子与葡萄牙人勾结起来,双方签订了一份协议。"葡政府允许英船运鸦片入澳门,每年五千箱……英公司须每年纳交澳门海关十万两(银)。"② 澳门因此成为远东最大的鸦片市场和存

---

① George Thomas Stallnton, Miscellan Coas Notices Relating to China and Our Commercial Intercourse With that Country, 1822, pp. 75 – 80.

② 1819年,澳门总管阿布奎致东印度公司特派委员会意见书,参见梁嘉彬《广东十三行考》,广东人民出版社1999年版,第410页。

储站。为了解决鸦片顺利进入中国大陆问题,东印度公司与港脚商的代表共同讨论决定,从每箱鸦片价值中抽取洋钱(西班牙银元)40元,作为"贪污基金",专门向清朝海防官员行贿,以保证鸦片走私渠道的畅通。当时,在中国的鸦片贩子中也出现了一种"捐派"办法。所谓"捐派",就是按照每箱鸦片的价值抽收一定比例的钱,按期呈交地方长官,以换取其对鸦片走私活动的默认。经过东印度公司和中国鸦片走私贩的轮番糖弹攻击,中国沿海官员的眼睛全部闭了起来,鸦片箱几乎可以在缉私艇水师官兵面前公开地抬上抬下,鸦片在广州的销售几乎毫无困难。然而,过了不久,东印度公司与葡萄牙的澳门参事会之间,因为争夺鸦片贸易的暴利出现了一次纠纷。1805年(嘉庆十年),越来越多的葡萄牙人利用占据澳门地利的方便,加入了鸦片走私者的行列。东印度公司在英籍港脚商的要求下,对前往加尔各答批发鸦片的葡萄牙商船课以重税。葡萄牙澳门当局得悉这一消息,为了报复东印度公司,便宣布拒绝非葡萄牙的鸦片船靠岸。但这种冲突在以后十年间未发展到决裂的程度①,双方经过谈判妥协,继续维持着澳门作为鸦片囤积地的局面。

四 虚张声势的禁烟措施

嘉庆十二年(1807),粤海关新任监督到达广州后,立即向行商们发布了一道语气比较强硬的训令。这道训令的主要内容是:海关属员应当严查鸦片走私贩运;外国船只入口必须经过严格检查,才能起货上岸;行商奉到此令后,必须迅速通知各国商人,不准再运鸦片;如果违犯禁令,不仅要把全部鸦片没收归官,还要严惩外国鸦片贩子和中国保商。

嘉庆十二年十一月十六日(1807年12月14日),两广总督吴熊光把洋钱流行、鸦片烟流毒、天主教传教相互联系在一起,认为主要是洋钱流行导致的。他说:"粤东民风浇薄,富者徇利忘义,贫者重利轻生,积习相仍,骤难化导,曾经附折奏闻在案。揆厥所由,盖缘省会及佛山镇五方杂处,贸易皆以洋钱,遂流行通省,小民惟利是图,趋之若鹜,虽绅士等亦沾沾以洋钱常挂齿颊,即如鸦片烟之流毒内地,番摊馆之诱因良民及西

---

① [英]格林堡:《鸦片战争前中英通商史》,康成译,商务印书馆1961年版,第104页。

洋邪教易于煽惑人心者，未始不由于此。甚至民间行使，必须先将纹银兑换洋钱，再将洋钱兑换制钱使用，是国宝流通，转使外夷潜操交易之柄，于国政甚有关系。臣悉心体察，总因为日既久，积重难返，若专于东省示禁，操之太蹙，不特徒滋扰累，兼虑激成事端，再四筹思，骤无善策。因思行使洋钱北方甚少，惟江苏、浙江、福建较多，江西、广西亦有使用之处。粤东近地猝行查办，其势既不能断绝，似不如先在远方禁其流通，可否？仰恳皇上饬行江浙各督抚，凡有洋钱，俱令倾镕银锭，始准行使，先由江苏、浙江，次之江西、广西，又次及闽省，逐渐饬禁，俾洋钱难以行远，再于广东亦饬镕化使用，则西洋人不能暗操利柄，庶可不禁而自绝，而粤东奢淫之俗，或可稍为移易也。"①鸦片流毒日益严重，天主教传教难以肃清，白银流向正在改变，这是嘉庆年间逐渐显露的三大社会问题。吴熊光的看法有一定道理，但这种认识还停留在表面。吴熊光提出的方案，是与金属铸币化发展方向背道而驰的，通过将洋钱镕化为条块的行政手段，试图阻断洋钱的流通，不会成功。实施这样的行政命令，不仅难以禁止洋钱流通，而且无法阻断天主教的传播，由此试图改变社会风气，更是缘木求鱼。因此，立即遭到清廷驳斥和拒绝。"吴熊光等奏请饬禁洋钱一折，江浙闽广等省行使洋钱，相沿已久，民间称便，若遽纷纷饬禁，概令倾镕，无论势有难行，且恐滋扰累激生事端，所奏不可行。"②

嘉庆十四年（1809），新任两广总督百龄兼理粤海关关务，发布了一道命令，认为从前禁止鸦片输入失败，主要是行商贪利与夷人勾结，通风报信，"官吏上下串通"，营私舞弊造成的。"何以此辈明知该船载有鸦片，但仍以查究消息告知，而隐庇外人将其私行运入？是以外洋船只未驶入本口之前，即将鸦片起出，并分由小路运入，偷越关卡而运入内地。而不轨之徒，则往来买卖，以致祸害蔓延广阔，不知伊于胡底。近来似乎所有官吏上下串通，私行售卖鸦片。"③ 这道通令认为毒品的泛滥一是由于行商与

---

① 《两广总督吴熊光等奏请饬禁洋钱折》嘉庆十二年十一月十六日，《清嘉庆朝外交史料》第二卷，故宫博物院1932年编印，第9页。

② 《军机处寄两广总督吴熊光等所奏请饬禁洋钱不可行至限制铅斤出洋著会同妥议章程具奏上谕》嘉庆十二年十二月初七日，《清嘉庆朝外交史料》第二卷，故宫博物院1932年编印，第9页。

③ ［美］马士：《东印度公司对华贸易编年史（1635—1834年）》第三卷，区宗华译，中山大学出版社1991年版，第123页。

外国鸦片贩子勾结所致；二是官吏上下串通，对于毒品走私受贿放纵。已知症结所在。当时，广东地方官员以放纵鸦片走私为贪污受贿的重要财源，发布禁令的目的在于索贿，只要足够的贿金到手，便会敷衍了事。中外鸦片贩子熟知此种弊端，立即将早已准备好的"贪污基金"和"捐派"的一定数额的银圆送给新来的官老爷，依旧猖狂贩运，而无丝毫顾忌。1811年，东印度公司的航务长向公司报告说："据观察，总督关于禁烟之语，不过官样文章而已，毫无积极禁止贸易之意，因政府久以纵容私运为发财之机会。"这样的禁烟方法，这样的行政长官，只能大大助长鸦片走私贩的气焰，只能导致鸦片走私贸易的进一步扩大。

对于鸦片引起的社会问题，嘉庆皇帝不能说不够重视。自登位以后，他一边指挥军队镇压白莲教农民起义，一边密切注视着日益蔓延的鸦片烟毒。禁止鸦片贩运的命令发了一道又一道，可是鸦片输入屡禁不止，走私贩运反而更加猖獗，人口数量日益激增，吸食鸦片风气越传越广。有的鸦片贩子甚至将鸦片带到京城进行兜售。京城清查的结果表明，不仅发现一批外官子弟染上了烟霞癖，而且在皇宫内揭发出多起侍卫官、太监吸食鸦片案例①。这件事引起清廷关注，不得不在官员中开展讨论。有的官员认为，鸦片之所以屡禁不止，在于吸食人数众多，需求量大，供不应求，走私贩运可以获取暴利，不法分子因此铤而走险。只有制订新的条例，禁止吸食，才能制止恶习传染。刑部为此专门制订了买食鸦片烟分别治罪条例，规定："军民人等买食者，俱杖一百，枷号一月。"嘉庆十八年七月（1813年8月）的上谕说："侍卫官员买食鸦片烟者，革职，杖一百，加枷号两个月；民人等杖一百，枷号一个月；均照所议办理。近日侍卫官员中，朕风闻即有违禁买食者，姑因事未发觉，免其查究。若不知悔改，将来或经举发，即照新例惩办，不能宽贷。"②

这道禁令与以前有关鸦片的禁令相比，除了重申惩治贩运者外，新增了惩治吸食者的条例。这是中国法令史上第一道惩办鸦片吸食者的法令，在禁毒史上具有创始的意义。

嘉庆皇帝的上谕还分析了禁毒失败的原因，说："至鸦片烟一项由外

---

① 1807年，在京师朝阳门内破获一起鸦片走私案，引起嘉庆帝重视，下令全城清查。详见《清朝续文献通考》卷53，《征榷考》卷25，浙江古籍出版社1988年影印本，第8077页。
② 《大清仁宗圣训》卷83，第5页。

洋流入内地，蛊惑人心，戕害生命，其祸与鸩毒无异。奸商嗜利贩运，陷溺多人，皆由各处海关私纵偷越。前曾降旨各省海关监督等严行查禁。乃数年来迄未遏止。并闻各海关竟有私征鸦片税银者，是竟导奸民以鬻之路，无怪乎流毒愈炽也。"① 由此可见，嘉庆帝对于地方官弁和海关监督阳奉阴违的禁毒行为是了解的，但对这些亲信没有给予任何严厉处分，仅仅要求各省督抚对于海关监督以后的行为注意查参。在官官相护的腐败政治体制之下，这实际是官样文章，不可能产生实际效果。嘉庆二十年（1815年），这位讲求"宽容"的皇帝又下令宽免查禁鸦片不力官员的处分。皇帝对于查禁鸦片不力的官员姑息养奸，势必遗患无穷。

嘉庆二十年（1815），在嘉庆帝的督促下，两广总督蒋攸铦负责制定了一个《查禁鸦片烟章程》，规定：西洋商船到达澳门，必须经过检查，证明确无鸦片才能卸货；如商船载有鸦片，不准贸易，立即驱逐。这个章程被批准后，还没有来得及认真执行，蒋攸铦便离职而去。

嘉庆二十二年（1817），阮元新任两广总督。他是一位生于江苏扬州，长期在东南沿海省区任职，密切注视祖国海防安危的经世派学者。阮元一到任，就连续上奏，强调要预防夷患，以为英国"恃强桀骜，性复贪利。宜镇以威，不可尽以德绥"②。1820年，他通过粤海关监督和公行向外国商人首领发布了一道训令。指出，自嘉庆二十年查禁鸦片章程颁布到现在已经五年，抵达澳门的外国商船中仍有奸商偷载鸦片，要求葡澳当局认真搜查。同时指出，黄埔附近的江面上仍有伪装的鸦片船只停泊，负责缉私的官吏必须严行搜捕。"行商当通知住在广东或澳门之外国首领，严守天朝法令，不准偷运鸦片。倘敢违法，发现以后必被驱逐，不准贸易。保商也必受罚。"尔后，阮元又增派缉私船只，加强海防巡逻，修筑虎门炮台，严阵以待。

阮元查禁鸦片的行动最初没有引起外国鸦片贩子的足够重视。他们认为这位总督同历任总督一样，不过是虚张声势，待到"贿赂基金"送到手中，就会默认鸦片继续走私。不料，这次他们的算盘打错了。1821年7月，中国有16个鸦片贩子在澳门先后被捕，外国鸦片贩子对于中国缉私官

---

① 《大清仁宗圣训》卷83，第5页。
② 《清史稿》卷364，《阮元传》，第11423页。

第二章　英国东印度公司对中国的鸦片进攻

的情报准确感到十分吃惊,立即引起一阵恐慌。在澳门被捕的这 16 个鸦片贩子中,有一个名叫阿徐的人泄露了鸦片走私的秘密,详细交代了各级官员受贿的情况。这一案件牵涉到十三行总商伍绍荣(别名伍崇曜),总督阮元便以查禁鸦片不力为罪名,请旨摘去其三品顶戴。

"臣会同历任监督臣严切查禁,无如奸民鬼蜮多端,百计偷越,推原其故,由一切防杜之法多行于鸦片已入内地以后,不能行于鸦片未入内地以前。是以向来查办鸦片之案,不过就现获之犯加以惩治。其于最先贩卖之人尚无从究诘得实。至于此外盈千累百分散外洋者更无从凭空海捕。臣到任至今,会同海关监督破获鸦片之案与夫解官烧毁之鸦片时时而有。但不塞其源,其流终不能止息。臣访得鸦片来路大端有三:一系大西洋,一系英吉利,一系米里坚。大西洋住具澳门,每于赴本国置货及赴别国贸易之时,回帆夹带鸦片回粤偷销。英吉利鸦片访系水梢人等私置,其公司船主尚不敢自带。米利坚国因少国王钤束,竟系船主自带鸦片来粤。"① "洋商与夷人最为切近,夷船私带鸦片,即能瞒臣等之耳目,断不能瞒该商等之耳目,如果该商等不徇情面,遇有夷船夹带,即禀明遵旨驳回船货,不与贸易。且于鸦片未来之前先期告诫,晓以利害,夷人数万里而来,岂敢因夹带违禁物件,自断茶叶等项正经买卖。如此,官商同心合力办理,纵不能一时全行断绝,而远夷闻风忌惮。再历数年,竟可冀此风渐息。乃频年以来,从未见洋商禀办一船,其为只图见好于夷人,不顾内地之受害,显而易见。洋商伍敦元系总商居首之人,责任尤专。各国夷情亦为最熟,今与众商通同徇隐,殊为可恶。除现在会同监督臣达三恭引嘉庆二十年谕旨,严切传谕各国大班,并觅访内地接引奸民,尽法处治外,相应请旨将伍敦元所得议叙三品顶戴摘去,责令率同众洋商力为杜绝。"②

---

① 《两广总督阮元奏为申明严禁鸦片并洋商伍敦元经理不善请摘三品顶戴事》道光元年十月十四日,中国第一历史档案馆藏朱批奏折,档号:04-01-30-0367-001。
② 《两广总督阮元奏为申明严禁鸦片并洋商伍敦元经理不善请摘三品顶戴事》道光元年十月十四日,中国第一历史档案馆藏朱批奏折,档号:04-01-30-0367-001。

同时，阮元立即命令水师官员捕获澳门鸦片囤户叶恒澍等人犯。"据香山县知县吴文照等访闻，该县署澳门地方有职员叶恒澍等贩卖鸦片烟泥，经该县会同营委各员及兵役、关差人等拿获叶恒澍、史太（即史惠元）、陈夬（即陈汉）、林居山、区照、郭声扬、曾亚茂、李亚祥等八名。又据委员侯升、知县金锡邕等会同营县拿获吴亚昂、郭亚团、郑阿照、林阿蚬、郑阿潮、林阿也、郑阿歪、陈亚眉等八名，先后禀解来省，饬司委员审办。据臬司查开：叶恒澍捐纳州同，史太捐纳监生各事例，详请咨部斥革。"①

这些人犯共涉及中外 6 起案件，其中涉及中国非法购买鸦片烟泥共有 5 起案件。经广州知府钟英审明，"叶恒澍向有缯船湾泊娘妈阁，适遇术士之福建人陈五至澳门贸易，私向该犯告知，曾在外洋夷船买有鸦片烟泥。伊船即日开行，急欲觅主销售，每斤取番银十二元。该犯叶恒澍贪价便宜，起意商同现获之史太、陈夬、林居山、区照、郭声扬、曾亚茂、李亚祥，未获之王坚、杨方、卢光头预【欲】贩卖获利。史太等应允，共凑番银一千三百二十元，向陈五买得鸦片烟泥一百十斤，雇不识姓名小艇载至岸边，各自带回，陆续卖与不识姓名墟客，每斤番银十六元，随被访拿获解。又，吴亚昂籍隶福建诏安，向在沈福顺商船充当水手。道光元年八月十七日，船在香山县澳门洋面，该犯吴亚昂自用番银二十八元向不识名在逃之郭姓买得鸦片烟泥二斤，卖与不识姓名人得番银三十七元。又是年十二月初七日，有不识姓名在逃之亚松携带鸦片烟泥三斤十一两，至船潜向该犯议卖。该犯用番银四十元买受。船户沈福顺均不知情。该犯旋被兵役连烟泥获解。又，郭亚团籍隶福建漳浦，道光元年八月内，该犯向同县船户陈照租船一只，船照系陈宗姓名，雇现获之陈亚旺、郭亚贵，未获之陈亚才等在船充当水手，装载杂货，由原籍至电白县水东地方发卖。在该处买得黄麻、青油各货，运至香山县澳门，转卖得番银二百余元。九月十九日，有不识姓名之潮州人下船，称有鸦片烟泥售卖，价甚便宜。该犯贪图获利，约定二十日夜初更时候带至船内交易。至期不识姓名人携带鸦片烟泥共重十一斤零下船，该犯用番银一百三十二元买受。陈亚旺等均不

---

① 《两广总督阮元奏为香山县澳门地方拿获贩卖鸦片人犯叶恒澍等按例定拟事》道光二年三月二十八日，中国第一历史档案馆藏朱批奏折，档号：04-01-01-0640-033。

知情，旋被兵差将烟泥、船只一并获解。又，郑阿照、林阿蚬、郑阿潮、林阿也、郑阿歪均籍隶潮阳，该犯等同乡熟识之林和兴自置尖头船一只，在潮阳县请领船照，接载客民许成合货物，赴新会县江门地方发卖。船户林和兴先由陆路前往等候，托该犯郑阿照在船照管掌舵，雇该犯林阿蚬、郑阿潮、林阿也、郑阿歪同未获之林阿鼻、吴亚导在船充当水手。道光元年十一月十三日（1821年12月7日），船至江门，会遇许成合，将水脚番银八十余元交该犯郑阿照收存支应。许成合另雇小艇上省。该犯郑阿照将船驶至香山县澳门港外伺接客货，林阿鼻起意商同该犯郑阿照等贩卖鸦片烟泥，专卖获利均分。郑阿照等应允。当将收存水脚用剩番银五十三元，并各凑银七十元，交林阿鼻携至澳门不识姓名夷船，买得鸦片烟泥二十六块，携回船只，转解。又，陈亚眉籍隶澄海，向在香山县澳门地方开张小糖铺生理。道光元年十二月二十六日（1822年1月18日），该犯因肚腹泻，闻知鸦片烟能以止泻，欲买鸦片烟泥煮食调治，忆及熟识在逃之容亚爽受雇夷人佣工。该犯遂用番银十二元往托容亚爽向夷人买得鸦片烟泥十六两零，携回行至隆松庙地方，即被兵役连烟泥获解。"①

据此，按照例载："兴贩鸦片烟，照收买违禁货物例枷号一个月，发近边充军；为从，杖一百徒三年；军民人等买食者，杖一百枷号一个月；又，名例载：正犯在逃未获之犯，经隔别研讯，实系逃者为首，即依律先决从罪，毋庸监候待质，各等语。本案叶恒澍起意商同史太等贩卖鸦片烟泥一次，吴亚昂独自贩卖二次，郭亚图独自贩卖一次，均应照例定拟，叶恒澍、吴亚昂、郭亚图均合依兴贩鸦片烟，照收买违禁货物，枷号一个月，发近边充军例，各枷号一个月，满日，发近边充军，至配所，杖一百，各折责安置。史太（即史惠元）、陈奂（即陈汉）、林居山、区照、郭声扬、曾亚茂、李亚祥听从叶恒澍贩卖；郑阿照、林阿蚬、郑阿潮、林阿也、郑阿歪听从未获之林阿鼻贩卖，均合依为从，杖一百徒三年例，各杖一百，徒三年，至配所折责安置。郑阿照、林阿蚬、郑阿潮、林阿也、郑阿歪五犯经隔别研讯，均供在逃之林阿鼻起意为首，应照例先决从罪，毋

---

① 《两广总督阮元奏为香山县澳门地方拿获贩卖鸦片人犯叶恒澍等按例定拟事》道光二年三月二十八日，中国第一历史档案馆藏朱批奏折，档号：04-01-01-0640-033。

庸监候待质……陈亚眉,讯止买食鸦片,合依军民人等买食者杖一百枷号一个月例,应枷号一个月,满日,折责发落递籍约束。陈亚旺、郭亚贯,讯不知情,应予省释。"①

另外一起案件涉及英美两国鸦片走私船。1821年9月,阮元向英国、葡萄牙等国的鸦片贩子们发出了一份措辞更加严厉的警告书,要求所有外商遵守天朝的鸦片禁令。11月,英国大鸦片贩子马地臣(Matheson, James William)的"米罗普号"(Merope)、"胡兰号"、"犹金尼号"(Eugenia)和美国的"爱米雷号"(Emily)四艘鸦片走私船被查获。据阮元奏报:"港脚夷人吃船、立臣船、北见船时船、花旗夷人急庇轮船共四只,夹带鸦片烟泥,经洋商伍镦元等及各保商查出。"阮元对于外国鸦片走私船的处理,也是按例而行。"至港脚夷人吃船、立臣船、北见船时船、花旗夷人急庇轮船各夹带鸦片,实属违禁,最为可恶。查嘉庆二十年(1815)钦奉上谕:如各船带有鸦片,将各船货物全行驳回,俱不准其贸易。原船即逐回本国,等因。钦此。臣阮元饬据洋商查明各船进口已久,货物半已卖去。当饬将已卖货物核计余息共番银三千三百二十九元罚出,归库充公,以示惩儆,原船即时逐回本国。并谕饬该国大班,嗣后该四船永远不准来粤贸易。失察之通事蔡懋、胡漳饬县照例责惩。各犯贩卖所卖鸦片烟泥银两照追入官,起获鸦片烟泥、船只,分别烧毁、变价充公。船照、税单饬俟查明,分别给领,涂销。叶恒澍、史太(即史惠元)各捐照,追缴,咨销。逸犯陈五、王坚、林阿鼻、容亚爽等严缉务获。"②

阮元勒令四艘外国鸦片船主如数缴清罚款后,立即离开中国,以后不得再次来华。"1820—1822年,中国官员查禁鸦片走私贩的行动也波及到澳门,当官员缉拿最严厉的时候,除非将鸦片包装得像是它种货物,无法将一箱鸦片从一所房子搬运到另一所。"③黄埔附近的江面上,鸦片走私船由于广东水师的查缉而无法停泊,澳门的鸦片市场由于严厉搜查也被迫关闭。

---

① 《两广总督阮元奏为香山县澳门地方拿获贩卖鸦片人犯叶恒澍等按例定拟事》道光二年三月二十八日,中国第一历史档案馆藏朱批奏折,档号:04-01-01-0640-033。

② 《两广总督阮元奏为香山县澳门地方拿获贩卖鸦片人犯叶恒澍等按例定拟事》道光二年三月二十八日,中国第一历史档案馆藏朱批奏折,档号:04-01-01-0640-033。

③ [英]格林堡:《鸦片战争前中英通商史》,康成译,商务印书馆1961年版,第120页。

第二章　英国东印度公司对中国的鸦片进攻

阮元领导的这次查禁鸦片行动得到了清廷的支持。道光元年（1821），御史尹佩棻上奏批评广东地方官员查禁鸦片不力："一由于地方官之不认真查拿，或差一二武弁巡查，徒为该弁肥囊之计；一由于粤海关之包税，洋船一到即有包揽上税者，将烟雇载渔船先行寄顿（囤），然后查船。"① 道光帝得悉这种情况，当即谕令两广总督严厉追查。谕令说："鸦片烟流行内地，大为风俗人心之害，民间私贩私食，久干例禁。节经降旨严饬稽查，而此风未尽革除，总由海口守巡员弁卖放偷漏，以致蔓延滋甚。著阮元、达三于通商各口岸地方并关津渡口，无论官船民载逐一认真查拿，毋任员弁稍有捏饰。倘有奸民以多金包揽上税及私运夹带进口等弊，立即从严惩办，以除积蠹。总在有犯必惩，慎勿日久生懈，仍归具文。"② 接着，又密令阮元秘密查访粤海关监督有无收受鸦片税情事，指示说："洋商与外夷勾通贩卖鸦片烟重为风俗之害，皆由海关利其重税，隐忍不发，以至流传甚广。著该督抚密访海关监督有无收受黑烟重税，据实奏闻……务期洋船出入积弊革除，以清关隘，而裕民生。"③ 连皇宫派出的亲信监督也令阮元秘密查访，表示了道光帝对阮元的高度信任。这两道上谕表达了道光帝禁毒的决心，对于阮元在广东的查禁行动是一种有力支持。

道光二年二月初五日（1822年2月26日），碣石镇右营千总黄成凤带领6名士兵巡洋，在海丰汕尾洋面盘获一起鸦片走私偷运案，查获"鸦片烟白泥十四包、乌泥三个，共重四十八斤九两三钱，并将人船一并拿获。黄成凤因人犯哀求，将人船纵放，并面商该署守备曾振高，欲将拿获烟泥私行变卖分赃。曾振高贪利允从。黄成凤于初七日将烟泥送交曾振高收存。旋经该镇署右营都司毛国斌访闻饬查，始据曾镇高将烟泥禀缴，毛国斌用天平称兑，因天平较重，比原获数目短少十两零三钱，并有伪烟数块。毛国斌即以千总黄成凤盘获鸦片、纵放人船，署守备曾振高延不禀解，并所缴烟泥有短少顶换等情揭报"④。毛国斌揭报黄成凤、曾振高之后，碣石镇中营左哨千总署守备曾振高反诬毛国斌"代修哨船，桅木舵桩

---

① 《大清宣宗圣训》卷101，第6页。
② 《大清宣宗圣训》卷78，第1页。
③ 《大清宣宗圣训》卷101，第3页。
④ 《两广总督阮元奏为遵旨审明已革广东碣石镇右营千总黄成凤徇私故纵鸦片人犯等情案按例定拟事》道光二年九月二十日，中国第一历史档案馆藏朱批奏折，档号：04-01-01-0640-001。

杠棋未全，勒令出具保结；久住公馆，不回衙署；并违例乘坐绿面大轿"。经碣石镇总兵分别揭报。事发之后，经前署两广总督嵩孚和水师提督李增阶分别参奏到京。道光帝谕令两广总督阮元，先将涉案人员革职，然后查个水落石出。阮元委任广州知府钟英负责审理，按察司复审，最后又亲自审理，按例判处："此案已革千总黄成凤在洋盘获贩卖鸦片人犯，私行纵放；已革署守备曾振高商同图卖原赃，均属故纵，应与犯人同罪。黄成凤、曾振高均合依兴贩鸦片烟，照收买违禁货物枷号一个月，发近边充军例，俱发近边充军。曾振高因被署都司访揭，挟嫌诬讦，反坐加等罪止于徒，应于近边充军本罪上加一等，发边远充军。黄成凤、曾振高均系营弁，辄敢故纵人犯图利，实属胆玩卑污，均请照前办麦秀芳成案，发往新疆，充当苦差，以示惩儆。"①

道光三年（1823），阮元继续严厉打击各种鸦片走私行为，他特别关注水师官弁的渎职行为，连续查处内鬼。例如，龙门协兵丁吴李茂等盘获梁胜和船内鸦片，私卖分赃，署副将谢廷可、署守备麦秀芳等讳匿不报案；水师提标把总詹兴有拿获鸦片商，因兵丁陈有尧等得赃纵放，詹兴有畏罪服毒身死案；香山协记委孙朝安包送李阿蚬鸦片船案；碣石镇千总黄成凤盘获不识姓名船户鸦片，商同署守备曾振高讳匿变卖分肥案，等等。分别严审、奏参、咨革，"将署副将谢廷可拟发军台，署守备麦秀芳、曾振高、千总黄成凤，均拟发新疆，记委孙朝安发近边充军"②。在阮元的督促之下，粤海关监督达三也开始令海关人员认真稽查鸦片走私问题。西炮台口拿获徐亚潮烟膏一起，又拿获陈亚桂鸦片一起，黄埔口拿获林绍修鸦片一起，佛山口拿获许时兴鸦片一起，澳门口拿获鸦片一起，共起获鸦片八百余斤，全部予以销毁。③ 这样，鸦片走私在广东遭到了前所未有的打击。

东印度公司与港脚商人不甘心停止其罪恶活动，面对阮元积极而认真的查禁鸦片行动，采取种种手段进行干扰、破坏。他们首先是反对中国水师的搜船行动。由于查禁鸦片章程明确规定，外国船只停泊澳门，必须经

---

① 《两广总督阮元奏为遵旨审明已革广东碣石镇右营千总黄成凤徇私故纵鸦片人犯等情案按例定拟事》道光二年九月二十日，中国第一历史档案馆藏朱批奏折，档号：04-01-01-0640-001。

② 《两广总督阮元奏为严切查禁鸦片偷运入口节次拿获惩办情形事》道光三年二月初七日，中国第一历史档案馆藏录副奏折，档号：03-4005-004。

③ 《两广总督阮元奏为严切查禁鸦片偷运入口节次拿获惩办情形事》道光三年二月初七日，中国第一历史档案馆藏录副奏折，档号：03-4005-004。

过查验，证明该船确无鸦片，方准起货上岸。中国官员开始奉命执行任务。东印度公司及其鸦片商贩对此非常不满，他们藐视中国主权，蛮横拒绝中国官吏的搜查。公开的理由是，"为保持其国家之尊严及公司之利益，凡悬挂英国国旗之船，必须拒绝搜查"。实际则是为了掩盖其罪恶勾当，破坏中国的禁令。其次是反对向中国官员出具无鸦片甘结。道光元年（1821），清廷重申禁令，要求"洋船至粤，先令行商出具所进黄埔货船并无鸦片甘结，方准开舱验货"。中国行商因担心受到牵连，要求外国船只先具甘结，否则，不予作保。对此，东印度公司不但不予合作，而且还以取消特许状威胁愿意具结的合法贸易散商，要求与他们的行动保持一致。东印度公司之所以坚决拒绝出具并无鸦片甘结（即誓书），主要是担心，"假如一旦实行，显然行商由于在鸦片贸易中无何种利益，将用各种可能的方法阻止它运入黄埔"①。这里一语道破了他们拒绝甘结的天机，根本不是违反了什么国际商业惯例，而是中国有效制止毒品走私。所以，他们发誓要尽最大的努力来抗拒。②

东印度公司的这种蛮横态度激怒了两广总督阮元，澳门和黄埔很快被缉私船封锁了，载运鸦片的船只被成功地逐出了珠江。这是阮元领导的查禁鸦片走私行动所取得的最大成果。然而，这些鸦片走私船驶出珠江后，并不甘心其失败，他们把鸦片走私船停泊在伶仃洋上公开进行鸦片走私活动。令人遗憾的是，阮元没有认识到伶仃洋鸦片走私的巨大危害性，没有对停泊在伶仃洋的鸦片趸船进一步采取有效制止措施，致使鸦片走私在伶仃洋上很快形成了新的走私方法，走私毒品更加猖獗。尽管他于道光六年（1826）被调任云贵总督，但对于粤督任期的后半段查禁鸦片不力仍负有不可推卸的责任。

五　伶仃洋上的鸦片趸船

1821年，英国大鸦片贩子马地臣的三条鸦片走私船被阮元逐出了珠

---

① ［美］马士：《东印度公司对华贸易编年史》第四卷，区宗华译，中山大学出版社1991年版，第44页。
② ［美］马士：《东印度公司对华贸易编年史》第四卷，区宗华译，中山大学出版社1991年版，第52页。

江。这名鸦片走私暴发户不肯放弃其罪恶的勾当,洗心革面。他的船只被迫驶出了珠江,但是一经驶出虎门之外,便在该河口的伶仃岛下抛了锚,等待鸦片走私的新时机。不久,其他被逐出澳门与黄埔的鸦片走私船亦麇集在这里,伶仃洋由此成为新的鸦片囤积地。伶仃洋的毒品走私同以前在黄埔的方法近似,但比以前更自由、更便利、更少风险,因此更加猖獗。

伶仃洋这个新的鸦片集散地,当时贩运鸦片的主要方法是,首先在伶仃岛附近的水域上停泊一些经过武装的浮动的废旧海船,用以贮存从印度运来的鸦片,供应中国的鸦片贩子前来提货。这些船只的作用与停泊在码头附近的趸船很近似,因而被称为鸦片趸船①。通常在它的旁边配备有武装船只,用以抵抗清军的查缉和防止海盗的突然袭击。伶仃洋因此成为鸦片走私的基地。外国鸦片贩子勾结广州的不法分子,以开设普通商店为名,暗中为外国鸦片贩子招徕客户,批发鸦片。这种黑店被当地人称为"大窑口",在广州这样的大窑口有数十个。除此之外,还有许多经营小量批发业务和直接向吸食者提供鸦片的小批发商。这些小店被称为"小窑口"。中国的鸦片走私贩子在大窑口看过样品,交纳现款后,得到大窑口的提货单,然后到船上提货。有时是中国鸦片贩子先向大窑口交纳"定钱"(一般是每箱50—100元),然后带着货单到伶仃洋的趸船上缴付差额,而后提货。在鸦片趸船上,总是先把鸦片从箱中取出,分散包在大小不同的席包中。提出的鸦片通常由专门包办武装走私的快船运到各买主事先约定的秘密地点。包揽运送鸦片的快船被广东人称之为"快蟹"或"扒龙"。这种快船一般由50—70名水手划桨。"帆张三桅,两旁尽设铁网,以御炮火。左右快桨凡五六十,来往如飞,呼为插翼,星夜遗行。所过关津,明知其带私,巡丁呼之,则抗不泊岸,追之则去已无及,竟敢施放枪炮,势同对敌,瞬息逃脱。"② 或者夺路强行通过,或者行贿买路,驶入内河,这些事情都是在光天化日之下公开进行的,并且往往是在巡逻船只附近大摇大摆地通过的。这种情况尤其在两广总督阮元离任后,更是明火执仗地进行。1826年到任的两广总督李鸿宾对于伶仃洋上的鸦片走私采取的

---

① 趸船一般固定在岸边,是供航船停靠的浮码头,不是自航船,通常可装货300趸,故名趸船。每趸约为1680斤。

② 《清代外交史料》(道光朝),转引自中国史学会主编《鸦片战争》第一册,上海人民出版社1957年版,第168页。

是睁一只眼闭一只眼的态度,除了到任时发布了一通禁止鸦片走私的布告外,并未采取实际措施制止鸦片走私。据时人揭发,总督李鸿宾设巡船,每月受规银36000两,听任鸦片走私入口。在这种情况下,鸦片走私的规模越来越大。鸦片走私公开化,又带来另一个严重后果。正常的贸易也可能演变为大规模走私,这一点东印度公司的职员看到了。他们说:"假如中国政府不采取比当前的表现更有效的办法去制止走私的扩展,则本口岸的散商贸易就可能全部变为非法买卖。因为很多海关官吏,他们的工作本来是制止走私的,但常有代理商用他们的工具进行走私。"负有缉私责任的海关官吏,却为走私毒品者提供走私工具和便利,如此腐败行为,鸦片走私是无法制止的。

由于鸦片买卖是在黑市上用现钱交易,比外国商人推销合法商品困难少得多(其他合法商品贸易必须以赊账方法,卖给保商,拿到现钱的周期很长),这为鸦片走私者备办回头货物提供了便当。因此又有许多商人加入鸦片走私的行列,鸦片走私贸易空前兴旺。1821—1828年,每年鸦片的平均走私数量为9708箱,比1811—1820年平均每年走私的4494箱提高了一倍多。即使如此,也不能全部处理从印度运来的大量鸦片。一些大鸦片贩子试图开辟新的鸦片市场,进一步扩大鸦片销路,决定派船到中国东海冒险。

为了开辟新的鸦片市场以满足更大的嗜金欲,富于冒险性的马地臣于1823年6月乘坐悬挂西班牙国旗的"圣西巴斯提恩号"鸦片船到福建沿海兜售毒品。这次走私探险尽管不很顺利,马地臣仍不气馁。他说:"106天辛苦的结果很小,但是,前途的展望,却足可鼓励我们再作一次冒险。"第二次的冒险尝试看来比较成功,走私收入高达132000元。随后几次走私尝试也很成功,在伶仃洋上已经停泊了三年的"米罗普号"也加入了东海走私活动。如蚁附膻,其他鸦片贩子闻到新的血腥味道,为了牟取更大的暴利,葡萄牙人的"康司提图秀号",英国的"犹金尼号""詹姆西牙号"等,都满载着鸦片蜂拥驶到东海。由于竞争的鸦片船过多,很快引起福建地方官员的注意,"常常发生很严重的干扰",时机不利,鸦片贩子被迫暂时停止了在福建沿海的走私活动。

1828年,在东印度公司的胁迫、利诱下,印度农民种植罂粟面积进一步扩大,鸦片生产量增大,输入中国的毒品数量急剧增加。由于主要鸦片市场限于广州附近，供大于求，价格一度大幅度下跌。外国鸦片贩子认为是由中国的鸦片市场还没有完全开放所致。他们又想到东海、渤海去寻找新的市场。这时，英国最大的鸦片贩子、港脚商人的头目查顿（William Jardine）与马地臣合伙组建了"查顿—马地臣公司"，成为广州最有实力的经营鸦片走私生意的洋行。他们俩野心勃勃，以重金聘请普鲁士在华传教士郭士立（Gutzlaff Karl Friedrich August）为翻译，租赁了"气仙号"飞剪船，装上鸦片驶往上海和天津。"气仙号"出航不久，"詹姆西亚号"即驶往福州，"约翰比加尔号"驶往泉州。在福州和泉州的冒险很成功，每箱鸦片的售价比在广州高一百元。查顿因此认为这是将沿海贸易作为一种正规办法的时候了。为了达到目的，自然需要更多的快船，所以这家洋行便着手组建一支飞剪船、双桅帆船和纵帆船组成的船队①，他们先后购买了"壮士号""马叶斯夫人号""杨格少校号"和"小神仙号"各船。查顿当时谈了组建这支大规模鸦片走私船队的目的。他说："我们的想法是，在东印度公司的特许状满期以后，各类投机商人单单为了划汇，而不是为利润，似乎就要大量经营鸦片贸易。如果不大规模地经营，并且常常比我们的同行消息更灵通，从而站在稳固的基础上，我们就不值得再按旧有的计划行事了。"② 查顿已经看准了机会，要在东印度公司特许状满期之后，在自由竞争的鸦片市场上成为最大的贩毒集团，成为牢固的优胜者，所以把赌注押在建立一支新型船队和进行东海走私活动上。难怪人们称其为无孔不入的"铁头老鼠"。结果，新的鸦片市场开辟了，鸦片销路进一步扩大了，新的瘾君子大批增加了，中国的鸦片流毒更重了。

六　鸦片走私数量与价值

英国东印度公司垄断鸦片生产前一年，即1772年，以葡萄牙人为主的鸦片商已将输入中国的鸦片提高到1000箱左右。1773年以后，东印度公司努力扩大对华鸦片输入，鸦片进口数量不断增加。18世纪80年代中期

---

① Basil Lubbock, *The Opium Clippers*, Glasgow: Brown, Son & Ferguson, 1933, pp.4-7.
② ［英］格林堡：《鸦片战争前中英通商史》，康成译，商务印书馆1961年版，第127—130页。

平均每年达到2000箱,90年代中期达到每年4000箱,个别年度甚至超过6000箱①。1773—1795年,日益增加的鸦片其主要用途不是作为珍贵的药材,而是化为烟雾被瘾君子消费掉的。尽管如此,由于清廷尚未取缔鸦片关税,禁止所有鸦片输入,我们不必怀着强烈的义愤谴责东印度公司输送鸦片的行为。但自1796年以后,东印度公司与港脚商人不顾中国政府的一道道禁令,想尽种种办法向中国偷运鸦片,甚至不惜凭借武装强行向中国走私毒品,则犯下了不可饶恕的滔天罪行。

从1796—1834年,东印度公司与港脚商人非法输入中国的鸦片数量究竟有多少?很难回答。因为这种贸易毕竟属于走私性质,"因此不可能有绝对可靠的数字"。马士根据不同方面提供的资料,编制了一份统计表,分别载于《东印度公司对华贸易编年史》和《中华帝国对外关系史》两书中。多少年来,人们谈论东印度公司向中国走私鸦片时,多以此为根据。事实上,这个统计还不够准确。其主要原因在于:

第一,马士的统计数字限于官方公开公布的东印度公司在印度加尔各答和孟买两地经销的部分(包括极少量由公司商船代运的美国人经营的土耳其鸦片),对于英印散商不经公司而走私出境的鸦片(即没有商标的鸦片)没有统计在内。另外,向中国输入鸦片的不但有英国、印度人,而且有美国、葡萄牙、荷兰、丹麦、西班牙、比利时、瑞典、普鲁士和俄国人。马士的统计表中显然对这些国家输入的鸦片缺乏明确说明。

第二,在马士的统计表中明显有缺项。如前所述,19世纪初期,走私输入中国的鸦片,除了波斯、土耳其鸦片外,单是印度鸦片就有四种:产于孟加拉的有公班土、喇班土两种,出口地点是加尔各答,这两种鸦片因产地缘故,又称孟加拉鸦片。产于麻洼的有红皮土和白皮土两种,红皮土大部分被东印度公司收买,由孟买拍卖出口,又称孟买鸦片;产于麻洼的白皮土是一种次等品,自1813年葡萄牙人将其运往中国,引起英国人的不满,到1834年以前主要控制在葡萄牙人手中,由达曼出口,故称达曼土。马士的表中显然缺少达曼土这一项。

---

① [美]马士:《东印度公司对华贸易编年史》第二卷,区宗华译,中山大学出版社1991年版,第460页。

刘鉴唐根据《英国对华贸易与中国门户开放》一书所披露的查顿-马地臣洋行经销鸦片的账簿[①]，密尔本的《东方贸易》以及其他中外文有关早期鸦片史的论述，对马士的统计表进行了补充和修正。现将本期走私输入中国的鸦片箱数和走私商的国别摘录列表如表2-1所示。

表2-1　　　　　　　1800—1834年走私输入中国的鸦片箱数

年份	输入广州和澳门的箱数			走私国别及其走私箱数				
	已公布数	未公布数	合计	英国	葡萄牙	美国	法国	其他
1800	4570		4570	4570				
1801	3947		3947	3947				
1802	3292		3292	3292				
1803	2840		2840	2840				
1804	3159		3159	3159				
1805	3938	300	4238	3836	400	102		
1806	4306		4306	4126		180		
1807	4538		4538	4408		150		
1808	4208		4208	4208				
1809	4593		4593	4561		32		
1810	4968		4968	4968				
1811	5091		5091	4891		200		
1812	5066		5066	4966		100		
1813	4769	2500	7269	4769	2500			
1814	3673		3673	3673				
1815	4310	2800	7110	4230	2500	80	300	
1816	5118	1400	6518	4618	1100	500	300	
1817	3692	8683	12375	3692	2300	2648	300	3435
1818	4359	6420	10779	6052	3620	807	300	
1819	4186	7100	11286	6336	2370	2280	300	
1820	4244	7806	12050	8181	2569	1000	300	
1821	5959	6678	12637	6326	4628	1383	300	

① ［英］怀德《中国外交关系略史》，王义孙译，商务印书馆1934年版，第4页；［英］格林堡：《鸦片战争前中英通商史》，康成译，商务印书馆1961年版，第132页。

续表

年份	输入广州和澳门的箱数			走私国别及其走私箱数				
	已公布数	未公布数	合计	英国	葡萄牙	美国	法国	其他
1822	7773	10992	18765	14465	4000		300	
1823	6535	12322	18857	14245	4172	140	300	
1824	9934	7250	17184	10473	6000	411	300	
1825	7873	7979	15852	15552			300	
1826	11675	7714	19389	12625	6308	156	300	
1827	11154	7950	19104	12104	6700		300	
1828	12868	8451	21339	12612	7171	1256	300	
1829	16257	8735	24992	17102	6875	715	300	
1830	19956	13950	33906	20078	12100	1428	300	
1831	16550	12863	29413	26828	1883	402	300	
1832	21985	8450	30435	22905		380	300	6850
1833	20486	2400	22886	19523	2100	963	300	
1834	121885	300	22185	21885			300	

注：参见《南开史学》1984年第1期，刘鉴唐：《鸦片战争前四十年间鸦片输入与白银外流数字的考察》一文附表。

从表中反映的情况看，这一时期走私输入中国的鸦片可以分为三个阶段：第一阶段1800—1810年，每年不超过5000箱；第二阶段1811—1821年，平均每年增加500—600箱，后5年增加幅度远远超过前6年；第三阶段从1822年到东印度公司特许状停废为止，平均每年递增1000箱。1800—1834年，东印度公司走私输入的鸦片有324415箱，葡萄牙人走私输入76627箱，美国商人输入的有15313箱；法国商人输入的有6000箱，其他国商人输入的鸦片有10285箱，总计有432640箱。必须指出的是，鸦片走私自1796年开始，至1799年，平均每年走私大约4000箱，四年共计16000箱。1796—1834年，共输入鸦片448640箱。

由于鸦片走私的投机性和冒险性，鸦片的售价很不稳定。时而由于供给的鸦片过多，时而由于中国查缉走私卡断了供应渠道，时而由于鸦片贩子哄抬哄抢，常常出现暴跌暴涨。不仅各年度鸦片价格差异很大，就是在同一年度，由于走私地点与政治气候变化，鸦片的售价也有很大差异。加之鸦片贩子之间互相保密，封锁消息，想搞清鸦片的平均价格，比弄清其输入的数量更加困难。在中国禁止鸦片输入的初期,即1800年前后,公班土在澳门的价格是每箱560—590元;1805年公班土的行市已高达1400元,而品质较差的白皮土"每箱很难卖到400元"①,喇班土的价格比公班土通常少卖100元左右,每箱售价为1300元,土耳其的金花土价格为1000元。1806年,鸦片市场出现了一次萧条,部分原因是查禁鸦片活动迫使中国鸦片贩子暂时收敛,鸦片需求减少;部分原因是海面上海盗活动增加,使鸦片在海面上的交易陷于停顿。各种鸦片价格都向下跌落,喇班土的售价降到1130元,还是卖不出去。在第二阶段,由于印度供应的白皮土大量增加,严重影响了其他各种鸦片的售价。1817年公班土每箱价格为1300元,第二年跌到每箱840元,白皮土为680元,金花土为700元。1819年,鸦片贸易突然兴旺起来,鸦片像黄金一样,可以随时出手。公班土每箱售价为1170元,白皮土上升为730元,金花土为1000元。1820年,喇班土每箱售价1800元,还是供不应求,白皮土每箱为1320元。1821年,公班土的最高售价为每箱2500元,白皮土为1800元,金花土为1200元。这一年,由于阮元领导的禁烟活动很有成效,3月,公班土的售价每箱不足2000元,白皮土为1200元。然而到了8月,鸦片价格又暴涨至每箱2500元。暴涨的鸦片价格刺激了鸦片商的贪欲。但很快鸦片贸易又面临着崩溃。

崩溃的主要原因是东印度公司的白皮土政策造成的。1815年以前,港脚商进口白皮土很少。由于外国鸦片贩子互相哄抬孟加拉鸦片价格,白皮土作为廉价的替代品吸引了许多小投机商。白皮土在中国售价较低,销售量增加很快。东印度公司最初对次等鸦片的销售不够重视,后来觉得应当参与白皮土市场。从1821年开始,英国东印度公司便用各种手段来控制白皮土的收购和运销。1822年,卖了4000箱白皮土,结果使走私输入的白皮土增加了一倍。白皮土供应量过多,导致价格下跌,其他各种鸦片价格也随之下跌。1823年6月,公班土跌到每箱1800元,白皮土为1120元,港脚商大吃苦头,齐声咒骂公司,认为公司收购白皮土是愚蠢的方案。1824年,公班土的价格进一步跌到1600元一箱,白皮土550元一箱。1828年,白皮土每箱售价是465元。1829年,每箱公班土的售价只有800

---

① [英]格林堡:《鸦片战争前中英通商史》,康成译,商务印书馆1961年版,第103页。

元。1832年，略有回升，每箱公班土的售价为1000元，白皮土的售价约为500元。

由于鸦片走私价格极不稳定，经常出现暴涨暴跌，很难找到一个平均价格，推算出比较精确的输入鸦片总值。但为了分析东印度公司时期鸦片走私所犯下的罪行和对中国人民的伤害，有必要对输入的鸦片价值进行概略估计。到目前为止，能够见到的有关此时鸦片总值的估计有三种：一是马士在《东印度公司对华贸易编年史》中列举的1800—1815年鸦片成本与利润的估计和在《中华帝国对外关系史》中列举的1815—1834年走私鸦片价值估计；二是李伯祥、蔡永贵等同志经过认真分析马士著作中的资料来源，重新对1830—1840年输入中国的鸦片价值做了推算，所得到的货值简表；三是刘鉴唐根据当年鸦片售价和走私鸦片箱数（包括已公布的和未公布的）推出来的数值。[①] 马士的统计有缺项，也有错误，是很明显的，但对他公布的1816年以前的数字，人们还提不出有力的否定证据，故应予保留。李伯祥等同志的考订非常谨慎，他们注意到了印度输出的鸦片不全是输入中国的问题，认为应当从中扣除当年运往东方其他国家和地区的大约5000箱的鸦片。然而他们似乎未曾发现马士的统计数字主要是转抄英国官方公开公布的东印度公司经销的部分，对于英印散商不经公司许可而私自购运的无公司商标的鸦片没有统计在内；发现查顿－马地臣洋行账簿中尚有一些数字未被统计上，所以不够全面。刘鉴唐的统计数字来源较多，在搜集资料上下了很大功夫，不过，似乎也有疏漏的地方。譬如，自东印度公司销售的鸦片中应当扣除每年销往东方其他国家的5000箱鸦片问题；另如，"未公开"鸦片箱数与"已公开"鸦片箱数栏目的倒错问题以及估计数字偏大问题。因此，我们无法肯定哪一个统计和推算比较接近事实。此处存疑待考。若以刘文推算估计，1800—1834年间的走私鸦片总值高达482093380元，接近5亿元，这是一笔多么巨大的罪恶掠夺！

鸦片战争前的鸦片贸易问题一向为中外研究者所重视，但因各种原因，迄今为止，对当时对华鸦片贸易状况的所有统计和描述都在不同程度

[①] 李伯祥、蔡永贵、鲍正廷：《关于十九世纪三十年代鸦片进口和白银外流的数量》，《历史研究》1980年第5期。

上存在着不够准确、不够完整之处。鸦片战争前发行于广州的英文《广州纪事报》和《广州周报》保存了持续多年、即时公布的有关鸦片贸易的丰富资料,为重新统计1821—1839年期间各年度各种鸦片的贸易数量、价格和贸易额,从而比较完整、准确地显示这一时期的鸦片贸易状况提供了可能。吴义雄综合前人的研究和新发现的上述资料,认为在鸦片战争前的18年中,平均每年有1万多箱鸦片输入和1000多万两白银被掠夺。这一数字虽不如以往有的研究所揭示的那么庞大,但已足以揭露鸦片贩子和其背后的利益集团的掠夺本性。[1]

七 鸦片走私与白银流向的改变

鸦片走私使清廷对外贸易受到了极大损害。"中国的银币——它的血液——也开始流向英属东印度。"[2] 鸦片大规模走私引起的中国白银外流,是中国对外经济关系史中一个前所未有的变动。由于封建经济的充分发展,中国对外贸易长期处于优势地位。16世纪,中国同西方国家开始发生接触,当时资本主义商品经济在地中海沿岸国家尚处于初级阶段,东方的中国封建社会亦正在孕育新的生产关系。西方的精致的消费品运到中国的种类很多,但大多被视为"奇技淫巧",销量十分有限。相反,中国的茶、丝、土布成为西方国家不可缺少的生活用品。因此,中国对西方国家的贸易一直维持着出超地位,每年都有一定数量的白银流进中国。一方面由于银矿不够丰富,一方面由于手工业开采技术落后,中国自身每年产银不多,不能满足当时商品经济发展的需要。对外贸易出超所产生的白银内流,恰好对中国贵金属货币手段量的不足起了一定补充作用。内流的白银尽管还不能充分满足中国社会经济的需要,然而犹如注入的血液,对于日渐发展的商品经济起着促进流通的作用。有人估计,1681—1833年的153年间,"输入中国的银圆和银块纯额有7000多万两,合银圆约一亿"[3]。

---

[1] 吴义雄:《鸦片战争前鸦片贸易再研究》,《近代史研究》2002年第2期。
[2] 《马克思恩格斯全集》第9卷,人民出版社1961年版,第110页。
[3] 彭信威:《中国货币史》,上海人民出版社1958年版,第782页。

但是，鸦片大量输入之后，扭转了白银的传统流向。中国白银外流量究竟有多大？何时由入超变为出超？这是人们特别关注的问题。鸦片战争时期，人们认为，鸦片走私贸易是一种现钱交易，鸦片输入始于何时，便是白银外流之时；鸦片价值有多大，便是白银外流的绝对数额。这种观点显然是错误的，它没有考虑中外贸易各种货物相互抵消作用。颇为令人费解的是，现在仍有人沿袭这种错误。事实上观察白银流向和外流数额，应当同时注意中国对外贸易的进出口情况。也只有联系整个进出口情况，才能搞清白银流向的变化情况和白银外流量的大小。

鸦片走私引起的白银外流是一个无法精确统计的数字。因为白银外流如同鸦片输入一样是不合法的，是被中国法律禁止的，所以不可能有系统的统计资料。目前看来，比较可行的方法是从整个中外贸易的差额中寻找。马士认为，直到1830年，白银仍从国外流向中国，1831年以后才出现中国白银外溢。他说："从18世纪以及19世纪初年，一直到1817年的贸易，使大量白银流入中国并停留在那里；在1818到1830年期中，所知道的进口金银（主要是由美国输入的）为数已达60000000元，所知道的出口数额（全部是由英国船只运往印度的）约在40000000元之谱；从1831年以后，这种趋势转变了，进口减到很小的数量，而只能用增加运输金银的方法才可以使贸易平衡。"① 根据严中平等人的统计，中国对外合法贸易长期处于出超地位，从中扣除每年鸦片透漏出去的白银数额，从1827年白银由入超才正式转变为出超，到了19世纪30年代，白银外流数量越来越大。② 从1828年到1836年，从中国流出的白银约为3800万元。白银外流，30年代的外商是有目共睹的。1833年《中国差报》上有一位侵略分子以快慰的心情说："促致中国最后屈服，愿以合理的条件对待外国人，或许没有再比吸取其流通手段，使这个国家继续不断贫困化更为简便的了。"③ 这些资料，都一致反映出19世纪30年代初期，白银已开始大量流向国外，因此可以断言，19世纪20年代末到30年代初是中国入超变为出超的转折时间。

19世纪30年代，白银外流数量究竟有多大？有的估计在这十年间，

---

① ［美］马士：《中华帝国对外关系史》第一册，上海书店出版社2000年版，第231页。
② 严中平等编：《中国近代经济史统计资料选辑》，科学出版社1955年版，第36页。
③ 《中国差报》1833年4月6日。

平均每年白银外流1000万两①,有的估计甚至高达3000万两②。许乃济认为鸦片耗银"总在一千万两以上";黄爵滋说鸦片"岁漏银二千余万两","或三千万两之多"。③许、黄二人的奏折是将鸦片价值作为白银外流数字的,显然不是白银外流的实际数据。对此,马士说:清帝政府之所以要禁止鸦片贸易,除开高尚的道德立场以外,还根据一个事实,即为了偿付鸦片以致纹银流出国外,在1830—1839年的十年中,每年达到1000万两。而这一事实,即纹银因此外流的事实,是在历史中为一般人所普遍承认的,但是这一纹银出口却在1000万两以上(这不是事实),这不能说,出入相抵之后,净出口就是这些。④

  严中平先生所说的白银外流似乎也决不在1000万两以下⑤,其主要根据已不是鸦片的绝对值。他说:"鸦片走私最猖獗的1833—1834年至1838—1839年这6个年度里,平均每年出超达4281033两";"白银的对印出超,只是中国白银流出的一部分,我们可以把这个数字看为最低限。实际广州这时对欧美或亚洲其他地区一定还存在相当数量的白银出超的"。严先生的后一推论,除了新加坡地区有微小的数字可查外,别无其他可供参考的资料以资证明,不足为据。对于上述情况,李伯祥等分别从四个方面进行了认真考察,否定了1830—1839年这10年每年漏银超过1000万两的说法,认为19世纪30年代中国因支付贸易逆差所流出的白银,平均每年七八百万元(合银五六百万两),比较符合事实。这里笔者还可以提供一份1830—1834年白银外流数字的分析统计,补证19世纪30年代鸦片走私造成的白银外流不超过1000万两的说法。

  在福浦斯的著作里公布了1830—1834年东印度公司和散商从中国运出的白银数字,并且作了这样的说明:"输出的白银有西班牙银元、美国银元、纹银、南美银条,还有少量的银饼,系以前由美国商船自南美洲载运

---

① 严中平等编:《中国近代经济史统计资料选辑》,科学出版社1955年版,第28—29页。
② 范文澜主编:《中国通史简编》,人民出版社1964年版,第1003页。
③ 齐思和等整理:《筹办夷务始末》(道光朝),中华书局1964年版,第一卷,第2页;第二卷,第415页。
④ [美]马士:《中朝制度考》,张汇文等译,生活·读书·新知三联书店1957年版,第339—340页。
⑤ 严中平等编:《中国近代经济史统计资料选辑》,科学出版社1955年版,第28—29页。

而来者。"① 这项统计（详见表2-2）具体说明了在19世纪30年代初期的白银外流量。

表2-2　　　　　　　1830—1834年由中国输出的白银　　　　单位：西班牙银元

年度	东印度公司输出	散商输出	共计
1830—1831	1910936	4684370	6595306
1831—1832	1173957	2797856	3971813
1832—1833	1356059	3469696	4825755
1833—1834	155030	6062790	6217820

19世纪30年代，人们公认鸦片偷漏白银使流通手段量紧张造成了银贵钱贱。这一观点提出于嘉庆年间，包世臣说："惟买食鸦片，则其银皆归外夷，每年国家正供并盐关各课不过四千万，而鸦片一项散银于外夷者，且倍差于正赋。夫银币周流不息，何以近日银价日高，市银日少？究厥漏卮，实由于此。"②

这一观点在官方文书中正式提交出来是在1822年。御史黄中模说："臣更闻迩来洋商与外夷勾通贩卖鸦片烟，海关利其重税，遂为隐忍不发，以致鸦片烟流传日广，耗财伤命，莫此为甚。"③ 鸦片走私，白银外流引起银贵钱贱的观点又为近代史家肯定，这种看法虽有一定道理，但并不完全正确。

清代，在市场上充当主要交换媒介的货币是银两和制钱。按照理财家的设想，银两与制钱并用必定发生兑换关系，二者之间应当有一个固定的比例，最合适的比例是一两银子可以兑换到1000枚重量为一钱二分的制钱。超出和低于这个比例都是不正常的。从清初到乾隆三十年（1765）的一百多年间，银钱比价相对稳定，每两白银价钱800文左右。1765年以后，银价开始增昂，1790年每两银价突破1000文，出现了所谓的"银贵钱贱"问题。到嘉庆年间一度达到1300—1400

---

① John Phipps, *Practical Treatise on the China and Eastern Trade*, pp. 167-168.
② 包世臣：《安吴四种》卷27，庚辰杂著二，台北：文海出版社1966年影印本，第5页。
③ 故宫博物院编：《清代外交史料》（道光朝）一，台北：成文出版社1968年版，第13页。

文。此后银价继续增昂，到东印度公司取消特许状这一年（1833年），每两银价涨到1500文左右。银价的大幅度上涨对当时的经济生活产生了很大震动，影响到清廷的财政收支，自然引起政治家、理财家的关注。

笔者认为，导致本时期银贵钱贱的原因极其复杂，在此不便深入讨论，这里提出结论性的意见。金属货币价值取决于生产其贵金属的劳动时间，同时受社会供求关系的影响，而不取决于货币数量的简单变化。当时之所以出现银贵钱贱，既有钱的原因，又有银少的问题。就制钱来讲，一方面由于制钱自身减重变劣，一方面由于国际洋铜价格的下跌（由1765年前后每百斤铜价银十七两五钱，到嘉道之际跌至每百斤铜价银十二三两）。估计这两种因素造成的钱贱，至少对银钱比价有百分之二三十的影响。就银贵而言，主要是由于商品经济的发展和社会财富的增长，社会对白银的需求不断增加造成的。"钱质繁重难以致远，各处行用良恶贵贱又不一致，故民间会兑止于近城。间有舟车运载，尚不及银百分之一……银则轻便易赍，所值又多，各处行用大概相同，数千里外皆可会兑，散而见少，安得不贵？""总天下之万货制之于银"①，"非银莫为用"，是白银排挤制钱情形的最好写照。正当国内对白银需求量不断增大时，西方列强加紧了对中国的经济侵略，走私鸦片大量偷漏白银出境，使中国白银由入超变为出超，大大加剧了中国社会对白银需求的矛盾，使银钱比价飞速上涨，遂使白银排挤制钱的运动成为一种病态，中断了中国货币向银本位正常发展的道路。鸦片走私使中国经济遭受了巨大损害，而东印度公司和英印政府却获得了巨额利润，财政收入直线上升。1774年鸦片专卖收入为270000卢比，1829年上升到20000000卢比，55年间增加了73倍。鸦片专卖收入在印度殖民政府的财政总收入中所占的比例由5%提高到12%。从1793年至1817年，在加尔各答一地拍卖鸦片的纯利润就高达110547580卢比，约合中国海关关平银31837701两，其逐年拍卖鸦片所得利润，大致如下表②：

---

① 严中平等编：《中国近代经济思想史资料选辑》，科学出版社1955年版，第206页。
② ［美］马士：《东印度公司对华贸易编年史（1635—1834年）》第三卷，区宗华译，中山大学出版社1991年版，第336—337页。

表 2-3　　　　　　　1797—1817 年印度政府拍卖鸦片的利润

年份	每箱一年平均拍卖价（卢比）	销售额（箱）	一年纯利润（卢比）	五年平均数 出卖数（箱）	五年平均数 纯利润（卢比）
1797	415	4172	983514		
1798	775	4054	2370706		
1799	688	4570	2302764	4009	2384378
1800	791	3947	2370772		
1801	1384	3292	3894132		
1802	1389	2840	3375187		
1803	1964	3159	5524696		
1804	1537	3836	5144439	3700	4664142
1805	988	4126	3315219		
1806	1510	4538	5976169		
1807	1213	4208	4310188		
1808	1551	4560	6199870		
1809	1628	4968	7155880	4718	6008173
1810	1627	4891	7022725		
1811	1264	4966	5356199		
1812	1860	4769	7958952		
1813	2428	3672	8143926		
1814	2150	4230	8232410	4135	7935382
1815	1976	4318	8144178		
1816	2178	3085	7197466		
1817	1785	3552	5568188		

1817 年以前的鸦片利润就如此之大，1817 年以后的利润更大。由此可以想到鸦片生产贸易对印度经济生活的重要程度。"鸦片生产使土地价值提高了 4 倍，使印度地主大发其财。"① 这正像当时英国的一本小册子所描写的，"多年来，东印度公司从鸦片贸易上获得了巨额收入。这种收入使

---

① ［英］格林堡：《鸦片战争前中英通商史》，康成译，商务印书馆 1961 年版，第 96 页。

英国政府和国家在政治上和财政上获得了无法计算的好处。英国和中国之间贸易差额情况的有利于英国，使印度对英国制造品的消费量增加了十倍；这直接支持了英国在东方的巨大统治机构，支应英王陛下在印度的机关经费……因此，东印度公司就尽其力之所能来推广鸦片贸易。"[①] 鸦片贸易对于英印政府如此重要，他们势必不肯放弃可耻的毒品贸易，必然以坚持扩大鸦片贸易为其掠夺政策的中心点。

结 论

由于东印度公司的鼓励，港脚贸易在广州迅速站稳了脚跟，并获得了很大发展。1834年以前，英国对华贸易的半数以上金额已经握在这些港脚商人手中。例如，1825—1826年英国输入中国的总货值为2120万英镑，其中1570万英镑已经属于散商名下。港脚贸易的迅速发展，特别是他们本身以英国伦敦汇票为基础的信用机构同样重要的发展，使其在相当程度上可以不依赖公司。此后，在争夺垄断鸦片贸易利润等问题上造成了利益冲突。港脚商希望冲破公司的垄断，抱怨这种贸易是一种听命于人的贸易。并且对东印度公司的对华鸦片政策不够坚决、强硬表示不满，希望对华鸦片贸易获得更加强有力的政治支持，而这种政治上的大力支持显然是东印度公司无法给予的。鸦片贩子们希望废除公司特许状的主要原因。1829年，孟买籍的44名港脚商，几乎全是印度的土财主和富商，曾联名呈请英印殖民当局，要求督促东印度公司改善"对华贸易条件"。1830年12月，又有47名英国籍港脚商人共同签署请愿书，要求取消公司的垄断权；还，要求取消东印度公司特许状的更主要的力量是曼彻斯特的工业资本家。英国工业资本家认为公司垄断权是扩大新市场的一种严重障碍，而新市场的扩充被视为工业扩张的必要条件。当1813年公司特许状换领新照时，曼彻斯特、格拉斯哥和其他纺织业城市的资本家就纷纷呈递请愿书，要求作为所有英国人民之天赋权利的商业自由。[②] 1829年5月15日，曼彻斯特、利

---

① 华伦：《鸦片》，转引自［英］格林堡《鸦片战争前中英通商史》，康成译，商务印书馆1961年版，第97页。

② 严中平：《英国资产阶级纺织利益集团与两次鸦片战争史料》，《经济研究》1955年第1期。

物浦、格拉斯哥、布里斯托尔、伯明翰、利兹和加尔各答的工商资本家的代表们集会于詹姆士街的劳顿饭店，一面运动国会议员，一面派代表谒见政府首脑人物，要求全面调查东方贸易，重新考虑商业政策。1830年2月24日，反对东印度公司垄断权的各城市的工商代表举行大会，集体呼吁取消公司的特权。此后，这种集会持续不断举行，声势越来越大。1834年，英国工业资本家与港脚商人赢得了胜利。4月22日，根据英王威廉四世的敕令，东印度公司的特许状正式终止。公司垄断权的废除使鸦片贸易向英国私商完全开放，其他商人也可以自由入华贸易，进入金果园的大门敞开了。东印度公司在对华贸易特权被取消时，已经养成了一支攻打广州城堡的"新的劲旅"。在这种情况下，大批鸦片贩子蜂拥来到中国，走私贸易更加猖獗。这既是旧的犯罪时代的结束，又是新的更大规模的犯罪时代的开始。

第三章
鸦片战争前夕的禁烟运动

在鸦片流毒日益严重、白银外流日益严重情况下,面对鸦片导致的社会道德和财政危机,清朝君臣不得不认真思考解决危机的方案。经过反复酝酿讨论,在意见基本一致的情况下,道光帝决定自上而下地发动一场全国性的禁烟运动。这场禁烟运动在人民的支持下,取得了相当大的成绩。但由于清廷对国际形势缺乏清醒的了解,对于紧叩中国大门的西方殖民强盗的军事力量估计不足,外交举措失当,顽固闭关自守,海防失修而不加认真整顿,对即将爆发的战争缺乏预感。决斗场上的失败是必然的。

一 印度鸦片走私者

东印度公司失去对东方贸易的垄断权之后,"尝到了血的滋味"的英国商人以及其他国籍的欧洲人蜂拥来到东方,加入鸦片走私贩的行列。这些人中既有披着宗教外衣的传教士,又有工商界的巨富;既有富于冒险精神的新贵,又有握着权力的英国政府官员。他们一手拿着《圣经》和工业品,一手握着杀人的毒品,或者坐候在伶仃洋的鸦片趸船上,或者躲在广州的洋行内干着肮脏的勾当。从1833年开始,随着东印度公司的撤退,广州的洋行像毒菌遇到潮湿的空气一样一个个地冒了出来,由1833年的66家迅速增加到1837年的156家。① 这些洋行几乎全都不同程度地参加了可耻的鸦片走私贸易,当时如果有一家不参加这种罪恶活动,就会受到其他

---

① [英]格林堡:《鸦片战争前中英通商史》,康成译,商务印书馆1961年版,第170页。

第三章 鸦片战争前夕的禁烟运动

鸦片贩子的公开嘲弄。在为数众多的英国洋行中,有几家最为臭名昭著的贩毒机构,它们是怡和洋行、宝顺洋行、伦敦东印度中国协会和曼彻斯特商会。

怡和洋行是当时贩运鸦片最大的私人机构,1782年设立于广州,由散商经营,行主屡有变更。1824年改名为莫尼克洋行,以贩运鸦片为主。1827年大鸦片贩子马地臣和查顿入伙。1832年因行主莫尼克回国,马地臣和查顿将其更名为"怡和洋行",后以两人姓名为名,称为"查顿－马地臣公司",这个最大的贩毒集团,为了走私的需要,1832年便决定建造一支由飞剪船、双桅帆船和纵帆船组成的大型船队,到1836年就建成了这样一支性能良好的船队。

宝顺洋行是英商中仅次于怡和洋行的一家贩运鸦片的公司。这家洋行在1807年成立时称为"巴林洋行",1811年鸦片贩子大卫荪加入,更名为"大卫荪洋行"。1813年,另一个与查顿齐名的大鸦片贩子颠地(Dent, Lancelot)加入,改名为"宝顺洋行"。为了扩大走私鸦片业务,增加贩运鸦片的速度和能力,从1833年开始,它也逐渐拥有了一支包括"水妖号""伊芒特号"和"戴雷尔号"等著名的快艇组成的大型鸦片走私船队。[①]

伦敦东印度中国协会,在1836年成立时聚集了109家与中国、印度贸易有关的工商和金融界的巨头。协会主席拉本德是辉格党的一名议员,是一个地地道道的鸦片贩子。副主席哈斯提也是一名鸦片商。

曼彻斯特商会是当初反对东印度公司垄断对华贸易的最积极的工商业集团。他们来到中国后,一方面推销工业品,一方面积极参与鸦片走私活动。该会主席莫克维卡不仅委托怡和洋行替他们代销鸦片,还在广州专门开设莫克维卡公司经营鸦片生意。

除了以上这些主要贩毒集团外,还有那些早期从事港脚贸易的散商,这时也更加活跃起来。马克思曾尖锐地指出:"由于东印度公司从商务机构改组为纯粹的政府机构,对华贸易就向英国私人企业敞开了大门,这些企业干得非常起劲,尽管天朝政府拼命抵制,在1837年还是把价值2500

---

① David Edward Owen, *British Opium Policy in China and India*, New Haven: Yale University Press, 1934.

万美元的39000箱鸦片顺利地偷运进了中国。"①

美国人参与向中国走私贩运鸦片是比较早的。独立之后的美国因资金缺乏，需要资本积累，然而在对华贸易中，长期找不到在中国能够畅销的商品，只好运载大批金银补充贸易逆差。英国人从事鸦片走私牟取暴利，使美国人红了眼，跟着干了起来。鸦片走私利润因此成为美国资本原始积累的途径之一。美国历史学家丹涅特承认："早期对华贸易提供了一个积累起来，供迅速发展中的各州的迫切需要之用"的资金。② 这里的早期贸易包括向中国运送鸦片和从中国运出棉布。由于英国人垄断了印度的鸦片，美国鸦片贩子只好借道土耳其和波斯向中国运送鸦片，到后来才挤进印度的鸦片市场。19世纪初，美国人运到中国的鸦片数量仅次于英国和葡萄牙。根据报关数字，从1806年到1834年的29年间，美国人从土耳其运到广州的鸦片共有8901箱。这个数字不包括运自印度和波斯的，显然是缩小了的数字。而根据目前不完全的统计，从1805年到1834年，美国人运到中国的鸦片至少有15313箱。1817年各国运到中国的鸦片共有12375箱，其中由美国人运到的就有2648箱。早期，美国人贩运鸦片通常要经过伪装，或与英国鸦片贩子勾结起来，把鸦片搬到悬挂英国旗帜的船只上运往中国；或将大批鸦片装入棺木，冒充船上水手尸体，蒙骗中国海关人员，抬到洋行的货栈里发售。例如，1815年，一艘藏着鸦片的美国小帆船驶到广州，它的上面装着茶叶、食糖和大米，船底则藏着鸦片。当广东水师兵弁登船检查时，领事官员威里各（B.C.Wilcocks）使用巧妙方法逃避了检查。原来这批鸦片的主人便是领事本人。1828年，美国的鸦片走私船"蔷薇号"（Rose）装载着300箱鸦片到东海冒险，遇到南澳水师兵弁的盘查，他们便以贿赂手段，购买到在水师船只监视范围内，停靠在沙滩上将鸦片公开销售出去的便利。③

1818年，美国的鸦片贩子在广州成立了罗斯尔公司（俗称"老旗昌"）。1825年前后，该公司改组为旗昌洋行。这家洋行一方面推销美国和欧洲的商品，采购中国的茶、丝、土布；一方面走私鸦片。它与广州十三

---

① 《马克思恩格斯选集》第1卷，人民出版社2012年版，第806页。
② ［美］丹涅特：《美国人在东亚》，商务印书馆1959年版，第16页。
③ ［美］威廉·亨德：《广州番鬼录》，林树惠译，见中国史学会主编《鸦片战争》第一册，上海人民出版社1957年版，第265—274页。

行的伍浩官关系十分密切，业务发展十分迅速。19世纪30年代，为了在鸦片市场上取得优势，美国人专门研制了鸦片飞剪船。飞剪船有这样两个特点："第一，这类船只必须建造得比其他任何船只的速度都快，这一点确实做到了。第二，这类船只一律装以重武器，以'羚羊号'为例，每侧都装有两门炮，另外在船当中还有一尊旧式海军炮，主桅四角的架子上，层层叠叠排列着一些攻入敌船时用的长矛，后甲板上的大军械柜里则装满手枪和朴刀。"① 很明显，这种飞剪船是专门用于武装走私的。旗昌洋行拥有许多只这类飞剪船，诸如"玫瑰号""气精号""西风号""妖女号""羚羊号""安格洛纳号"与"马泽帕号"等，使这家洋行成为在所有外国洋行中仅次于怡和洋行、宝顺洋行的第三大鸦片走私集团。旗昌洋行是19世纪美国在华最大的企业机构，以鸦片贸易利润为其资本原始积累，"鸦片贸易就像奴隶和酿酒厂一样成为许多美国大资产的基础"②。

随着美国人向中国输入鸦片量的激增，中美贸易也逐渐发生了一些变化。由于美国出产的能与中国相交换的商品不多，在大量运送鸦片之前，它不得不带上足够的白银来换取中国的商品。然而从19世纪20年代以后，美国输入中国的现银愈来愈少。这种变化说明鸦片贸易起了很重要的作用。"1821—1830年间，入超为17477013元，1831—1840年间入超增至48474020元。美国商人并未再将白银运华，他们究竟凭借什么来支付这巨大的入超数字呢？只有一个答案，就是将同样价值的鸦片运入中国。"③ 英美在华经营鸦片贸易，彼此之间是有矛盾的。印度鸦片在东印度公司的垄断下，美国人不能分享，因此愤愤不平。而美国鸦片贩子从土耳其大量采购鸦片，又使英国烟贩深深嫉妒。1801年，东印度公司要求英国政府采取措施制止美国鸦片贩子的活动。1821年，美国烟贩挤入印度鸦片市场后，它们互相抱怨，互相排挤，矛盾时有发生。但在对待中国政府的禁烟法令上，他们的立场是完全一致的。这自然是由其利益一致所决定的。

东印度公司的特许状废止以后，英国散商争相进入中国市场，他们渴望找到一个进入中国市场的现成商品，他们看上了鸦片。从1833

---

① ［美］丹涅特：《美国人在东亚》，商务印书馆1959年版，第111页。
② ［美］丹涅特：《美国人在东亚》，商务印书馆1959年版，第119页。
③ 卿汝楫：《美国侵华史》第一卷，第39页。

年到 1837 年,在广州的英国商人数量从 66 人增加了一倍多,达到 156 人。①

英国政府开始直接处理对华贸易问题,外交部代替了东印度公司的董事会,驻华商务监督代替了公司原来设在广州的理事会。1833 年 12 月,英国贵族、上院议员、皇家海军大佐律劳卑(J. N. William)被任命为首任驻华商务监督。1834 年 7 月,他乘坐军舰抵达澳门。从外交大臣巴麦尊给他的训令中,可以看出律劳卑负有三项使命:一是推广英国的在华贸易,开辟新的商埠;二是在中国沿海寻找一块可以作为海军基地的地方,一旦发生敌对行动,可供海军使用;三是"不要干涉和阻扰鸦片走私"。换句话说是继续对罪恶的鸦片贸易表示沉默,实际是纵容和鼓励这种活动。7 月下旬,律劳卑一到中国便与大鸦片贩子查顿和马地臣保持着密切的联系,寄居在查顿家中。律劳卑担任驻华商务监督的任命发表后,在华的英国鸦片贩子之间立即"引起了激动"。查顿听说之后,在给他的英国朋友的信件中表示非常满意。后来当律劳卑的策略导致中国封禁英国贸易,引起许多英国商人表示不满时,又是查顿写了许多信件表示支持律劳卑政策。另一位大鸦片贩子马地臣也认为律劳卑在华的武装挑衅行为非常正确,"使中国方面已经得到了一个永远不会忘记的教训"②。由此可以想见,律劳卑出任驻华商务监督的目的及其所干的罪恶勾当。

律劳卑到达广州后,故意违反中国海关惯例,拒绝与公行的行商接头,直接投信要求面晤两广总督。当时的两广总督卢坤认为外国人直接投递书信不合以往惯例,拒绝接收,并先后四次派行商面见律劳卑,向他解释广州中外贸易章程,告知其外国文书惯例应由行商代递,并询问其来华目的和要求。律劳卑拒绝回答行商的询问,不让行商代递文书,声称自己不是以往公司的"大班",而是英国国王陛下特命的商务官员,坚持要与两广总督直接交涉。然而,当时的英国政府既没有发给律劳卑一件凭证,也没有将任命律劳卑一事通知清廷和广东当局。③ 卢坤指出,律劳卑"在

---

① Edited by Paul Gootenberg, *The Oxford Handbook of Global Drug History*, Oxford University Press Oxford University Press, 2022, p. 319.

② 严中平辑译:《英国鸦片贩子策划鸦片战争的幕后活动》,《近代史资料》第 21 号 1958 年 4 期。

③ [美]马士:《中华帝国对外关系史》第一卷,张汇文译,上海书店出版社 2000 年版,第 142—143 页。

该国是商是官，本部堂无从查悉，亦未接有该国王咨文"①。因而无法证明其身份。尽管如此，卢坤还是派遣广州知府面询律劳卑来华目的，是否照旧贸易？"兵船二只何以久泊外洋不行回国？"由于律劳卑态度蛮横，拒绝回答询问，因而谈判破裂。8月26日，律劳卑散发中文通告，不顾外交礼节指责清朝官员"固执不明"，声称英国商人在中国贸易这一要求"定必勉求得之"②。就是说，英国要把它的经济力量扩张到中国，并且要强行达到目的。当两广总督卢坤以停止贸易的"封舱"方法相抵制时，律劳卑便用大炮来威胁。9月7日，英国的两只军舰闯进海口，一路轰击虎门、镇远、沙角、横档、大虎等清军炮台，于9月11日强行驶入黄埔。

这种狂妄的战争恫吓激怒了中国军民。水师的船只动员起来，1000名陆军官兵奉令据险守卫抗击，并包围了英国的商馆。广州的市民贴出了揭贴，强烈谴责英夷的蛮横和刁滑。大街上群情激昂，十百成群。当时英军在广州附近的海面只有两艘军舰300余名士兵，不允许律劳卑采取大规模的侵略行动。面对已经动员起来的中国军民，他只好请求英商出面说项，退返澳门，不久病死。

继任的德庇时（John Francis Davis，1795—1890）和罗宾臣（George Best Robinson）根据他们在东印度公司工作的经验，决定暂时采取"沉默政策"（The Quiescent policy）。这个政策的特点是，暂时放弃与清廷的直接谈判，保持以往的贸易关系，继续扩大鸦片走私。罗宾臣执行这项政策最为积极。在罗宾臣就任商务监督以前，自伶仃洋开往广州的英船，通常先到澳门向驻在该地的英国监督领取货单，这种方法使经营鸦片走私贸易的贩子感到很不方便。为了便利英国商人走私贩毒，罗宾臣于1835年11月干脆把自己的办公室移到伶仃洋上停泊的"路易莎号"（Louisa）船上。从此，鸦片走私更为方便，更加猖獗。由此可见，英国政府派驻中国的商务监督，都是鸦片政策的积极执行者。他们都是地地道道的鸦片使者。

---

① ［日］佐佐木正哉：《鸦片战争前中英交涉文书》，东京：岭南堂书店1967年版，第10页。
② ［日］佐佐木正哉：《鸦片战争前中英交涉文书》，东京：岭南堂书店1967年版，第5页。

二 武装走私日益猖狂

1834年,摆脱了东印度公司控制的鸦片贸易直接以英国政府为后台老板,走私活动更加猖獗。在伶仃岛附近停靠的鸦片趸船,不仅摆脱了葡澳当局的控制,而且避免了广州中国官商向他们索取的"陋规",成为最安全的地方。很快由最初的几艘,发展到后来的二三十艘,储存的鸦片高达2万箱,成为当时世界上最大的鸦片仓库。伶仃洋鸦片走私时期的走私方法也有新的变化,由原来内河的隐蔽偷运发展成为公开的武装贩运。除了继续向广州的大窑口提供充足的鸦片之外,还扩展了沿海鸦片走私的市场。由于各大贩毒集团先后装备了美国人发明的配备精良武器的飞剪船,他们疯狂到了这样的程度,以至于根本不把中国缉私的水师船放在眼里。(水师船常常避免向走私艇进攻,因走私艇都是亡命之徒驾驶的)他们到处耀武扬威,时而在走私船上张起旗帜鸣炮示威,"以引起满大人对他们来到的注意"[①];时而击毁敢于拦阻他们航道的水师船只,或命令靠近他们的中国巡船立刻驶离[②]。1835年4月,英国鸦片贩子以水师船只离它太近,感到不自在为理由,竟派出武装水手登上一艘中国巡船,抢走了船上全部武器。然后又登上另一艘巡船,把船上的武器全部投入大海。本来应该是中国水师扣押、惩办鸦片走私船,在这里却变成了走私者侮辱、轰走中国水师的巡船,人间正义受到了无情的嘲弄。同样,美国的鸦片走私船碰到中国的巡船,也是横冲直撞,"决不改变航路"[③]。可见外国鸦片贩子的嚣张气焰达到了何种程度!在走私的英国鸦片船队中,除了飞剪船之外,有时还有海军兵舰游弋在附近,保护着这种可耻的毒品走私。

前面已经说过,伶仃洋鸦片走私初期主要是通过广州大窑口的发货票,鸦片商贩直接到趸船上交票领货。随着鸦片武装走私的日益猖獗,美国的鸦片贩子开始把鸦片公开送到广州,交给货主。这些活动差不多就是

---

① Basil Lubbock, *The Opium Clippers*, Glasgow: Brown, Son & Forguson, p. 100.
② Basil Lubbock, *The Opium Clippers*, Glasgow: Brown, Son & Forguson, p. 70.
③ 刘鉴唐:《鸦片战争前四十年间鸦片输入与白银外流数字的考察》,《南开史学》1984年第1期。

在广州中国官员的眼皮底下进行的。"他们出售鸦片时同政府官吏直接打的交道,并不比出售英国哆啰呢和美国水银时更多。""这种无拘无束的情形愈演愈烈,不久就有大批外国船只,或由外人控制的船只以客船的姿态出现;在虎门外面有50艘30吨到300吨的大型船,在内河里也有30艘,或者更多一些,从东面的虎门到城西的花池,差不多沿河各处都成为这种贸易的舞台。"①

猖狂的鸦片走私,使输入中国的鸦片箱数激增。据不完全统计,1835年输入的各类鸦片有34700箱,比东印度公司尚未取消鸦片垄断权的1834年增加了12515箱。1836年继续保持激增势头,1839年增至50350箱。从1835年到1839年平均每年递增5000箱,五年累计为205299箱(详见表3-1)。

表3-1　　　　　　　　1835—1839年走私鸦片数量

年份	输入箱数	走私国别及其数量(箱)				
		英国	葡萄牙	美国	法国	其他国
1835	34700	30202	—	—	300	4198
1836	35076	34042	—	734	300	—
1837	44673	34373	—	10000	300	—
1838	40500	40200	—	—	300	—
1839	50350	50000	—	50	300	—
累计	205299	188817	—	10784	1500	4198

资料来源:摘自刘鉴唐《鸦片战争前四十年间鸦片输入与白银外流数字的考察》,《南开史学》1984年第1期。

江南名士吴兰修记载,1834年公班土每箱售价约800元。白皮土约600元,平均价格为700元。1835—1839年间输入中国的鸦片主要是这两种,若以平均售价700元推算(马士估计中国1838年消费的鸦片有28307箱,总价值为19814800元,平均每箱价格为700元。以平均售价700元推算,是比较接近实际的),总价值有143709300元。这个数字加上1800—

---

① 刘鉴唐:《鸦片战争前四十年间鸦片输入与白银外流数字的考察》,《南开史学》1984年第1期。

1834年鸦片走私价值（估计总价值472493389元），合计有61620万元。有人估计1800—1839年，鸦片贸易"从中国掠走三至四亿银元"①。可以说毫不夸张。这是人类历史上一笔多么巨大的罪恶掠夺！

1835—1839年间，外国鸦片输入数量激增，固然主要是由于外国鸦片贩子武装贩运的猖獗，同时也由于中国政治腐败。海关关员及缉私水师官兵收受贿赂，纵容支持内地鸦片贩子采取各种手段将鸦片大批运入内地省区，使消费市场进一步扩大，鸦片需求量日益增大。这一时期，在广州、厦门等城市除了设立有推销鸦片的大大小小的窑口外，还出现了许多向内地贩销鸦片的团伙。他们成群结伙，包销包运鸦片。"闽越之民自富商大贾以至网鱼拾蚌、椎埋剽劫之徒，逐其利者不下数十万人。"② 有的鸦片走私贩子甚至敢于聚众抗官。《黄赞汤自纂年谱》记载，江西抚州等处鸦片烟贩成群结伙，包送鸦片，"经过州县，目睹凶顽，莫可如何。缘此辈横暴成性，利之所在，罔恤身家。且声气相通，稍有衅端，一呼百诺，蜂屯蚁聚，恃众抗官"③。《裕泰年谱》载1839年一次拿获的内地烟贩就有40名。有的鸦片贩子包揽一省或数省的鸦片生意，有的包揽一县、一乡、一邑。1838年的上海，因处于海口地位，成为鸦片走私的发散地。"上海县地方滨临海口，向有闽粤奸商雇驾洋船，就广东口外贩卖羽杂货并鸦片烟土，由海路运至上海县入口，转贩苏州省城并太仓、通州各路，而大部分则归苏州。由苏州分销全省及邻境之安徽、山东、浙江等处地方 凡外县买食鸦片者，俱托该（书信）船代购，是以各县买烟价银，由信货船汇总，有数可稽，大县每日计银五六百两，小县每日计银三四百两不等。"④ 福建的鸦片贩运和销售通常掌握在豪强大族手中。他们往往利用宗族势力控制鸦片贩销。"以泉州言之，如衙口施姓、深沪陈姓、陈埭丁姓，素皆恃鸦片为生业。夷船一到，彼此则盈千累万交水师哨船代为交易。其运送各处销售，或由惠安、洛阳、陈三坝、晋江、河市送至仙游地面发卖，或由南安、埔头、小罗溪等处，送至永春、龙溪交界地面，再用大船载至延、建

---

① 胡思庸、苑书义主编：《中国近代史新编》上册，人民出版社1981年版，第51页。
② 中国史学会主编：《鸦片战争》第一册，上海人民出版社1957年版，第512页。
③ 抑吾：《罂粟》，《中和月刊史料选集》第1册，见《近代中国史料丛刊》第61辑，台北：文海出版社1960年版，第193页。
④ 姚贤镐编：《中国近代对外贸易史资料（1840—1895）》第一册，中华书局1962年版，第330页。

地方销卖。"① 当地著名的鸦片贩子施侠,家住晋江县衙口乡,负山临海,村多丁壮,"勾引夷船,泊衙口沙岗,招接各乡奸贩,包买包送,抽取用钱,修浚码头,搭盖囤土寮屋,俨同行店,奸贩趋之者有如归市。实为历来及它省之所无"②。1837年,清廷派人查获此案,"获巨奸大贩及包庇之贡监生员、得贿之丁胥共五十余人"③。由此可以想见,内地鸦片团伙藐视清廷禁令,明目张胆贩运毒品到了何等猖狂的程度!

广州的大窑口这时开始雇佣大批的镖客将鸦片运往内地,交给出了高价的买主。"粤省总办鸦片之人,据设窑口,自广东以至各省沿途关口声势联络。各省贩烟之人,其资本重者,窑口沿途包送,关津胥吏容隐放行"④。广州的大鸦片贩子专门向各海口城市运送大批鸦片,每当夷船运鸦片至黄埔和老万山等处,他们按时接运,再将鸦片海运至福建、浙江、江苏、山东、天津、东北各海口。各海口又有专门收囤转贩之户,再分送内地城镇。这种包买、包送和包销的鸦片走私方法,在1834年以前是没有的。

三　烟毒泛滥全国

嘉庆、道光年间吸食鸦片的方法已不同于乾隆中期以前,原来盛行于福建沿海的混合吸食鸦片与烟草方法,已被由广东逐渐传开的单纯吸食鸦片方法所代替。由于单纯吸食鸦片方法的盛行,已有一整套吸食鸦片烟工具供应瘾君子。"曰枪,上有斗,吸时装膏于斗之小孔。枪,即筒也(一般为竹管)。曰盘,吸时置杂件者也。杂件甚夥,有蘸膏之签,有燃火之灯,有盛膏之盒。盘之质,或白铜,或彩瓷,或以雕漆,或以红木。盘之式或长方,或椭圆,或梅花。有夹煤之银,有盛水之壶,有阁签之架,有挖灰之钩。曰箱,不吸时储杂件者也。此外,又有所谓通条者,至膏塞枪时,用以通之者也。"⑤ 制造鸦片烟具成为一种讲求工艺的副业,技术日益

---

① 齐思和等整理:《筹办夷务始末》(道光朝)第一册,中华书局1964年版,第253页。
② 沈汝瀚:《泉务治学录》。
③ 沈汝瀚:《泉务治学录》。
④ 《黄爵滋奏疏许乃济奏议合刊》,中华书局1959年版,第70页。
⑤ 徐珂编:《清稗类钞》第12册,中华书局1986年版,第6054页。

精工。"枪头镶以金银铜锡,枪口饰以金玉角牙。闽粤间又有一种甘蔗枪,漆而饰之,尤为若辈所重。其烟斗自广东来者,以洋磁为上;在内地者,以宜兴为高。恐其屡烧易裂也,则口包以银锡,而发蓝点翠,各极其工。恐其屡吸易塞也,则又通以铁条,矛戟锥刀,不一其状。"① 另外,已形成一种专供鸦片烟瘾君子消费毒品的场所,名曰"鸦片烟馆"。烟馆通常由不法商人或地方富豪开设。他们与地方官吏狼狈为奸,牟取暴利。有的鸦片烟馆即为地方官吏所开设。

随着可耻的鸦片走私愈演愈烈,鸦片像一股黑色的毒流,自南而北泛滥于全国。鸦片这种使人堕落的毒品,由于价值非常昂贵,最初吸食的人只是官僚、富商和纨绔子弟,后来地主、士绅以及依附于封建统治机构的各种人物,如差役、幕友、书办、兵丁,另外,还有僧道、妓女等也吸食起来。他们竞相追逐鸦片,形成一种堕落的社会风气。早在乾隆末年,就有人惊叹广东吸食鸦片之众,说:"近日四民中,唯农民不尝其味。"② 这是说,除了农民之外,其他社会各阶层,包括手工工人、小商小贩、车夫轿夫、水手等劳动者在内受到毒害的人很多。此后,这股毒流由广东、福建等沿海省区向内地迅速蔓延,"鸦片流行内地,吸者日众,鬻者愈多,几与火烟相等,耗财伤人,日甚一日"③。1807 年,鸦片贩子将这种毒品带到京师进行兜售,侍卫官与太监吸毒成风。1831 年破获的一起吸食毒品案,一名太监供称,他吸食鸦片已有 30 余年的历史。1830 年,鸦片烟毒已经扩散到了广大农村。为了满足农村吸食者的需要,浙江、云南、福建、广东、安徽、甘肃、湖南、四川等省已开始成片播种罂粟,生产鸦片。为此,清廷不得不制定查禁烟苗章程,规定:"有种卖、煎熬鸦片烟者,即照兴贩鸦片烟例治罪,""所种烟苗拔毁,田地入官。"④

到了 19 世纪 30 年代初期,鸦片烟毒已蔓延全国,各处城乡市镇,所在皆有。例如:道光九年五月十一日(1829 年 6 月 30 日),刑部尚书托津奏报审讯王黼藻走私鸦片案:

---

① 梁廷枏著,邵循正校注:《夷氛闻记》卷 1,中华书局 1959 年版,第 15 页。
② 中国史学会主编:《鸦片战争》第一册,上海人民出版社 1957 年版,第 296 页。
③ 《大清宣宗圣训》卷 8,第 16 页。
④ 《清朝续文献通考》卷 53,《征榷考》25,商务印书馆 1930 年版,第 8078 页。

臣等查王黼藻既经买食鸦片烟，必不止向赵广仁一人承买。即赵广仁亦必不止卖给王黼藻一人。当饬司员隔别研讯。据王黼藻供出，又曾向顾五承买。赵广仁供出吴二、侯二、李八等，亦系买烟之人，随密饬营坊将顾五、吴二查拿到案。集犯研鞫。缘赵广仁籍隶山西灵石县，早年在天津贸易，与同县人王黼藻素识。王黼藻之父王汝德原系捐纳郎中，于道光七年告病回籍。九年六月间，王黼藻由籍来京，在族兄王锡毂寓内居住。与王锡毂之妾郑氏时常见面。嗣王黼藻至素识在逃之张汉锦寓所探望，见张汉锦在寓食鸦片烟。王黼藻即与同食数次。随在不识姓名货担上置买烟具，寄放张汉锦寓所，遇便往食。嗣有大兴县人顾五亦时至食烟，与王黼藻认识。王黼藻谈及烟已食尽，无处寻买。顾五以家中有旧向天津人赵二买存鸦片烟，可以转卖。王黼藻随三次买得顾五鸦片烟六两，给价京钱二十四吊。①

道光十一年五月十五日（1831年6月24日），河南巡抚杨国桢奏报："省城衢通各省，五方杂处，匪徒卖食在所不免，是以节经查拿，前曾缉获烟犯赖逢、韩长盛、刘添宠等按例拟以军徒，咨结有案。兹后，复饬属密速侦捕，已据祥符县知县邹鸣鹤先后报获烟贩赖秦荣、赖廷、何二、郭三、罗照庭、杨松林、何六、刘在心、赵坦、陈柱等十起，并河内县知县刘厚滋拿获烟贩江瑶芳一起，现由臬司分别首从，照例严办。"②

道光十一年十月初八日（1831年11月11日），大学士管理刑部事务卢荫溥奏报审办太监购买和吸食鸦片案。

臣等究出同张进幅吸食鸦片烟之太监刘成、王帼裕、郭志并卖给鸦片烟之褚大、杨魁元，先后传案，提同研讯。缘张进幅籍隶大兴，与宛平之刘成、王帼裕、郭志均自幼投充太监，先后派在掌仪司当差。张进幅素患胃气疼痛病症，吸食鸦片烟已阅三十余年，因派在西华门外织女桥掌仪司公所并圆明园西南门外公所，预备众太监饭食，

---

① 《大学士管理刑部事务托津等奏为审拟山西籍王黼藻假冒职官买鸦片及赵广仁来京兴贩鸦片一案》道光九年五月十一日，中国第一历史档案馆藏录副奏折，档号：03-4005-011。
② 《河南巡抚杨国桢奏为查明豫省并无种植鸦片烟土及现在严拿烟贩人犯情形事》道光十一年五月十五日，中国第一历史档案馆藏朱批奏折，档号：04-01-01-0732-029。

即在公所吸烟。道光七年后，刘成、王国裕、郭志或因泻痢，或因胃气病症，均乘赴公所食饭时，跟同张进幅吸食鸦片烟。并有张进幅素好之已革太监李咨幅亦在彼吸烟，不计次数。本年张进幅因患喘嗽病症，于十六日告假，出外调养。因回子贝勒克柯色布库曾在乾清门当差，素与交好，随于二月间带同雇工山西长治县民人秦宝全前赴克柯色布库家借住闲房时，有至彼货卖绸缎之回民穆大（即穆把儿）并秦宝全均与张进幅一同吸烟。克柯色布库并未同吸。张进幅历年所吸烟膏先向另案拟军之郎大价买。九年后，系宛平县回民褚大买自未获之王六处，辗转卖给，每次烟膏二两，每两给价京钱四吊数百文不等。张进幅因闻知天津县每逢夏秋海船来时，烟土较贱，起意至彼多买烟土，熬食，并可转卖渔利。随于七月初间向克柯色布库告知，借得京钱一百吊，连自己存银，于初七日带同秦宝全出京，初十日，行抵天津。时有秦宝全素识同县民人杨魁元在蜡铺帮伙。秦宝全找向告知，托为代买。杨魁元即托素好之天津县回民张二并广东客民韩七辗转向元记吕老庭买得鸦片烟土一百六十余两，经杨魁元送交张进幅，付价京钱二百四十吊。杨魁元分得用钱三吊八百文。张进幅复在不记地方货摊上买得烟筒、烟斗等物，用布袱包裹，带同秦宝全回京。十四日走至通州，雇坐曹顺车辆，行至朝阳门外关东店地方，即被步军统领衙门番役盘获，解送该衙门，奏送到部，审据各供。①

道光十四年正月二十四日（1834年3月4日），山东巡抚钟祥奏报：据历城、济宁等地报告，道光十三年（1833），"查有兴贩外来烟土之彭长安、王十、康明、马瀚、解泳长、端木鲁丹各犯，均即随时获案，照例惩办"②。

道光十四年三月十六日（1834年4月24日），广东水师香山协报告，参将秦裕昌督率署都司罗晓风等，带领兵丁，协同县役，在于伶仃洋面，拿获快蟹艇一只，捕获李亚祖、袁亚保、胡亚喜等三名走私犯，起获烟土

---

① 《大学士管理刑部事务卢荫溥奏为审拟太监张进幅买运鸦片烟土一案事》道光十一年十月初八日，中国第一历史档案馆藏录副奏折，档号：03-4005-043。
② 《山东巡抚钟祥奏为遵旨汇奏上年本省查禁取结及拿获兴贩烟土人犯惩办事》道光十四年正月二十四日，中国第一历史档案馆藏朱批奏折，档号：04-01-01-0752-038。

三十八包,共三百七十八个烟球,夷字书信一封,以及若干器械。李亚祖等供认:

> 于三月初十日,经在逃之姚九、欧宽交给该犯李亚祖番银三万六千两,雇郑亚旦快蟹艇装载,议定雇价银二百圆,雇水手郑亚桃、周亚苏等于是晚从僻港偷越出洋,驶至伶仃洋面,向湾泊夷船买得烟土十六箱,在海边寄碇等候海船载往潮州一带售卖。十三日,被兵役巡获所买烟土,除起获之外,俱抛海内。诘以何国夷船?不能指出。其夷字书信,据供系姚九令在逃之冯亚林所写。饬拿姚九等犯,均已先期潜逃。查姚九等兴贩鸦片烟土发银三万六千两之多,其为开设大窑口土棍无疑,非痛加惩办,无以示戒。①

道光十四年八月二十日(1834年9月22日),闽浙总督程祖洛奏报:闽省洋面每有夷船往来游奕。道光十二年春间有英吉利夷船漂泊内洋,甚至不惧驱逐。是年,王略、林因等十余名走私犯被逮捕,经福建按察使凤来督同署福州府等审明,情况如下:

> 王略之父王店,向在广东澳门地方开张广福号船头行,该处为各国夷船聚集之所,福建货船到彼,亦须该行说合交易。王店故后,王略之兄,王幅受接开。王略从幼在行生理,因与夷人往来,能通夷语,熟悉夷情,谂知夷船有夹带鸦片烟土者,必先在澳门外洋寄碇,等待汉奸前往接买。如须夷船运送他往,由该夷船报知该国大班,悬挂木牌,载明往北字样,准接买之汉奸押运往北行驶。夷船如欲收买违禁货物,亦必在澳门外洋寄泊,由汉奸运往接济。由来已久。道光五年六月间,有在逃之晋江县人林谨贩运樟脑至澳门,当托王略说合,卖与西洋国夷船,计价番银四万圆,仍由王略经手,向夷船买鸦片烟土十余箱,并洋布等物,因虑匪船截抢,即恳该夷船运送至晋江县外洋起货。林谨自在船押运,王略得受谢礼番银三十圆。又现犯林

---

① 《两广总督卢坤奏为拿获广东出洋贩卖鸦片烟土人船李亚祖等查办情形事》道光十四年六月二十日,中国第一历史档案馆藏朱批奏折,档号:04-01-01-0758-032。

天之叔祖逸犯林因向在晋江县蚶江街地方开张林中进号米行，林犬在行帮伙。道光四年间，林因起意邀同在逃之林干、林牙美、林梨春（即林丽春）合出本银，赴澳门买得鸦片烟土十余箱运回行内，转卖以后，每年贩运一、二、三、四次不等，俱用草乌船装载。自道光八年起至十二年，因有匪徒在洋专伺劫夺贩运鸦片烟船，林因即雇令能说番语、在逃之诏安县人蔡能、谢首先后由澳门勾引夷船运送烟土来闽漂泊泉州府属外洋，另用小船赴洋接运。其运回烟土陆续贩卖得利分用。林犬分得余利三十股之一。每年约有番银三百余圆。①

道光十四年十一月二十八日（1834年12月28日），云贵总督阮元和云南巡抚伊里布奏报：各府州厅县陆续禀报：或于稽查保甲之便，或于猝不及防之时，在于境内逐处踩查，民间皆知例禁加严，不敢种植。闻有趋利夷民偶于深山穷谷偷种，旋即破获。"其向外境及夷民偷买鸦片兴贩者，亦俱随时获案，共计惩办熊鳌等二十七起，业将各犯按例定拟。"②

道光十四年十二月十三日（1835年1月11日），贵州巡抚裕泰奏报：

> 臣到任后，因思黔地毗连川楚滇粤，来往奸商巧为售带在所必有，屡经督饬严禁，实力查拿究办。兹查连次拿获栽种罂粟并贩卖、买食鸦片烟各犯，及现据各属详报。归化厅获犯王金，普安厅获犯陈尚输、苏德等，贞丰州获犯刘开先，贵筑县获犯熊何六、郑大五、张吉妹等，逐案审拟，分别军徒、枷杖，陆续咨部。并将所种秧苗铲除，地土入官。起出烟泥，入火烧毁，统计先后拿获五十五起人犯一百二十八名。③

---

① 《闽浙总督程祖洛奏为审明勾结英吉利夷船贩运违禁货物并前卖鸦片烟土犯王略等分别依律定拟事》道光十四年八月二十二日，中国第一历史档案馆藏朱批奏折，档号：04-01-01-0759-012。

② 《云贵总督阮元云南巡抚伊里布奏为汇奏滇省本年查禁鸦片烟情形并出具署内无卖食鸦片烟甘结事》道光十四年十一月二十八日，中国第一历史档案馆藏录副奏折，档号：03-4006-036。

③ 《贵州巡抚奏为遵旨拿获种卖鸦片烟匪徒王金等按例严惩并出具署内并无买食鸦片烟印结事》道光十四年十二月十三日，中国第一历史档案馆藏朱批奏折，档号：04-01-01-0758-018。

道光十四年十二月二十一日（1835年1月19日），四川总督鄂山奏报说：

> 兹查明道光十四年分川省大小各官内并未嗜食鸦片烟之人，其官亲幕友、长随等亦无私买吸食之事。各关隘口差集尤严，惟民间尚未尽能尽革此风，偶有染习，业据成都华阳、秀山、冕宁、垫江等县先后报获贩卖、代卖并买食鸦片烟之刘王等四起，均经按例分别拟办在案。①

道光十四年十二月二十四日（1835年1月22日），浙江巡抚乌尔恭额奏报："奸民往来贩卖在所不免，自上年拿获贩卖鸦片人犯葛三等多名以后，本年又据钱塘等县会营查获廖得观等四犯，均经分别惩办。"②

云南巡抚颜伯焘于1839年描述老家广东连平州的鸦片泛滥情形说："臣籍隶广东连平州，初次回籍在嘉庆九年（1804），彼时连平州吸烟者不过数人，已为指摘所归；二十一年（1816），臣复回籍，则连平州吸烟者多至数十人，然犹掩藏甚密；迨道光十三年（1833），臣又回籍，则连平州吸烟者竟不可以数计，吸者固不避人见者，亦恬不为怪。尤可异者，贫民贱役糊口维艰，可以日不再食，而烟则在所必吸；若纨绔子弟、有力之家，染此恶习者，更不必问其始。"③连平州在广东属于比较偏僻、比较贫穷的地方，相习成风，其他通都大邑，富商云集地方，可以想见。"连平如此，广东一省可知，即他省亦无不可知，是固非一朝一夕之故，亦非一州一县之故矣。"④鸦片烟毒不仅仅泛滥于内地十八行省，就连远在大西北的新疆"亦多传染"。鸦片烟馆不仅林立于通都大邑，而且在一些重要城市周围的乡镇上也开始出现。

---

① 《四川总督鄂山奏为查明川省道光十四年获办贩食鸦片烟各案事》道光十四年十二月二十一日，中国第一历史档案馆藏朱批奏折，档号：04-01-01-0756-019。
② 《浙江巡抚乌尔恭额奏为本年复查保甲并严禁鸦片各事》道光十四年十二月二十四日，中国第一历史档案馆藏朱批奏折，档号：04-01-01-0758-017。
③ 颜伯焘：《奏为密陈严刑禁烟不可行事》，中国第一历史档案馆藏朱批奏折，档号：04-01-30-0514-015。
④ 颜伯焘：《奏为密陈严刑禁烟不可行事》，中国第一历史档案馆藏朱批奏折，档号：04-01-30-0514-015。

随着输入的鸦片数量激增，吸食鸦片的人愈来愈多，"食者愈众，几遍天下。""上自官府缙绅，下至工商优隶，以及妇女、僧尼、道士，随在吸食，置买烟具，为市日中。"① 鸦片战争前夕有人估计，在京官中有十分之一二，地方官中有十分之二三吸食鸦片，"至于刑名、钱谷之幕友，则有十分之五六，至长随、吏胥更不可以数计"②。刑部官员奏报说："现今直省地方俱有食鸦片烟之人，而各衙门为尤甚，约计督抚以下文武衙门上下人等，绝无食鸦片烟者甚属寥寥。"③ 林则徐的估计也很严重，他认为在整个社会中，"以衙门中吸食最多，如幕友、官亲、长随、书办、差役嗜鸦片者十之八九"④。由此可见，在国家机关中吸食鸦片的程度最为严重，清政府已经彻底腐败。

吸食鸦片违禁，不可能有确切的统计。一般人形容吸食鸦片人数语言比较模糊，有的说："几遍天下。"有的说："十居七八。"包世臣估计1820年的苏州有10万名瘾君子，这是就局部地区而言。1835年，有人估计吸食毒品的总人数有200万人。⑤ 1838年，林则徐估计当时吸食鸦片的人数占总人口的百分之一，约400万人之多。⑥ 1836年，"外国人估计约有1250万吸烟者"⑦。由于估计方法未予公布，数字相差太大，目前我们还很难确认哪一种估计比较接近事实，不知道上述数字指的是已经吸食成瘾的人，还是包括了偶尔的吸食者。这里我们又不能回避这一难题，需要陈述一下自己的观点。

一种说法是："有节制的吸食者每年很少能够消耗1.5磅以上的，偶然的吸食者每年消耗的鸦片不多于一英两左右，而最无节制的吸食者每年不会超过4磅。"⑧ 这里所说的"有节制的吸食者"和"偶然的吸食者"，

---

① 《黄爵滋奏疏许乃济奏议合刊》，中华书局1959年版，第69页。
② 蒋湘南：《与黄树斋鸿胪论鸦片书》，《七经楼文钞》，中州古籍出版社1991年版，第26页。
③ 中国史学会主编：《鸦片战争》第一册，上海人民出版社1957年版，第436页。
④ 《林则徐集》奏稿中，中华书局1980年版，第600页。
⑤ 《禁烟运动的思想前驱》，《复旦学报》1978年第1期。
⑥ "以户部历年所奏，各直省民数计之，总不止于四万万人，若一百分之中仅有一分之人吸食鸦片，则一年之漏卮即不止于万万两。"《钱票无甚关碍宜重禁吃烟以杜弊源片》，见《林文忠公政书》乙集卷五，台北：文海出版社1966年版，第12页。
⑦ [美] 费正清：《剑桥晚清中国史》上册，中国社会科学出版社1985年版，第190页。
⑧ 姚贤镐编：《中国近代对外贸易史资料（1840—1895）》第二册，第862页。

显然都不是鸦片的正式俘虏，正式的瘾君子每人每年消费量是 4 磅，即 3 市斤。另一种说法是："以土十灰六，熬膏土约五成，灰约七成，层层折算，实每人日食二钱七分零，每人岁食六斤。"① 英国驻天津领事谢立山专门研究了中国鸦片瘾君子的消费量。在他看来，中国瘾君子每天平均消费量是 2 钱②，每人每年需要消费 6 斤左右。1906 年，需要消费鸦片 613917 担，中国的瘾君子的数量大约为 10627573 人③。

这里试用以 3 斤和 6 斤两种说法进行粗略地推算：1838 年，进口的鸦片有 40500 箱，约合 6042000 斤，以每人每年消费 3 斤计算，当年应有 2014000 人经常吸食鸦片；以每人每年消费 6 斤计算，则有 1007000 人。若考虑到偶然吸食者还要消费掉一批鸦片的因素，可以肯定鸦片战争前夕经常吸食鸦片的人数大约在 100 万—200 万人之间；若包括偶然吸食者，吸食鸦片的人数可能要大于 100 万—200 万。④

从鸦片的危害来看，它不仅使中国白银大量外溢，造成国内银根短缺，严重扰乱了中国的经济生活，而且严重摧残了中国人民的身心健康，加深了封建政权的腐朽性和寄生性。鸦片是慢性麻醉毒品，能使吸食者甘之如饴，受其毒而不觉。吸食之后浑身舒服，产生难以形容的感觉，使人陷溺其中不能自拔。一旦深陷其中，则志气昏惰，废时失业，畏葸庸琐，精神困顿。成瘾之后，吸食者必须按时按量不间断地服食，否则，呵欠频作，涕泪交流，难以自控。瘾君子为了消除痛苦，获得暂时的快感，宁可不吃饭，非吸食鸦片不可。为了满足毒瘾，许多贫穷的吸食者弄得倾家荡产，卖儿卖女，在所不惜。久而久之，毒贯全身，脸色枯黄，肌肤日削，面貌熏黑，一命呜呼。一首诗这样描写道："人吃鸦片，鸦片吃人。销膏

---

① 夏东元编：《郑观应集》上册，上海人民出版社 1982 年版，第 187 页。

② 这里附带指出的是，有的学者将每人日食 2 钱误译为 2 两。（苏智良、刘效红：《全球禁毒的开端：1909 年上海万国禁烟会》，上海三联书店 2009 年版，第 111 页）

③ *Report of the International Opium Commission Shanghai, China, February 1 to February 26, 1909*, Shanghai: Printed and Published by the North China Daily News & Herald. Ltd. 1909, pp. 28 - 29.

④ 还有一种说法，与上述说法接近。1882 年 4 月 15 日，英国驻宜昌代理领事彭斯致信格兰威尔说，1881 年，四川省有烟民 2200000 人，消费土产鸦片 50000 担，轻度烟瘾者每人日食 5 克，每年消费 2.27 斤；重度烟瘾者每人日食 15 克，每年需要消费 6.81 斤。原文见英国蓝皮书 *Correspondence with the Government of India Respecting the Negotiations with China on the Subject of opium 1982*, 第 32—33 页。（《英国议会文书·中国》第 31 卷，第 490—491 页）

血，耗精神，鸦片之瘾入骨髓，未死先成鬼。新鬼瘾小故鬼大，新鬼面焦黑，故鬼无人色。"① 说鸦片吃人，一点都不过分。学者陈澧愤怒写道："请君莫畏大炮子，百炮才闻几人死！请君莫畏火箭烧，彻夜才烧二三里。我所知者鸦片烟，杀人不计亿万千。"② 鸦片烟毒弥漫中国，严重摧残了社会生产力。

鸦片走私通常要贿赂地方官吏和缉查人员，"得规包庇"成为沿海各省地方政治腐败的普遍现象之一。缉查人员查获"十百而报一二，夺人之禁物而鬻之"③。有的水师巡船甚至与英国鸦片贩子约定，"每箱鸦片收五元到十元"，每月到鸦片船上一次，按时取走贿金。缉私兵弁"其岁入得自粮饷者百之一，得之土规者百之九十九"④。据揭发，1837年水师副将韩肇庆，"专以护私渔利，与洋船约，每万箱许送数百箱与水师报功，甚或以师船代运进口。于是，韩肇庆反以获烟功保擢总兵，赏戴孔雀翎"⑤。营私舞弊现象应当说不是舶来品，它是封建制度，也是资本主义制度的必然现象。然而，鸦片贩子的重金腐蚀海关人员和地方官吏，使中国沿海政治更加腐败也是事实。军官士兵吸食鸦片烟，战斗力明显削弱。1832年，两广总督李鸿宾率领清军镇压"瑶匪"，官兵因吸食鸦片人多，畏葸不前，临阵溃散。鸦片战争时，清军遇到英军，一触即溃。军队作为地主阶级统治的暴力机器，腐败程度如此严重，从清朝的统治立场看，是最为严重的事情。

总之，鸦片烟毒在全国迅速蔓延，中国人民的身心健康遭受了严重毒害，社会经济和生产力遭受严重破坏。由于鸦片的猖狂进攻，国家机器更加腐败。"国日贫，民日弱。十余年后岂惟无可筹之饷，抑且无可用之兵。"鸦片走私已成为中华民族所面临的生死存亡的重大问题。

四 鸦片弛禁论的出台

鸦片走私所造成的社会危机对于清朝统治者来说已构成了一种严重威

---

① 《泉州文史》第5期。
② 陈澧：《炮子谣》，转引自《三元里人民抗英斗争史料》，中华书局1959年版，第307页。
③ 梁廷枏著，邵循正校注：《夷氛闻记》卷1，中华书局1959年版，第9页。
④ 包世臣：《答果勇侯书》，《齐民四术》卷11，载《安吴四种》卷35，台北：文海出版社1966年版，第2461—2463页。
⑤ 《道光洋艘征抚记》上，见《魏源集》上册，中华书局1983年版，第169页。

第三章 鸦片战争前夕的禁烟运动

胁。白银外流,财政困难,上层社会萎靡不振,吏治腐败,军队战斗力减弱等问题,日渐成为社会各阶层议论的中心。令人更为忧虑的是,外夷的船只频繁出没于沿海各地,使清廷感受到一种前所未有的压力。面对日益猖獗的鸦片走私,面对禁烟法令的失效,有的人对于能否禁止吸食鸦片表示怀疑,以为犹如饮食、男女之欲,不可能禁止,从而提出了弛禁的观点。最先提出这种观点的人是广东顺德乡绅何太青和嘉应名士吴兰修。

何太青认为:"纹银易烟出者不可数计,必先罢例禁,听民间得自种罂粟。内产既盛,食者转利值廉,销流自广。夷至者无所得利,招亦不来,来则竟弛关禁,而厚征其税,责商必与易货,严银买罪名。不出20年,将不禁自绝。实中国利病枢机。"[①] 他的鸦片弛禁主张有三:其一,听任民间自种罂粟,熬制鸦片烟膏,借以抵制外来鸦片的输入,减少白银外流;其二,对于外来鸦片,弛其关禁,"厚征其税",寓禁于征;其三,实行以货易货的外贸方案,防止白银外流。嘉应名士吴兰修专门写了《弭害》一文,发挥何太青的观点。他承认:"鸦片其于人也,利一而百害;其于国也,无纤末之利,有莫大之害。"但他认为弭此大害,靠"闭关绝市"和"严法例禁"是解决不了问题的。他说,西洋有许多国家与中国通商,"其贩鸦片者,止英吉利耳。今将绝英吉利乎,抑尽诸国而绝之乎。尽绝则无以服其心,专绝则无以善其后。即使诸夷尽去,而濒海数十万众,一旦失业无以为生,小则聚而为奸,大则引以启衅,东南之患自此始矣。"又说,"嘉庆初,食鸦片者罪止枷杖,后则屯贩有禁,熬者有禁,海口出入有禁。密以巡哨,重以流徙,加以连坐,法非不严也,禁非不厉也,而弊仍不止。何也?盖法令者,吏胥之所借以为利也。立法愈峻,则索贿愈多。其包庇如故,兴贩与食者卒如故也。否则,获十百而报一二,夺人之禁物而鬻之,犹自贩耳。而况伪官假役,百弊丛生。前车之辙,亦可鉴矣!"[②] 这是说,闭关绝市不可,严法例禁也不能有效制止鸦片流毒。

诚然,闭关绝市,不是一项高明的政策,特别是面对西方资本主义势力的大举东侵,面对那些带着蒸汽机和亚当·斯密理论到来的锐不可当的工商资本家,闭关锁国是不可能的。闭关锁国只能导致故步自封、落后挨

---

① 梁廷枏著,邵循正校注:《夷氛闻记》卷1,中华书局1959年版,第8页。
② 本节论点俱摘自梁廷枏著,邵循正校注《夷氛闻记》,中华书局1959年版,第8—9页。

打。但是，对于一个主权国家来说，完全有权选择合法的贸易伙伴，拒绝从事肮脏毒品走私的敌国，能否做到是一回事，坚持这样做，无疑是比较正确的选择。至于"严法例禁"不能有效制止鸦片贩运和吸食，主要是因为封建专制制度和政治腐败造成的，而不能倒果为因，把政治腐败、百弊丛生归结为严法例禁。在封建专制政体之下，国家机器的腐败是难以克服的，但不能因"百弊丛生"而放弃对毒品的宣战。较为正确的方法只能是，制订行之有效的督察条例，尽可能地防止和杜绝弊端，而不能放任鸦片流毒，苟安于一时，置民族危亡于不顾。吴兰修的弛禁方案，无非仍是"内地种者勿论"；"外夷照旧抽税，交付洋行，兑换茶叶"；"夷船出口止准带光面洋银，其内地戳印等银，照纹银例，一体严禁"。这与何太青的主张是一模一样。何太青、吴兰修的着眼点是解决国家的财政危机，禁止白银外流，而未考虑国内民众遭受的毒害，对于外国资本主义的侵略采取的是消极退让，而不是积极抗争。这种观点不仅在当时很有影响，而且对19世纪60年代的洋务派官员的鸦片政策也有相当大的约束。

　　许乃济在广东当按察使时，听到朋友何太青、吴兰修的议论，"大为所动"，便向两广总督卢坤、广东巡抚祁𡐔推荐。卢坤等人对禁烟已经失去信心，对于吴兰修的文章，"见而心折"①。但因清廷禁令方严，卢坤不敢明请弛禁，便将何太青、吴兰修、熊景星、仪克中等人的文章辑为《粤士私议》，于1834年11月附片上奏说："鸦片势成积重，骤难挽回。"曲折表达了禁烟的困难，然后将广州士绅的弛禁意见介绍了一番，接着自己评论说："其所均不无所见，然与禁令有违，窒碍难行。"意思是鸦片弛禁论虽有一定道理，不过与当前的禁令相抵触，行不通。表面上是含糊其词，实际是试探道光帝的意见。道光帝对于卢坤的试探不置可否，实际是犹豫不决。

　　1836年6月10日，调任京官的许乃济看到鸦片流毒日益严重，难于制止，按照吴兰修《弭害》一文的观点，"稍稍润饰"，改写成《鸦片烟例禁愈严流弊愈大应亟请变通办理折》，上奏道光帝。这个奏折的主要论点有三：其一，鸦片流毒日深，白银外溢严重，国家财政困难。其二，解决鸦片问题，闭关绝市不可，严刑峻法也不可。"鸦片烟例禁愈严，流弊

---

① 梁廷枏著，邵循正校注《夷氛闻记》卷1，中华书局1959年版，第10页。

愈大";"法愈峻,则胥役贿赂愈丰,棍徒之计谋愈巧";"夷船大洋外随地可以择岛为廛",沿海数千里无法设防。濒海数十万众恃通商为生计,闭关也不可。其三,应公开弛禁鸦片,允许外国鸦片输入,照药材纳税。鸦片进口只准以货易货,不得用银购买,如此可以防止白银外流。宽内地民人栽种罂粟之禁,抵制外国鸦片进口。以上这些观点,与吴兰修的意见完全一致。唯一不同的是,许乃济提出了对文武官员、士子兵丁限制吸食问题。"至文武员弁、士子兵丁等,或效职从公,或储材备用,不得任令沾染恶习,致蹈废时失业之愆。"至于一般老百姓,在他看来率皆游惰无志,不足轻重之辈,"一概勿论"①。这种方案,显然是以牺牲人民的身心健康为代价,换取国家财政收入,以稳定统治基础。

许乃济的奏折到达御案后,犹豫不决的道光帝将这一折子批交广东地方官员讨论。新任两广总督邓廷桢、广东巡抚祁𡎚和粤海关监督文祥接到京师发来的谕折,立即责令其僚属和公行的商人,发表他们各自的意见。然后,将各种意见归纳起来,联名复奏清廷,表示同意许乃济的意见:"原奏胪陈时弊,均属实在情形。所请弛禁变通办理,仍循旧制征税,系为因时制宜起见,似应请旨准照原奏……如蒙俞允,弛禁通行,实于国计民生,均有裨益。"② 并且还具体拟定了九条办法。邓廷桢等人的奏折到达京师后,道光皇帝在这个清单上批了一个"览"字。于此可知,道光帝对邓廷桢等人的鸦片弛禁观点是有所了解的。显然他不同意仅仅制止白银外流,而不制止鸦片流毒的方案。九条办法如下:

第一条,"以货易货应行全数抵算,不准影射也。查鸦片弛禁原为杜绝私售匿财起见,必将夷船鸦片责成保商协同总商核定该价若干,衡量内地之货该价若干,银数相等,彼此以货全数抵易,不得用银购买。查天朝出产贵重适用货物多于外夷数倍,以货抵货,有赢无绌。若遇外来鸦片过多,所需内地之货较少,不敷抵算,而夷船即须回帆,则由保商先行收税,代纳其鸦片。除易货外,余俱起贮该行。该保商眼同夷商核明所存确数,具报监督衙门立案,随时代销,销竣,仍与承卖鸦片之商同禀销案。

---

① 《黄爵滋奏疏许乃济奏议合刊》,中华书局1959年版,第69—72页。
② 《两广总督邓廷桢等奏复应准许乃济所奏弛鸦片之禁并拟章程九条折》,《鸦片战争档案史料》第1册,第205页;齐思和等编:《筹办夷务始末》(道光朝)卷一,中华书局1964年版,第6页。

将来夷商来粤，仍照数以货抵还，不准借找价之名，私行找给银两。仍责成殷实总商严加稽查，于夷商出口时，总、保各商加具并无夹带纹银切结，呈送查考。如有用银私买，找给价银者，既据实禀出，从重究惩，并将鸦片入官变价。已经转卖者，追价入官。如总保各商通同徇隐，一并究惩"①。这是最重要的条款之一，规定鸦片进口弛禁，采取以货易货的办法，"彼此以货全数抵易，不得用银购买"。规定在内地货物不敷抵算的情况下，外国商船在必须回帆的情况下，可以保商代卖，"将来夷商来粤，仍照数以货抵还，不准借找价之名，私行找给银两"。意在确保白银不准外流。

第二条，"水师巡船及各关口员役宜责令专在关口稽查，不准出洋藉词滋扰也。鸦片虽经弛禁，而商民趋利若鹜，诚恐仍向夷商私相交易，则纹银偷漏仍所不免。应责令水师巡船及各关口员役实力稽查。遇有私银出口，即行拿解究办，所获银两、船只全数充赏，以示鼓励，而杜偷越。但纹银出洋，既有从出之地，则在附近洋行必出之途，则在出口要隘，止须于此处认真查察，不虑其飞渡外洋。若一经出海，则散漫无稽，兵役匪徒藉口巡缉，不但不能扼要，且恐滋生事端，所关匪细，仍应严行饬禁"②。这一条款似乎反映了外商的要求，规定水师官兵只准在出口要隘稽查，名义上是防止水师官兵滋生事端。

第三条，"洋银应照旧章仍准带回三成，并先确查来银数目以杜欺隐也。查夷船向多载运洋银来粤，以备易货找价及回帆水脚之需。如进口货多，出口货少，其洋银即有余剩，势不能禁其不行带回。溯查嘉庆二十三年（1818），前粤海关监督臣阿尔邦阿因夷人带回洋银，并无限制，咨经前督臣阮元，议以准其带回三成，余听借给别夷办货输税。迄今循行无异。兹鸦片来船或因载运无多，挟资以图易货、找价者，亦所不免。似应仍照旧章办理。惟夷船带来洋银为数多寡不等。如剩银十万元，自应准其将三万元带回。若剩银至二十万元，即须示以限制。应请嗣后夷船带来洋银余剩至十万元者，准其带回三成。如至二十万元以上，无论鸦片及别项货物船只，均准令带回五万元为止，不得再溢此数。仍先于该夷船进口报

---

① 《两广总督邓廷桢呈筹议鸦片入口应行变通办理章程九条清单》道光十六年七月二十七日，中国第一历史档案馆藏录副奏折，档号：03-9498-048。

② 《两广总督邓廷桢呈筹议鸦片入口应行变通办理章程九条清单》道光十六年七月二十七日，中国第一历史档案馆藏录副奏折，档号：03-9498-048。

验时责成保商查明来银确数，登记以为将来除用核存，按成给带之准，并责成总商、保商一体实力稽查。倘吏胥人等虚查捏报，严拿惩办。总、保各商徇隐舞弊，一并究惩"。① 这一条规定虽然意在防范白银外流，但无任何实际意义。因为，外国货船往来携带白银并无定数，并且还有汇兑业务。不是本船货物老板，谁也搞不清账目收支情况，由粤海关确定这些外国船只返回时所带银元数量的比例，荒谬之极。

第四条，"鸦片应与别项洋货一例交易，不必设局专办也。查货殖之道操赢制余，各有其术，人弃我取，见亦不同，势难合众情而一之。今鸦片既循旧制，准其入口交易，即属药材，与他货无异。若设立专局经理，恐易启垄断居奇之渐。宜听夷人择行自投保商报验输税，毋庸另设公局，庶奸徒不得把持牟利，于夷、洋两商均有裨益"②。这是一条十分幼稚的条款，鸦片毕竟不是普通货物，可以自由贸易。世界禁毒经验表明，必须设立"专局经理"，才能有效控制毒品运销范围。

第五条，"额税宜遵旧制，不必加增，并严禁需索陋规也。查粤海关则例，鸦片每百斤征正税银三两，加一火耗银三钱，仍照奏定归公规例加收担头、分头等银八分六厘。虽鸦片有乌土、白皮、红皮之分，贵贱不同，而按斤纳税则统归一致。诚以税重则必避税而走私；税轻则不肯走私以冒险。而额有一定，胥吏上下其手。前人立法具有深意。今仍应照旧额输税，不必增添。但恐弛禁之初，胥吏夤缘为奸，藉词索取陋规。则税轻而陋规转致倍蓰，既失怀柔远人之意，且必以入口为畏途，仍以走私为得计。应严行出示晓谕，正税之外，不准丝毫需索。违者，照蠹役诈赃例究惩"③。在迫不得已情况下，可以允许鸦片贸易，但必须提高其关税，适当限制其销路。对于鸦片进口实行每百斤各项合计三两三钱八分六厘的低税率，等于向鸦片提供了低价畅销渠道。

第六条，"价值不必预定也。查货殖之道，贱之，征贵；贵之，征贱。理有固然。故价值之低昂视乎物力之赢绌与销售之畅滞，本不能限以定数。

---

① 《两广总督邓廷桢呈筹议鸦片入口应行变通办理章程九条清单》道光十六年七月二十七日，中国第一历史档案馆藏录副奏折，档号：03-9498-048。
② 《两广总督邓廷桢呈筹议鸦片入口应行变通办理章程九条清单》道光十六年七月二十七日，中国第一历史档案馆藏录副奏折，档号：03-9498-048。
③ 《两广总督邓廷桢呈筹议鸦片入口应行变通办理章程九条清单》道光十六年七月二十七日，中国第一历史档案馆藏录副奏折，档号：03-9498-048。

今鸦片弛禁之初,骤令贵买贱卖,势所难行。且人情贵贵物而贱贱物。严禁鸦片之时,居奇者每得肆其奸,一经弛禁流通,则是寻常药材,非难得之物。曩之宝而秘之者,行且弃之如遗,价必日贱。若预为定价,转致将来窒碍难行。所有价值应听其长落随时,毋庸预定"①。这一款规定比较切合实际。鸦片既然可以按照普通货物模式自由运销,必然要受供求关系的影响,"视乎物力之赢绌与销售之畅滞",预定鸦片市场价格自然是不可取的。

第七条,"内地各省海船运销鸦片应由粤海关印给执照也。查向办贸易章程,无论何省海船置买洋货,一律赴粤海关,请给印照,详注货物数目,不准私买。并咨明各省通行查照于各海口严行稽查,如有海船运回外洋货物,查无海关印照,即属私货,照例究办,船货入官,立法最为周备。今鸦片既经弛禁,商人承受运销,与洋货无异,应查照旧章,凡内地各海船承买鸦片,亦投明洋商,以货易货,赴海关请领印照行运,即由海关移咨各该省查照,庶粤省及各省海口均有稽考,可杜内地海船在外洋向各夷商私买私卖、偷漏银两之弊"②。这一条反映了粤海关的要求,因为粤海关最希望保持对西洋贸易的限关方案,由粤海关控制鸦片运销执照的发放,才能实现粤海关利益的最大化。

第八条,"民间栽种罂粟似可稍宽厉禁也。鸦片之为物,情柔而性刚。情柔,则甘之如饴;性刚,则易于致病。外夷制造之法,言者不同,大率不能无毒。闻近年内地间有私造者,不过以罂粟津液煎熬而成,性稍平易,为害遂轻。与其徒向外夷设法访闻,不若听令内地有所低质。似宜稍宽厉禁,无事严查。若恐愚民舍本逐末,妨碍农功,惟应出示晓谕,凡山头地角不成邱段处所,准其栽种,不得占种粮田,致伤本计"③。这一条对于1860年鸦片贸易合法化后的土药生产影响很大,李鸿章等人主张生产土药抵制洋药的方案与此完全相同。

第九条,"官员、士子、兵丁宜严行饬禁,不准吸食也。查太常寺少卿许乃济原奏内称:食鸦片者皆游惰无志之辈,亦有年逾耆艾而食此者,

---

① 《两广总督邓廷桢呈筹议鸦片入口应行变通办理章程九条清单》道光十六年七月二十七日,中国第一历史档案馆藏录副奏折,档号:03-9498-048。
② 《两广总督邓廷桢呈筹议鸦片入口应行变通办理章程九条清单》道光十六年七月二十七日,中国第一历史档案馆藏录副奏折,档号:03-9498-048。
③ 《两广总督邓廷桢呈筹议鸦片入口应行变通办理章程九条清单》道光十六年七月二十七日,中国第一历史档案馆藏录副奏折,档号:03-9498-048。

不尽促人寿命。海内生齿日繁,断无减耗户口之虞。至文武员弁、士子兵丁,或效职从公,或储才备用,则不得任其沾染习气,致蹈废时失业之愆,等语。查用法太严,则犯法者巧于逃法,转致互相容隐。自不如宽其禁令,劝其廉耻,可冀渐知迁改。原奏之意申其戒于官员、士子、兵丁,而宽其法于齐民。于禁抑之中寓期勉之意,亦潜移默化之道,应如所议。此后民间贩卖、吸食一概勿论。若文武员弁、士子、兵丁私卖吸食,即立予褫革,以为不自振拔者戒。仍行知各省文武衙门严饬所属,一体实力遵照。若阳奉阴违,将该管上司交部议处"①。这一条款表达的主张,无论是规定"官员、士子、兵丁宜严行饬禁,不准吸食",还是反对重刑,主张"宽其禁令,劝其廉耻,可冀渐知迁改",都对晚清社会产生了深远的政治影响。

在这九条中,比较重要的是第一、第四、第五、第七、第八和第九等6条。对于晚清社会影响比较大的是第八、第九两条。

许乃济的奏折内容被外国鸦片贩子得悉之后,立即产生了喝彩声。他们称赞说:"这个奏折立论既佳,文字也极清楚"②,是个聪明的办法。鸦片贩子兴高采烈地期待着弛禁鸦片上谕的公布。这时,义律(1801—1875)已经接替罗宾臣为英国驻华商务监督。作为英国政府的代表,他对这个奏折也很满意。1836年7月27日,他按捺不住激动的心情说:"许乃济弛禁论的直接影响将要刺激印度的鸦片种植"③,"采纳许乃济奏折中政策的这种正式的最后的命令,将在一个月或六个星期内到达此间"。10月10日,他仍然满怀希望地说:"我们正期待着不久将接奉来自北京的开禁鸦片贸易的最后命令。无疑的,这是这个朝代自从定鼎以来在对外贸易方面所采取的最堪注目的措施……这些奏折使我们相信,只需慎审从事,便会在不久的将来获得十分重要的弛禁。"④鸦片贩子、英国政府以及舆论界在当时都对鸦片弛禁抱持比较乐观的态度,由此可以看出鸦片弛禁论反映

---

① 《两广总督邓廷桢呈筹议鸦片入口应行变通办理章程九条清单》道光十六年七月二十七日,中国第一历史档案馆藏录副奏折,档号:03-9498-048。
② 中国史学会主编:《鸦片战争》第5册,上海人民出版社1957年版,第11—12页。
③ 《中国问题有关通信汇编》,第137页;转引自[美]马士《中华帝国对外关系史》第一卷,上海书店出版社2000年版,第218页。
④ 《中国问题有关通信汇编》,第138页;转引自[美]马士《中华帝国对外关系史》第一卷,张汇文等译,上海书店出版社2000年版,第218页。

了谁的想法，符合谁的利益。

这里我们需要附带讨论一个问题，即国内广泛种植罂粟，能否抵制外国鸦片输入？从事实上讲，1858年以后鸦片弛禁，许多地区开始产泛种植罂粟，土产鸦片数量急剧增大，年产数十万担，但并没有有效抵制鸦片的大量进口，"土药自为土药，洋药自为洋药，其进口仍如故"①。光绪前期，每年入口的洋药高达八九万担；到光绪末年，随着土产鸦片数量的激增，"洋药"输入量有所下降，但仍有五万担左右。这说明土产鸦片的增大对于"洋药"输入有一定抵制作用，而效果却不如鸦片弛禁论所设想的那样有效。许乃济等人以种植罂粟来抵制外国鸦片入口的想法，是对外国入侵的消极反应，表现了地主阶级的软弱性。

五　朝廷内外禁烟问题大讨论

许乃济的奏折公布之后，在京城的廷臣中没有人出来附和，"九卿台谏多不为然"②，举朝无继言者。1836年9月，内阁学士兼礼部侍郎朱嶟、兵部给事中许球先后驳斥了许乃济等人的观点。

朱嶟反对以牺牲人民健康为代价，弛禁鸦片而换取财政收入的增加。他认为鸦片流毒不仅妨碍国家的财政收入，而且残害国民的身体健康。两害相比，妨碍财政事小，残害民众身体健康事大。"民者国之本，财者民所出，民贫尚可变，民弱无可救药。"他尖锐指出，禁止员弁兵丁吸食鸦片，不禁民间贩卖吸食，是一项愚蠢方案。因为"以天下人数计之，官弁士兵不过十分之一，而民居其九……若独禁员弁士兵，而许民间贩卖吸食，是以食者纵之得食，而未食者导之使食"。"员弁士兵非生而为员、为弁、为士、为兵也，其初大抵平民也。即如兵丁失察，必募于民充补，而应募者为无赖之民，为平民之日则食之，及为兵丁烟已成瘾。""民与吸食，则员弁兵丁何得而禁？"况且，"鸦片之来源不绝，即难保营伍之中无私相吸食者。一经沾染，寝以成风，烟瘾来时，手足瘫软，涕泪交流，又安能勤训练而成劲旅乎？"这是就鸦片对国民对军队的毒害而言，立论十

---

① 《光绪政要》卷32，台北：文海出版社1960年版，第2290页。
② 梁廷枏著，邵循正校注：《夷氛闻记》卷1，中华书局1959年版，第10页。

分精辟。

对于放松关禁，只准以货易货，不准以银购食鸦片，可以防止白银外流的设想，朱嶟也明确表示反对。在他看来，允许鸦片入关纳税，"其言不顺，其名不美"，不仅损伤国体，而且事实上也不可能制止白银外流。因为外国人输入鸦片可以换易中国茶、丝，假若茶、丝不足，势必易银而出，谁能禁止！如果能以法令禁止白银外流，理应也能禁止鸦片走私。"更张之不如仍旧之。"所以应当维持禁令，严禁鸦片输入。朱嶟还以事实批驳道："宽内地民人栽种罂粟之禁"，不可能有效抵制外国鸦片输入。"即如云南一属种罂粟者漫山遍野，鸦片之出生总亦必不下数千箱，然而出洋之银不见减于昔日。""今之食者择食求精，又必以洋烟为美也。"① 如此这般，洋烟泛滥依旧，白银外流如故。宽内地罂粟之禁，必然使天下膏腴良田遍植毒卉，破坏农业根本。譬诸病，引肢体之疾而入于心腹，欲求生存，不可得矣。他坚信，只要认真执行禁令，实力搜查，取其贩者按律惩治，决不宽贷，禁烟是可以取得成功的。

许球站在反侵略立场上，反对弛禁鸦片。他说："彼国不食鸦片，而专欲毒害中华；彼国不来洋银，而专收内地银两，其处心积虑，不堪设想。"对于英国军舰在中国沿海的游弋，许球主张防患于未然，要做到使侵略者"不敢有轻视之心，庶无所施其伎俩。""倘竟迁就因循，内地财力必至日行消耗，及至民穷财细，万一有事，何以御之！"要求立即查拿狡猾的外国大鸦片贩子，"告以定例，勒令具限"，使寄泊伶仃洋、金星门之趸船尽行回国。如鸦片趸船不再来华，即行宽释，仍准互市。倘仍设立趸船，潜来勾诱，茶叶丝斤，概停互市，"并将该国坐地夷人正法"。这一主张对林则徐以后在广东的禁烟措施有明显影响。在道义方面，许球认为："明知其为毒物而听其流行，复征其税课。堂堂天朝，失此体统。"鸦片之所以难禁是由于官吏玩忽职守、贪污索贿造成的。因此主张"详内而略外，先治己而后治人"②；"必先严定治罪条例，将贩卖之奸民、说合之奸商、包买之窑口、护送之蟹艇、贿纵之兵役，严密查拿，重法惩治，如是内地而可肃清"。尔后对外可以采取坚决的态度。

---

① 《禁烟运动的思想前驱》附录，见"朱嶟奏折"，《复旦学报》1978年第1期。
② 《禁烟运动的思想前驱》附录，见"许球奏折"，《复旦学报》1978年第1期。

1836年11月12日（十月四日），江南道御史袁应麟上奏，声援朱、许。他从"是非"与"利害"两方面立论批驳弛禁观点。他说："窃以为弛禁之议，戾于是非者三：……鸦片禁例载诸谟训……议者乃欲变易旧章，是违祖制而背谕旨也，其戾于是非者一；朝廷政令最宜划一。今吸食鸦片但禁官弁士兵，不禁小民……半禁半弛，先紊其例……是坏政体而伤治化也。其戾于是非者二；国家经费有常，钱粮、关税、盐课数大端综理得宜，帑藏自裕，若必鸦片抽税，是见小利而伤大体也。其戾于是非者三。"这是以"祖制""政体""义利"三个大是大非来规劝道光帝。接着，从六个方面讨论"利害"问题。"纹银出洋诚为可虑，要视查办认真否耳……不认真，则鸦片之禁弛，纹银出洋之禁亦自弛，并非鸦片弛禁而后查办易……（鸦片弛禁）是撤檐篱而饲虎狼也，其暗于利害者一；……准令内地布种罂粟……膏腴之区且尽化为鸦片之壤，是夺农功而耗本计也，其暗于利害者二；若明弛其禁令，公然行之……其已食者习为故常，其未食者争相仿效，靡靡昏昏，何所底极？是绝民命而伤元气也，其暗于利害者三；粤东兵丁吸食鸦片以致兵力脆弱……今禁兵而不禁民……将现充之兵，既多违禁私吸之患，继充之兵又系开禁久吸之民……借毒物以疲内地，实属猾夷故智。今若竟为所愚，是虚捍卫而启窥伺也，其暗于利害者四；……洋行奸商勾串夷匪……今反令其兴贩……此后更复何所顾虑，是济奸民而通洋匪也，其暗于利害者五；尤有大可虑者，天下之患莫大于一发而不可收……迨至禁已开，害益烈，然后悔弛禁之非……已成一积重难返之势，不禁则横流靡极，再禁则滋蔓难图，是又犯目前而贻后患也，其暗于利害者六。"①这里从利害方面立论，义正词严，透辟入里，令人心服口服。

以上三道奏章立论严谨，理直气壮，是非利害昭然若揭，且依托有"祖制"成法，先声夺人，使犹豫不决的道光帝开始认真考虑禁烟政策。这三道奏章不仅从各方面批驳了弛禁观点，而且提出了一系列的禁烟措施。

1836年9月，道光帝接到朱、许等人的奏折，思想已倾向于维持既往禁令，在接到邓廷桢、祁𡎴、文祥复奏情况下，便下了一道谕旨。"鸦片烟来自外洋，流毒内地，例禁綦严。近日言者不一，或请量为变通，或请

---

① 文庆等辑：《筹办夷务始末》（道光朝）卷1，民国十九年（1930）抄本，第12—17页。

第三章 鸦片战争前夕的禁烟运动

仍严例禁。必须体察情形,通盘筹划,行之久远无弊,方为妥善。著邓廷桢等将折内所奏,如贩卖之奸民、说合之行商、包买之窑口、护送之蟹艇、贿纵之兵丁,严密查拿各情节,悉心妥议,力塞弊源,据实具奏。"① 邓廷桢接到谕令,改变了原来赞成鸦片弛禁的看法,在广东开始对官吏违禁行为进行查处。

1838年6月2日,鸿胪寺卿黄爵滋耳闻目睹国内禁烟忽紧忽松和外国鸦片继续大量输入,为王朝的前程深深忧虑,上奏提出更加严厉的禁烟措施。在《奏为鸦片为患银价上昂等弊日深严塞漏卮以培国本事》中,他首先申述了鸦片大量输入,白银偷漏形势,强调说:"若再三数年间,银价愈贵,奏销如何能办,税课如何能清,设有不测之用,如何能支?"接着他分析了鸦片走私、白银外流无法堵塞的原因:其一,稽查员弁玩忽职守,每岁分润"不下数百万两,利之所在,谁肯认真办理"。何况沿海数千里,随处可以出入,查缉本身也有一定困难。其二,鸦片输入系走私,鸦片趸船停泊大洋,内地吸食者偷偷贩运。闭关绝市,既不能杜绝鸦片输入,也不能制止白银外流。其三,查禁内地鸦片贩运也有很大困难。主要障碍是官吏与鸦片贩子互相勾结,狼狈为奸。其四,开放罂粟之禁,熬制土产鸦片,亦不能抵制外来鸦片。在他看来,只有根绝国内吸食者,严惩瘾君子,才能有效堵塞漏卮。他说:"夫耗银之多由于贩烟之盛,贩烟之盛由于食烟之众。无吸食自无兴贩,无兴贩则外夷之烟自不来矣。今欲加重罪名,必先重治吸食。"② 具体的方案是,勒令吸食者必须在一年内彻底戒绝。过期不戒者,普通百姓处死,官吏则罪加一等,本人处死,其子孙不准参加科举考试。左邻右舍举报者给奖,包庇者治罪,这种严厉禁烟主张虽然用意在于彻底禁烟,但其立法精神过于残酷。这是鸦片输入中国以来,最为严厉的禁烟方案。若就禁止输入与查禁吸食两者比较,黄爵滋的禁烟方案的特点是偏重内禁。

道光帝接到黄爵滋的奏折,欲广收众论,当即批交九卿、各省督抚、将军讨论,要求他们各抒己见,妥议章程,迅速具奏。各地督抚、将军接到谕令,各自发表了个人意见。清廷很快收到了29份遵旨议复的奏折。

---

① 《清宣宗实录》卷287,道光十六年八月庚申。
② 《鸿胪寺卿黄爵滋奏为鸦片为患银价上昂等弊日深请严塞漏卮以培国本事》道光十八年闰四月初十日,中国第一历史档案馆藏录副奏折,档号:03-9499-041。

完全赞成或基本同意黄爵滋用严刑峻法惩治国内吸食者的督抚是湖广总督林则徐、两江总督陶澍、漕运总督周天爵、湖南巡抚钱宝琛、河南巡抚桂良、江苏巡抚陈銮、河东河道总督栗毓美和安徽巡抚色卜星额等8人。林则徐认为，过去的大清律例对于吸食鸦片者处罚太轻。法之轻重应以弊之轻重为衡。鸦片烟毒泛滥到如此严重程度，断然不是一般的刑罚能够制止的，"为害甚巨，法当从严"①。对于吸食者处以死刑，是为了使人戒除恶习，而且限期一年戒绝，给予了足够的戒烟时间。这些措施合于"大圣人'辟以止辟'之义，断不至与苟法同日而语"。陶澍也说，重治吸食是万不得已，是救时之急务。刑法是为了防止人们犯罪，这完全符合古圣先贤"生道杀民""刑期无刑"的本义。② 他们还建议对鸦片贩子、开设鸦片烟馆者、贩卖鸦片烟具者，勒令限期自首缴赃，逾期从重治罪，斩枭示众。对于文武官员有意包庇属下者，亦从重治罪。这些主张表现出了嫉恶如仇，除恶务尽的坚决态度。但把吸食者定以死罪，立法精神未免过于残酷。

　　不赞成"重治吸食"意见的人有：盛京将军宝兴、吉林将军祥康、黑龙江将军哈丰阿、直隶总督琦善、云贵总督伊里布、山东巡抚经额布、山西巡抚申启贤、护理湖北巡抚张岳松、陕西巡抚富呢杨阿、贵州巡抚贺长龄、福建巡抚魏元烺、两广总督邓廷桢、广东巡抚怡良、闽浙总督钟祥、四川总督苏廷玉、江西巡抚裕泰、浙江巡抚乌尔恭额、江南河道总督麟庆、云南巡抚颜伯焘、陕甘总督瑚松额和广西巡抚梁章钜等21人。他们有的主张制止白银外流，严厉打击外国鸦片贩子，驱逐伶仃洋上的鸦片趸船；有的主张首严海口之禁，次加兴贩、开馆之罪；有的主张重点打击海口接引奸商；有的主张严惩受贿包庇的官员。如此等等，无不要求查禁鸦片，但对黄爵滋的重治吸食者的方案不以为然。盛京将军宝兴说，将吸食鸦片者定以充军不为不严，若加重定以死罪，国法失之于平。"盖王道本乎人情，严刑重法定于习染未遍之初，奉行无所窒碍。今则吸烟者几遍天下。此法定后，倘仍视为具文，是徒为胥役添一诈赃之路。如果认真查拿，窃恐不可胜诛。"③ 山东巡抚经额布说："若将食烟之人拟以死罪，而

---

① 《林文忠公政书》（湖广奏稿）卷5，上海商务印书馆1935年版，第15页。
② 齐思和等整理：《筹办夷务始末》（道光朝）卷4，中华书局1964年版，第88页。
③ 齐思和等整理：《筹办夷务始末》（道光朝）卷2，中华书局1964年版，第39页。

兴贩之犯转从轻典，不特轻重倒置，有失情法之平，且恐吸食者众，诛不胜诛，兴贩者转得兴贩如故。"① 直隶总督琦善提出的禁烟方案是严拿囤贩，重法惩办。他认为："立法贵乎平情，而惩恶在于诛首。"② 认为以前对吸食者定以枷号和徒刑比较合适，不赞成以死罪对付吸食者的方案。黑龙江将军哈丰阿认为鸦片禁令不在定罪之轻重，而在于能否认真执行。"地方各官诚能实力严拿，则吸食之习自弭，又安用加以死刑。"③ 贵州巡抚贺长龄说："凡论罪必须衡情，食烟者非有凶暴害人之心，亦无狂妄悖理之事，不过酒色过度之自戕躯命耳！而与杀人同科，毋乃过当。"④ 其他督抚也持类似看法。

　　以上这些讨论都涉及封建国家立法的原则性和法律的稳定性。一般说来，吸食鸦片者有的是为了治病；有的是为了追求享受，生活奢侈；有的是被人诱骗，误入歧途。情况不同，应当分别对待。采用一概诛杀的政策，执法过于严苛。其一，因为吸食鸦片，毕竟不能等同于杀人、放火等危及公众安全的穷凶极恶。其二，吸食鸦片者与贩运、销售相比，危害程度也不同。前者属于受害者，后者则是害人者，一概以死刑相加，不合实际，不近情理。其三，法律过于严峻，惩办人数过多，难于切实执行，势必玩法，禁烟法令再次受挫，这也是可能出现的结局。此外，严厉惩办人数众多的吸食者，容易破坏社会稳定，作为封建统治者不能不考虑社会上出现聚众抗官的局面。因此，反对重治吸食的观点应有一定道理。不能简单归之为"弛禁派"的观点。

　　总之，1839年，清廷内外出现的这场关于鸦片问题的大讨论，是道光帝主动组织的。经过讨论，可以看出在对待鸦片是否应当禁止方面，清廷内外意见一致，都认为必须禁止鸦片，所以在当时并没有出现一个弛禁派。他们争论的焦点是，是否应当重治吸食者？在鸦片烟毒泛滥积重难返情况下，不能片面强调重治吸食的作用，而应当采取综合治理的方案。一方面对于鸦片吸食者加以适当限制和制裁；一方面把那些疯狂的外国鸦片贩子和中国烟贩处以极刑。只有这样双管齐下，才能有效制止毒品泛滥。根除鸦片罪恶，对

---

① 齐思和等整理：《筹办夷务始末》（道光朝）卷2，中华书局1964年版，第40页。
② 齐思和等整理：《筹办夷务始末》（道光朝）卷2，中华书局1964年版，第53页。
③ 齐思和等整理：《筹办夷务始末》（道光朝）卷2，中华书局1964年版，第52页。
④ 齐思和等整理：《筹办夷务始末》（道光朝）卷2，中华书局1964年版，第75页。

于一个已经没落的王朝来说,任务太艰巨。谁如果把根除鸦片这类极为复杂的社会问题,寄希望于一纸严厉的法令,谁在政治上必定是幼稚的。

六　道光帝决策禁烟

在中国历史上,道光皇帝无疑是一个平庸的皇帝。在他的统治时期,国内社会矛盾更加激化,自然灾害、政治变乱程度一年比一年严重,终于在末年酿成了全国性的农民大起义。在国外资本主义列强的商品、毒品和大炮一齐进攻之下,清廷被迫缔结了一系列丧权辱国的条约。尽管如此,我们对道光帝本人不能一概否认,因为他不是一个荒淫无度、乱杀臣民的暴君,也不是一个不想有所建树的皇帝。1820年,他登上皇位时,继承的是一个盛行贪污的腐败政府,对此,他想加以改良,但失败了。鸦片走私所造成的社会危害在他即位之前已日渐严重。出于统治的本能,他早已觉察。现在我们翻阅一下道光朝《清实录》或《大清宣宗圣训》,可以毫不费力地发现,在他一生处理的政务中,没有一个问题的重要性超过鸦片,没有一个问题像鸦片这样从他即位一直缠扰到病死,也没有一个问题比鸦片更为棘手。尽管他对鸦片深恶痛绝,千方百计地试图加以解决,但仍旧失败了。"他的动机是纯洁的,他的诚挚是毫无疑问的,可是他的任务是没有希望的。"①

从1821年到1836年,道光帝曾多次发布制止鸦片流毒的上谕,诸如摘去徇隐夹带鸦片行商伍敦元的顶戴,命令广东及各省督抚查禁鸦片进口与纹银出洋,谕两广总督阮元在广东查拿鸦片烟贩,颁布失察鸦片烟条例,颁布严禁外商以货易银并禁鸦片入口章程,谕内阁通谕严禁内地种、卖鸦片烟,谕山东巡抚纳尔经额妥议严禁种卖鸦片章程,谕两广总督李鸿宾确查外船囤积私销鸦片积弊并酌议杜绝办法,谕内阁通谕各省严禁兵弁吸食鸦片,谕闽浙总督程祖洛等妥善斟酌肃清洋面私贩鸦片之策,谕两广总督卢坤严查私贩鸦片船只不使行销及越驶他省,等等。这些还不是所发禁烟上谕的全部。由此可以看出道光帝对鸦片危害的关注。如果说,初期

---

① [美]马士:《中华帝国对外关系史》第一卷,张汇文等译,上海书店出版社2000年版,第243页。

禁烟的着眼点侧重于道德危害，那么到后来愈来愈重视偷漏白银和弱兵的统治危机。在他三令五申的督促下，广东官员先将鸦片贩子驱赶出广州，接着又把他们成功地驱逐出了黄埔和澳门。但万万没想到转移到伶仃洋上的鸦片走私比以前更加便利，更加猖獗。面对19世纪30年代越禁越多的鸦片输入，为了帝国统治的安全，当许乃济、邓廷桢、祁𡎚、文祥等人提出弛禁观点时，道光帝对鸦片的态度受到了更为严峻的考验，他需要慎重做出抉择，需要全面听取疆臣大吏的意见，表现出了一度的犹豫。然而当朱嶟、许球针对许乃济的奏折提出批驳意见时，特别是袁应麟关于"祖制""政体"和"义利"的提醒，使他初步坚定了禁烟的决心，立即谕令两广总督邓廷桢等认真调查禁烟流弊，以便为正在酝酿的全国性禁烟运动制定有针对性的禁烟章程。这一良苦用心一般人是难以觉察的。1838年6月，黄爵滋关于"重治吸食"的提议引起道光帝的重视，他当即把这一奏折批交九卿、各省督抚、将军讨论，这可以视为他决定发动全国性禁烟运动的必要的舆论准备，目的在于统一整个统治集团的思想。由各主要大臣参加的这场讨论，除了在是否"重治吸食"问题上有一些意见分歧外，在要求查禁鸦片方面取得了一致的看法，决策于是成为关键。

这时，道光帝又陆续接到湖广总督林则徐、直隶总督琦善和湖南巡抚钱宝琛等人的禁烟报告。湖北查获鸦片12000余两，收缴鸦片烟枪1260杆；湖南破获烟案10余起，收缴鸦片烟枪3540杆；在天津附近海面查获外国鸦片贩子82袋鸦片。这些禁烟成绩进一步坚定了道光帝查禁鸦片的信心。为在全国掀起禁烟运动，他又采取了一系列措施：

道光十八年七月十九日（1838年9月7日），发布《著步军统领衙门及各直省督抚严惩贩烟吸烟人犯谕》，要求"有犯必惩，毋稍疏纵"。"至各省官民人等吸食鸦片、开馆设局者亦所必有。著各直省将军、督抚等饬属严密访查，一经报官，立即惩办。其省会地方商旅辐辏，该奸匪等开馆射利，更所难免，尤当加意侦察，驱除净尽，以祛积习。"这是向全国各地行政长官下达的命令。9月15日，谕令广州将军德克金布驱逐英国鸦片船，毋得松懈。

道光十八年九月初八（1838年10月25日），以"庄亲王奕窦、辅国公溥喜身为王公辄赴尼僧庙内吸食鸦片烟，实属藐法无耻"为由，革去二人爵位。10月28日，又以1836年许乃济冒昧奏请弛禁鸦片，"不得政体"

为由，"著降为六品顶戴，即行休致，以示惩儆"。此后，又陆续惩处了一批藏匿鸦片烟具，继续吸食鸦片的官员，并奖叙了一批查禁鸦片出力的人员。这些措施，显然是向各级官员显示道光帝禁烟的决心。

道光十八年九月二十三日（1838年11月9日），召林则徐来京陛见，特赐紫禁城内骑马、乘肩舆。8天内连续召见8次，面授禁烟方略，人称此为"国初以来未有之旷典"①。12月31日，任命林则徐为钦差大臣，节制广东水师，前往鸦片重灾区广东，担负断绝鸦片来源的重任。

道光十八年九月初六（1838年10月23日），谕令首席军机大臣、内阁大学士等根据各省所拟查禁鸦片章程，综合制定全国禁烟章程。

道光十九年五月初五（1839年6月15日），正值全国禁烟运动如火如荼之时，清廷颁布了《钦定严禁鸦片烟条例》。这一条例由于是在军机大臣穆彰阿主持下制定的，通常被视为投降派的产物而予以否定。主要原因是穆彰阿被划归投降派的首领。例如，范文澜先生在他的《中国近代史》中，说这一条例是投降派打击抵抗派的工具。这一观点至今仍有影响。事实上，这一条例是1838年全国重要大臣关于禁烟问题大讨论的产物，是根据道光帝的旨意由亲王、军机大臣、内阁大学士联合会议制定的，是统治集团的一种综合意见。尽管穆彰阿本人在讨论时也不赞成"重治吸食"的意见，但由于道光帝倾向于严禁，这一条例贯彻了一种从严从重的治罪精神。这一点在颁布条例的上谕中讲得相当明白。上谕说："朕详加披阅，尚属周妥，俱著照所议办理。并著纂入则例，永远遵行……朕惟姑息非所以爱民，明刑即所以弼教……因思海贩窑口实为祸首罪魁，倘非一律从严概置重典，不足以防偷漏而塞来源。至吸食之弊一日不断，兴贩之来一日不绝，亦不得稍从宽宥，今定以死罪，立限严惩。朕姑宽既往，自此次明定章程以后，其各激发天良，清除积习，同心协力，仰体朕怀，为民除害，其有不肖属员讳饰不办者，立即据实严参，重治其罪。"②

《查禁鸦片烟条例》共39条，主要内容是：沿海奸徒开设窑口、囤积、转贩鸦片，首犯拟斩枭；为从、同谋及接引护送之犯，并知情受雇船户拟绞监候；沿海员弁兵丁收受窑口财物，放纵烟贩，拟绞立决；沿海奸

---

① 戴莲芬：《鹂砭轩质言》卷4，上海进步书局民国时期石印本，第4页。
② 齐思和等整理：《筹办夷务始末》（道光朝）卷7，中华书局1964年版，第182页。

徒贪利寄囤夷船鸦片，照开设窑口从犯治罪；寻常贩卖鸦片案内，知情受寄之犯减首犯一等治罪；开设鸦片烟馆，引诱良家子弟吸食者，首犯拟绞立决，为从及知情租给房屋之犯，拟绞监候，房屋一律入官；兵役受贿包庇与本犯同罪；凡私种罂粟，收浆制取鸦片，熬制鸦片烟膏出售者，首犯、从犯，均拟绞监候；兵役受贿包庇一体科罪；邻右、地保、牌长知情不首告，各杖一百；制造及贩卖鸦片烟具者，均照制造、贩卖赌具例，分别首从治罪；吸食鸦片者均限一年半以内戒除烟瘾，逾期未戒，无论官民，概拟绞监候；平民吸食鸦片在一年半限内者，拟杖责和流徙。如系旗人，除名旗档。职官在限内吸鸦片，发往新疆充苦差。兵丁在限内吸鸦片，发往近边充军。幕友、差役在限内吸鸦片较平民罪加一等。宗室有吸鸦片者，发往盛京严加管束，如系职官或有爵位，革职革爵，发往盛京永不叙用。如犯在一年半限后，照新定章程加重拟绞监候。

从以上这些措施看，道光帝禁烟决心已定，禁烟的方针、政策也已确定。其基本精神是，以加重惩罚为手段，通过杜绝来源和严惩兴贩、生产、吸食，彻底查禁鸦片。外国鸦片贩子和窑口为罪魁祸首，是首要打击目标，故以广东为重点，特派林则徐全权主持，遏断鸦片来源；同时根据从严从重原则，重治吸食者、贩运者和开设鸦片烟馆者以及贪赃枉法的官员。这主要由各省督抚负责查办。分工负责，责任明确。

七 禁烟运动掀起高潮

现在，要确切地说出19世纪30年代国内禁烟运动兴起和结束的时日都有一些困难。因为在整个19世纪30年代，鸦片问题一直是清廷特别关注的国家大事。但由于抓得时紧时松，不好以某项方针、政策或法令的确定、颁布作为运动兴起的标志。若以禁烟运动出现高潮时间划分也有一些困难，因为各省禁烟行动很不一致。例如，邓廷桢奉旨于1836年在广东积极查禁鸦片时，其他各地尚无任何大的禁烟举动。而广东的禁烟在1837年出现高潮之后，其间一度放松，到再度掀起高潮，一直持续到鸦片战争以后还在进行。除了广东之外，湖南、湖北的禁烟运动也开展得较早，大致从1838年6月接到道光帝批发的黄爵滋奏折开始，一边拟订本省禁烟章程，一边展开查禁活动。其他各省基本上是从接到9月7日（七月十九日）颁发的《著步军统领衙门及各直省督抚严惩烟贩吸烟人犯》上谕才开始行动。至于禁烟结束的时间，过去的教科书通常以林则徐被迫离开广东为准。实则不然。因为直到1842年各省还在向清廷纷纷奏报禁烟情况。这说明直到第一次鸦片战争结束以后，禁烟运动仍在一些省区进行。考虑到这次禁烟运动的复杂性，本书只好暂定以道光帝决定严厉实施禁烟措施，向各地发布《著步军统领衙门及各直省督抚严惩贩烟吸烟人犯》上谕的时间为运动兴起之日，即道光十八年七月十九日（1838年9月7日）。

在叙述全国禁烟运动进行的情况之前，有必要先交代一下邓廷桢在广东的禁烟活动。1836年11月，按照许球奏折中的点名。"住义（怡）和者，一名喳吨，即混名铁头老鼠，一名拜尔吐；住保顺行者，一名嗽（颠）地，一名化林治，一名吗晋治；住丰太行者，一名打打罢；住广源行者，名葛唔；住孖鹰行者，名乞收（文）；住吕宋行者，名啤拿。"①

两广总督邓廷桢下令驱逐了9名英美大鸦片贩子。次年春天，又咨会水师提督关天培，"率令汛弁舟师，无分雨夜，加紧巡查禁阻"②，一遇走私匪艇，奋勇兜擒。道光十七年五月（1837年6月），宣布取缔珠江内航行的一切走私渡船。8月，命令停泊在伶仃洋上的趸船一律驶离。与此同时，广东按察使王青莲也奉令积极查封了广州城内的烟馆、烟店，大批逮捕内地的鸦片贩子。这次查禁鸦片开始的时候，外国鸦片贩子并不惊慌，按照他们的经验，以往的查禁总是紧张一阵子，虎头蛇尾，很快就会过去。所以，大鸦片贩子查顿相信，"风暴不久就会刮过去"③。1837年年底，广东禁烟运动初见成效，伶仃洋上鸦片趸船的交货，由于缺乏需要，寥寥无几。广州市场上的鸦片供应几乎陷于停顿。大鸦片贩子马地臣说："在过去十二个月，我们的药物（鸦片）市场起了一次彻底的革命，现在看不见走私船的活动了……此地卖出的有限数量完全靠欧洲船只在沿海脱手的。"几个月后，查禁活动放松了，走私贸易变本加厉，英美大鸦片贩子的单桅、双桅帆快船都加入了走私行列。1838年5月，马地臣兴高采烈

---

① 李华兴、田汝康：《〈禁烟运动的思想前驱〉附录——评新发现的朱嶟、许球奏折》，《复旦学报》1978年第1期。
② 文庆等辑：《筹办夷务始末》（道光朝）卷1，民国十九年（1930）抄本，第12—17页。
③ ［英］格林堡：《鸦片战争前中英通商史》，康成译，商务印书馆1961年版，第181页。

地写道，鸦片季节已经轰轰烈烈开始，"至于札谕之类的装模作样的禁令只不过被当作是一大堆废纸"。但是，到了9月，查拿鸦片烟贩的活动又加紧起来，大约有2000名内地鸦片烟贩和瘾君子被逮捕。1838年年底，查顿又写道："看不见一支烟枪，一个鸦片零售商了……没有一个人打听鸦片，查禁一天比一天普遍。"① 以上这些情况说明在林则徐到达之前，邓廷桢领导的广东禁烟已经收到了一定成效。

1838年9月的上谕到达各地后，除了已经开展禁烟的湖南、湖北、广东等省外，其他各地也积极行动起来，在全国范围内掀起了一个清查吸食、收缴烟具、鸦片、缉拿烟贩、铲拔罂粟的热潮。这次禁烟，各地比较认真。据各省奏报：道光十八年八月二十七日（1838年10月15日），山东巡抚经额布报拿获商船夹带鸦片7箱，重13444两；十二月初三（1839年1月17日），两江总督陶澍满报拿获鸦片烟贩多名，收缴鸦片57000余两；十二月二十九（1839年2月12日），广西巡抚梁章钜报查获鸦片128400两，烟枪6340杆，烟具750余套，捕获鸦片烟贩120名；道光十九年正月初十日（1839年2月23日），浙江巡抚乌尔恭额报拿获鸦片烟贩150名，收缴鸦片9140两，铲除罂粟230余亩，查获烟枪3237杆、鸦片烟具183件；三月二十四（5月7日），四川总督宝兴报查获鸦片32630两，收缴烟具3340件，破获烟案33起；三月二十五日（5月8日），闽浙总督钟祥报查拿鸦片烟贩324名，收缴烟土烟膏125400两；烟毒重灾区的广东查禁烟馆、吸食和贩运的成绩也很显著，自道光十八年七月（1838年9月）开始严禁到次年三月底，共查获贩卖鸦片人犯1600名，收缴鸦片461526两，收缴烟枪42741杆，烟锅212口。② 护云贵总督颜伯焘奏报，到道光二十年三月（1840年4月）止，"通共省内外共获烟土膏二十二万二千八百余两，枪具四千四百余件，刀械等器二百四十件"③。就连遥处西北边境的新疆，1839年也收缴自克什米尔走私入口的鸦片10700两，破获烟案30余起。④

---

① *Private letter book of amas Matheson* 9.1.1838.
② 文庆等编：《筹办夷务始末》（道光朝）卷7，民国十九年（1930）抄本，第16页。
③ 《护云贵总督颜伯焘呈滇省各属自道光十九年五月至本年三月缉获鸦片等项数目清单》道光二十年四月十九日，中国第一历史档案馆藏录副奏折，档号：03-4014-026。
④ 《清宣宗实录》卷329，道光十九年十二月乙酉，《清实录》第38册，第1183页。

从上述记载看，这次全国性的查禁鸦片运动自南到北，从东到西，各地都积极行动起来了。有人对广东之外各省查禁成绩做了一下粗略统计，自1838年下半年开始，到1839年4月为止，全国共收缴鸦片烟588179两，烟枪、烟具39468件，拿获鸦片烟贩4111名，铲拔罂粟230余亩。① 这一统计是很不完全的，例如查铲罂粟只有浙江方面的统计，而云南这时已成为种植罂粟较多的地区，却没有铲拔罂粟的统计。另外，有些省区的奏报根本没有统计进去，漏项很多。即使如此，根据以上这个很不完全的统计数字，加上广东方面的汇报，也足以说明各省禁烟普遍取得了很大成效。

这次禁烟运动之所以能够取得较为显著的成效，主要是它得到了人民群众（包括受害的吸毒者）的拥护。例如，道光十九年正月初九日（1839年2月22日），邓廷桢奏报广东禁烟情形说，自去年夏秋以来，"医人断瘾之药廛肆通行，民间劝善之文城乡遍贴"②。许多人将鸦片烟膏、烟具自动抛入河中。由此可见人民自愿戒断毒瘾、痛改恶习的实际情况。禁烟成效显著的另一重要原因是道光皇帝曾一度比较重视和严密督饬。例如，道光十八年十月（1838年11月），道光帝严厉申斥两广总督邓廷桢说："历任大小文武相率姑容，致有今日之患。此时若再因循，其害尚复忍言乎？朕姑既往不咎，看汝等能否具有天良，所办若何耳！"③ 同月，闽浙总督奏报拿获出洋贩运的鸦片贩子，道光帝批曰："早应如此严办，姑从宽既往勿论，此后务当督饬文武，劝惩兼施。无论兴贩、吸食，官兵百姓，一概认真查办，断不准仍前松懈，海口尤当加意查缉，务要认真禁止。即其勉力佐朕，除中国一大患也！"④ 次年三月诏令指出："自查禁以来，各省纷纷具奏，民间呈交烟土烟具，投首者甚多。行之既久，恐滋流弊，不可不防其渐……朕闻烟膏烟具多有假造，地方官竟有邀功，贪多务得，或心存避咎，苟且塞责，托收缴之名，以售其矇混之术，其弊不可胜言……嗣后各省拿获吸烟人犯，不准以呈缴烟膏烟具入奏。其从前投首不实之犯，仍着各督抚等严饬该地方官，随时查察。如有再犯，即加重治罪，以杜矇混

---

① 郦永庆：《有关禁烟运动的几点新认识》，载《历史档案》1986年第3期。
② 齐思和整理：《筹办夷务始末》（道光朝）卷5，中华书局1964年版，第136页。
③ 《大清宣宗圣训》卷10，"道光十八年十月辛未谕"，载《大清十朝圣训》，燕山出版社1998年版，第6886页。
④ 《大清宣宗圣训》卷10，"道光十八年十月丁酉谕"，载《大清十朝圣训》，燕山出版社1998年版，第6887页。

而归核实。"四月，道光帝又以官府幕友类多沾染烟癖，令各省督抚及在京衙门，严饬所属认真查办，倘不破除情面，依律严惩，如经发觉，该管官将受严惩。上谕特别强调，要想禁止民间吸食鸦片，必须先从官署开始。官府必须为民间做出榜样。同月，又令各省在查破烟案时，务必追查鸦片的来历和兴贩团伙。① 五月，颁布《钦定严禁鸦片烟条例》，督责各级官吏认真查拿鸦片烟贩。道光帝既然重视，各级地方官员自然不敢懈怠。

《钦定严禁鸦片烟条例》的颁布，为禁烟运动提供了法律依据，对禁烟运动的深入开展起了推动作用。条例颁布后，"各省查办日严，纷纷戒食者已十有五六"②。"粤中办理已节节从严，访缉贩户，不遗余力。货舟往天津，官为查验封舱，抵津复由官验启。沿海诸营以兵递送。驻舟师中路伶仃，东路惠潮洋面，按月轮截。民泊夷船售私者，见即捕执，格杀勿论"③。

到道光十九年十一月（1839 年 12 月）底为止，湖广总督周天爵、湖北巡抚伍长华奏报说，共获烟案 139 起，捉拿人犯 424 名，"已经审拟、题咨完结者六十四起，现在审办者七十五起"④。直隶总督琦善奏报，陆续查获鸦片烟土、烟膏 17 万两，烟具 2700 余件。⑤ 安徽巡抚程楙采奏报说，查获贩卖烟土人犯 720 余名，起货烟土烟膏 2.3 万余两。⑥ 四川总督宝兴奏报，查获烟土烟膏 1.19 万两，烟具 549 件。⑦ 另外一份报告说："本年五月奉到新例，复蒙出示晓谕，刊本通行。激发天良，认真拿办，不许稍形松懈，业经各属县营拿获烟贩盈十累百，无案不破，有犯必擒……惟源

---

① 《大清宣宗圣训》卷 10，"道光十九年四月壬辰谕"，载《大清十朝圣训》，燕山出版社 1998 年版，第 6892 页。

② （清）魏源：《道光洋艘征抚记》，载中华书局编辑部编《魏源集》上册，中华书局 1976 年版，第 173 页。

③ （清）梁廷枏著，邵循正校注：《夷氛闻记》卷 1，中华书局 1959 年版，第 16 页。

④ 周天爵、伍长华：《奏报湖北各属拿获兴贩吸食烟种植罂粟唐升等各犯名数并完结及在审案件数目事》道光十九年十二月二十四日，中国第一历史档案馆藏朱批奏折，档号：40-01-08-0178-011。

⑤ 琦善：《奏为直隶续获烟土等项验明销毁事》道光十九年十二月初二日，中国第一历史档案馆藏录副奏折，档号：03-4012-037。

⑥ 程楙采：《奏报安徽续获烟犯办理查禁情形并特参和州直隶州知州善贵等查拿不力事》道光十九年十二月初四日，中国第一历史档案馆藏录副奏折，档号：03-4012-045。

⑦ 宝兴：《奏报川省获办鸦片烟犯数目等情事》道光十九年十二月二十日，中国第一历史档案馆藏录副奏折，档号：03-4013-003。

源破获，人数既众，而罪应遣军流者尤多，省会固已随审随解，而省内各厅州县先后审拟，由府州次第押解司道勘转，长途跋涉，既增经费之烦，沿途及省城案寄各监，亦有拥挤之患。"① 从这些资料来看，禁烟条例在一些地方得到了比较认真的执行。

不过，这次全国性的大规模查禁鸦片活动，正像道光十八年（1838）展开的关于鸦片大讨论时有人预料的那样，对于民间造成了很大骚扰。例如，广东省中兵役，"栽赃肆害，且夕诈索，络绎于道，皆雇贱役，巨贩率贿纵，获者寥寥，外县武弁，尤借以居奇，草木皆兵，几无宁宇"。"民俗骚扰，熬验于官日以百计，庾死者众，诬首之风四起。"② 查办的大多是平民吸毒者，或小鸦片贩子，而真正的大鸦片贩子"率以贿纵，获者寥寥"。反对鸦片走私，不对走私庇护的官员进行严厉查处，不论暂时取得的成效有多大，最终是要失败的。这是封建专制国家统治下难以避免的政治丑恶现象。此外，还有种种弊端，诸如"首告者反坐，犯法者漏网，以实作虚，化有为无"，以及官卑采弁挟嫌报复，"任意吹求，甚至栽赃诬控，百弊丛生"③，不可胪述。至于以死刑重治吸食者，由于禁烟条例规定在一年半以后执行，没有开始实施便爆发了鸦片战争，很快中国战败，缔结城下之盟，禁烟运动事实上陷于停顿，"重治吸食"条例，已经无法执行。假如实行的话，会提高禁烟成效。但同时也会造成某些副作用，甚至危及社会安全和百姓生存。

另外，需要特别指出的是，这次禁烟运动最大的失误是，没有对贪腐官员下手，清廷官员几乎没有受到任何冲击，必然使禁毒成效十分有限。鸦片战争后，毒品走私公开进行，禁烟成果很快被破坏无遗，也种因于此。大量事实说明，道光以前的毒品泛滥，是由清廷官员受贿包庇、放纵造成的。禁毒，不打击国家机关中的腐败势力，终究是无望的。作为最高统治者，担心动摇自己的统治基础，不敢下决心清除其腐败势力，这种想法是愚蠢的。他们不懂得，国家的长治久安，特别需要不断清除国家机关中的腐败分子。

---

① 中国史学会主编：《鸦片战争》第四册，上海人民出版社1957年版，第297页。
② 梁廷枏著，邵循正校注：《夷氛闻记》卷1，中华书局1959年版，第16页。
③ 刘锦藻撰：《清朝续文献通考》卷53，上海：商务印书馆1930年版，第8082页。

第三章　鸦片战争前夕的禁烟运动

道光时期，林则徐是清统治集团中少数几位精明强干、办事雷厉风行并讲求效力的官员之一，很受皇帝的赏识。因此，他的仕途特别顺利，升迁很快，历任学政、监察御史、道员、盐运使、按察使、布政使、河道总督、巡抚，道光十七年（1837）被擢为湖广总督。他受今文经学的影响，与龚自珍、魏源过从甚密。他比较关心民间疾苦，对于国家的政治前途有着强烈的责任感。道光十八年（1838），接到道光帝批交的黄爵滋的奏折，林则徐表示完全同意和支持。在他看来，鸦片流毒已很严重，"断非常法之所能防，力挽颓波，非严莫济。窃谓治狱者，固宜准情罪以持其平，而体国者尤宜审时势而权所重。今鸦片之贻害于内地，如病人经络之间，久为外邪缠扰，常药既不足以胜病，则攻破之峻剂，也有时不能不用也。夫鸦片非难于革瘾，而难于革心。况行法在一年以后，而议法在一年之前，转移之机，正系诸此。《书》所谓'旧染污俗，咸与维新'，《传》所谓'火烈民畏，故鲜死焉者'似皆有合于大圣人'辟以止辟'之义，断不致与苛法同日而语也"①。重治吸食者的目的在于救治大多数瘾君子。死刑，对于吸毒者来说，惩罚固然有些严酷。但考虑到国家的根本利益高于一切，使用严禁刑罚也是可以的。在此以前，很少有人讨论吸毒心理学，也很少注意戒除鸦片烟毒的方法。林则徐注意到，"夫鸦片非难于革心；欲革玩法之心，安得不立怵心之法"。

道光帝禁烟的决心已定，正在部署全国的查禁鸦片活动，物色前往广东的钦差大臣执行遏断鸦片来源的首要任务。林则徐赞成严禁方案，且办事雷厉风行，讲求实效，在他的辖区开展的禁烟运动已有明显成效，因而成为最合适的人选。道光十八年九月二十三日（1838年11月9日），道光帝召林则徐入京陛见。12月，他风尘仆仆赶到京城，连续被召见，君臣一道商定查禁外国鸦片的策略。12月31日，林则徐被任命为专门查禁外来鸦片的钦差大臣。谕令内阁说："湖广总督兼兵部尚书衔林则徐，著颁给钦差大臣关防，驰驿前往广东，查办海口事件，所有该省水师，兼归节制。"②

道光十八年十一月十八日（1839年1月3日），在给军机大臣的上谕

---

① 文庆等辑：《筹办夷务始末》（道光朝）卷2，民国十九年（1930）抄本，第21页。
② 齐思和等整理：《筹办夷务始末》（道光朝）卷5，中华书局1964年版，第132页。

中，道光帝把林则徐与两广总督邓廷桢的分工、合作予以明确规定："朕因近年来鸦片烟传染日深，纹银出洋，销耗弥甚，曾经降旨，令该督抚等认真查办。但锢蔽日久，恐一时未能尽行破除，若不清查来源，则此患伊于胡底？昨经降旨特派湖广总督林则徐赴粤省，查办海口事件，并颁给钦差大臣关防，令该省水师兼归节制。林则徐到粤后，自必遵旨竭力查办，以清弊源。惟该省窑口、快蟹以及开设烟馆、贩卖吸食种种弊窦，必应随地随时，净绝根株，著邓廷桢、怡良振刷精神，仍照旧分别查拿，毋稍松懈，断不可存观望之见，尤不可有推诿之心。再，邓廷桢统辖两省，地方事务殷繁，若专责以查办鸦片以及纹银出洋，恐顾此失彼，转不能专一心力。尽绝弊端。现派林则徐专办此事，该督自当益矢勤奋，尽泯畛域。应分办者，各尽己责；应商办者，会同奏闻。"① 这道训令将堵塞鸦片之源与截断鸦片之流做了明确分工。邓廷桢、怡良继续负责清查两广地区的窑口和珠江上的走私船、鸦片烟馆和吸毒者。林则徐担负的是清除弊源任务。这里的弊源，显然是指来自海口以外的外国鸦片走私。特别规定："应分办者，各尽己责；应商办者，会同奏闻。"以往的一些史书对此似乎没有分清，以至于有人将禁烟运动说成是林则徐领导的，并把"断绝来源为首务"的禁烟方针看成是林则徐到达广州后的新认识。② 实际上道光帝交给林则徐的任务就是断绝鸦片来源。关于林则徐主要负责断绝来源的任务问题，还有林则徐的亲笔书简可以佐证。"侍戊冬在京被命，原知此役乃蹈汤火，而固辞不获，只得贸然而来，早已置福祸、荣辱于度外，惟时圣意亟除鸩毒，务令力杜来源。所谓来源者，固莫甚于英吉利也。"③

道光十九年二月二十七日（1839年3月10日），林则徐抵达广州，住进越华书院。这时，广东的禁烟活动已经在邓廷桢领导下搞得颇有声势。钦差大臣的到达使禁烟运动出现了新的高潮。林则徐一到广州，便开始调查外国鸦片贩子的活动，收集国外的情报资料，准备同各国的鸦片贩子进行针锋相对的斗争。同时，他与邓廷桢密切配合，加紧搜查鸦片贩子，要求检举受贿纵放毒品走私的官吏。例如，利用省城粤秀、越华、羊城三书

---

① 齐思和等整理：《筹办夷务始末》（道光朝）卷5，中华书局1964年版，第133页。
② 《试论林则徐反侵略思想》，《厦门大学学报》1980年第2期。
③ 《林则徐书简》，福建人民出版社1981年版，第156页。

院数百学生毕业考试之机，林则徐要求主考在试卷中夹入要求揭发"大窑口所在及开设者姓名"的纸条，令考生当场检举揭发。"于是，诸生各以所闻，详书于纸。则尽悉屯户姓名及水师贿报获献功欺矇大吏状。"① 根据大量揭发的材料，林则徐、邓廷桢撤销了水师总兵韩肇庆的职务。到5月12日为止，捕获的鸦片贩子有1600名，收缴鸦片烟枪2700支，鸦片461500两。自5月13日至6月28日，又查获鸦片烟贩192名，鸦片187100两，烟枪27500支。②

与此同时，为杜绝弊源，林则徐按照既定方针，把矛头指向外国鸦片贩子及其包庇这项贸易的英国政府在广州的代理人。林则徐到达广州的第8天，就传谕外国鸦片商呈交运入中国海口的鸦片。要求外国商人在三日内报告存贮广州及其附近的鸦片数字，全部无条件呈交中国政府，并出具甘结，声明以后来船永不夹带鸦片。"如有带来，一经查出，货尽没官，人即正法，情甘服罪。"还郑重声明，"若鸦片一日未绝，本大臣一日不回，誓与此事相始终，断无中止之理"③。

英国鸦片贩子不愿交出鸦片，他们操纵广州外国商会，仅向林则徐递交了一纸复文，轻描淡写地表示不再和鸦片贸易发生关系。④ 但林则徐坚持收缴鸦片。商会又经过讨论，表示愿意交出1037箱鸦片，想以此搪塞这位新来的钦差大臣。此时，英国驻华商务监督义律正借故避居澳门，观望事态发展。英国头号鸦片贩子查顿早在林则徐尚未到达广州前，就逃避通缉，溜回了本国。另一个英国大鸦片贩子颠地继续留在广州，操纵鸦片商，试图破坏中国的禁烟运动。三日限期过后，林则徐命令广州知府拿究颠地，"听候审办"⑤。3月24日，义律公开出面采取敌对行动，调动军舰游弋于珠江口，进行战争恫吓。他亲自乘快艇到达广州，准备帮助被困在商馆里的颠地逃走。当时他认为，只要使用"确信坚决的语调和态度将会抑制广东省当局轻举妄动的气焰"⑥。手持利剑的义律一到商馆，便向英国

---

① 梁廷枏著，邵循正校注：《夷氛闻记》卷1，中华书局1959年版，第25页。
② 《林则徐集》奏稿中，中华书局1980年版，第654页。
③ 《林则徐集》公牍，中华书局1963年版，第58—60页。
④ 中国史学会主编：《鸦片战争》第五册，上海人民出版社1957年版，第25—26页。
⑤ 中国史学会主编：《鸦片战争》第二册，上海人民出版社1957年版，第247页。
⑥ [美]马士：《中华帝国对外关系史》第一卷，张汇文译，上海书店出版社2000年版，第249页。

在商馆的鸦片商们宣称:"我要和你们在一起,直到我最后一息。感谢上帝,我们有一艘英国军舰在外边,并且由一英国军官指挥。"①但他没料到,同一天林则徐按照"抗命封舱"的惯例,下令停止中英贸易,派人包围了洋人寄居的商馆,撤退了在洋馆中的中国雇员,隔绝了鸦片趸船与洋馆的联系。当晚9时左右,商馆里已没有一个中国人,只有约200—300名外商(其中大部分参与鸦片走私贸易)。广州,或者至少说是邻近外商馆驿的地区实行了戒严。外商们被迫去做不习惯做的烹调、洗涤、扫地、挑水、挤牛奶等一些日常家务。

　　3月26日,林则徐又向外商发布通告,从天理、国法、人情、事势等四个方面论述必须立即呈缴鸦片的理由,严正指出,外国鸦片贩子数十年来非法向中国走私,"以害人之鸦片骗人钱银,前后所得不知几万万矣!尔则图私而专利,人则破产以戕生"。"从前鸦片虽禁,尚不加以严刑,则是天朝宽大之政。至于尔等私下贩卖,亦不十分罪究。今则大皇帝深恶而痛绝,嗣后民人不特卖鸦片者要死,而吸食者也要死,都是尔等害之。岂内地民人该死,而尔等独不该死乎!今仰大皇帝柔远之心,姑饶尔等之死。只要尔等缴清烟土,出具以后不夹带甘结。如有再带入口,人即正法,货尽没官";"尔等来广东通商利市三倍……即断了鸦片一物,而别项买卖正多,则其三倍之利自在,尔等仍可致富"。②同一天,针对义律的阻挠行为斥责说:"义律进省(城),即愿引带颠地脱逃,以阻呈缴烟土之议,若非防范严密,几致兔脱狼奔,是义律如此行为直同鬼喊,尚能胜任领事之任乎?且一日之间……混递两禀,于查禁鸦片谕令呈缴之事一字不提,壹似无故留难者……此时抗违阻挠之人,转不在颠地,而在义律。"③

　　义律被包围在商馆中,与外界断绝了通信联系,这才发现他自己是自投罗网,使用"坚决的语调和态度"者不是自己,而是林则徐。但他仍不甘失败,于25日以英吉利国领事义律敬禀钦差大臣的名义,要求林则徐在三天内把护照发给英人和英船。这个申请,理所当然地被拒绝。26日,义律收到林则徐要求他不得拖延呈缴鸦片的第二道命令,接着又接到第三道命令,仍然是严正警告他不得拖延。林则徐的"全部方针是

---

①　中国史学会主编:《鸦片战争》第五册,上海人民出版社1957年版,第29—30页。
②　《林则徐集》公牍,中华书局1963年版,第64—65页。
③　中国史学会主编:《鸦片战争》第二册,上海人民出版社1957年版,第247—248页。

像水晶一样明晰"①。除了迅速交出鸦片之外，义律已无任何可施的伎俩。他只好通知林则徐说，愿将英商手中的鸦片全部缴清。28日，在林则徐的督促下，义律被迫答应交出鸦片，"现经远职查明所呈共有二万零二百八十三箱，恭候明示查收"②。

4月11日，林则徐与邓廷桢出广州，赴虎门开始验收鸦片，当天没有进行。第二天开始收缴，各国鸦片贩子的22艘鸦片趸船，先后驶抵龙穴洋，听候查验、收缴，沙角炮台成为收缴鸦片的临时指挥所。从11日到14日连续4天的收缴，使林则徐感到龙穴洋风浪太大，剥运工作时断时续，遂命令鸦片趸船移动至沙角炮台。直到5月18日才一律收清。林则徐向道光帝报告说："截至四月初六（5月18日）收清，合计前后所收夷人鸦片共一万九千一百八十七箱，又二千一百一十九袋。核之义律原禀应缴二万二百八十三箱之数，更溢收一千袋有零……臣等于亲督收缴之际，节经饬令委员，每起尽一船，即将各层舱底逐一查验，不任稍有留遗。此次收缴全清。"③ 同日，林则徐在日记中这样写道："午刻拜发两折一片，由驿飞递，统计前后所收烟土，截至本日止，共一万九千一百八十七箱，又二千一百十九袋。"④ 关于林则徐收缴外国鸦片的箱数，诸书记载不一，或是概略数字，或取诸传说，或以义律愿意呈交的20283箱为依据。实际收缴的数字与呈报数字有一定差距。应以当事人林则徐向道光帝奏报的数字为准。

收缴鸦片时，义律就准备寻找事端，挑起对华侵略战争。他抓住具结问题，蓄意制造中英政府之间的紧张气氛。林则徐禁止鸦片走私步骤的第一步是勒令缴烟，已经做到了。第二步是通知所有外商出具甘结，声明："来船永远不敢夹带鸦片。如有带来，一经查出，货尽没官，人即正法。"这本是杜绝鸦片来源的必要措施。外国商人在中国经商理应遵守中国法令。而要求签写不走私毒品甘结正是要维护合法贸易。作为一个深受鸦片

---

① ［美］马士：《中华帝国对外关系史》第一卷，张汇文译，上海书店出版社2000年版，第253页。
② 《林则徐集》公牍，中华书局1963年版，第66页。
③ 《林则徐集》奏稿中，中华书局1980年版，第638页。
④ "查各趸船所贮烟土，在正舱者皆系番木板箱，并用牛皮封裹，极为坚固。其在边舱者，间用口袋盛装，包扎亦甚严紧。查因板箱多占地位，匀摆不开，故有改装口袋者，衡以斤两，亦无二致。"（《林文忠公政书》乙集卷二，台北：文海出版社1966年版，第687页）

毒害的国家，中国有一切理由、一切必要这样做。

4月4日，缴烟问题基本解决，林则徐拟好甘结式样，送交各国商人。4月6日，又向义律发出《催取不带鸦片甘结谕帖》，要求："凡在夷馆之人，均须签名画押，毋许一名遗漏，统由该领事具禀呈缴本大臣察核。"①由于在具结问题上，各国商人意见不一致，4月8日，外国商会解散。此后，美国、荷兰商会总管表示愿意出具甘结。义律拒绝英国商人出具甘结。当时，林则徐的主要精力放在如何收缴鸦片问题上，以为具结比缴烟更容易做到，所以没有严厉督促。5月2日，除继续扣留16名大鸦片贩子作为人质〔这16名鸦片贩子是：颠地（L. Dent）、打打披（Dadebhoy）、化林治（Framjee）、轩拿厘（Henry）、央顿（Ogden）、央马地臣（A. Matheson）、三马地臣（D. Matheson）、噎之皮、单那厘（T. Daniell）、士丹弗（Stanford）、马文治（Merwanjee）、记连（J. C. Green）、加士（Keasze）、孖地信（J. Matheson）、英吉利士（R. inglis）、依庇厘（Ilberry）〕，以保证此后缴烟的顺利进行之外，允许其他人离开商馆。同时取消封港，允许贸易。5月18日，收缴鸦片完毕，林则徐在16名大鸦片贩子具结后，下令将其驱逐出境。

5月24日，义律声称有病，到澳门就医，率领英国在广州的商人离开广州。6月，林则徐派遣佛山同知刘开域赴澳门，颁赏缴烟外船茶叶（共1640箱，每箱50斤），并催促其他商人赶快具结。义律"负气缴还所赏茶叶，坚不具结"②。义律的抗拒，反而加强了林则徐坚持具结的决心，"若竟任抗结，则夷人夹带之念，断不能一日忘……彼愈不肯轻易具结，即愈知具结之可靠，亦愈不能不向其饬取"③。"誓为天朝断此祸根，万不肯使夷船鸦片再留萌蘖。"林则徐坚持要求按照所颁款式具结，是因为他深信那些愿意进行合法贸易的外国商人是乐意具结的。

事实也是如此。到1839年6月底，已有11艘美国船只在广州装卸货物。8月25日，又宣布了贸易的新规定，要求合法贸易商船驶进黄埔进行贸易，不得在伶仃洋面停留。凡不愿意贸易的外国货船，应立即驶离。9月，在内河里航行的外国商船有美国的，有丹麦的，有德国的，也有西

---

① 中国史学会主编：《鸦片战争》第二册，上海人民出版社1957年版，第263页。
② 梁廷枏著，邵循正校注：《夷氛闻记》，中华书局1959年版，第27页。
③ 《林则徐集》奏稿中，卷6，中华书局1980年版，第689页。

班牙的。他们不仅忙于自己装卸进出口货物，而且由于义律封锁英国货船进出口，还代替英国商人购买中国货物。"在美国的国旗下，交易活跃进行，为英国的朋友们大开方便之门，使他们饱获利润。各种茶叶是这些内运货物换回的物品，带出来之后再转运英国"①，或转交英国商人。这种交易，使一批英国商人按捺不住发财的欲望，他们认为义律反对具结，阻止中英贸易是没有道理的，"禁止英商贸易是越权行为"。有的英国商人开始按照中国的规定具结入口。例如，英国商船"担麻士葛号"（Thomas Goutts）与"皇家萨克逊号"（Royal Sayon）都在10月具结，准备进口。

义律闻此，恼羞成怒，宣称他必须等候本国政府的训令，然后才能同意具结贸易，不惜以武力阻止英国商船驶进黄埔，开展贸易。1839年11月3日，已经具结的"皇家萨克逊号"驶向穿鼻洋面，中国水师准备启动迎护，义律下令从印度早已调来的英国军舰"士密号"及"华伦号"向在穿鼻洋面保护商船进口的中国水师船发动了攻击，挑起了海战。这次事件成为鸦片战争爆发的信号。1839年12月13日，道光帝接到穿鼻之战的报告，立即谕令停止一切英商贸易。道光十九年十一月二十九日（1840年1月3日），林则徐接到谕令，于1月5日札令禁止一切英国船只入口。

在此之前，林则徐收缴的外国鸦片都临时贮存在虎门镇口。外国鸦片一收缴完毕，林则徐与邓廷桢就联名上奏清廷，建议委派官员将全部鸦片送到京师检验、销毁。道光帝考虑到路途遥远，地方治安不靖，担心强盗在路上打劫，也担心不法官吏偷漏抽换，遂于1839年5月9日谕令林则徐就地"督率文武员弁，公同查核，目击烧毁，俾沿海居民及在粤夷人共见共闻，咸知震慑"②。

1839年5月30日清晨，林则徐接到就地公开焚毁的上谕，紧急布置焚毁鸦片场地。经过几天准备，于6月3日祭告海神之后，开始在虎门海滩销毁鸦片。③ 销毁的方法是，先挖成两个纵横各15丈的方形池子，池底用石板平铺，四旁栏桩钉板，以免渗漏，前面设一涵洞，后面通一水沟。销烟时，先由沟道车水入池，撒盐成卤，然后将鸦片箱劈开，将鸦片球切成四瓣，投入卤水中，浸泡半日，再将烧透的石灰石纷纷抛下，顷刻间便

---

① ［美］威廉·亨德：《广州番鬼录》，冯树铁译，广东人民出版社1993年版，第146页。
② 《林文忠公政书》乙集，卷3，台北：文海出版社1966年版，第719页。
③ 由于这一天开始大规模销烟，民国时期将这一天定为"六三禁烟纪念日"。

如汤沸。"浓油上涌，渣滓下沉，臭秽熏腾，不可响迩。"① 鸦片一遇卤水石灰，颗粒悉化。等到海水退潮时，启放涵洞，使其随波入海，尔后再用清水涮涤池底，不留涓滴鸦片水。林则徐遵照谕令，每日亲临销烟场地，仔细检查每一个销烟过程，极为认真负责。至6月21日销毁完毕，除其间端午节暂停一天外，前后共进行了18天。除将公班土、白皮土、金花土、小公班等四种鸦片各留两箱（共8箱）作为样品外，将其余鸦片全部销毁。共销毁鸦片19179箱，2119袋，"其斤两除去箱袋，实共2376254斤"②。6月25日，林则徐离开虎门，回到广州，收缴与销毁鸦片活动从而结束。

在销烟过程中，远近人民纷纷赶来观看。尤其在端午节（6月15日）前后，围观者人数众多，无不拍手称快。往来广州和澳门的外国人在经过虎门镇时，目睹销烟认真进行的情况，也都引领瞻望。还有一些外国人跑到现场观看。如美国商人查理听说销烟，携带女眷专程前来观看。传教士裨治文、船长弁逊也都仔细参观了销烟的全过程，然后走向林则徐座前，"摘帽敛手"，表示敬佩。对于虎门销烟，外国人纷纷发表评论。《澳门月报》6月号上，有人评论道："我们反复考察烧烟的每一个过程，他们在整个工作进行时的细心和忠实程度，远远地出于我们的意料之外，我不能想象再有任何事情会比执行这个工作更加忠实的了。"③《中国总论》的作者卫三畏说："鸦片是在最彻底的手段下被销毁了。……在世界史中，一个非基督教的君主宁愿销毁损害他的臣民的东西，而不愿出售它来装满自己的腰包，这是唯一的一个实例。全部事务的处理，在人类历史上也必将永远是一个最为卓越的事件。"④ 通过这次销烟，有的西方基督徒心灵发生了震颤，"我们无论在什么地方的记载上，可曾有过异教徒的光明正大给基督教徒的堕落蜕化以这样更锋利的训斥吗？"⑤

虎门销烟有力地声讨了英国鸦片贩子的罪行，揭破了资本主义侵略者在文明伪装下的卑鄙肮脏面目，表达了中国人民反侵略的坚强意志和反对毒品的纯洁心灵。虎门销烟在世界反毒品史上写下了光辉的一页。马克思

---

① 《林则徐集》奏稿中，中华书局1980年版，第647页。
② 《林则徐集》奏稿中，中华书局1980年版，第656—657页。
③ 《澳门月报》第八卷，广东省文史研究馆译：《鸦片战争史料选译》，中华书局1983年版，第169页。
④ 卫三畏：《中国总论》下册，上海古籍出版社2005年版，第945页。
⑤ W. Fay, *The Opiun War 1840—1842*, North Carolina University Press, 1975, p.161.

评论中国的禁烟事件说:"中国皇帝为了制止自己臣民的自杀行为,既禁止外国人输入这种毒品,又禁止中国人吸食这种毒品,而东印度公司却迅速地把在印度种植鸦片以及向中国私卖鸦片变成自己财政系统的不可分割的部分。半野蛮人维护道德原则,而文明人却以发财的原则来对抗。"又说:"中国政府在1837年、1838年和1839年采取了非常措施——这些措施的最高潮是钦差大臣林则徐到达广州和按照他的命令没收、销毁走私的鸦片。"① 对虎门销烟给予了高度的评价。

---

① 《马克思恩格斯选集》第1卷,人民出版社1995年版,第718页。

第四章
第一次鸦片战争与毒品弛禁

约翰·费尔班克（John K. Fairbank）谴责英属印度为中国市场制造鸦片是"现代最长期、最系统的国际犯罪"，而对卡尔·特罗基（Carl Trocki）殖民地官员来说，他们经营着"全球贩毒集团，奴役和摧毁了数百万人，只让少数人富裕起来"[1]。更有诗意的是，谭中认为，"在文化冲突的表象之下，我们看到了'店主之国'在东亚创造'鸦片吸食者之国'的黑手"[2]。令人欣慰的是，20世纪晚期，许多领域的历史学家对1750年至1949年间的这种亚洲毒品关系进行了重新评估。

鸦片战争的结局在事前已经确定，王朝的长矛大刀、火铳土炮根本无法阻挡英军的坚船利炮。而问题是，英国殖民强盗明明是为了维持可耻的毒品贸易而来，明明是强索鸦片赔款，却在英国国内设法掩盖其战争目的，说什么英国商人在商馆受到了不公正的待遇，说什么为寻求公平的商业机会而战。英国政府之所以竭力掩盖其战争目的，主要是为了逃避国内人民反对毒品贸易的批评。鸦片战争之后，英国政府为了继续垄断和扩充鸦片利益，千方百计诱逼清廷承认鸦片贸易合法。清廷为了迅速扑灭农民起义的烽火，为了筹措内战的军费，在殖民强盗的诱逼之下，只好采取饮鸩止渴的方案，放弃了自己的鸦片禁令。

---

[1] John K. Fairbank, "The Creation of the Treaty System," *in The Cambridge History of China*, ed. Denis Twitchett and John K. Fairbank, Cambridge: Cambridge University Press, 1978, p. 213; Carl Trocki, *Opium, Empire and Global Political Economy: A Study of the Asian Opium Trade*, London: Routledge, 1999, p. 160.

[2] Tan Chung, "China and the Brave New World," *China Report 13*, No. 3 (1977), p. 29.

第四章 第一次鸦片战争与毒品弛禁

一 鼓动战争的鸦片贩子

1839年，当中国禁烟运动达到高潮的时候，英国国内关于鸦片问题掀起了一场激烈辩论。在中国开展严厉禁烟运动之前，英国政府主要是消极维持鸦片贸易的现状。1837年11月19日，英国驻华商务监督律劳卑遂向英国外交部报告，鸦片走私已发展到中国东海岸及福建全省，鸦片走私船经常与中国缉私船发生武装冲突。对此，英国外交大臣帕麦斯顿（Henry John Temple Palmerston）于1838年6月15日指示义律说："女王陛下政府不能为了使英国臣民能够违犯他们与之贸易的国家的法律而进行干涉……至于您在11月19日函件中所作的建议，即派一特使赴舟山设法和中国政府就鸦片贸易作一定安排的计划，女王陛下政府认为目前尚无足够明显的理由采取这种行动。"① 英国政府之所以听之任之，是因为鸦片走私贸易给它带来了巨大的财政收入。禁止鸦片走私贸易，意味着放弃这一巨大的财政收入；如果用武力强迫中国放弃鸦片禁令，必然遭到国际国内舆论的抨击。因此，只能采用消极的"沉默"政策。当清廷实施严厉禁烟方针后，一旦完全堵住了鸦片走私的路径，势必影响英国政府的财政收入。为了保住这项巨大的罪恶收入，英国殖民主义者决心发动一场可耻的侵略战争。

在英国议会辩论对华是否使用武力的过程中，鸦片贩子的鼓噪起了很重要的作用。1839年4月，当马地臣还被围困在商馆中的时候，他就狂叫道："我想下一步骤就将是对华战争。"② 5月24日，在广州的英国各家经营鸦片的公司和商号联名向帕麦斯顿发出了请愿书。他们声称："外人运鸦片入中国，从未受到处罚，而且禁烟从来不是大清帝国官员分内的事，中国人民也无禁烟法可守。"③ 并诬称清廷的禁烟措施是暴行，请求英国政府采取必要的军事行动。8月7日，伦敦也召开了一次鸦片商的紧急会议，出席的人员有"约翰·阿拜·斯密斯（John Abel Smith）一位银行家，我们的下院议员，是由他的两位兄弟奥斯瓦尔德·斯密斯（Oswold）和汤玛

---

① "关于中国的文件"，见《英国议会文件·中国》第三十卷，第482页。
② ［英］格林堡：《鸦片战争前中英通商史》，康成译，商务印书馆1961年版，第186页。
③ 广东省文史研究馆译：《鸦片战争史料选译》，中华书局1983年版，第160页。

斯·斯密斯（Thomas Smith）找来的，这两位兄弟和查顿的公司有关。此外还有颠地、拉本德、巴林公司的拜兹（Bates）、莫克维卡（Macvcar），曾任查顿快艇船长的格兰特（Grant）和我（威廉·克劳复，William Crawford）"①。参加会议的9个人全是鸦片商或与鸦片贸易有着密切关系的人。会议的目的是请求英国政府发动对华战争，勒索鸦片赔款。会议之后，他们集体谒见了英国外交大臣帕麦斯顿。威廉·克劳复在其私人信件中谈了这次接见的情况，他说："他（指帕麦斯顿）向我们查问了许许多多的事情，这就把他的企图在我们心上造成了深刻的印象。我们预料政府要采取强硬行动，派出足量的海军，教中国感觉得到海军的威胁。譬如封锁珠江口，以及珠江到东北一线的沿海，或者还要占领厦门，以便截断台湾米粮的供应——这种供应是福建人不可少的。"②

没有鸦片贸易，就不可能为国内开支取得大量的汇款，英格兰商人也不可能买到那么大量的茶叶而不需要向中国运送白银，不管英国政府从事这种贸易受到多大责难，都应当以最强有力的方式，"一劳永逸地把我们对中国的商务关系安置在稳固而荣誉的位置上"。7月4日，在加尔各答经营鸦片生意或与鸦片生意有利害关系的英籍商人在上枢密院请愿书中说："尽管公认中国政府是禁烟的，可是中国人还是热烈地追求鸦片，印度不列颠政府还是用尽心智策划各种各样的办法，把鸦片贸易扶植到最近这么大的规模。印度不列颠政府是贝哈尔和班奈尔土的唯一种植者和制造者。""从印度输出的鸦片，打破了中国禁银出口的政策。所以输出鸦片对于商务是有重大利益的，这就是把那个人口最多、资源最富的帝国的财富吸收出来，而用鸦片换来的白银则使英属印度的大片土地喜气洋洋，人丁兴旺，也使得英国制造品对印度斯坦的输出大为扩张，更使得这方面的海上航运与一般商务大为兴盛，并且，还给英属印度的国库带来了一笔收入，其数超过整个孟买全省的田赋全额。"③

1839年4月3日，被困在广州的义律致信帕麦斯顿，气急败坏地说："我认为，我的勋爵，对于所有这一切不可饶恕的暴行（指林则徐勒令收

---

① 严中平编译：《英国鸦片贩子策划鸦片战争的幕后活动》，《近代史资料》1958年第4期。
② 严中平编译：《英国鸦片贩子策划鸦片战争的幕后活动》，《近代史资料》1958年第4期。
③ 《加尔各答经营鸦片生意或与鸦片生意有利害关系的英籍商人与英籍居民上枢密院请愿书》，《近代史资料》1958年第4期。

缴鸦片的措施）的反应，应该出之迅速而沉重的打击，事先连一个字的照会都不用给。中国政府对陛下官员与臣民已经犯下了突然而残酷的战争罪行，用最近这样的方式强迫缴出英国人的财产（指鸦片）就是一种侵略，这在原则上是如此其危险，在实际上又如此其不能容忍，所以，为每一件损失要求完全的赔偿，已成为文明的高尚的义务了……我以最最忠诚的心情献议，陛下政府立刻用武力占领舟山岛，严密封锁广州、宁波两港，以及从海口直到运河口的扬子江江面。陛下政府将从此获取最最适宜的满足。"① 帕麦斯顿一接到义律的正式报告，立刻表示对中国唯一的办法，"就是先揍它一顿，然后再作解释"。他训令义律用最快的时间搜集中国沿海的军事、经济情报。事情非常清楚，英国国会、内阁是鸦片贸易政策的制订者，印度政府是鸦片贸易的执行人，二者都是鸦片贸易的主要受益者，鸦片商不过是英国政府雇佣的仆人。"贩运鸦片人的利润是很少超过政府售价的百分之五至百分之十五的，而制造鸦片者的利润，亦即印度不列颠政府的利润，却达到制造成本的百分之二百至百分之五百的庞大数字。"② 英国政府的决策人物对此十分清楚。即使没有鸦片贩子在幕后如此频繁的活动，英国政府也要发动旨在维护鸦片贸易的侵华战争。

1839年10月1日，英国召开了内阁会议，讨论中国问题。帕麦斯顿根据查顿等人的建议，提出派军舰封锁中国海口、勒索鸦片赔款的战争计划。经过长时间的讨论之后，决定发动战争，训令海军派遣一支舰队前往中国。与此同时，在英国政府的意向性引导下，英国各大城市鼓吹对华战争的喧闹达到了高潮。在整个10月，曼彻斯特、伦敦、利兹、利物浦、格拉斯哥、布里斯特等大城市的商会，也纷纷上书，请求对华断然处置，采取"强有力的手段"③。1840年1月16日，英国女王维多利亚在议会中发表演说，声称中国禁烟事件使英商利益蒙受了巨大损失，并且影响了英王的尊严。这一演说，实际上透漏了即将发动战争的信息。2月20日，英国政府任命曾任印度总督好望角舰队总司令的乔治·懿律（George Elliot）为全权代表和侵华英军总司令。

---

① 《义律致巴麦尊》，《近代史资料》1958年第4期。
② D. E. Owen, *British Policy in China and India*, p. 170.
③ 《英国蓝皮书》，转引自中国史学会主编《鸦片战争》第二册，上海人民出版社1957年版，第640页。

同一天，帕麦斯顿发出致清廷照会一份，正式向清廷提出赔偿货价、割让岛屿、偿还商欠的战争要求，并声明英军此次行动的军费全部由中国负担。3月19日，英国国防和殖民大臣罗素在回答下院询问在印度集结军队的目的时，宣布战争的目的是，首先，是要为女王陛下的商务监督和臣民所受中国政府的侮辱和损害取得赔偿；其次，是要为在华贸易的英国商人所受的财产损失取得赔偿，这一损失是中国政府所派的人用暴力威胁造成的；最后，是要去取得安全条件，以保证在华贸易商人的生命财产从此免遭侵害。①

　　4月7日至9日，英国议会针对中国问题举行了一场讨论。会议的争论十分激烈。詹姆士·格雷厄姆爵士认为，英国对华政策出现了一连串的失误，从任命律劳卑为商务监督到义律动用军舰封锁中国海口，都是错误的。他指责义律"既无口实又无结果地一再攻击中国战船"。中英贸易的危机，"主要是由于女王陛下的枢密院大臣对于我们与中国之关系缺乏先见之明引起的"。② 对华战争是不必要的。而支持对华宣战的人则宣称："（英国）属于一个不习惯于接受失败、屈服和耻辱的国家；他们属于一个必将强迫虐待其子民者交付数量令人震惊的赔款的国家；他们属于能使阿尔及利亚的具依在其受辱的领事面前赔款的国家；他们属于为普拉塞原野军牢的受害者报了仇的国家。"③ 针对这一观点，一位托利党人尖锐地反驳道："我不知道，而且也没有读到过在起因上还有比这场战争更加不义的战争，还有比这场战争更加想使我国蒙受永久耻辱的战争。站在对面的这位尊敬的先生竟然谈起在广州上空迎风招展的英国国旗来。那面国旗的升起是为了保护臭名远扬的走私贸易。假如这面国旗从未在中国沿海升起过，而现在升起来了，那么我们应当以厌恶的心情把它从那里撤回来。"④ 然而，帕麦斯顿否认英国政府支持这种走私贸易，他狡猾地辩解说，向中国派遣军舰是为了英国公民的贸易安全。于是，在资产阶级议会的一片嘈

---

① Eames, J. B., The English in China, 1974, p.445.
② 广东省文史研究馆编：《鸦片战争史料选译》，广东省文史研究馆译，中华书局1983年版，第221—222页。
③ 贺尔特：《在中国进行的鸦片战争》，转引自［美］费正清编《剑桥中国晚清史（1800—1911）》中译本上卷，第208—209页。
④ 贺尔特：《在中国进行的鸦片战争》，转引自［美］费正清编《剑桥中国晚清史（1800—1911）》中译本上卷，第208—209页。

杂声中进行了表决。反对战争的有262人，支持对华宣战的有271人，结果以9票的微弱多数通过了对华战争决议。一场不义的战争就这样准备停当了。

二 鸦片走私在战时

当中国对外杜绝鸦片来源，对内严查吸食、贩运鸦片的禁烟运动达到高潮之时，外国鸦片贩子在沿海的走私活动一度收敛。飞剪快船纷纷驶回印度，把林则徐查缴、销毁鸦片的严厉禁烟消息带到拍卖鸦片的市场上，①人心惶惶，新产的白皮土在孟买200元就可以买到。鸦片价格的大幅度下跌说明鸦片产地的交易很不景气。在中国沿海一带的鸦片交易，"几乎已经完全停止"②。然而，大鸦片贩子并不甘心其失败。富有冒险精神的马地臣认为："在目前的情况下没有什么可惊慌的。"他从被围的广州商馆中一出来，便运送10万元到新加坡替行号投资新上市的鸦片，"同时还向加尔各答定了同样数目的一笔货"③。他考虑到，在商馆已经向中国政府具结，保证不再进口鸦片，如果再次被中国政府逮捕，自己就没有第二条命继续经营毒品生意了。办法还是有的，为了防止中国缉私员弁的检查，他使用了一种秘密方式，所写的信件都不署名，并且规定用密码与他联络。这还不放心，他干脆把办公桌安置在船舱中，"在6月里，英商刚从广州撤退以后，据报已有沿海贸易船只经营鸦片贩卖了"。鸦片贩子不惜以生命来冒险。这时的销售量虽然比较小，而利润却非常高。200元买进的一箱鸦片可以卖到800元以上。1839年10月，每箱鸦片的售价高达1600元。在马地臣的带动下，其他鸦片走私贩纷纷把走私船驶到东海。沿海一带从事这种非法交易的船只之多，可与以往任何时期相比。这些鸦片走私船为了对抗中国水师的缉捕，全都武装了起来。

对于这种猖狂的鸦片走私，林则徐也有觉察。1839年8月20日，他指出："今奸夷尚有多名未去，趸船尚有一半未开，尖沙咀所泊货船带来

---

① 贺尔特：《在中国进行的鸦片战争》，转引自［美］费正清编《剑桥中国晚清史（1800—1911）》中译本上卷，第98—99页。
② 《澳门月报》1839年2月号。
③ ［英］格林堡：《鸦片战争前中英通商史》，康成译，商务印书馆1961年版，第189页。

鸦片，为数更倍于前，屡经示谕，皆又匿不呈缴。并闻义律宣言于众，更要大卖鸦片。现在拿获汉奸烟犯多名，皆已供明在某某船上买出，赃证确实可凭。且又分遣舢板东驶西奔，凡潮州、南澳、高、廉、雷、琼，该夷船所不应到之地，无不窜往。每以劈柴作为照牌，写明一个洋银几元字样，于潮涨时随流送入各口内，诱人售买。遇有兵船驱逐，胆敢先放枪炮恐吓抵拒。又，兵船拿获汉奸，该夷胆敢将官兵诒去，掳禁夷船，勒令释放汉奸。如此狼突鸱张，岂能将就姑息，致贻民害！"① 在这种情况下，林则徐下令水师官兵轰击这些敢于抵抗的鸦片走私船。1840 年 5 月，英国鸦片走私船"希腊号"（Hellas）曾在南澳附近水面抗拒中国水师查缉，激战 4 小时被击毁。一些鸦片走私船船长不愿再冒生命危险，辞职洗手不干了。

  1840 年，当英国远征军到达中国沿海之后，随着军事上的失利，中国水师失去了控制鸦片走私的能力。在英国军舰的保护下，《广州纪事报》又开始公开登载鸦片价格。英国海军北上时，鸦片走私船踵随其后。英国舰队陆续占领沿海据点，鸦片走私船跟随至厦门、舟山和吴淞口。广州一失守，鸦片走私船就驶到黄埔。鸦片贩子这种猖狂的走私活动，分明是在英国军队保护之下公开进行的，属于地地道道的强盗行径。1840、1841、1842 年，由于战事的影响，鸦片输入量不算很大，分别为 18965、17858、18827 箱，② 每年仍有近两万箱鸦片走私入境。由此可以想见，战争时期鸦片走私活动的猖獗。

  战争时期，美国的鸦片贩子异常狡猾。他们一面将从印度贩来的 1540 箱鸦片交给义律，以英国商人名义转交中国；一面将从土耳其贩来的鸦片藏匿起来，拒不交出。正当禁烟运动雷厉风行进行之时，一个美国鸦片贩子从广州秘密装载 20 箱鸦片运到新加坡卸下，在新加坡制造在中国鸦片无法卖出的空气，使当地鸦片价格狂跌。这名狡猾的美国鸦片商在 24 小时内便以每箱 250 元的低价抢购了 700 箱鸦片，连同原来的 20 箱鸦片一起重新装到快船上，运到中国福建、浙江沿海兜售，每箱鸦片售价最高时为 2500 元。

---

  ① 林则徐：《会谕同知再行谕饬义律缴土交凶稿》，载《信及录》，第 103—104 页。
  ② ［美］马士：《中华帝国对外关系史》第一卷，张汇文等译，上海书店出版社 2000 年版，第 626 页。

三　英国人抗议鸦片走私

自从英国作家托马斯·德·昆西（Thomas De Quincey）发表了《一个瘾君子的自白》以后，鸦片在英国成了一个经常争论的问题。

托马斯·德·昆西在1804年用鸦片来治疗胃部疾病。然而，历史学家弗吉尼亚·贝里奇（Virginia Berridge）指出，德·昆西等作家吸食鸦片并不是例外。他们很容易获得这种药物，他们将其用作药物和兴奋剂，这是19世纪上半叶英国鸦片使用者的典型特征。贝里奇认为，这些作者最好被理解为18世纪晚期和19世纪早期英国中产阶级普遍使用鸦片的例子。无论是在公开场合还是在私人信件中，他们都能够雄辩地描述自己的经历，这一点非同寻常，但他们实际使用毒品的情况却完全是典型的，因为就像美国的情况一样，鸦片被广泛地用作药物和普遍的万灵药。英国对鸦片销售几乎没有限制。①

英国将鸦片用于严格意义上的医疗目的以外的用途也很普遍，而宣传这种非医疗用途则是英国浪漫主义作家产生最大影响的地方。贝里奇指出，在19世纪早期，历史学家很难将医学与社会使用严格区分开来。例如，德·昆西开始服用鸦片是出于医疗原因，但他继续服用是为了获得快乐和缓解焦虑。英国工人阶级也把鸦片作为药物和它提供的快乐。然而，鸦片所产生的兴奋对于像德·昆西这样的浪漫主义作家来说特别有用，他声称鸦片产生了丰富多彩的异国情调的魔法幻象，远离大多数人相对枯燥的工作日生活。在浪漫主义的文学视野中，鸦片失去了它引起麻木意识的形象，而是被重新铸造成梦幻的、有远见的、超凡脱俗的毒品。鸦片似乎增强了浪漫主义的想象力，激发了创造力。②

从1821年开始，德·昆西在《伦敦杂志》上发表了连载文章，毫不掩饰自己吸毒的经历。这个系列非常受欢迎，在一年之内，他的文章被收

---

① Edited by Paul Gootenberg, *The Oxford Handbook of Global Drug History*, Oxford University Press Oxford University Press, 2022, p. 252.
② Joseph M. Gabriel, "Gods and Monsters: Drugs, Addiction and the Origins of Narcotic Control in the Nineteenth-Century Urban North", PhD diss., Rutgers, the State University of New Jersey, 2006, p. 179.

集并出版成书：《一个瘾君子的自白》（1822 年）。长期以来，这本小册子被认为是对英国鸦片场景的开创性描写，在大西洋两岸都很受欢迎。随后 19 世纪和 20 世纪的两个国家的作家都引用它作为一种影响。这位英国的鸦片食用者声称，鸦片的使用导致了一个奢侈的"东方"世界在他面前出现的壮丽景象。这些作家把鸦片理解为一种载体，可以带领他们走向哲学真理，超越无知的理性。因此，他们的兴趣在于把鸦片作为一种麻醉剂，一种兴奋剂，作为一种灵感，而不仅仅是一种止痛剂。换句话说，他们是为了它所带来的愉悦感——为了它所带来的陶醉感。然而，他们的快乐是有代价的。①

  19 世纪 30 年代中期，当中国禁烟日益严厉之时，在英国国内关于鸦片的争论也出现了一次热潮。一些鸦片贩子雇用无耻文人为鸦片走私罪行进行辩护。他们公然宣称，鸦片是一种奢侈的用以款待客人的合理的社交用品，对于大多数中国人有利无害。有人虽然承认鸦片是一种毒品，鸦片贸易是一件坏事，而说由于中国人需要，"如果我不经营它，其他人必会经营"②。这些荒谬的观点在报刊披露之后，立即引起英国一些善良的人的愤怒，他们纷纷致信编辑，抨击鸦片贩子的怪论。

  针对鸦片贩子所散布的鸦片对于中国人就像酒对于英国人那样无害，那样有吸引力而难于禁止的观点，有人这样驳斥道："倘以鸦片比酒，我可说这也仅是妄谈，因由此试图演绎出来的议论，并不比胡说好些……中国人谴责吸食鸦片者，认为吸食鸦片是有害和致命的癖习，一旦沉溺于它，戒绝就几乎不可能了，而未老先衰和死亡，就结束这个走入了邪途的放荡生命。鸦片绝不仅仅是一个理性的、交际上的奢侈物品。读了朱嶟和其他人的刚正有力的建议之后，就可以知道中国的爱国者，把这种可爱的'奢侈物品'究竟看成是什么东西了！……意志清醒的中国人都会看出这是诡辩。从而提出：远方国家既是文明的，其人民又是高尚的，为什么这些基督教的信徒和实行者，却坚持着要干这种危害别人国家的鸦片贸易？一个有一亿人口的帝国政府为什么强迫它的农民种植鸦片？"③

---

  ① Edited by Paul Gootenberg，*The Oxford Handbook of Global Drug History*，Oxford University Press Oxford University Press，2022，p. 276.
  ② 《论鸦片贸易》，载《中国文库》1837 年第 5 卷第九期。
  ③ 《论鸦片贸易》，载《中国文库》1837 年第 5 卷第九期。

第四章　第一次鸦片战争与毒品弛禁

针对那种既知道鸦片贸易为害人的勾当，又要厚着脸皮走私毒品的人，有人斥责道："这是上帝指导人类做事的法规吗？因为别人会干，我就有权去干坏事吗？别人犯谋杀罪，我们有权去干吗？别人掠夺与世无争的非洲，把人的筋肉运过重洋去贩卖，我有权利去干吗？鸦片贸易的卫道士：你会按照你自己的原则同贩奴者共享人肉利益吗？"①

鸦片走私贩干着谋财害命的罪恶勾当，严重践踏了人间正义和道德。他们不仅对自己的罪恶行径毫无愧疚之心，反而诬称中国禁烟措施苛酷，违反了国际惯例，有害于道德风尚。对此，有人抨击说："中国的道德家或政治家将会做出理智的判断。他们愤慨地看待这些唯利是图的外国商人，这些外国商人凭借其国家的力量，用致命的鸦片来毒害一个民族的健康和败坏其道德，而却傲称优越，把自己打扮成心怀仁慈的基督徒和受过教育的正人君子……还故作激烈地演说，辱骂中国人苛酷，指责他们对欧洲人在中国居留的厌恶与无理地要求其政府严禁鸦片输入。"② 是的，已经把人类道德、正义践踏无遗的鸦片贩子，有什么资格批评中国的禁烟措施？保护毒品贸易的政府，有什么权力指责中国政府的保护措施？听一听他们自己同胞的谴责吧！

1839 年，当中国禁烟运动达到高潮，外国鸦片贩子及其政府代理人义律正在设法加剧中英两国紧张气氛，蓄意挑起侵华战争的时候，英国的反毒品贸易运动兴起。一些正直的公民发了言，他们认为：目前对华贸易困难是由几个并发原因造成的。"第一，我们不能不归咎于西方国家对东方国家在政治和商业关系中的不道德上面。鸦片贸易的起源及其迅速发展，都出自这个原因……1832 年，英国众议院作有关印度岁入和商务时，他们的言辞既是一份熟知鸦片贸易毒害的深深忏悔，同时又是一派要为此负责的全然伪装。由于印度政府和英国国会的决议，至少得到公众默许的批准，因而最有声望的商人，可以随心所欲地参加鸦片贸易，社会上流人士决不会因为参加东方鸦片贸易发了大财而不受欢迎。直到今天，全印度和在中国的许多注重公正与荣誉追求的杰出商人，都是在这种贸易中始终名列前茅的……招致当前危机的另一个原因是我们不信帝国政府禁止此项贸

---

① "Premium for on Essay on the Opium Trade", *The Chinese Repository*, Vol. 5, No. 9, 1837, pp. 413–415.

② "Remarks on the Opium Trade", *The Chinese Repository*, Vol. 5, No. 9, 1837, pp. 405–406.

易的愿望……在事实上我可以肯定，为这种贸易敞开大门的是低级官吏。我们也不否认，帝国政府对这些官吏的行为应负有一部分责任。但是，如果说这些政府低级官吏受贿是不忠于职守，那么对那些行贿者行为又当如何解释呢？如果一些律例禁令分明是不公正的，那么外人可以坚持基督教的道德原则，提出抗议。如果他怀疑帝国立法官的意图，那他也可以自行其是，而视帝国的布告等于空文。在过去可以有所辩护，但现在在充满罪恶的过程中坚持，最后将是无理的和危险的了。我们非常痛心地听到，有些人极力图谋恢复鸦片贸易。今非昔比，帝国的决心已经明白宣示，吸烟祸害的帷幕只拉开一些，暴露出来的毒害就使人触目惊心了。……最后一个原因是西方政府对此间局势的发展无动于衷……在中国人的眼中，我们的品格是下流的。无论个人和团体，都很少有所提高。我们说实话，可以肯定，西方各国的方针是宁可在华利益下降了，也不愿提高外人的品格。这归咎于已经看到的道德松弛，抑或归咎于别的原因，让别人去决定罢。然而事实是无可争辩的，我们正为此而感到痛心。我们民族的品格死了，被我们的愚蠢和疏忽弄死了……缴交鸦片的事情结束之后，新的一幕开场了……应当记下，在新的历史的第一页，一切与东方有商业的西方国家，决心坚持与中国作公平正直的交往。直接公然造成已被中国人斥之为罪恶的行为，又在中国政府一再明白抗议下，仍将鸦片运入中国，那就充满祸根了。在同情中国政府的老实人眼里，这只能是非常不友好，而且是含有敌意的。西方政府由于不注意，不听劝告，以致造成中国人的耻辱与损害。那么，除了坦诚认错、老实赔偿之外，没有其他补救办法。特别是英国对中国负有赔偿义务。她是首犯，应让她做第一个赔偿者。"①

  这是一位诚实的英国公民的正直发言。他不仅阐述了导致中英贸易危机的鸦片走私根源，而且对中国遭受的鸦片毒害作了客观的描写，同时还明确指出英国政府是鸦片走私的首犯，是侵犯中国主权的罪魁，要求它赔偿中国遭受的损失，向中国人承认错误。这种呼声反映了英国一部分工商业者和人道主义者反对毒品贸易的意见。与当时鸦片贩子和英国政府操纵下的"金喇叭"要求对中国实行战争的喧闹声相比，这种呼声尽管

---

① 广东省文史研究馆译：《鸦片战争史料选译》，中华书局1983年版，第138—145页。

有些微弱，但它代表着正义，它揭示了导致中英贸易危机的真正原因和性质。①

从1839年年底兴起的英国国内反鸦片的抗议运动，给维护鸦片贸易利益的英国政府造成了一定压力。宪章派是反鸦片运动的一支主要力量。1840年3月19日，英国国防和殖民大臣罗素在下院宣布要对中国进行战争的消息公布之后，宪章派以《鸦片战争》为题，在《北极星报》上发表长篇评论，驳斥英国政府的鸦片政策。文章认为，罗素宣称要为英国商人所受的财产损失，以战争的方式索赔，"这就直接招认了鸦片问题是中英争端的基础，而这场战争无论就其意图或目的来看，完全是一场鸦片战争"。针对罗素诬称中国禁烟为暴力的说法，文章批驳道："中国政府的全部行为明显表现出一种温和克制，这和'文明'的基督教各国在远非那么严重的情况下所采用的野蛮武力形成强烈的奇特的对照。他们的法律早已公之于众，因此他们有权无须警告就立即实施法律，正如任何基督教国家都会做的那样。然而，中国人却没有这样做。他们一而再、再而三地向走私犯警告，规劝他们不要铤而走险并运走鸦片；直到克制到极点而要变为虚伪之时，他们才用最温和的方式行使其权力，以对公开违法者实施法律。因此，在这场纷争中，在华的英国臣民无论受到什么样的侮辱和伤害，受控告的都不应是中国政府，而应是鸦片走私贩们。所有从事正当贸易的商人受的损失，所有因茶价上涨给整个英国带来的损失，也应该由这些鸦片贩子负责；英国政府应该做的不是派遣军队去掠夺平白无辜的中国人，而是相反，即让这些走私棍徒们说出所损失每一个小钱的原因，然后立即把他们交给中国政府，以按中国法律，对他们给中国政府的侮辱和给'天朝'人造成的多方面损害予以处理"②。

鸦片贸易罪恶昭著，鸦片战争践踏人类正义。它激起了英国人道主义者的抗议。伦敦会传教士麦都思在其著作中愤怒谴责鸦片贸易是当代最大的罪恶。费赖伊在《关于对华鸦片贸易的事实和证据》中指出，英国政府是鸦片罪恶的制造者。1840年5月1日，伦敦各界人士举行集会，通过了向议会两院递交的反对鸦片战争请愿书，发言人泰勒指出："这次会议，

---

① Davis J. F., China the War and Since the Peace, 1952, pp. 125 – 127.
② [美]马森编：《西方的中华帝国观》，杨德山等译，时事出版社1999年版，第144—163页。

在最坚决地按除任何党派或政治目的、最强烈地反对任何这类组织对它施加影响的同时,对由于英国臣民把鸦片输入中国,有意直接违反那个帝国的法律,使英国的道德和宗教感情遭到蹂躏,使基督教的形象在全世界黯然失色,使英王国卷入一场反对多达三亿五千万人民的战争而深感痛心。"①

英国的工商业者在反对鸦片贸易和战争的队伍中也是一支不可忽视的力量。商人亚历山大在1840年5月1日的反战集会上说:"政府进行的使整个国家卷入的战争将对我们的商业造成最严重的损害","鸦片贸易阻止了我们的制造品进入中国。"② 1842年7月,英国235个商人和工厂主联名向内阁首相皮尔递交了一份请愿书。在这份请愿书中,他们运用大量资料说明,只要鸦片走私继续下去,他们的商业就不能在一个安全的基础上顺利进行。请愿者以统计资料为根据,说中国在1834—1839年对全部英国产品的平均需求比他们在1803—1809年单独对羊毛品的需求还要少50000磅,而在1834—1839年鸦片输入则从3000箱增加到30000箱。③

鸦片战争以《南京条约》的签订而正式结束。随着鸦片战后鸦片走私愈加猖狂,英国国内又一次掀起了抗议鸦片贸易运动的高潮。1842年12月3日《泰晤士报》发表社评,敦促英国政府摆脱对鸦片贸易的责任,放弃不道德的财政收入,说:"由于在因为我们有罪于中国而引起的争执中掠夺了它的城市,屠杀了它的人民,我们在道德上有负于中国。"④ 在这一次高潮中,英国下院就鸦片问题展开了激烈争论。议员阿什利和沙夫茨伯里先后提出鸦片问题议案,并连递了美以美教会、浸礼教会和伦敦会的三份请愿书,呼吁下院采取有效措施,切实制止印中之间的鸦片贸易。阿什利的动议是:"议会认为,鸦片贸易的继续以及对英属印度领地鸦片生产的垄断,破坏着英中之间的整个友好关系,使合法贸易严重缩减,危害了英国制造业的利益。"

完全背离了一个基督教王国的职责并玷污了它的荣誉。议会认为,在适当考虑政府及个人权利的条件下,应尽快采取措施废除罪恶的鸦片经营。⑤

---

① 《北极星报》1840年5月2日,第6版。
② 《北极星报》1840年5月2日,第6版。
③ 《西方对中国及中国人的看法》,第105—106页。
④ 严中平:《英国资产阶级纺织利益集团与两次鸦片战争》,《经济研究》1955年第1期,第2期。
⑤ 《汉萨议会辩论集》,1843年,第六十八卷,第405页,https://hansard parliament.uk/。

从 1839 年到 1843 年，鸦片贸易与鸦片战争在英国引起了公众的密切关注。尽管这场抗议毒品贸易运动没有达到制止鸦片走私的目的，但是，它给英国政府造成了相当大的政治压力，使其在通过战争或外交手段维护鸦片贸易时不得不有所顾忌，不得不设法掩饰，无法把罪恶的毒品贸易直接写进《南京条约》中。

四　中英外交官关于鸦片的"谅解"

当英国军舰抵达南京附近的江面时，道光皇帝由于一连串的军事惨败，只好在安危之间，而不是在是非之间，选择了一条道路，于道光二十二年七月二十四日（1842 年 8 月 29 日）派代表在南京附近的江边上接受了城下之盟，签订了《南京条约》。英国割占了香港，勒索到 2100 万元的巨额赔款和协定关税特权。中国被迫开放了五个通商口岸，准许英国领事驻在新开辟的口岸，基本满足了英国政府的侵略欲望。然而，最为奇怪的是，人们公认英国发动战争的主要目的是维护可耻的毒品贸易，而作为战争的结果——《南京条约》除了规定清廷赔偿鸦片费 600 万元的货价外，中英双方对今后鸦片贸易在华的地位没有任何规定，好像英国发动战争不是为了鸦片似的。实际上这是英国政府故意掩饰自己的鸦片政策而制造的一种历史假象。由于鸦片贸易声名狼藉，迫于本国人民抗议的压力，英国政府不便公开支持鸦片走私，不便把鸦片贸易合法化的条款写入《南京条约》。然而，英国又不愿意放弃这一巨额掠夺，只好采用欺骗舆论的方法，装作战争与鸦片贸易没有多大关系，而在暗地里加紧诱逼清廷开禁鸦片。发动战争是为了鸦片贸易，战争的借口却是为了英国人在华的安全和英国女王陛下的"尊严"。"为不列颠的商务利益计，为女王陛下的荣誉计。"[①]

英国政府既要扩大鸦片贸易，又想掩盖其与贩毒的直接关系，缓和国际国内抗议鸦片运动的压力，在鸦片战争期间，就开始诱逼清廷自动开放鸦片禁令。1841 年 2 月 26 日，英国外交大臣帕麦斯顿训令海军司令懿律及英国驻广州商务监督义律说："女王陛下的政府已经将关于中国鸦片贸

---

① 1839 年 11 月 4 日，帕麦斯顿致海军部密令，见严中平译《英国鸦片贩子策划鸦片战争的幕后活动》，《近代史资料》1958 年第 4 期。

易的各种情况加以考虑，我必须训令你与中国政府努力商得一些协议，把鸦片当作一种合法商业的物品准许进口。在你向中国全权大臣提出这个问题的时候，你要声明，准许当作合法贸易的一种物品输入中国的建议并非你奉命向中国政府提出的要求之一。在讨论到这个问题的时候，要不使中国的全权大臣们想到，对于这个问题，女王陛下政府有任何强迫手段的意图。但你必须指出，假若任凭鸦片贸易现状继续下去，两国政府之间的永久谅解是不大可能维持下去的。很明显的，中国官宪的力量是无法将中国沿海的贸易活动压制下去的，因为这贸易对于买主和卖主的诱惑力都超过了他们对于被破获和被惩罚的恐惧心。同样清楚的是，阻止鸦片运到中国也超出了英国政府的权力，因为即使在大英帝国的属地上没有一处种植鸦片，在其他许多国家中也可以出产很多，从那里，冒险的人们，不论是英国的或者是其他国家的，就会把它们运到中国去。"[1]

1841年5月31日，帕麦斯顿又训令新任全权公使璞鼎查（Henry Pottinger，1789—1856）说："为了维持两国间持久的真诚谅解起见，中国政府把鸦片贸易置于一个正常合法的地位是极关重要的。经验已经指明，防止鸦片输入中国完全是中国政府力所不及的，而由于种种理由，使英国政府在达到这一目的上又不能给予中国政府以任何有效的帮助。但鸦片贸易既被法律禁止，它将势必要用欺蒙和暴力手段来进行。因此在中国查缉人员和从事鸦片贸易的当事人之间，必然会发生经常的冲突和斗争。这些当事人一般都是英国臣民，所以也就不能想象英国鸦片走私者和中国当局间长此进行着私下的战争，而不会危及中英两国政府间真诚谅解的事端……但所希望的是，你能够利用一切有利的机会，以你照理所想到的一切论据，力求给予中国全权大臣，并通过该大臣给予中国政府一个印象，使他们领会改变一下有关这个问题的中国法律，并以一种正常关税代替他们所不能禁止的一项贸易，鸦片贸易合法化对中国政府本身是有莫大好处的。"[2]

这两道训令中所强调的促使中国鸦片进口合法化的主要借口是：中国政府没有能力阻止鸦片走私，毒品贸易势必继续进行下去。参与鸦片走私

---

[1] ［美］马士：《中华帝国对外关系史》第一卷，张汇文译，上海书店出版社2000年版，第614页注释。

[2] *Sessions Opium War and Opium Trade 1842 – 1856*, British Parliamentary Papers, China 31, Irish University Press, pp. 279 – 281.

活动的主要是英国臣民，英国政府为保护自己的这部分臣民的活动，必然要和中国政府发生冲突，"两国之间的谅解是不可能的"。与其如此，莫如使鸦片进口中国合法化。采取这种方式，中国政府可以增加海关税收，充实国库，由此可以达到所谓的中英政府的真诚"谅解"。这明明是一种讹诈，全部的理由都是荒谬的，完全是一副殖民主义的无赖腔调。通过外交途径劝说清廷取消鸦片禁令，从而为鸦片贸易谋取合法地位，这是英国政府既定的外交策略。之所以采取这种策略，显然是受到了国内反鸦片运动的压力。而鸦片战争的失败与清廷对外武力的恐惧，则为英国外交代表采取这种诱逼方式提供了有利机会。

璞鼎查作为英国殖民当局的全权大臣，忠实地执行了帕麦斯顿的训令。1842年8月，英国军舰驶抵南京下关，清廷决定议和投降，派伊里布、耆英赶赴南京。8月12日，璞鼎查代表英方提出谈判条约草稿的同时，就"建议将鸦片作为货物纳税，公开贩卖，请清廷答复"①。当时，清廷主张妥协退让的大臣，把林则徐执行的严禁外来鸦片看成是办理不善，"操之过急"，把战争的失败归咎于禁烟，在谈判桌上又急于妥协签约，不敢理直气壮地提出禁烟事宜。相反，当英国代表提出这个问题时，他们态度畏葸，不敢正面回答。例如，8月16日，黄恩彤、咸龄往英国舰船洽谈条约细节时，英方代表又提出"请开烟禁"的建议，而黄、咸二人回答说："烟土一节，俟姑再商。"② 这是一种回避政策。8月26日，《南京条约》基本商妥，单等29日签字画押。璞鼎查又以个人名义就鸦片问题向与会者发表了一通演说。事后，他把自己的演说内容写成备忘录，连同帕麦斯顿的上述两道训令一起交给清钦差大臣耆英。在这份备忘录中，璞鼎查旁征博引，竭力证明鸦片贸易是禁止不了的，为了中国的利益，建议中国政府在对待鸦片问题上，应当依照西方国家允许酒类贸易那样去做。最后的结论是："除非中国能完全禁止，我认为这是绝对不可行的，否则用实物买卖的方式使鸦片贸易合法化就是对这一贸易的唯一补救办法。"③ 但

---

① 姚薇元：《鸦片战争史实考》，新知识出版社1955年版，第183页。
② 《壬寅闻见记略》七月十一日，见中国史学会主编《鸦片战争》第三册，上海人民出版社1957年版，第110页。
③ Sessions Opium War and Opium Trade 1842–1856, British Parliamentary Papers, China 31, Irish University Press, pp. 279–281.

他同时又声明，并没有强使中国的谈判者接受他的意见的任何企图。

对于璞鼎查的演讲，出席南京谈判的英国舰长利洛（Loch Granville）写道："中国代表们都承认这种说法颇能言之成理。但是，他们表示大皇帝不会听从这种议论。"① 所以，在当时还不宜向皇帝提出这样的建议和奏折；根据璞鼎查给英国政府的报告，钦差大臣的回复是："鸦片弛禁之事，目前不便遽然奏请。至中国官宪之责，止限于禁本国兵民吸食。各国商船是否携带鸦片，中国不必过问，亦毋庸绳之以法。"② 这种答复给了英国鸦片贩子在中国既不受法律制裁，又不纳税的实惠。至此，英国谈判代表在对华鸦片贸易问题上已取得实质性结果，但仍不满意。《中英南京条约》因此没有对此后的鸦片贸易作出明确规定。英国政府鉴于国内反鸦片贸易运动的高涨，面对反对党的压力，仍希望英国在华全权代表迅速使鸦片贸易取得合法地位，以便摆脱遭受谴责、抨击的困境。它一方面摆出不支持鸦片走私贸易的姿态，一方面训令璞鼎查加紧劝说清廷自动开禁。1843年1月4日，英国新任外交大臣阿伯丁（Aberdeen）指示璞鼎查说："对从事非法投机的鸦片走私者不予保护和支持。"并说，枢密院已授权"英国公使禁止在香港进行鸦片交易"③。同月，璞鼎查在广州与清钦差大臣伊里布会晤时又重提鸦片弛禁问题，当时交给伊里布一份备忘录。其中写道："我愿意发表公告，告诉所有英国臣民遵守中国政府的要求，警告他们如果无视这一要求，船只和货物就有被没收的危险。"④ 这些举动，只是向中国政府摆一摆英国代表貌似公允的样子而已。伊里布不久死去，英国代表又开始向新的钦差大臣施加压力。

1843年6月，英国译员马儒翰（John Robert Morrison，1814—1843）奉命利用钦差大臣耆英到香港谈判关税的机会，再说鸦片开禁问题。耆英不便断然加以拒绝，乃"设重税难之"。他的建议是：每年定鸦片税额为300万元，由英国公使保交10年；10年后税额再定；现在先预付5年税额1500万元。耆英说，这样办，道光皇帝也许会同意鸦片弛禁。璞鼎查认为

---

① 中国史学会主编：《鸦片战争》第五册，上海人民出版社1957年版，第515页。
② 中国史学会主编：《鸦片战争》第五册，上海人民出版社1957年版，第515页。
③ Edgar Holt, *The Opium Wars in China*, London, 1964, p. 158.
④ *Sessions Opium War and Opium Trade 1842 – 1856*, British Parliamentary Papers, China 31, Irish University Press, pp. 279 – 281.

这种建议不切实际,予以拒绝。① 7月下旬,璞鼎查再次向耆英递交讨论鸦片问题的备忘录,重提鸦片弛禁的好处。并告诉耆英,他已获得禁止鸦片进入香港的权力,说如果禁止鸦片进入香港,会迫使载运鸦片的船只大量进入中国内河,事情会变得更糟。② 耆英由此得知英国政府授权英国公使在香港禁烟,态度变得较为强硬。他说:"中国严禁鸦片各条例,均所以约束中国人民,未尝禁及外国。亦犹贵公使之能禁英商,而不能禁他国也……嗣后英国商人夹带鸦片者,应由贵公使禁止进口;中国商民贩卖吸食者,应由本大臣等饬各管官严行查拿,有犯必惩。其各国商人,应俟该国领事官到日,再由各海关照会,自为查禁,不准贩烟进口。""至所论拟收平允之税一节,事无把握,又无成说,非奏明请旨,此时不敢遽议也。"③ 璞鼎查见谈判没有进展,只好将耆英的复文发回伦敦,并向外交大臣阿伯丁汇报说:"无论这一文件或其他换文怎样谈鸦片贸易,我有最充分的理由怀疑,在中国官员中,百个中是否有一个完全赞成禁止这一贸易。"璞鼎查一面竭力使英国政府相信中国不会真正禁烟,一面欺骗国内舆论。于8月1日在香港发布命令说:"鉴于中国皇帝的谕令和法律已经公开宣布鸦片贩运是非法的,任何人从事这一贸易将自负其责。如果英国臣民从事这一贸易,将不会得到女王陛下的领事和其他官员的保护和支持。"④ 璞鼎查的这一公告,显然不是向中国政府表明他对鸦片贸易的真正态度,而是向英国公众表白英国政府与鸦片走私贸易没有什么关系。正如英国大鸦片贩子马地臣在给他的伦敦朋友的信中所说的那样,"公使发表了一个措辞激烈的布告,等于零。是说给英国的圣人们听的。亨利爵士(即璞鼎查——引者注)绝不会想到要去执行它,而且私下肯定会把它当作一个绝妙的玩笑。不管怎么说,他准许鸦片在香港上岸和存放"⑤。

10月,在《虎门条约》的谈判过程中,璞鼎查又派马礼逊(J. R. Morrison)重议鸦片开禁问题。其理由仍是:以前中国禁鸦片,英国商人在海上照常贸易,结果是"名禁实不禁",因此不如承认鸦片贸易合法化。

---

① 中国史学会主编:《鸦片战争》第五册,上海人民出版社1957年版,第422页。
② 中国史学会主编:《鸦片战争》第五册,上海人民出版社1957年版,第287页。
③ 佐佐木正哉:《鸦片战争の研究》(资料篇),第25—254页。
④ Edgar Holt, *The Opium Wars in China*, London, 1964, p. 159.
⑤ Edgar Holt, *The Opium Wars in China*, London, 1964, p. 159.

中国谈判代表耆英认为，道光皇帝是主张禁烟的，改变皇帝的意志是危险的，没有上谕不便谈论此事。这位昏庸的政府代表，按照他自己的体会，可以采用中国的惯例，让法律听任它写在法典里，而不去执行，便可以解决问题。因此，他向璞鼎查保证说："不管外国商船带不带鸦片，中国不必查问，也不采取任何行动。"① 就这样，英国侵略者与卖国的清朝政府代表就鸦片走私贸易问题在口头上取得了"谅解"。这种做法尽管对国库收入没有什么好处，但顾及了道光帝的尊严。由于没有公开废止道光帝关于鸦片问题颁布的一道道禁令，皇帝也只好默认了。

此后，道光帝仍在国内坚持发布禁烟谕令，但很少再提查究外国鸦片贩子走私进口问题，显然他已经改变了"以断绝来源为首"的禁烟方针，已经改变了1839年发动全国禁烟时的那种"除恶务尽"的初衷。1843年12月初，道光帝在批阅耆英的折、片时，谕令说："耆英奏，通商事竣，夷酋恳请抽收鸦片烟税，该大臣以夷务甫定，操纵两难，密片具奏，所见真切。朕反复深思，鸦片烟虽来自外夷，总由内地人民逞欲玩法，甘心自戕，以致流毒日深。如果令行禁止，不任阳奉阴违，吸食之风既绝，兴贩者即无利可图。该大臣现已起程，著于回任后，统饬所属，申明禁令，此后内地官民，如再有开设烟馆及贩卖烟土并仍前吸食者，务当按律惩办，毋稍姑息。特不可任听关吏人等过事诛求，致滋扰累。总之，有犯必惩，积习自可渐除；而兴贩之徒，亦可不禁而自止矣。"② 这道上谕明显反映了耆英与璞鼎查关于鸦片问题谈判的情况。言外之意是，鸦片问题主要是国内官民吸食造成的，如果中国人不吸食鸦片，外国贩子就不会将鸦片贩运到中国来。因此，应当继续查禁国内吸食者，将禁烟的关键转移到国内来。谕令要求海关官员对待外国鸦片走私不得"过事诛求，致滋扰累"，采取"不禁自止"的态度，实际是放松关禁，听任鸦片走私。

事实也是如此。1852年，德庇时（John Francis Davis, 1795—1890）称说："战争以来，至今已近十年。在这段时期中，众所周知，满清廷没有采取任何禁止鸦片的措施……耆英在1844年给了我一封短信，坦率地指

---

① *Papers Relating to the Opium Trade in China* 1842–1856, p. 3.
② 齐思和等整理：《筹办夷务始末》卷70，中华书局1964年版，第2772—2773页。

出：鸦片贸易可以在双方默契下进行。按照这一默契实现和平后，一次有关严禁鸦片的公告也没有发表过。"① 在这种政策的指导下，鸦片战后十余年间，中国政府不仅对外国鸦片走私不加干涉、制止，而且对国内吸食、贩卖毒品亦撒手不管。此后，道光帝还曾对官员、兵丁吸食鸦片烟以及民间私种罂粟发布过一些禁令，而实际被视为一团废纸，毫无效力可言。

与此相应，英国政府一待国内反对鸦片贸易运动走向低潮，便把自己的禁烟声明置之脑后。1844年4月16日，璞鼎查指示英国驻上海领事巴富尔（Balfour）说："据我所知，英国法律没有给你权力去直接干涉任何载有鸦片的船只……鸦片贸易在广州已经公开进行，在那里以及在其他条约口岸，清朝官员们公开声明，他们不能也不敢制止这一贸易。"② 不久，英国外交大臣阿伯丁致信璞鼎查，可以暂缓执行禁止鸦片进入香港及其水域。

中英两国政府代表关于鸦片走私贸易问题就这样达成了"谅解"。英国方面尽管暂时没有达到使鸦片贸易弛禁的目的，但取得了事实上"认可"，输入鸦片既不纳税，又不禁止。一个得到了实惠，一个顾全了面子。

五　公开的鸦片走私与价值

英国以炮舰迫使清廷在鸦片贸易问题上采取"默认"政策后，立即在印度鼓励扩大罂粟种植面积，大力收购鸦片。表4-1是印度比哈尔（Behar）与贝拿勒斯（Benares）两地区生产出口鸦片情况。英国政府强行割占中国香港之后，立即把这个小岛变成为远东地区鸦片的最大集散地。1843年《南京条约》生效之后，外国鸦片贩子立即麇集到香港筑室建房，作为鸦片船停靠的码头，把它很快变为自由的鸦片仓库。马士说："香港没有一个时候不是同样的作为鸦片和其他货物的一个自由的仓库。"③ 到了1845年，就有80艘装运鸦片的快船往来于香港周围。英国公使璞鼎查，除了在1843年发布过一个禁止鸦片进入香港的通告外，从来没有履行过任何禁止鸦片的义务。

---

① 《战时与缔约后的中国》，参见《太平天国史译丛》第二辑，第283页。
② Edgar Holt, *The Opium Wars in China*, London, 1964, p. 293.
③ ［美］马士：《中华帝国对外关系史》第一卷，张汇文译，上海书店出版社2000年版，第611页。

表 4-1　　1841—1864 年印度两地区输出鸦片数量及价值表

年份	生产地区	从印度输出的鸦片箱数			总值
		中国	新加坡等	总数	Rs.（卢比）
1840—1841	比哈尔	4889	6256	11145	7411339
	贝拿勒斯	928	5337	6265	3953620
	总数	5817	11593	17410	11364959
1841—1842	比哈尔	9082	4883	13965	10380025
	贝拿勒斯	1670	4104	5774	4118596
	总数	10752	8987	19739	14498621
1842—1843	比哈尔	9429	1869	11298	11944164
	贝拿勒斯	2438	2782	5220	5216603
	总数	11867	4651	16518	17160767
1843—1844	比哈尔	10230	1215	11445	15443412
	贝拿勒斯	2837	3577	6414	8008600
	总数	13067	4792	17859	23452012
1844—1845	比哈尔	11761	1082	12843	16871611
	贝拿勒斯	2948	3001	5949	7522681
	总数	14709	4083	18792	24394292
1845—1846	比哈尔	12830	948	13778	19378145
	贝拿勒斯	3435	3340	6775	8560732
	总数	16265	4288	20553	27938877
1846—1847	比哈尔	17732	1083	18815	23954599
	贝拿勒斯	2936	3239	6175	7292917
	总数	20668	4322	24990	31247516
1847—1848	比哈尔	16075	892	16967	17391106
	贝拿勒斯	3359	3551	6910	6840565
	总数	19434	4443	23877	24231671
1848—1849	比哈尔	22306	455	22761	20095127
	贝拿勒斯	5564	3962	9526	8280356
	总数	27870	4417	32287	28375483
1849—1850	比哈尔	26583	976	27559	28130568
	贝拿勒斯	4413	3121	7534	7784141
	总数	30996	4097	35093	35914709

续表

年份	生产地区	从印度输出的鸦片箱数			总值
		中国	新加坡等	总数	Rs.（卢比）
1850—1851	比哈尔	23181	417	23598	22638453
	贝拿勒斯	5711	3593	9304	8912300
	总数	28892	4010	32902	31550753
1851—1852	比哈尔	21717	31	21748	21309034
	贝拿勒斯	6204	4354	10558	10068780
	总数	27921	4385	32306	31377814
1852—1853	比哈尔	22852	227	23079	25233280
	贝拿勒斯	8581	4518	13099	14967664
	总数	31433	4745	36178	40200944
1853—1854	比哈尔	27109	356	27465	24668645
	贝拿勒斯	6832	6498	13330	12233442
	总数	33941	6854	40795	36902087
1854—1855	比哈尔	35902	524	36426	25669528
	贝拿勒斯	8050	6945	14995	11278641
	总数	43952	7469	51421	36948169
1855—1856	比哈尔	30479	249	30728	24290727
	贝拿勒斯	7372	6838	14210	12098691
	总数	37851	7087	44938	36389418
1856—1857	比哈尔	29421	306	29727	26862207
	贝拿勒斯	7038	5676	12714	11325832
	总数	36459	5982	42441	38188039
1857—1858	比哈尔	26861	537	27398	33856511
	贝拿勒斯	5017	6198	11215	13604680
	总数	31878	6735	38613	47461191
1858—1859	比哈尔	29210	767	29977	45985313
	贝拿勒斯	4648	60	4708	5760989
	总数	33858	827	34685	51746302
1859—1860	比哈尔	19524	924	20448	33584578
	贝拿勒斯	2805	2697	5502	9626159
	总数	22329	3621	25950	43210737

续表

年份	生产地区	从印度输出的鸦片箱数			总值
		中国	新加坡等	总数	Rs.（卢比）
1860—1861	比哈尔	12599	690	13289	23933855
	贝拿勒斯	3089	2931	6020	11785082
	总数	15688	3621	19309	35718937
1861—1862	比哈尔	16830	540	17370	29764460
	贝拿勒斯	4502	4700	9202	14365567
	总数	21332	5240	26572	44130027
1862—1863	比哈尔	16657	993	17650	25567914
	贝拿勒斯	9189	5822	15011	20846203
	总数	25846	6815	32661	46414117
1863—1864	比哈尔	23075	890	23965	30023325
	贝拿勒斯	10740	7916	18656	22049033
	总数	33815	8806	42621	52072358

数据来源："关于1842—1856年在华鸦片贸易的文件"（Paper Relating to the Opium Trade in China, 1842—1856），《英国议会文件·中国》第三十一卷，《鸦片战争与鸦片贸易》，第389—390页。

中国五个通商口岸被迫陆续开放后，外国鸦片贩子纷纷抢占最有利的走私地点，肆无忌惮地进行鸦片走私。在广州，鸦片船只最初停靠在黄埔下面三英里的地方，后来以河口两边的金星门作为固定的停泊地。这些外国鸦片贩子对于中国尚未取消的禁令毫无顾忌，他们在停靠鸦片船的陆地上擅自造屋修路，好像得到了中国法律许可似的。在金星门停泊的四只鸦片趸船，"分属于两个英国公司，一个港脚和一个美国公司"[①]。在福州，1845年就有两艘双帆鸦片船停泊在闽江口，作为储存运到福州的鸦片仓库。这两艘鸦片船的船主都是英国人，他们在福州城内租赁了房子，作为鸦片临时批发站。当时，从香港到福州的唯一交通工具是鸦片船，英国的副领事就是乘坐鸦片船到福州上任的。曾任英国驻福州领事的卫京生这样回忆道："在当时，鸦片是外国输入中国最重要的而又是最值钱的货物，

① ［美］马士：《中华帝国对外关系史》第一卷，张汇文译，上海书店出版社2000年版，第610页。

在名义上中国政府对鸦片买卖是禁止的,但由于官吏的纵容,这个贸易几乎完全是免税的。单在福州地区一年的消耗量估计约在二千至三千箱之间,大约有半数的成年男子染上了烟瘾。这些鸦片船还没有来之前,此间消费的鸦片是取道福、厦之间的泉州进口的,鸦片船来了之后,鸦片就直接运到福州了。"①

在厦门,鸦片走私贸易也很猖獗。1850年,停泊在厦门附近的鸦片船只有颠地洋行的三桅帆船"阿美士德勋爵号",怡和洋行的三桅帆船"开路者号",合记洋行的纵桅式帆船"保王党号"。直到1855年,这些船只还抛锚在外港。据不完全统计,1849年,从厦门输入的鸦片有3200箱,仅次于广州的金星门,位居五个通商口岸的第三位。厦门的鸦片走私是公开的。有人这样描写道:"在厦门,鸦片是存放在外国仓库的。有一条鸦片趸船停泊在与海关有相当距离的地方,俨然很安全地放下桅杆安逸地停在那里,并不畏惧中国官吏的干涉。"②

上海开埠之后,很快代替了广州,成为最重要的鸦片输入口岸。1849年,由上海一埠入口的鸦片几乎等于输入中国鸦片总额的一半。1857年,从上海走私入口的鸦片有31000箱③,成为最大的鸦片市场。上海一开埠,外国商船就载运鸦片云集到吴淞口。从1843年5月到11月17日的半年间,由上海输入的鸦片就高达8000箱,价值600万元。④ 由于上海处在长江入海口,邻近中国最富庶的地区,英美鸦片贩子便把上海作为鸦片走私的主要地点。1848年,停泊在吴淞口的鸦片趸船有12艘之多。1854年,鸦片大量搬入岸上的仓库,停泊的鸦片趸船仍有10艘,"其中四只是受英国公司委托作鸦片生意的,四只是受犹太人或港脚公司委托的,还有两只是受美国公司委托的"⑤。在上海鸦片买卖是公开进行的,鸦片商人甚至敢于抬着鸦片箱从海关关员的面前走过。据不完全

---

① [英]卫京生:《福州开辟为通商口岸早期的情况》,见《福建文史资料》第一辑,福建人民出版社1962年版。
② 姚贤镐编:《中国近代对外贸易史资料(1840—1895)》第一册,中华书局1962年版,第423页。
③ [美]欧文:《英国对中国和印度的鸦片政策》,美国纽黑文1934年版,第194—196页。
④ 费正清:《中国沿海的贸易与外交:1842—1854年商口岸之开放》第1卷,美国马萨诸塞州剑桥出版社1953年版,第87页。
⑤ [美]马士:《中华帝国对外关系史》第一卷,张汇文译,商务印书馆1963年版,第610页。

统计①，由上海输入的鸦片及其价值如下（见表4-2）：

表4-2　　　　1847—1858年经上海输入的鸦片数量与价值

年份	经上海输入的鸦片箱数	估计全国消费的鸦片箱数	上海输入鸦片所占全国的百分比（%）	输入上海的鸦片价值
1847	16500	33250	49.0	8349440元
1848	16960	38000	44.6	11801295元
1849	22981	43075	53.3	13404230元
1853	24200	54574	44.3	14400000元
1857	31907	60385	52.8	13082000元
1858	33069	61966	53.3	—

南起广东，北到奉天的大大小小的海口都成为鸦片趸船停靠的口岸。有人这样描写道：沿着整个海岸线，在五口及其他重要据点，我们可以看到常见的鸦片船。吴淞、福州、宁波、厦门、舟山、刘公岛、锦州及广州，都是烟船爱好之抛锚地。1848年，报纸上列举三十五个这样的"水面炮台"（即鸦片走私的武装趸船），十二个在上海，八个在广州。一个美国专使曾这样讥讽说："鸦片船坞在中国之为人所熟知，如同美国海军船厂被人稔悉一样。"②

英国在华的最大两家毒品公司恰和洋行和颠地洋行各自拥有一个庞大的鸦片船队。恰和洋行有一只700吨的趸船长期停泊在香港，散泊在其他口岸的鸦片趸船共有8只，此外还有9只鸦片快船来往于中印之间，或者从香港把鸦片送往沿海各口岸。颠地洋行的鸦片船队稍次于恰和洋行。美国的旗昌洋行在中国沿海的鸦片趸船有4艘，另有3艘鸦片飞剪船来往于中印之间。

五口通商时期，在英美政府的庇护下，在清廷的放纵下，鸦片走私贸易发展十分迅速，外国鸦片贩子之间的竞争也十分激烈。"走私制度已经达到高潮，竞争的狂热吞噬了一切鸦片烟的商人，没有一个公司不想尽最

---

① ［美］马士：《中华帝国对外关系史》第一卷，张汇文译，商务印书馆1963年版，第403、522、626页。

② ［美］欧文：《英国对中国和印度的鸦片政策》，美国纽黑文1934年版，第194—195页。

好的走私办法,企图胜过它的竞争者。"① 英国、美国的鸦片走私者彼此互相夸耀他们的走私装备。在这一时期,鸦片走私船又有了新的改进。从1850年开始,美国人发明的汽轮船加入了鸦片走私船的行列,鸦片走私已不受季风变化的影响。1858年,已经有美国造的许多汽船在中国沿海航行。据美国驻华公使列卫廉(William Bradford Reed)报告:"在中国海面最活跃的鸦片汽船,都是纽约建造的,挂的都是美国旗。"② 这些飞速行驶的汽轮船,抢先把加尔各答有关鸦片的消息传递到新加坡、中国香港地区,再从香港传递到上海等其他鸦片趸船停泊地,然后把鸦片销售情况迅速带回印度的鸦片产地和市场。这些鸦片快船通常还兼营邮政业务。为了竞争,他们总是把除了自己原主的信件以外的邮件,故意扣押24小时或48小时,或更多的时间,以便在别人获得鸦片消息之前,保证自己的洋行处置鸦片的优先地位。这些全副武装的鸦片走私船除了用于轰开中国水师的偶尔查缉外,主要是为了防止在中国沿海活动的西方国家的海盗的突然袭击。在鸦片贩子看来,中国的水师官员已不需要任何武力就可以轻易对付,"那些从事于这项贸易的船只之所以必需充分武装起来,是为了保护他们贵重的货物和由货物换来的银子,免得受到那些骚扰沿海的海盗们的时常会有的袭击"③。

以英美为主的鸦片走私者还采用讹诈的手段强行销售鸦片。1856年江海关道蓝蔚雯曾揭露说:"西洋各国进口货物,近以烟土为最盛……五口行销几于无处不行。其贩来上海者,夷商以抵付丝茶价值为大宗。比如,应付丝价银一万两,夷商只付现银六七成,余以烟土抬价推抵,丝茶商不敢私运,即就地售于潮、广土栈。"④ "抬价推抵"鸦片完全是一种无赖行为。

五口通商时期的鸦片销售已不需要采用秘密的方法。"这种贸易虽然没有正式被认可,可是实际上是被承认了的,鸦片公开在大街上搬运,没有任何人加以阻止。"在上海,"鸦片成了唯一不受检查的进口货物",它可以在海关关员的面前公开地通过;在广州,"鸦片在街道上成箱地公开

---

① [美]欧文:《英国对中国和印度的鸦片政策》,美国纽黑文1934年版,第194—195页。
② [美]欧文:《英国对中国和印度的鸦片政策》,美国纽黑文1934年版,第223页。
③ [美]马士:《中华帝国对外关系史》第一卷,张汇文译,上海书店出版社2000年版,第612页。
④ 《吴煦档案选编》第六辑,第188页。

运送，并且像非违禁品一样地进行销售"①；在福州，"不是每个礼拜，而是几乎每天都在离海关大门不到十尺的地方，大白天就把鸦片搬送上岸"②；在厦门，"鸦片小艇像渡船一样地来来去去，鸦片公开地在大街上贩卖"③。

这一时期，广州的鸦片窑口也已恢复营业。1843年有20余家。清廷的官吏公开向窑口索贿分肥，每个窑口每日派规银百元有奇。广州城内的鸦片烟店林立，至少有五六百家。④

总之，五口通商时期的鸦片走私实际上完全不受法律制裁。这一时期，参与鸦片走私的主要还是英国人和美国人。印度人、葡萄牙人、犹太人、法国人、俄国人和菲律宾人都在不同程度上卷入了对中国的毒品进攻战。

在英美国家军舰的庇护下，在清朝政府的默许下，由于鸦片贸易地点的增多、市场的扩大和运输工具的改善，鸦片走私数量激增，超过了以往任何时期。五口通商时期，由于海关管理的混乱，各年度输入中国的鸦片缺少精确的统计。目前，各家史书所依据的数字大都是马士在《中华帝国对外关系史》中所提供的下列数据（见表4-3）。马士的推算是不精确的。就印度而言，他只统计了两个主要输出口岸，实际上还缺少达曼和果阿两地输出的鸦片箱数。何况除了印度鸦片之外，鸦片贩子还从土耳其、波斯等地输出鸦片。考虑到这些因素，笔者认为实际输入中国的鸦片数量要大于马士的推算。统计表明，在五口通商时期，输入中国的鸦片数量急剧增大，每年高达六七万箱，几乎是鸦片战争前的两倍，由此可以想见鸦片走私规模的扩大。

表4-3　　　　1840—1859年印度输出鸦片与中国估计消费额

年份	印度鸦片输出额			其他各地估计需求额（箱）	中国估计消费额
	孟加拉（箱）	麻洼（箱）	共计（箱）		
1840	18965	1654	20619	5000	15619
1841	17858	16773	34631	5000	29631

---

① [美]马士：《中华帝国对外关系史》第一卷，张汇文译，上海书店出版社2000年版，第541页。
② 《美国外交和政府文件》第二十卷，第191页。
③ [美]欧文：《中国沿海贸易与外交》第一卷，美国纽黑文1934年版，第172页。
④ 中国史学会主编：《鸦片战争》第四册，上海人民出版社1957年版，第290页。

续表

年份	印度鸦片输出额			其他各地估计需求额（箱）	中国估计消费额
	孟加拉（箱）	麻洼（箱）	共计（箱）		
1842	18827	14681	33508	5000	28508
1843	18362	24337	42699	6000	36699
1844	15104	13563	28667	5000	23667
1845	18350	20660	39010	6000	33010
1846	21437	12635	34072	6000	28072
1847	21648	18602	40250	7000	33250
1848	30515	15485	46000	8000	38000
1849	36566	16509	53075	10000	43075
1850	34863	18062	52925	10000	42925
1851	33561	22000	55561	11000	44561
1852	36600	23000	59600	11000	48600
1853	39463	27111	66574	12000	54574
1854	48319	26204	74523	13000	61523
1855	53321	25033	78354	13000	65354
1856	44938	25668	70606	12000	58606
1857	42441	29944	72385	12000	60385
1858	38611	36355	74966	13000	61966
1859	34685	41137	75822	13000	62822

数据来源：摘自［美］马士《中华帝国对外关系史》第一卷，张汇文译，上海书店出版社2000年版，第626页附表庚。

在这一时期，输入鸦片的价格和价值也没有精确的统计。由于走私性质，鸦片价格忽涨忽落，很不稳定。在上海，1847年平均每箱价格为500元；1848年公班土的售价为500—630元，白皮土为530—1100元，平均售价700元；1849年，平均售价每箱跌至600元，这个价格维持到1853年；随着输入鸦片数量的激增，由于供大于求，1855年公班土售价每箱跌至360元，白皮土为420元；1856年又进一步下跌。到了1859年，鸦片售价又回升到每箱500元的水平。根据这些情况，我们做一粗略推算。按照马士的估计，从1840年到1858年的19年间，中国消费的鸦片约有808125箱，若以平均每箱售价550元计，鸦片总价值大约有444468750

元,相当于一次国际战争的巨额掠夺!

关于这一时期中国吸食鸦片的人数,没有精确的统计,这里只能做一概略估计。马士说,1855年中国消费的鸦片有65354箱,公班土、喇班土每箱120斤,白皮土、金花土每箱100斤,平均为110斤,大约有7188940斤。若以每人年食3斤计算,习惯吸食者应有2396313人;若以每人年食6斤计算,则为1198156人。考虑到偶然吸食的因素,同时也考虑马士统计数字不完全的因素,可以推测中国当时吸食鸦片的人数当在二三百万之间,比鸦片战争时的吸食人数又有大幅度增加。

鸦片战争前,烟毒主要泛滥于广东和福建。鸦片战争后,上海日渐成为中国最大的毒品输入口岸,浙江、安徽、江苏等省鸦片流毒日趋严重。例如,浙江"黄岩一县,无不吸烟,昼眠夜起,呆呆日出,阒其无人,月白灯红,乃开鬼市(即鸦片烟市)"①。《松江府续志》记载:"吾郡自道光以前吸食(鸦片)者无多,季年以后,其毒乃不可遏,通衢列肆,嗜者日众。城市而外,渐及乡镇。一日之费倍蓰米粮,往往因之败业,以促其年。"②道光、咸丰年间的南汇县,"鸦片流毒无穷,三四十年来,吸食者不特城市殆遍,即乡僻亦然。计邑城每日所进烟土,其费倍于米粮"③。据记载,吴江县、秀水县也同样是烟灯遍地。江南,中国最富饶的鱼米乡、最发达的商业地区,已被弥漫的鸦片烟毒所笼罩。鸦片烟毒不仅摧残着一个伟大民族的肌体,而且严重破坏着中国的生产力和商品市场;不仅败坏了中华儿女的道德观念,同时还不断破坏着社会和家庭的稳定。

五个通商口岸宣布开放时,英国资产阶级兴奋异常,他们一想到一个拥有三四亿人口的国家敞开了大门,就认为发财的机会到来了。各种工业制造者和商人都做着同样的黄金梦。什么中国人每年每人消费一顶帽子,英格兰所有的工厂就会供应不上;什么兰开厦纱厂的全部生产品不够供应中国一省制袜之用;如此等等,都是说中国市场是巨大的。然而市场消息很快就使这些热昏了头的资本家困惑不解。运到中国的刀叉食具和钢琴在中国的售价还抵不上运费,睡帽连一顶也卖不出去。美国的床单和衬衣也

---

① 中国史学会主编:《鸦片战争》第3册,上海人民出版社1957年版,第362页。
② 光绪《松江府续志》卷5,《疆域志·风俗》,清光绪十年(1884)刻本,第121页。
③ 张文虎纂修:《南汇县志》卷20,《风俗志》,载《上海府县志辑》第5册,江苏古籍出版社1990年影印本,第901页。

卖不到合适的价格，只好长期堆放在货栈中，即使降价抛售也卖不出去。原因何在呢？英国下院小组委员会在研究英国商品输出额不能迅速增大的原因时，认为："既非因为中国对英国货物没有需求，亦非其他国家与英国竞争。唯一的原因在于中国可以动用的现银被鸦片所吸收，从而对英国的制造品，即缺乏支付手段。"①

马克思在1858年分析说："我们仔细考察了中国贸易的历史以后感觉到，一般说来，人们过高地估计了中国人的消费能力和支付能力。在以小农经济和家庭手工业为核心的当前中国社会经济结构中，根本谈不上大宗进口外国货。"② 又说，"这个市场失败的主要原因看来是鸦片贸易，事实上，对中国的出口贸易的全部增长始终都只限于这一项贸易。"③ 妨碍中英贸易发展的，根本不是中国不需要英国商品，也不是其他国家日益增强的竞争。花钱买鸦片，这消耗了所有的白银，而使中国一般的贸易遭受了巨大的损失。在这种情况下，中国人不能同时购买商品，又购买毒品。扩大对华贸易就是扩大鸦片贸易，而增加鸦片贸易是与发展合法贸易不相容的。英国鸦片贩子破坏了他们的政府和军队用大炮轰开的远东市场，而这种破坏活动又是在英国政府的支持和庇护下进行的。

鸦片贸易从19世纪开始在人类道德法庭上就被看成是可耻的罪行。在东方它激起了整个中华民族的仇恨，在西方它同样受到一切有正义感的人士的尖锐批评。英国政府发动鸦片战争时，曾遭到国内舆论的激烈批评，在下院仅以微弱多数通过了战争决定。战争结束之后，鸦片贩子在英国军舰的保护下更加猖狂地走私毒品。英国国内对于本国政府在中国强行推销鸦片的政策的抨击更加激切。侨居在伦敦的马克思经常搁置自己的研究计划，为《纽约每日论坛报》撰写评论文章，谴责英国的鸦片政策和战争。在公众舆论压力之下，英国政府辩护说，它出动军舰是为了保护女王陛下臣民的财产和安全，是为了保护英国的国旗，并不是为维持鸦片贸易而战。至于鸦片走私贸易，那是由于中国政府无能禁绝，英国没有制止鸦片输入中国的义务。

---

① 严中平编译：《英国资产阶级纺织利益集团与两次鸦片战争史料》，《经济研究》1955年第1—2期。
② 《马克思恩格斯文集》第二卷，人民出版社2009年版，第641页。
③ 《马克思恩格斯论中国》第二十九卷，人民出版社2018年版，第147页。

这种谎言是骗不了人的,且不谈英国国会议员对政府的尖锐批评,当时的宗教团体对于鸦片走私贸易亦表示强烈不满。在中国的英国基督教各派传教士一致认为,鸦片贸易是一种人类罪恶,在中国从事这种罪恶勾当的主要是英国人,因此损害了英国人的声誉,妨碍了基督教在华的传播。一位著名的伦敦会传教士(格尔福斯,Griffth John)尖锐批评说:"想起鸦片贸易以及这无穷的祸患,现在已经在中国土地上生根了。中国人称我们为魔鬼,而当我想起这种不道德和破坏性的贸易,我就觉得不再奇怪!……现在我不能检查这段可悲复可耻的贸易史,也无法叙述英国政府对这种贸易自私的行为该负的责任。我们知道,道光皇帝因为企图阻止这项贸易,反成了我们与中国的第一次战争的直接导火索。这场战争花费了中国人2100万元和香港的割让,并且为中国带来了无穷的祸患和损失。为了中国焚烧鸦片,我们又强迫它们付600万元的赔偿费。当这些都过去以后,我们的全权大使璞鼎查尽其所能地迫使中国签订这项贸易。但是中国的皇帝如何回答?是的,我无法禁止这种泛滥的毒品被介绍进来。虽然那些贪财好色、追逐名利并收受贿赂的人将破坏我的愿望,然而却没有任何事情能够引诱我,去从罪恶和我百姓的痛苦中取利。多么高贵的话!这些话值得用金字写出来。我认为,这位非基督教徒皇帝,站在比我们的基督全权大使还高的道德水平上。接着,英国所做的下一件事,便是通过额尔金伯爵向中国政府施加压力,使鸦片通商合法,然后使鸦片成为一种安全的、受人尊敬的、广泛的习惯,遍布在中国的土地上。

"每一年,中国人都得为这有害的毒品付出1400万至1600万镑的代价,而从大英联合王国输到中国的鸦片不过是800万至1000万镑的价值而已。在东方是基督教的代表,在中国是商业的大国,这就是我们大英帝国的地位。但是对中国而言,鸦片不仅年复一年地剥夺了他们上百万的金钱,还摧毁了他们的民族。鸦片在中国无形中破坏了宪法,摧毁了健康,缩短了吸食者的寿命,瓦解了每一个家庭的欢乐和兴盛,并且正逐步地促使着这整个国家民族身心以及道德的低落。

"吸食鸦片在中国绝对不是一种无害的享受,它不论对国家,或对个人都是一种绝对的伤害。传教士始终感觉到这种致命的通商,有着不光彩的历史,促使中国的人心抵挡基督教。它的破坏性远比基督教能为中国所做的还要多,这种贸易已经造成中国人对传教士和福音的一种强烈的偏见。他们无法了解何以同样肤色的人会一面带给他们救赎的福音,另一面又带给他们具有毁灭性的毒品。他们无法了解何以当我们正在大量摧毁他们的身体时,竟会以为对他们灵魂有益。他们必然怀疑像我们为他们带来这种贸易的民族是否还有权利向他们传播福音,劝他们行善。虽然,身为传教士,我们与这种可憎的行为没有关系,但是中国人却无法分辨外国人和传教士……总之,这项贸易是不道德的,并且是英国的一种污点。

"目前,鸦片是最大的灾祸。同时,我认为在中国政府方面,虽然他真诚地使用法律限制,却无法杜绝。如果事实发展果真如此,那么,我们作为一个基督教的国家,所当采取的途径便十分清楚了。我们已经在中国人民的身上造成了一项可怕的错误,现在我们的严肃任务,就是立刻放弃这项贸易,并尽我们的力量同情他们,帮助他们,再加上他们的努力,将这种灾祸从他们的国土上完全排除。如果能让英国政府亲眼看到鸦片贸易罪恶的本质,进而导使他们将鸦片的收入奉献在我们国家的神和中国富强、康乐的祭坛上,那该多好!"①

这位传教士一针见血地分析了鸦片问题的实质,代表了英国反鸦片贸易人士的正确意见。英国反对鸦片贸易的人士专门成立了一个组织,"为促进英国人民和政府与鸦片贸易断绝一切关系",该委员会的主席沙甫慈百利于1855年8月向政府递交了一份关于鸦片危害的调查备忘录,促使英国反鸦片贸易运动出现了一次新高潮。②

美国在华传教士也积极参加了反鸦片运动。他们向国内各团体提出各种关于鸦片毒害的报告。著名的传教士麦都思（Walter Henry Medhurst）曾激烈批评鸦片贸易说:"这项贸易以莫大的耻辱玷污了英国人在中国的令名,由于有些英国臣民继续从事于一种害人的毒品的武装走私,借着这种买卖使自己发财致富,却摧毁并杀害了那些可怜的吸烟成瘾的中国人。"③尽管这位美国牧师没有同时把美国人也列入鸦片贩子的行列,而这些尖锐的批评无疑会在太平洋彼岸产生一定影响。此外,还有那些在华经营合法

---

① Benjamin Broomhall, *The Truth About Opium Smoking*, pp. 61–63.
② [美]马士:《中华帝国对外关系史》第一卷,张汇文译,上海书店出版社2000年版,第610—612页。
③ [美]马士:《中华帝国对外关系史》第一卷,张汇文译,上海书店出版社2000年版,第610—612页。

贸易的美国人对于鸦片贸易也表示不满和谴责，这在国内也形成了一种反鸦片贸易的舆论压力。在这种舆论影响下，美国政府从人道主义出发，特别是出于争夺中国市场的需要，在胁迫中国签订条约时，公开宣布他反对可耻的鸦片贸易。1844年签订的《中美望厦条约》第33条中说："合众国民人，凡有擅自向别处不开关之港口私行贸易及走私漏税，或携带鸦片及别项违禁货物至中国者，听中国地方官自行办理治罪，合众国官民均不得稍有袒护，若别国船只冒合众国旗号做不法贸易者，合众国自应设法禁止。"[1] 这是清廷在近代对外签订的第一批条约中，唯一的，也是最早的在国际禁止鸦片贸易的条款。在它的影响下，1847年，中国与瑞典、挪威签订的海关税则中也体现了同样的精神。[2] 不过，美国政府反对鸦片贸易政策是表里不一的，它表面上反对鸦片贸易，而委任的驻中国各口岸的领事，大多是从大规模从事鸦片走私的旗昌洋行的人员中选派的，所以在事实上也支持了鸦片走私贸易。尽管如此，美国政府的公开反对鸦片贸易和其他国家关于鸦片贸易的评论，都对英国政府维持鸦片贸易构成了国际压力。

维持鸦片走私状况使英国政府既受到国内人民的批评，又受到国际上的压力，处境颇为难堪。而这种极不道德的贸易给英印政府带来的巨大财政收入又使其不愿放弃这项罪恶的掠夺。为了摆脱这种尴尬的处境，英国政府曾一再训令其驻华公使千方百计诱迫中国政府承认鸦片贸易的合法地位，以便把鸦片贸易的责任和国际国内的不满推到清廷身上。

英国鸦片贩子对于本国政府的处境和意图是清楚的。1845年，马地臣指示他的鸦片船船长说，在中国人面前不要夸耀英国海军的胜利，"要尽力讨好清朝官吏，如果他们要求我们从一个停泊处开到另一个停泊处，我们就要照办，并且不要太靠近他们的城市。鸦片贸易现在在英国很不得人心，因此得保持沉默，尽量避人耳目，为此目的，不论怎样小心都不过分"[3]。像马地臣这样的大鸦片贩子尚且要顾及国内的舆论，足以说明鸦片贸易合法化的好处——"收入的增加和走私的弊害"[4]。耆英对此表示怀疑，颇有戒

---

[1] 王铁崖编：《中外旧约章汇编》第一册，生活·读书·新知三联书店1957年版，第56页。
[2] 王铁崖编：《中外旧约章汇编》第一册，生活·读书·新知三联书店1957年版，第77页。
[3] 马地臣1845年4月22日给麦克米尼斯船长的信，见《中国沿海书信集》，转引自《剑桥中国晚清史（1800—1911）》上卷，第241页。
[4] ［美］马士：《中华帝国对外关系史》第一卷，张汇文译，上海书店出版社2000年版，第617页。

备，没有积极反应，英国没有就鸦片合法问题取得任何进展。1848年，文翰（Samuel George Bonham）继任驻华公使，对于促使中国自我解除鸦片禁令，他似乎信心不足，除1849年2月15日向两广总督徐广缙提出过鸦片开禁照例纳税的要求外，没有进一步的努力。这时，驻上海的英国领事阿礼国（Rutherford Alcock）对于鸦片合法化格外热心。1849年，他向英国下院小型特别调查委员会提交了一份《当前的局势和我国与中国关系的意见书》。在这份意见书中，他指出：中国对英国产生的敌对情绪和不信任态度根源于鸦片问题。"这里不会产生其他感情，在我们谈判的每一个回合中，在日常的交往中，以及在我们关系中的一切更迭关头，我们都会面临到它的后果。由于它以一种毒害的影响笼罩着我们政治行动的整个领域，因此对之必须认真地加以考虑，并在所有我们在中国所做的努力中把它估计成一种破坏的因素"。"并且由于这种鸦片贩运事业已成为一种在中国投资的手段，所以庞大的资本，巨额的收入，以及与之密切的合法贸易都被卷入进去，这就排斥了任何歇业，或是撤退的想法。"① 在这种情况下，他认为英国解决鸦片走私问题的方法有三种：一是说明鸦片未必是一种纯粹的祸害，英国不是这种犯罪的根源，也没有权力根绝它；二是修正鸦片合法化的要求；三是"教育说服和威胁恐吓要交替使用，并且要以强迫作为最后手段来取得一切公正和必需的让步"。他建议三种方案同时实行，侧重点是武力解决的第三种方案。他说："假如作为一种国家政策，或是道义责任来说，这种两害之中取其轻的措施被拒绝的话，看来对于那种一定要把这种贸易的主要贩运者加到我们身上的恶作剧，便没有什么办法可以想了。但是，一旦考虑到我们方面的任何权利时，我们便用不着讳言，这种诽谤的影响将会永无止境地对我们的政治行动产生作用。正因为如此，这就有必要把我们的刀剑的砝码掷放到另一端去——尽管是没有拔出鞘的，而其效果依然是很有意义的，并且是强制力的。"② 用不着分析，这完全是一套赤裸裸的强盗逻辑。1852年6月，阿礼国致信文翰，继续要求采取强硬手段胁迫清朝政府就鸦片问题再一次让步——开禁。他说："同中国人打交道，没有什么事较之坚持一旦曾经提出来的立场更加主要

---

① 齐思和等编：《第二次鸦片战争》第六册，上海人民出版社1978年版，第9—11页。
② 齐思和等编：《第二次鸦片战争》第六册，上海人民出版社1978年版，第9—17页。

了。设若这是正确的,在首先为一项权利提出声明,或进行抗争时,就不能太小心谨慎。而且一旦那样的步骤被采用,在获得完全成功之前是没有什么踌躇余地的。"① 阿礼国的这种战争要求,显然主要代表着在华从事鸦片贸易的英国商人的要求,"鸦片商号召彻底征服中国,并把中国变成英国的新的殖民地"②。1856年,英国政府便以"亚罗号事件"为借口,拔出了刀剑,企图通过军事讹诈夺取更多的权益,迫使中国同意鸦片贸易合法化,挑起了新的对华战争。

1856年10月8日(咸丰六年九月十日),广东水师一名千总带领水兵在停泊黄埔港的一只名为"亚罗"的商船上逮捕了中国12名海盗嫌疑人③。这只船原系中国人苏亚成打造,因船长甘纳迪是英国人,为走私方便起见,船主苏亚成曾在香港注册,并以1000银元买到香港当局的通航证。但在中国水师捕捉海盗时,该船已超过一年限期11天,通航证自然失效,不属英国领事保护范围。何况,"亚罗号"不管是否悬挂英国国旗,它当时既然参与了走私活动,藏有海盗,广东水师完全有权缉拿罪犯,拘留、审查与海盗在一起的嫌疑水手,这完全是中国的主权,与英国政府毫不相干。

可是,刚从英国伦敦回来的英国驻广州代理领事巴夏礼(Harry Smith Parkes,1828—1885),为了满足鸦片贩子的战争要求,为了执行帕麦斯顿对清廷"提高嗓门"的训令,便制造借口说,"亚罗号"是英国船,声称中国水师上船捕人有损英国领事的体面,要求清廷赔礼道歉。并且无中生有地说,广东水师曾扯下悬挂着的英国国旗,侮辱了英国政府。10月21日,巴夏礼无理要求两广总督于24小时内送回水手,赔礼道歉,"如逾期不允所请,即进兵攻城"④。两广总督叶名琛害怕事态扩大,屈服于侵略者的压力,将拘捕的12名人犯"一并交还"。巴夏礼蓄意挑起战争,不肯罢休,借口礼貌不周,拒不接受。

---

① 齐思和等编:《第二次鸦片战争》第六册,上海人民出版社1978年版,第9—17页。
② 齐思和等编:《第二次鸦片战争》第六册,上海人民出版社1978年版,第22页。
③ 薛福成:《书汉阳叶相广州之变》,七弦河上钓叟:《英吉利广东入城始末》与华延杰:《触番始末》等书均说逮捕13人,误。叶名琛和巴夏礼是"亚罗号事件"的主要交涉人,来往的外交公文都是说12人,此说较为可靠,参见齐思和等编《第二次鸦片战争》第一册,上海人民出版社1978年版,第198—199页。
④ 齐思和等编:《第二次鸦片战争》第六册,上海人民出版社1978年版,第165页。

"亚罗号事件"迅速传到英国,在英国引起激烈争论。英国一家报刊用比较合乎人情的推理表达了意见。《每日新闻》这样写道:"真是奇怪,为了替一位英国官员的被激怒的骄横气焰报仇,为了惩罚一个亚洲总督的愚蠢,我们竟滥用自己的武力去干罪恶的勾当,到安分守己的和平住户去杀人放火,使他们家破人亡,我们原来是像不速之客那样闯入他们的海岸的。且不说这次轰击广州的后果如何,无所顾忌地毫无意义地把人命送上虚伪礼节和错误政策的祭坛,这一行为本身就是丑恶和卑鄙的。"[①]

对于英国政府以"违背外交礼节"为借口,不先行宣战,就悍然进入一个和平国家的做法,连英国统治集团内的许多人都表示了强烈不满。1857年2月24日,在英国上议院发生了一场激烈辩论。得比勋爵和林德赫斯特勋爵发表了精彩的演说,充分证明了英国在"亚罗号事件"上所采取的军事行动,没有任何法律根据,一切行动自始至终都是错误的。得比勋爵痛斥英国的军事行动,以讥讽的语气说:"我不愿意说任何不尊敬包令(Sir John Bowring,1792—1872)博士的话。他也许是一个博学多才的人;但据我看来,在准许他进入广州的问题上,他简直是害了偏执狂(赞同声和笑声)。我相信,他真的梦见自己进入广州了。我相信这是他清早醒来的第一个念头,也是他入睡以前的最后一个念头,他要是半夜醒来,这个念头也会出现(笑声)。我相信,约翰·包令爵士只要能在广州衙门受到正式的接待,他会认为,同这件事所得到的巨大利益相比,任何牺牲都不为大,任何通商中断都不足惜,任何流血都不足悔(笑声)。"

接着是林德赫斯特的发言,他说:"约翰·包令不仅是全权代表,而且是著名的人道宣扬者(笑声),他自己承认船籍登记证是无效的,那只划船没有权利挂英国国旗。可是请注意他所说的话:'船不在我们的保护之下,不过中国人并不知道这一点。看在上帝的面上,千万不要把这一点透露给他们。'他甚至重复强调这一点,因为实质上他就是说,我们知道中国人并没有犯下任何违背条约的罪过,但是我们不告诉他们这件事;我们坚决要求赔偿损失并且要求在送回被捕者时举行特别仪式。要是不按照这种仪式送回水手,那么采取什么补救办法呢?很简单,攫夺一只中国帆船,即中国兵船。如果这还不够,那就再攫夺几只,直到我们强迫中国人

---

① 《纽约每日论坛报》第4918号,1857年1月23日社论。

屈服为止，虽然我们明知道他们有理，而我们没有理（笑声）。以往有比这更恶劣更可耻的行为吗？还有过比这位在英国政府担任要职的人提出的口实更虚伪的吗？"

最后是格雷勋爵发言，他强烈谴责违反外交常识的行动，要求立即召回包令。在下院的辩论中，包令也遭到同样的斥责。议员科布顿一开始演说，就宣布同这位有着20年交情的人绝交。下院关于中国问题的辩论持续了四个夜晚，经过激烈争论，终于以通过对帕麦斯顿内阁不信任案而平静下来①。但帕麦斯顿用"惩罚解散"来回敬对他的不信任，把议员赶回了老家。辩论的最后一个夜晚，下院会场内部和聚在附近街道上的群众都出现了强烈激动的情绪。这不单是由于这个问题关系重大，而且更主要的是受审判的这个人的特点。帕麦斯顿的统治是一种独裁，不是普通内阁统治。马克思评论说："这个老练的骗子让他的亲戚舍夫茨剔伯爵推荐的那些低级教会派主教证明他'正直无邪'，而贩卖'麻醉世人的甜蜜毒药'的鸦片走私商，则证明他忠心耿耿地为'私利这颠倒乾坤的势力'服务。苏格兰人伯克以伦敦的'尸首贩子'自豪，同样，帕麦斯顿以利物浦的'毒品贩子'自豪。"② 帕麦斯顿内阁与英国鸦片利益集团粘连在一起，他是毒品贩子的代表。

1857年4月20日，英国外交大臣克勒拉得思在给英国侵华全权专使额尔金（James Bruce，Earl of Elgin）的训令中明确指示说："鸦片贸易合法化是否将扩大鸦片贸易，还有疑问，因为现在的鸦片贸易，在地方当局的许可与纵容下，似乎已达到充分满足中国鸦片需要的程度。但是以完纳关税把鸦片贸易置于合法地位，显然是比现在这种不正规的方式更为有利。"③ 由此可见，英国政府发动新的对华鸦片战争的目的非常明确，就是要把可耻的鸦片贸易合法化，以便使英国政府摆脱国内压力，这是第二次鸦片战争的本质课题，"亚罗号事件"只不过是侵略者的最虚伪的战争借口。英国发动的第二次鸦片战争是不义的侵略战争。

---

① 下院在1857年2月26日、27日，3月2日、3日进行辩论。最后以263票对247票通过对帕麦斯顿内阁不信任案。帕麦斯顿当即宣布解散议会。
② 《马克思恩格斯全集》第十二卷，人民出版社1965年版，第161页。
③ 姚贤镐编：《中国近代对外贸易史资料（1840—1895）》第二册，中华书局1962年版，第681页。

第五章
英国外交官关于鸦片贸易合法化的密谋活动

关于两次鸦片战争间的鸦片贸易合法化问题,虽然相关的中国近代史论著已经有所提及①,但由于现存中文档案资料太少,当事者又没有留下笔记资料,大都语焉不详,甚至误以为是清朝官员迫于兵饷筹集困难,为了征收鸦片税而主动解除了禁令。要想弄清这一时期英国外交官关于鸦片贸易的具体阴谋和活动,我们必须发掘英文原始资料。近来再次阅读英国议会文件,发现英国外交官关于鸦片贸易合法化的通信资料保存相当完好,完全可以再现当年密谋活动的全部过程。本书以这些通信资料为主,结合少量中文档案资料,对于英国历任驻华外交公使关于鸦片贸易合法化的密谋与活动作一深入探讨。

一 首任驻华公使璞鼎查关于鸦片贸易合法化的劝诱活动(1842—1844)

英国政府1840年发动的对华战争明明是为了鸦片贸易利益而来,然而

---

① 1995年以来,研究鸦片问题的中外史学家都非常关注近代中国的鸦片贸易合法化问题,都一致认为,英国外交官在这个问题上对于中国官员进行过劝说活动。但依据的资料都比较零碎,难以说明问题。例如,苏智良说:"英方提出了鸦片贸易合法化的要求。清廷代表大学士桂良、吏部尚书花沙纳被迫承认了鸦片贸易合法化的原则。"(《中国毒品史》,上海人民出版社1997年版,第127页)蒋秋明、朱庆葆说:"在《南京条约》签订之后仍反复劝说清廷主动弛禁鸦片。如1848年,英国领事向两广总督徐广缙提出鸦片弛禁请求;1854年英国公使包令进一步重申鸦片纳税进口要求。"(《中国禁毒历程》,天津教育出版社1996年版,第76页)王宏斌也指出:"1858年10月,当中英在上海重新开始谈判时,额尔金向中方谈判代表提出了鸦片贸易合法化的建议。"(《禁毒史鉴》,岳麓书社1997年版,第182页)

在战争结束签订的条约中却有意回避了这个问题，除了关于虎门销毁的鸦片赔款外，对于鸦片走私贸易的现状以及未来却只字不提，这是英国外交官故意模糊鸦片战争性质的伎俩。事实上，早在1841年2月26日英国外交大臣巴麦尊（Palmerston, Henry John Temple, 1784—1865）对于侵华英军总司令乔治·懿律（Elliot, George, Admiral, 1784—1863）和谈判代表义律（Elliot, Charles, Captain, 1801—1875）就下达了训令：

> 女王陛下政府已经开始关注同中国鸦片贸易的事情。我必须通知你努力协同中国的官员做一些安排，使鸦片贸易在中国合法化。
>
> 同中国全权大使谈论这件事时，你要告诉他们，允许鸦片在中国合法化不是你向中国政府提出的要求；你不要让中国的全权大使认为这是女王陛下政府在使用强迫手段。应指出，如果鸦片贸易停留在这个位置，中英两国保持永久友好理解的关系是不可能的。事实证明中国官方没有能力禁止中国海域的鸦片贸易，因为对于买卖者而言这种诱惑远远大于被发现的恐惧和所受的惩罚。道理同样明显的是，禁止鸦片运往中国超出了英国政府的权利；因为即使英国管辖区的任何一个地方不生产鸦片，其他国家也会大量生产鸦片，那些喜欢冒险的英国人或其他民族的人也会把鸦片运往中国。中国目前的法律规定鸦片贸易不合法，不合法的贸易常会伴随着操作者和制止者双方的暴力冲突。
>
> 中国的船只和走私者之间的小型战争一定会导致中英两国不友好尴尬的争论；会引起中英两国的人民敌视情绪。因此中英两国的友好关系应附以稳定的因素；如果中国政府下定决心在适当对鸦片征税的基础上使鸦片贸易合法化，这将会使走私者不再受到努力引进商品不交税的诱惑。用这种方式，中国政府会得到可观的收入，现在用以贿赂海关官员的钱将以关税的形式归属国家。①

稍后，在任命璞鼎查（Pottinger, Sir Henry, 1789—1901）为侵华全权

---

① *Sessions Opium War and Opium Trade* 1840 – 1885, *British Parliamentary Papers*, China 31, Irish University Press, p. 279.

第五章 英国外交官关于鸦片贸易合法化的密谋活动

代表时,巴麦尊又一次指示道:

> 经验告诉我们中国政府的确没有能力阻止鸦片进入中国,很多因素使得英国政府不可能协助并给予一些有效的帮助。但是只要法律禁止鸦片贸易,它一定不可避免地会导致欺骗和暴力。在中国的执法机构和鸦片贩卖者之间的冲突是不可避免的。如果这种英国鸦片走私者和中国官方的战争长期下去,中英两国之间的关系一定会陷入危险境地。女王陛下政府对于这件事情没有要求,他们无权有什么要求。中国政府如果可能全面禁止鸦片进口,英国参与鸦片的公民将要承担相应的后果。要想尽一切办法说服中国的全权大使,并通过他说服他的政府改变鸦片贸易的法律,使之合法化。对他们无力阻止的鸦片贸易征以定期的税收,这是很值得的。①

既要迫使中国政府和民众接受毒品,承认鸦片贸易合法化,又要转移国际国内视线,逃避邪恶的战争责任,这就是英国政府在两次鸦片战争间处理鸦片贸易问题的最基本的外交方针。这一既定的外交方针被英国历任驻华公使严格奉行,并一贯坚持到底。这是我们分析两次鸦片战争起因,解读两次鸦片战争间英国政府对华外交政策时张时弛的奥秘所在。

当第一次鸦片战争正在进行时,英国政府任命亨利·璞鼎查为全权代表,他于1841年8月来到中国,一面率领英军先后攻占厦门、定海、镇海、宁波和南京,一面按照巴麦尊的训令,提出种种勒索条件,并劝诱中方谈判代表奏请道光皇帝解除禁令,承认鸦片贸易合法化。从当事人留下的备忘录中可以看到,璞鼎查从1842年8月到1844年离任时,曾经多次向中国谈判代表提出鸦片贸易合法化的建议,均遭到钦差大臣耆英等人的拒绝。

璞鼎查写给中国大臣的关于鸦片贸易合法化的第一份备忘录签署于1842年8月27日,对象是正在南京谈判的中国三名高级官员:钦差大臣耆英、伊里布与两江总督牛鉴。是时,《南京条约》已经基本敲定,两天

---

① *Sessions Opium War and Opium Trade* 1840 – 1885, *British Parliamentary Papers*, China 31, Irish University Press, p. 280.

后将正式签订。在这份备忘录中,璞鼎查首先申述了难以禁止鸦片的两个理由:其一,英国政府不可能阻止英属印度殖民地的鸦片种植。假如它颁布这样一条命令,那些在英属印度殖民地以种植鸦片为生的人会移民到印度自己的州去,继续生产鸦片,产品不仅不会减少,反而会增加。其二,只要中国有社会需求,就必定会有鸦片输入。如果中国政府不能阻止他的国民购买和消费鸦片,这项贸易就不会自动结束,没有任何人会把货物带到没有买方的市场。即使英国商人不参与鸦片走私,其他国家的人照样会把鸦片输入中国。长期经验证明,中国政府不仅没有能力禁止鸦片的使用,也没有能力阻止鸦片的走私。然后反复强调说:"只有一个办法可以解决这一麻烦,即皇帝使用物物交换的方式使之合法化,并征收以一定的税收。"①

璞鼎查写给中国官员的关于鸦片贸易合法化的第二份备忘录签署于1843年1月22日,对象是钦差大臣耆英。在这份备忘录中,璞鼎查就鸦片贸易合法化问题又提出了一个新的理由,即在公海上每一艘商船都有权携带他们想运输的任何货物,即使英国商船不携带鸦片,其他国家的商船仍然会输入鸦片,中国官员无权禁止,也没有能力禁止在公海上的鸦片走私贸易。既然中国官方对于鸦片走私贸易目前采取的是默认政策,那么,英国公使便没有理由去禁止本国的商船在外海携带鸦片。②

璞鼎查写给中国官员的关于鸦片贸易合法化的第三份备忘录签署于1843年6月30日,对象同样是耆英,地点却在虎门。在此前一天,翻译官马礼逊(Morrison,John Robert,1814—1843)曾经当面向中国谈判代表耆英及其随从提出鸦片贸易合法化问题,在他看来,鸦片合法化之后,中国政府可以增加大量税收。假设每箱鸦片税银50元,按每年进口鸦片3万箱,合计可以征收税银150万元。耆英对此似乎有所心动,他提出以保证金的方法作为承认鸦片贸易合法化的先决条件,由英国公使担保,在10年内,每年的鸦片进口税银为300万元。③ 璞鼎查在备忘录中答复说:"英国政府不愿鼓励鸦片贸易,但是,看到中国政府无力禁止鸦片进口和吸食,

---

① Sessions Opium War and Opium Trade 1840 – 1885, British Parliamentary Papers, China 31, Irish University Press, p. 280.

② Sessions Opium War and Opium Trade 1840 – 1885, British Parliamentary Papers, China 31, Irish University Press, p. 281.

③ Sessions Opium War and Opium Trade 1840 – 1885, British Parliamentary Papers, China 31, Irish University Press, p. 284.

第五章　英国外交官关于鸦片贸易合法化的密谋活动

英国政府很乐意在它的权力范围内做任何事情使得该项贸易建立在一个较少令人不快的基础之上。"① 耆英收到璞鼎查的来函，看到英方没有明确表示关于鸦片保证金的承诺，当天复信收回关于弛禁鸦片的相关建议。②

璞鼎查写给中国官员的关于鸦片贸易合法化的第四份备忘录签署于1843年7月8日，对象仍然是耆英。在这份备忘录中，璞鼎查再一次说明了英国政府促使鸦片贸易合法化的基本立场。他说："我已向我国政府汇报了自从我到中国以来有关鸦片贸易的一切言行。并且得到指示：英国政府尽管倾向于停止英国人所从事的贸易，但却无力改变现状，即使他们有这个能力也不可能阻止其他国家的公民向中国输入鸦片的行为。还需要明确指出的是，除非鸦片贸易合法化，否则即使希望携带鸦片的英国远洋货船不被干涉，也是不可能的。在中国官兵和走私者之间的冲突是在所难免的。这些走私者是在外海的货船上进行交易的。在所有的可能性中，流血冲突是不可避免的，混乱状态将充斥在这些鸦片交易不合法地区。卷入这些事件中的人们将比那些购买使用鸦片的人更难管理。只有解除鸦片的禁令，才能使鸦片使用量逐渐减少……中国政府可以在鸦片贸易上获得巨大收入，这样的税收比率将会立即使走私及相应的罪恶停止。我再一次请求朝廷的大臣将我的文件作为处理鸦片贸易的参考，同此保持一致，并且做全方位的考虑。我再次强调，如果我的政府有能力阻止将鸦片带入中国，我们会这么做；但是即使能够阻止英国远洋货船运输鸦片，其他国家也将会输入同等数量的鸦片，英国政府是无权干涉的。"③

就在递交这份备忘录的同时，璞鼎查还专门写给道光皇帝两封短信：一份说明《南京条约》互换文本之后已经生效，两国的和平已经到来；另一份强调鸦片贸易是中国和英国之间爆发战争的导火索，并且包含着不可避免的困难，英国人的良好愿望得不到满意的解决办法。④

---

① *Sessions Opium War and Opium Trade* 1840 – 1885, *British Parliamentary Papers*, *China* 31, Irish University Press, p. 284.

② *Sessions Opium War and Opium Trade* 1840 – 1885, *British Parliamentary Papers*, *China* 31, Irish University Press, p. 285.

③ *Sessions Opium War and Opium Trade* 1840 – 1885, *British Parliamentary Papers*, *China* 31, Irish University Press, p. 287.

④ *Sessions Opium War and Opium Trade* 1840 – 1885, *British Parliamentary Papers*, *China* 31, Irish University Press, p. 288.

耆英于8月14日收到这份备忘录，10天后予以答复。略谓：中英两国就鸦片贸易问题要找到令人满意的解决办法，的确是很困难的，这点没有人比尊敬的全权公使更清楚。鄙人要强调的是，关于鸦片的禁令只是针对中国人的，我们并没有强加于其他国家。我们自己和全权公使一样处于同样的境地，阁下提到有权利控制英国的问题，但却没有权力干涉其他国家。现在所有关税都已经调整好了，所有非法收益都已经被废除，广州已经开放为自由贸易区，其他四个港口将要开放。如果所有国家的商人都只带入合法的商品进行竞争，并且在公平公正的价格下，毫无疑问，他们将获得丰厚的利润。然而他们为什么坚持销售这些非法的鸦片呢？我们将制订严格的条例，惩罚这些吸食者。如果我们的臣民遵守禁令，一段时间后我们就可以期望减轻由鸦片造成的危害。我们发现在所有贩运鸦片的国家中，孟加拉、孟买和马德拉斯提供的最多。而这些地方都是印度的州府，都是在贵国的管辖之下。并且全权公使已经声明禁止鸦片销售。可以肯定的是所有这些地区参与鸦片的商人仍然是我行我素。其他国家的国民既然他们愿意按照新的规则进行贸易，以同样的方式按照法律阻止鸦片贸易。所以，我们希望公使首先阻止英国商人以控制鸦片交易，从而为其他国家树立一个好的榜样。谈到你说的对鸦片征以适当的税收，我们对此无权利。关于这个问题达不成一致意见。即使我们可以达成一致，并且有能力做到。而如果不将这个问题奏报皇帝陛下，得知他的指令，我们是不敢对此事采取进一步的做法的。①

璞鼎查在香港接到耆英的来信后，于1843年10月30日再次致信耆英。他首先声明，他没有任何权利可以满足中国的愿望。并且辩解说，现在大部分运抵中国的鸦片都是来自孟加拉、孟买和马德拉斯，考虑到他们起初的和最后的名字也是真实的，这些地区自从鸦片开始运往中国时就已经是港口了。然而，许多印度的很多邦国并没有在英国政府的控制之下，更别说有任何权利干涉他们的内政安排了。再说，数以千计的农民是靠种植罂粟来维持生计的，这些勤劳的人民难以放弃现有的生产生活方式。他说他可以发布公告禁止英国商人在五个通商口岸销售鸦片，但是非常怀疑

---

① Sessions Opium War and Opium Trade 1840 – 1885, British Parliamentary Papers, China 31, Irish University Press, pp. 289 – 290.

第五章 英国外交官关于鸦片贸易合法化的密谋活动

其效果。因为,制止鸦片走私贸易引起的市场混乱,不在英国或其他国家的商人手中,而在中国人自己手中。哪里有市场需求,以买卖物品来营利的商人不用提醒,就会聚集在那里。璞鼎查的言外之意是,除了使鸦片贸易合法化之外,中国政府没有能力制止鸦片走私贸易。①

再次接到璞鼎查关于鸦片贸易合法化的备忘录之后,耆英终于决定奏报清廷,请求皇帝裁决。他在奏折中简单回顾了与璞鼎查就鸦片贸易的历次谈论情况,明确指出璞鼎查备忘录的用意所在:"惟鸦片烟一项,上年夷酋璞鼎查在江南时,奴才即与要约严禁。该夷答称:买之者既多,贩之者即众,严禁恐难。迨伊里布抵粤后,该酋又谆谆向告,查本年五月奴才前赴香港,该酋复以为言,均经正言拒绝。嗣又据呈递说帖,内称:鸦片烟既奉天朝严禁,该夷寄寓中华,不敢违约,已晓谕该国商人,不许贩烟。但该酋止能禁止英吉利商人,不能禁止别国。倘别国船内带烟发卖,内地又有接买之人,该国商人必定效尤,该酋亦难约束。正经货物必致走私,且恐启拒捕滋事之端,不若抽收平允之税,转可永久相安,等情。"②然后他表达了他的倾向性观点,"奴才窃维凡事皆当先清其源,独禁烟则应先截其流。而利之所在,虽白刃当前,奸民亦必趋而不顾。若持之过急,则人数众多,设竟铤而走险,办理益形棘手。倘徒务禁烟之名,而任其阳奉阴违,不独贻笑外夷,即内地奸民亦将狎而生玩。当此夷务初定之时,弛张均无把握,操纵实出两难。奴才反复筹思,迄无善策。所有现在目击耳闻情形,不敢缄默不言"③。显然,耆英意在试探道光皇帝的思想动向。

12月1日,道光皇帝对于耆英的奏折作出了正式批示:"该大臣以夷务甫定,操纵两难,密片具奏,所见真切。朕反复深思,鸦片烟虽来自外夷,总由内地民人逞欲违法,甘心自戕,以致流毒日深。如果令行禁止,不任阳奉阴违,吸食之风既绝,兴贩者即无利可图。该大臣现已起程,著于回任后,统饬所属,申明禁令。此后内地官民如有开设烟馆及贩卖烟土

---

① *Sessions Opium War and Opium Trade* 1840 – 1885, *British Parliamentary Papers*, *China* 31, Irish University Press, p. 291.
② 《钦差大臣耆英奏报璞鼎查恳请抽收鸦片烟税缘由折》道光二十三年九月二十二日,中国第一历史档案馆编:《鸦片战争档案史料》第7册,天津古籍出版社1992年版,第340页。
③ 《钦差大臣耆英奏报璞鼎查恳请抽收鸦片烟税缘由折》道光二十三年九月二十二日,中国第一历史档案馆编:《鸦片战争档案史料》第7册,天津古籍出版社1992年版,第340页。

并仍前吸食者，务当按律惩办，毋稍姑息。特不可任听官吏人等过事诛求，致滋扰累。总之，有犯必惩，积习自可渐除，而兴贩之徒亦可不禁而自止矣。"① 道光皇帝明白耆英的意图，但不愿立即改变严禁鸦片的政策，而又缺乏足够的力量，只好对鸦片采取"截流政策"，即在国内继续禁止鸦片贩运与吸食，而听任外国鸦片走私。

在这里必须指出的是，关于鸦片贸易合法化问题，璞鼎查对于中方谈判代表的每一次劝说活动，不仅授权于英国前任外交大臣巴麦尊，而且事后都有一份详细的备忘录汇报给现任外交大臣阿伯丁伯爵（Aberdeen, George Hamilton, 1784—1860），可见这种外交活动是英国政府既定的外交方针和政策。

二 第二任驻华公使德庇时关于鸦片贸易合法化的劝诱活动（1844—1848）

1844年，璞鼎查离任，德庇时（Davis, Sir John Francis, 1795—1890）被任命为英国第二任驻华公使、商务监督，在任四年，如同他的前任璞鼎查一样，就鸦片贸易合法化问题他也曾多次对耆英进行劝诱活动。

6月，德庇时一上任，便向阿伯丁表示他将不遗余力地展开外交活动，坚定不移地朝着一个目标前进，促使中国政府承认鸦片贸易合法化。他说："无论中国官方的真实观点是什么，就目前的政策来看，很少关注鸦片贸易。我和璞鼎查先生希望，这件事是鸦片贸易合法化的前期准备。中国政府正处在紧急关头，大量赔款或许会使朝廷听取任何可以增加收入的意见。不仅直接通过税收，而且间接地减弱他已建立起来的鸦片贸易禁令。阁下可能会希望我通过耆英先生不遗余力地敦促朝廷，这是最有效的办法，也是唯一的办法。现在要想建立永久的安全的外贸体系，应利用任何一个机会去克服主权偏见，表露当权者实际的做法，朝着一个要不了多久就会实现的目标而努力。"②

---

① 《军机大臣密寄钦差大臣耆英》道光二十三年十月初十日，中国第一历史档案馆编：《鸦片战争档案史料》第7册，天津古籍出版社1992年版，第353—354页。

② *Sessions Opium War and Opium Trade* 1840 - 1885, *British Parliamentary Papers*, China 31, Irish University Press, p. 294.

第五章　英国外交官关于鸦片贸易合法化的密谋活动

在与耆英第一次会晤时,德庇时便递交给耆英一份关于鸦片贸易合法化的私人信件,罗列种种理由,极力说明严禁鸦片的诸多坏处,反复强调弛禁鸦片的好处。他说,人的秉性是喜欢寻求那些难以获得的东西。如果一件物品自然界很多,人们会不屑一顾。物品的禁令造成了虚假的困难,于是便有了非自然的价值。自从鸦片被禁止以后,它便贪婪地以极高的价格被购买。在英国任何人消费鸦片都是合法的,人们普遍不喜欢,除了药用很少有人使用。取消鸦片禁令,将会使鸦片消费量变少,这是因为剥去了它虚假的价值。不仅如此,通过征税朝廷还可以获得大量财政收入。此外,鸦片走私是以白银进行秘密交易的,贸易合法化可以预防白银外流。如果鸦片继续被禁止,它的消费量会进一步增加。随之而来的灾难麻烦将会进一步增加,海盗和谋杀会泛滥。在这样的体系下,其他货物也会像鸦片一样走私。最后,他特别强调说:"总之,如果皇帝能够优雅地回到乾隆年间的政策,鸦片的使用将会大大减少,同时政府会有大量的收入,官方同走私者之间的冲突也会消失,白银不再是唯一的交换鸦片的手段,将不再有大量白银流失。中英两国之间不愉快的战争将永远不存在。"[①]

耆英接到这一信件后,复信指出,鸦片问题由来已久,鸦片流毒已经相当严重。解除鸦片禁令或许是解决问题的方法,所以,他经常与贵国公使在一起商谈这件事情。令其担心的是,即使解除了鸦片禁令,走私贩运会依然如故,朝廷仍然得不到足够的税收。假若有什么措施使鸦片税收得到可靠保障,他愿意将公使的官方信函呈送给皇帝陛下。[②]

7月13日,德庇时为此专门写了一封公函,对于英方的观点进行了详细说明,他说:我非常荣幸地收到阁下关于鸦片的私人信函,现以公函予以回复如下:

> 鸦片贸易应该通过税收使之合法化,中英双方的获益不会少于签订《和平友好协约》(即《南京条约》——笔者注)的结果。事实上它的重要性会是一样的,它会避免未来任何麻烦和不一致。一方面禁

---

① Sessions Opium War and Opium Trade 1840 – 1885, British Parliamentary Papers, China 31, Irish University Press, pp. 295 – 296.

② Sessions Opium War and Opium Trade 1840 – 1885, British Parliamentary Papers, China 31, Irish University Press, p. 298.

止鸦片，同时这么多的政府官员默许它进口，这样一种状态导致英国政府在任何情况下不可能关注这一事情。所有罪恶的责任应归罪于官方保持这样一种体制，英国正准备在她权力范围内改变它。

阁下担心在任何情况下鸦片走私都会继续，但是如果鸦片贸易像其他货物一样合法化，英国政府将会采取有效的方法去调控它，阻止它走私。走私就像一场战争，不承认任何规则。合法的交易是一种和平的相互理解的状态，在这期间双方会合作并增进理解。

如果该贸易被公开承认，每只船上会携带一份声明或文件显示所有船上的鸦片总量，及它将抵达的港口。港口的领事可以对之进行严格的检查，正如其他货物一样，保证货物付足税额。如果船长或船上的代销人有违规行为，这些违反合法贸易规则的人将会受到惩处。

以这种方式鸦片税收应该像其他商品一样正常收取。每箱税银以50元计算，30000箱鸦片会有1500000元的收入。这是一个巨大的收入，但同那些规则合法、受人尊敬的贸易税收相比，这只是很微小的一部分。而走私会引起海盗行为和谋杀，像以前一样，必定会在将来一段时间内会引发罪恶的结果。

考虑到该贸易的非正常的重要性，我毫不犹豫地告诉阁下，我已说服我的政府批准关于法律化规范化鸦片贸易的特殊的条约，以保证获取合法的税收。如果我们能协调完成此事，两国之间将会有持续的利益。我将会在我的权利范围内想尽一切办法确保中国政府实现他的税收，正如其他合法的商品一样。

只要目前这样的体系继续存在，不但不会有税收，中国政府的尊严也将被走私和海盗行为毁坏。再一次强调，英国政府不可能以任何一种方式干预此事，对这种混沌状态的罪恶她无以回答。

我确信，在合法贸易的规范下，五个口岸的英国领事，可能以一个与其他货物一样的方式收集到鸦片的税收。合法的税额，不应比目前付给官员的贿赂高，应该使国家富裕而不是使个别官员贪污。如果可以以合适的税额获取鸦片，人们就不会冒险走私和贿赂官员了。

我想我提出的这一方针，值得阁下充分考虑，它将会对两国都有利，尤其是有利于中国。除了税收之外，茶叶和其他在海关出口的货

第五章　英国外交官关于鸦片贸易合法化的密谋活动

物将用以交换鸦片，银锭就不会再从中国流失了。①

耆英接到德庇时7月13日公函之后，于8月19日复信说明他对鸦片问题的基本看法。略谓：两次收到公使关于解除鸦片禁令问题的来信。作为钦差大臣，他非常清楚鸦片走私贸易带来的严重后果。鸦片是一种毒品，朝廷颁布禁令是为了拯救烟瘾患者的生命，那些贩毒者和吸毒者应当接受法律的惩罚。先前的朝廷大臣林则徐，无法使中国人断掉吸食鸦片烟的念头，试图阻止外国人运输鸦片，但处理得很糟糕，并引发了战争。尽管鸦片走私贸易难以禁止，现在奏请皇帝解除鸦片禁令，时机尚不成熟。鸦片贸易合法化，的确对于朝廷的财政收入很有好处，但是，朝廷不能允许毒品危害中国人的身体健康。他就此已经与前任公使璞鼎查讨论了很多次，没有找到可行的满意的办法。目前，朝廷能做的唯一的事情，那就是控制自己的臣民贩运、吸食鸦片。无论哪一位中国人违反了鸦片禁令，他们将接受法律的惩罚，英国官员不得过问。英国商人贩卖鸦片，英国官方应依据英国的法律处罚他们，中国官员也无须过问。将来中国的烟民减少，英国商人的供应自然会削减。②

德庇时接到耆英的信件后，于8月23日向英国外交大臣阿伯丁做了如下汇报：钦差大臣耆英由于对鸦片贸易合法化的后果表示忧虑，没有勇气向皇帝奏报。尽管如此，耆英的来信表明，鸦片走私贸易是被中国代表默许的。③

德庇时尽管对于鸦片贸易合法化问题难以取得进展表示无奈，他仍然不放弃任何机会。在他看来，只有不断重复其观点，才能最终使中国官方改变其立场。1845年4月26日，德庇时再次致信耆英，谈到了各国鸦片走私船，然后说："我必须告诉阁下，我不可能阻止鸦片船只和其他走私者的存在，除非中国政府采取措施阻止他们。依据条约，我们倾向于没收鸦片。但是如果阁下能采取合适的办法，我将给予协助。如果京师的大臣

---

① *Sessions Opium War and Opium Trade* 1840 – 1885, *British Parliamentary Papers*, *China* 31, Irish University Press, p. 297.

② *Sessions Opium War and Opium Trade* 1840 – 1885, *British Parliamentary Papers*, *China* 31, Irish University Press, pp. 298 – 299.

③ *Sessions Opium War and Opium Trade* 1840 – 1885, *British Parliamentary Papers*, *China* 31, Irish University Press, p. 298.

被告知在广州鸦片被公开买卖，我相信这会促使鸦片贸易的合法化。除了鸦片，阻止其他非法贸易将会很容易。"①

耆英于5月3日复信指出："如果没有最严厉的稽查，那就会是你所说的情况，整个广州的贸易必定全部成为鸦片，国家税收也必定受到严重影响。"② 而对于德庇时关于鸦片贸易合法化的建议则不置可否。

1846年2月25日，德庇时在香港再一次主动致信耆英，重复先前的观点说："我多次向阁下强调过在官员的默许下的鸦片违法贸易，是数不清的罪恶的渊源。如果该贸易合法化，所有的外国货船将汇集在五个通商口岸，在领事的控制下，他们将付出吨位费，中国征收的鸦片税银大约可以达到2000000元。目前这一收益落到了贪官污吏手中，货船在海岸附近徘徊，走私者在岸边构建聚集地。这是被公开默许的，我不能干预。但是如果鸦片贸易合法化，我可以确保对所有货船的正当控制。所有的商品可以用来交换鸦片，银锭就不会再流失到国外，相互友善的理解会永远保持下去。"③

耆英3月1日的复信十分简略，避而不谈鸦片贸易合法化问题。对此，德庇时很伤脑筋。当月17日，他向阿伯丁汇报说："耆英的回答完全在避免走私这个问题。从上几次对耆英的观察中，谈到鸦片问题，他从来不敢将这件事提交皇帝注意，至少目前是这样。他觉得参与这样一个不能决定的讨论很丢脸。然而，目前在中国新年以来他得到了中国皇帝的信任，没有比这更好的机会使鸦片贸易合法化了。在不久将来一段时间，关于这个问题的所有文件将会递交给北京。"④

即使这样，德庇时也没有放弃他的图谋。1847年4月29日，他以较强硬的语气再次致信耆英，要求他向皇帝转达其鸦片贸易合法化的建议。否则的话，将通过其他外交途径向北京提出正式照会。他这样说："我以

---

① *Sessions Opium War and Opium Trade 1840 – 1885*, British Parliamentary Papers, China 31, Irish University Press, pp. 299 – 300.

② *Sessions Opium War and Opium Trade 1840 – 1885*, British Parliamentary Papers, China 31, Irish University Press, p. 301.

③ *Sessions Opium War and Opium Trade 1840 – 1885*, British Parliamentary Papers, China 31, Irish University Press, pp. 303 – 303.

④ *Sessions Opium War and Opium Trade 1840 – 1885*, British Parliamentary Papers, China 31, Irish University Press, p. 303.

第五章　英国外交官关于鸦片贸易合法化的密谋活动

前提醒过阁下注意，在南澳和库星门两个地方的走私处的罪恶问题，同时指出海岸线附近的海盗源于鸦片的全面禁止。在这种情况下，海盗日渐猖獗，只有银锭用来交换鸦片。如果想制止海盗行为，同时制止银锭的出口，那么，就对鸦片征税。所有目前参与鸦片走私的船只将在这五个口岸，领事将会对此负责。使用中国商品交换鸦片，银锭就不会大量出口。这个问题如此简单，连孩子都可以理解。我希望就此事致信阁下，以使我的建议能够呈递给贵国的皇帝。如果你能告知我以哪种形式，只要合适，并遵从协约的条款，我将采纳。我希望表达我对处置走私和海盗行为的愿望。如果阁下不希望直接告知贵国皇帝，那么，我将期待我国政府指示我直接同北京的大臣沟通。"①

耆英的5月5日复信也一改既往的软弱语气，他说："阁下谈到鸦片问题的观点，表明你非常了解这一罪恶的渊薮。不过，据我所知，在1843年7月贵国公使璞鼎查也曾表达过禁止鸦片贸易的观点，并记录在条约的补充文件中。根据海关税则，法国和美国都不同意将鸦片视作合法商品，现在所有的国家都采纳了这一建议。我们应该尽快采取行动，根据条约规定以适应这样一个变化。"②

5月11日，德庇时再次致信耆英，谈及鸦片禁令的虚悬和各地走私状况，并将这种人类犯罪行为完全归咎于中国官员的纵容。他放缓了语气说："我认为，为了中国的政府尊严，有必要使鸦片贸易合法化，在进口时对之征收关税，而不是默许……如果将现在官员索取的鸦片的贿赂费用，作为公开的财政收入，这些官员会有较高的薪水，完全不用再参与走私。在外国人眼中中国政府的尊严会得以维护，同时在五个开放口岸会有大量的税收，走私和海盗也会得到终结。"③

耆英接到德庇时的来信，于5月18日复信，语气也有所缓和。他说："诚如阁下所说，鸦片贸易合法化之后，中国的税收会有所增加。这一点你在信中陈述得很清楚，也很直接。而问题是目前的状况有很多困难。在

---

① *Sessions Opium War and Opium Trade 1840－1885*, *British Parliamentary Papers*, *China* 31, Irish University Press, p. 305.
② *Sessions Opium War and Opium Trade 1840－1885*, *British Parliamentary Papers*, *China* 31, Irish University Press, p. 306.
③ *Sessions Opium War and Opium Trade 1840－1885*, *British Parliamentary Papers*, *China* 31, Irish University Press, p. 307.

这样的情况下,我向皇帝奏请恐怕会遭到断然拒绝,这样不会有成效。我的想法是,等到我个人详细地向朝廷解释后,这样效果会比较好一些。那时我希望这个办法会被批准。现在不应操之过急。"①

这样,德庇时在英国驻华第二任公使任上,在劝诱中国官员解除鸦片禁令方面尽管他一开始还抱着希望,进行了一而再,再而三地尝试,最终与他的前任一样,没有取得明显进展。

三 第四任驻华公使包令关于鸦片贸易合法化的劝诱活动(1854—1857)

英国驻华第三任公使是文翰(Bonham, Sir Samuel George, 1803—1863),在他看来中国皇帝和京师的大臣不会解除鸦片禁令,因此,他对于鸦片走私贸易采取了沉默政策,在现存的英国议会文件中只有几份关于两广总督是否打算严厉禁烟的报告,很少提及鸦片贸易合法化问题。

英国驻华第四任公使是包令(Bowring, Sir John, 1792—1872),此人对于鸦片贸易合法化有相当大的期待。早在担任广州领事时,鸦片贸易问题就引起了他的密切关注。1849年5月19日,他向文翰报告称:从各个地方收到的信息来看,新任两广总督徐广缙将颁布一道法令,严厉打击鸦片走私活动,目的是制止鸦片流毒和遏制白银外流。②

这一看法来自德籍传教士郭士立(Gutzlaff, Charles, 1803—1851)的一份备忘录。在这份备忘录中,郭士立认为新任两广总督徐广缙的才能远远不如林则徐,但在严禁鸦片问题上他们两个人的看法是一致的。在郭士立看来,林则徐采取严厉措施打击鸦片贩子,引起了第一次鸦片战争,造成了巨大政治灾难;假如徐广缙严禁鸦片,也必将引起国际争端,后果亦必定是灾难性的。③

---

① *Sessions Opium War and Opium Trade* 1840 – 1885,*British Parliamentary Papers*,*China* 31,Irish University Press, p. 307.

② *Sessions Opium War and Opium Trade* 1840 – 1885,*British Parliamentary Papers*,*China* 31,Irish University Press, p. 308.

③ *Sessions Opium War and Opium Trade* 1840 – 1885,*British Parliamentary Papers*,*China* 31,Irish University Press, p. 309.

第五章 英国外交官关于鸦片贸易合法化的密谋活动

徐广缙即将严禁鸦片的消息在广州的外商中引起了一阵慌乱,在英国的领事馆中也引起了不安,但是,事实很快证明这是一场虚惊。中国官方的一封来信告知包令,鸦片走私贸易将不受干涉。

引起包令关注鸦片贸易合法化问题的是英国驻上海领事阿礼国的一份报告。1853年1月29日,阿礼国报告说,太平天国起义引起的社会动荡已经使清王朝焦头烂额,为了镇压起义,为了筹集军费,京城的官员已经想尽了一切传统办法,包括卖官鬻爵,但都不能解决财政问题。中国人已经注意到外国人反复强调的鸦片贸易合法化,将为王朝枯竭的财政来源带来巨大的稳定的回报。他进一步分析了一条来自京城的一条官方消息。在1月4日的《京报》上,根据上述观点,一位高官提出了请愿书。吴廷溥(Woo-ting-poo),北京的一位监察御史,他毫不迟疑指出鸦片贸易合法化将是财政的重要来源之一。并提出制定这一政策将有利于国家财政收入,在走私和叛乱这两大社会罪恶之中,两害相权应当取其轻……这种违禁贸易的广泛存在仍是更大的罪恶,这可以通过让外夷付钱来制止,即通过对鸦片贸易合法征税来解决。最后阿礼国指出,"有理由相信朝廷可能考虑解决这类问题的办法。通过我们同京城方面的直接联系,我们会找到有利的时机推动政策的制定及对我们有利的改变"①。

在促使中国解除鸦片禁令方面,包令与其前任璞鼎查、德庇时表现了同样的热心,而稍有不同的是,璞鼎查与德庇时努力说服的对象主要是中国的大臣,包令则把说服对象的范围由清朝大臣扩大到泰国国王、英国新任外交大臣和议员身上。

包令上任不久,为了扩大侵略,便联合美国公使麦莲(Mclane, Robert Milligan, 1815—1898)和法国使馆秘书哥士耆(Kleczkowski, Michel Alexandre, Comte, 1818—1886)乘船来到天津附近的白河口,第一次向中国全面提出了修改条约要求。清廷派遣前任长芦盐政崇纶等人予以接见。11月3日,双方会晤于大沽炮台前。包令于18项要求之外,还不失时机地向崇纶提出了鸦片贸易合法化要求。会晤之后,崇纶将谈判情况立即向清廷作了奏报。11月5日,咸丰皇帝在谕令中非常生气地指出:"咆

---

① *Sessions Opium War and Opium Trade* 1840 – 1885, *British Parliamentary Papers*, *China* 31, Irish University Press, p. 309.

呤所称鸦片纳税及欲进粤东省城,尤为反复可恶!"① 明确训令崇纶,"务当按款正言驳斥,杜其妄求"。皇帝的态度如此强硬,包令的图谋自然不可能获得成功。

1855年2月,巴麦尊再次当选英国首相,在中国的英国侵略分子越来越不安分,鸦片走私贸易在中国沿海地区越来越猖獗;与此同时,英国驻华公使包令以外国侨民需要为名,说服了泰国国王,使他同意该国可以免税进口外国鸦片,实际是借道泰国,准备向中国大量进口鸦片。②

基于这两个原因,东西方两份抗议英国鸦片政策的"陈情书"通过不同途径送到了英国外交部:一份"陈情书"的签署者是沙弗茨伯里伯爵(Shaftesbury),代表的是伦敦的一个民间团体——英国消除对华鸦片贸易恶劣影响委员会;另一份"陈情书"由英国浸礼会传教士胡德迈(Thomas Hall Hudson, 1800—1876)等人联合签署,代表的是在宁波的英国传教士。

是时,鸦片走私贸易在世界各地已经声名狼藉,反对鸦片贸易的呼声此伏彼起。"英国消除对华鸦片贸易恶劣影响委员会"在伦敦成立表明了英国人民的公开立场。沙弗茨伯里写给英国外交大臣克勒拉得恩(K. G. Clarendon)的"陈情书"充分表达了英国民众的正义呼声。在这份"陈情书"中,沙弗茨伯里首先说明了呈送"陈情书"的理由。他明确指出:"陈情人完全坚信,在中国沿海的非法鸦片贸易,几乎毫无例外地是在英国国旗下进行的。这个贸易所带来的死亡率比起奴隶贸易的死亡率更令人可怕,对上帝如此亵渎,使我们国家的声誉如此的蒙羞,对英中两国的商业利益是如此的有害,以至于我们觉得有责任,尤其是在这个时期,以正义的名义,向阁下提交下列陈述。我们之所以迫切地提出这个问题,是因为考虑到伴随着这起一直是明目张胆的,近来又有扩展的非法贸易必将带来的日益严重的可怕后果。再就是女王陛下在中国的全权大使前不久说服暹罗国王批准英国臣民向那个国家免税进口鸦片,表面上看是为外国侨民

---

① 贾桢等编:《筹办夷务始末》(咸丰朝)卷九,咸丰四年九月十五日,中华书局1979年版,第342页。按语:从咸丰皇帝的批语来看,崇纶的奏折应有包令关于鸦片合法化要求的具体内容,而现在公布的崇纶奏折却缺少这一内容,不知是什么原因造成的,待考。

② Sessions Opium War and Opium Trade 1840 – 1885, *British Parliamentary Papers*, China 31, Irish University Press, p. 355.

第五章 英国外交官关于鸦片贸易合法化的密谋活动

所用,但鸦片肯定会走私到那个国家,对那里的民众造成伤害,对合法贸易起到阻碍作用。"①

然后,他从八个方面,论述了英国政府维护鸦片走私贸易的种种罪恶:第一,鸦片走私贸易在中国有增而无减。从1843年的输入大约4万箱,增至目前的7.5万箱,吸食鸦片的人数估计有2000万人。其中有大约十分之一的人死于鸦片中毒;即使按照这个数量的一半计算,就有100万人死于鸦片。

第二,印度政府直接、英国政府间接犯有不讲信用、共谋走私的罪行。尤其是英国允许20多艘悬挂着英国国旗的船只以武力对抗中国法律,明目张胆地走私。这既违背了信用,违犯了条约。《五口通商附粘善后条款》第12款规定:英国全权大使应指示领事们要真正调查属于他们监管范围内进行贸易的英国人的行为,一旦发现走私交易,要依据同签订的条约,告知中国当局是谁在进行走私交易,对于走私货物,不论价值和种类,一律予以没收充公。

第三,英国政府还涉嫌一条非常卑鄙的罪行,就是批准种植罂粟,毁灭了数以百万计的生灵,不仅是外国人,也有英国的臣民和属民。对于这个罪行的唯一辩解就是印度政府获取了巨大的税收,数目之巨大几乎与毁灭的人数成正比。

第四,中国的重贵金属和他们赖以发展国内资源的财富被大量掠夺,致使他们的人民贫穷化,因此,我们有足够的理由预料,用不了多久,英国和中国的资源一定会萎缩到非常有限的数量。

第五,中国对于鸦片贸易,不论是在道德方面还是经济方面,都表示了敌视。中国人的敌视是有理由的,因为英国人正在扩大这种贸易。要想使中英两国之间友好交往,英国必须放弃这一贸易。英国部分商人和官员参与鸦片贸易的行为使传教士的努力成为泡影。

第六,根据广州商会记载:1837年,中国出口价值超过英国的进口价值约合320万英镑,超出美国的价值是86万英镑,合计为406万英镑,以后每年都大致如此,一直持续到1852年。表明中国通过合法贸易顺差为

---

① *Sessions Opium War and Opium Trade* 1840 – 1885,*British Parliamentary Papers*,*China* 31,Irish University Press,p. 355.

406万英镑。要不是走私到中国的鸦片价值700万英镑的话，中国本来可以每年有320万英镑的余额。英国不仅赢回了320万英镑的余额，而且依靠鸦片还赚取了将近400万英镑。中国政府足以察觉到这种交易败坏了国人的社会风气，摧毁了商业繁荣。然而又深知，任何阻止这种交易的步骤都可能引发与英国的再一次鸦片战争，这在他们看来，则是生死攸关的事情。

第七，虽说东印度政府从这个贸易中获取了300万英镑的岁入；而种植罂粟的当地人因为吸食毒品，也付出了高昂的代价，使一个优秀民族沦落为一个最卑鄙、最奴化、最奸诈、道德败坏的民族。

第八，鸦片交易导致海盗孳生。最近一次发生在一艘香港船只上的海盗记录就是为了夺得鸦片。最无法律意识的中国人忙于走私鸦片，成为海盗。地方官员对这种非法交易视而不见，直接或间接由于受贿而堕落。

最后，陈情人提出了两项请求：一是请求英国外交大臣不要建议批准与暹罗签署的那份条约中的许可把鸦片引进那个国家的部分；二是请求英国政府从法律上和道德上坚决反对在中国的鸦片贸易，把所有鸦片走私犯当作海盗来对待。①

来自宁波的英国传教士的"陈情书"从四个方面陈述了他们反对鸦片贸易的理由：其一，鸦片走私贸易，导致流毒蔓延，许多人死亡；导致中国白银外流，社会经济萎缩，商业萧条；导致社会秩序混乱，海盗横行；导致贿赂公行，政治更加腐败。其二，由于英国政府与这个令人憎恶的贸易有着千丝万缕的联系，陛下及其臣民的名声和荣誉变得黯然失色。在中国民众的眼中，这种具有毁灭性的非法贸易是通过陛下政府的直接或间接批准强加于他们的。无论是在陛下臣民直接从事这种罪恶贸易，抑或是认为这种贸易不属于英国干涉范围而保持沉默，抑或是违犯条约规定，明目张胆地庇护走私。"陛下在中国的贸易监督，约翰·包令爵士不会不知晓这种情况，他去年秋天来过宁波，一定会了解当时就停泊在港口的一艘鸦片船只，这艘船现在还在那里公开地从事着这种肮脏的交易。"其三，不仅清朝的臣民的合法贸易的利益受到了严重伤害，而且从目前的鸦片走私

---

① *Sessions Opium War and Opium Trade 1840 – 1885*, *British Parliamentary Papers*, China 31, Irish University Press, pp. 355 – 358.

第五章　英国外交官关于鸦片贸易合法化的密谋活动

贸易的形势扩张来看,陛下在中国的臣民的合法贸易利益亦将受到严重阻碍和伤害。其四,基督教是陛下王国的荣耀,将其介绍到大清帝国可以独立构建一个确切的、永久的基础,用以创建真正的文明,发展陛下王国与大清帝国之间的、对双方都是互惠互利的有益的国际关系。然而,由于鸦片贸易的持续进行,基督教本身受到了物质上的阻碍和可怕的亵渎,中国人民普遍地认为陛下政府与这桩可恶的贸易有牵连。总之,该贸易破坏了《圣经》的信条和教义,而《圣经》曾经是,而且必须是英国王位和王国的伟大支柱。①

外交大臣克勒拉得恩收到这两份"陈情书"之后,分别于8月21日和10月8日以急件方式责令驻华公使包令就此问题做出明确答复。包令接到指示后,与公使馆的秘书、大鸦片贩子(例如,查顿、马地臣和颠地等)和几名医药传教人员进行了交谈,②并授意他们将其关于鸦片问题的看法写成书面意见,呈送到公使馆。根据这些人的意见,针对"陈情书"的观点,包令对于英国的鸦片政策一一进行了辩解。

第一,"陈情书"认为,在中国海岸开展的鸦片贸易是在英国旗帜下,由英国国民操作的,只有极少数例外。包令辩解说,并不完全是这样,因为许多美国商人也参与了鸦片贸易,他们使用美国的船只,悬挂着美国的国旗,经过美国领事的登记,这一点与英国人没有什么不同。鸦片贸易无论是什么罪恶,参与贸易的所有国家的商业组织无一例外,都应当承担责任。这一辩解虽然有几分真实,关键在于他试图逃避在鸦片贸易问题上英国应当承担的元凶罪责。

第二,"陈情书"认为,鸦片流毒比奴隶贸易有着更加惊人的死亡率,少数人的暴富建立在许多生命牺牲的基础上。包令辩解说,沙弗茨伯里关于中国吸食鸦片的人数夸大了至少10倍,对于因服用鸦片而死亡的人数夸大了将近一倍。他说:"我不能对这一不精确的陈述保持缄默。在香港,人口为6万—7万,这里鸦片是不受限制的。如果由于吸鸦片导致的死亡人数正如沙弗茨伯里先生估计的那样,这样将比整个香港岛的由于各种疾

---

① *Sessions Opium War and Opium Trade* 1840 – 1885, *British Parliamentary Papers*, *China* 31, Irish University Press, pp. 358 – 360.

② 例如,英国传教士雒魏林(William Lockhart, 1811 – 1896)和麦都司(Medhurst, Walter Henry, 1796 – 1857)。

病导致的死亡人数还要多。很确定,在这里由于鸦片导致的死亡只占到1%,怀疑是否为每年的千分之一。这一点我想引述殖民地的医学权威的陈述,其中一位的观点是很值得尊重的;他断然告诉我,在香港的600个欧洲居民由于过量饮酒导致的死亡人数大大超过了6万个中国居民因吸鸦片导致的死亡人数。无论官方还是其他途径,我很少得知由于鸦片导致死亡的案例。"① 这一辩解虽然纠正的是鸦片流毒造成的死亡人数比例,但把吸毒与饮酒两类性质不同的习惯混为一谈,意在混淆视听。

第三,"陈情书"认为,鸦片贸易对于上帝和英国的民族性格是一种侮辱。包令辩解说,无可否认的是,无论传教士如何施展基督教的影响,在那些没有宗教信仰的民众中也不会收到令人满意的结果。"我要表达这样一个观点,传教士在中国之所以成绩微小,在其他地方,而不是由于鸦片贸易的扩展。"② 关于鸦片走私贸易导致的社会道德不良以及政治腐败问题,包令辩解说,鸦片在京师已经普遍使用,罂粟已经在中国官员有绝对权威的省区开始广泛种植,鸦片生产显然得到了鼓励。官方的文件虽然谴责鸦片犯罪,这与其说是对于外国人的憎恨,不如说是中国人继续尝试保护公众的美德不被严重污染而已。值得怀疑的是,即使印度停止鸦片生产,不再向中国输出鸦片,把恶劣影响降到最低程度,要赢得中国政府的任何形式的商业妥协也是困难的。

第四,"陈情书"认为,鸦片走私贸易严重影响了中国和英国的商业利益。包令说,沙弗茨伯里的关于中英贸易的商业分析数据是模糊的,不全面的,甚至是错误的。"现在没有任何证据显示,这样庞大的数据320万英镑,是有利于中国平衡贸易的数额。如果不是鸦片,这些钱将用于购买英国商品。在中国没有财产使得国民购买外国产品以满足自己的需要。按照沙弗茨伯里先生的话,如果中国人'受我们掠夺'每年超过700万英镑,那么从土耳其向英国进口鸦片,或者从法国进口酒的商人都将被视为强盗。"③ 在包令看来,日益增长的鸦片进口导致了从中国贵重金属的减

---

① Sessions Opium War and Opium Trade 1840 – 1885, British Parliamentary Papers, China 31, Irish University Press, p. 315.

② Sessions Opium War and Opium Trade 1840 – 1885, British Parliamentary Papers, China 31, Irish University Press, p. 315.

③ Sessions Opium War and Opium Trade 1840 – 1885, British Parliamentary Papers, China 31, Irish University Press, p. 316.

第五章　英国外交官关于鸦片贸易合法化的密谋活动

少,这一断言也是没有根据的。"事实上我已经收集到中国进口贵重金属的信息,进口量之大、之频繁,使得不可能呈现一个完整的令人满意的报告。但是依据在国内得到的官方数据,由外国运往中国的贵重金属这几年是很多的,几乎所有进入中国港口的船只都带有大量的白银。不是鸦片贸易,而是在中国或其他国家的贵重金属的有关的价值,决定了进出口这一问题。我确信,只有进口鸦片,才使得他们能够提供足够的资金满足不断增长的对茶叶、丝绸和其他中国产品的需求,在欧洲、美国和澳大利亚的市场……有确切的证明,贵重金属被进口到了中国,鸦片贸易使得中国的贵金属财富流失这样的论点是没有根据的。我请求阁下留意在中国的半岛公司经理留下的信笺。你会注意到,最近两年仅由该公司承担的进口到中国的贵金属超过了由中国出口的价值——2825万元,在私人船舶的数据上会发现同样的比率。"①

第五,"陈情书"认为,英国公使劝诱泰国国王允许英国国民经由泰国将鸦片运抵中国,并免除其进口税,表面上是为了外国居住者使用,但实际上是走私进入中国,必定伤害中国的民众,违反相关的条约和禁令。包令辩解说,在同中国的条约中没有条款规定鸦片进口是被禁止的。这似乎是中英谈判双方忽略的问题,之所以双方对此采取沉默的方式,是因为通过外交或立法手段太困难了。"'鸦片贸易被条约快速阻断','输入鸦片是对协约承诺的侵犯',这样的错误的陈述遍及沙弗茨伯里先生的整篇陈述。这样一份重要的文章应该附以制裁和禁令,但它没有。……另外一方面,英国政府从来没有坚持过输入鸦片的权利,中国也没有对此提出过任何抗议。"② 这显然是在狡辩,中英《南京条约》的确没有明文禁止鸦片贸易,但这并不能证明鸦片贸易是被允许的或是合法的。因为,中国禁止鸦片的法律条例不仅没有撤销,而且一再被朝廷官员重申,鸦片买卖在中国沿海毫无疑问是一种走私贸易。既然鸦片是一种走私贸易,那么,按照中英《五口通商附粘善后条款》第12款之规定:"倘访闻有偷漏走私之案,该领事官即时通报中华地方官,以便本地方官捉拿,其偷漏之货,无论价

---

① *Sessions Opium War and Opium Trade* 1840 – 1885, *British Parliamentary Papers*, China 31, Irish University Press, p. 318.

② *Sessions Opium War and Opium Trade* 1840 – 1885, *British Parliamentary Papers*, China 31, Irish University Press, pp. 318 – 319.

值、品类全数查抄入官,并将偷漏之商船,或不许贸易,或俟其账目清后,即严行驱出,均不稍为袒护。"① 英国外交官(公使馆与领事馆的所有成员)在中国负有不可推卸的责任和义务,必须协助中国官员查禁鸦片走私贸易。

今天对于包令的辩解已经用不着详细分析其是否正确了,狡辩没有价值和意义。在这里值得我们指出的是,包令在他的辩护词中毫不隐讳地承认促使中国官员接受鸦片贸易合法化的建议是他的使命。他说:"我相信我个人同中国高官的交往远远超过我的前任。回忆那些交往中他们不止一次向我暗示鸦片贸易,明显倾向于英国政府给予保护。当我和美国公使参观其首都周边地区时,他建议实现鸦片贸易合法化,这一提议当然没有任何恶意。我的使命要求我敦促中国政府实现该贸易的合法化,用最好的办法抵制涉及禁止鸦片产生的多种误解。我明白美国公使并没有其政府的指令,但他坦诚地同意我的观点,认为鸦片贸易合法化是最好的减少罪恶的办法,并给予了我许多帮助。"② 在他看来,鸦片贸易在中国合法化是减少罪恶的最好方法,"再一次重复我得出的结论,鸦片买卖合法化是最简单、安全的减少罪恶的办法。香港殖民地采取的颁布执照的方法是成功的。使用这一方法的有东印度公司政府下的新加坡,葡萄牙属下的澳门,荷兰属下的印度群岛,西班牙属下的菲律宾以及泰国。这些地区采取了颁布执照的方案,考虑到了所有的事情,最好的和避免至少有害的方针。我没有意识到任何欧洲或殖民地政府会拒绝让鸦片成为收入来源"③。

仔细阅读包令来信的附件,可以发现,他的辩护词主要来自专门经营鸦片贸易的查顿 - 马地臣公司(Jardine, Matheson & Co., Ltd.)、颠地的宝顺洋行(Dant & Co.),或兼营鸦片生意的广隆洋行(Lindsay & Co.)等。关于在中国参与鸦片走私的人员的国籍问题,究竟是英国一国的还是多国的,大鸦片贩子查顿 - 马地臣公司这样说:"几乎每个和中国贸易的货轮都涉及这桩不法交易,只有少数例外,这个国家的所有商业公司都对

---

① 王铁崖编:《中外旧约章汇编》第 1 册,生活·读书·新知三联书店 1957 年版,第 27 页。
② Sessions Opium War and Opium Trade 1840 - 1885, British Parliamentary Papers, China 31, Irish University Press, p. 317.
③ Sessions Opium War and Opium Trade 1840 - 1885, British Parliamentary Papers, China 31, Irish University Press, p. 317.

第五章　英国外交官关于鸦片贸易合法化的密谋活动

这桩交易感兴趣。"① 这与包令的辩护如出一辙。

关于鸦片毒害的人数问题，宝顺洋行的老板颠地这样说："谈到鸦片对人的伤害，应该用可靠的证据证明论点，而不是单单列出 1000000 或 2000000 的年死亡人数，这估计本身就是 100% 的错误。……这样的假说同事实不符，甚至是令人不可容忍的夸大。"② 包令也是这样辩解的。

关于鸦片贸易合法化问题，广隆洋行的老板林赛如是说："我们陈述我们的信念，鸦片贸易不仅对于中国人来说是必需品，而且对于英国的商品生产需要大量资金而言也是必需的。英国政府通过干预该贸易的操作，在其他行业的支持下不能停止它的进行，为其他国家牺牲本国的利益，这是那些'陈情书'作者不严谨的假设。我们将进一步声明对鸦片贸易的坚持，尽管这是很多人放纵使用而遭受伤害的原因，不能因为这一点而公开地指责它，烈酒公开地在本国受制裁，其他过度使用的商品的有害性是因为他不能在合适的范围内使用（即滥用），我们想提醒阁下注意的是，女王政府最明智最有效的举措是推动该贸易的合法化，以改变现有的状态，建立一个普遍接受的基础。"③ 如前所说，包令也是这样申述他的基本观点的。

就上述情况来看，包令比起他的前任来说，同样是英国推行鸦片贸易合法化的外交政策的坚决执行者。在英国驻华的外交官中，公开鼓吹以武力彻底解决鸦片贸易合法化问题的是阿礼国（Rutherford Alcock，1809—1897），把利剑拔出刀鞘的是英国驻华第四任公使。1849 年 1 月 19 日，英国驻上海领事阿礼国在一份意见书中，这样叫嚣说："至于解除鸦片贸易毒害的任何补救方法，看来除去公开合法化之外，另外没有什么办法可供两国政府加以取舍的。公开合法化将会解除它违禁品走私的性质，并可以为皇帝洗清对他的政权可能的公开谴责。同时还可以由此为他的国库提供一大笔财政收入。"④

---

① *Sessions Opium War and Opium Trade* 1840 – 1885，*British Parliamentary Papers*，*China* 31，Irish University Press，p. 343.

② *Sessions Opium War and Opium Trade* 1840 – 1885，*British Parliamentary Papers*，*China* 31，Irish University Press，p. 349.

③ *Sessions Opium War and Opium Trade* 1840 – 1885，*British Parliamentary Papers*，*China* 31，Irish University Press，p. 353.

④ 《领事阿礼国有关当前局势和我国与中国关系的意见书》1849 年 1 月 19 日，《第二次鸦片战争》第 6 卷，第 11 页。

阿礼国想用武力作为后盾，逼迫中国官员承认鸦片贸易合法化，时机不成熟，没有将刀剑拔出来。包令把促使鸦片贸易合法化看成是他自己的使命。是时，巴麦尊再次成为首相，已经决定对华外交"提高嗓门"。1856年10月8日的"亚罗号事件"终于成为中英第二次鸦片战争的导火索，巴夏礼在包令的支持下，向广州城发动了进攻。

恩格斯在1857年发表的《英人对华的新远征》中断言英国发动的第二次鸦片战争是第一次鸦片战争的继续，它们本质上都体现了早期西方殖民侵略者"古老的海盗式掠夺精神"。"如果英国人向中国人挑起的这场争端达到顶点，那就可以预料，其结果将是一次新的陆海军远征，与1841—1842年因鸦片争端而引起的远征一样。那一次英国人轻而易举地向中国人勒索到大宗银两，这很可能引诱他们再进行一次同样的尝试；他们是这样一个民族，虽然非常厌恶我们的掠夺本性，但是自己却保留了大量的——并不比我们少一些——为我们16世纪和17世纪的共同祖先所特有的那种古老的海盗式掠夺精神。"①

英国外交官在谈判桌上得不到的东西，英国海军利用炮舰将其抢夺到手，1858年11月8日，中英《通商章程善后条约：海关税则》正式签署，在第5款中，中国官员被迫宣布："洋药准其进口，议定每百斤纳税银三十两。"② 这样，鸦片贸易在中国进入合法化时期，英国侵略者终于如愿以偿。

这里还需要附带指出的是，鸦片贸易合法化之后，鸦片的名字正式在中国官方文书中更换了一个名字，叫作"洋药"。说起"洋药"的名称的由来，它的发明权应当归功于李太郭其人。李太郭（George Tradescant Lay，？—1845）是英国外交官，是第一任中国海关总税务司李泰国之父。他于1825年来到中国，在澳门及广州采集植物标本。1841年，任璞鼎查的翻译，1843年，任驻广州领事，1844年，为福州领事。如前所说，璞鼎查是时正在试图说服耆英，接受他的鸦片贸易合法化建议。李太郭十分了解英国首任驻华公使的意图，1844年4月1日，他向璞鼎查献计献策道："承认鸦片贸易的困难在于，使这样一个被人谴责的东西合法化，这将是

---

① 《马克思恩格斯全集》第12卷，人民出版社2016年版，第186页。
② 王铁崖编：《中外旧约章汇编》第1册，生活·读书·新知三联书店1957年版，第116页。

第五章 英国外交官关于鸦片贸易合法化的密谋活动

对他们皇帝庄重威严的一种侵犯。解决问题的办法有一种，就是想办法改变其交易的名称，可以换成某食用药物的名称，该药物可以用来治疗各种失调。这个建议不用上议会就可以使对方听起来更容易接受。正如皇帝提到的那样，他们真诚地希望有个改变，可以使国家财政收入增加，同时使两国都受益。"① 正是有了这样的建议，福建的地方官才率先对鸦片进行了更名和征厘②。也正是有了这样的建议，从1858年《通商章程善后条约：海关税则》正式签署开始，外国鸦片在中国所有的官方文件中都被称作"洋药"，土产鸦片相应被称作"土药"。

结　论

从1841年2月26日巴麦尊训令乔治·懿律促使中国解除鸦片禁令开始，一直到1858年11月8日中英两国代表签署《通商章程善后条约：海关税则》，正式承认鸦片贸易合法化为止，英国的这一外交图谋的最终实现经历了将近18年的时间。从英国议会文件看，参与这一外交阴谋活动的人员中，既有英国首相（巴麦尊），又有外交大臣（阿伯丁、曼兹伯利、克勒拉得恩）；既有英国驻华公使、商务监督（璞鼎查、德庇时和包令），又有驻广州、厦门和上海的领事官（李太郭、阿礼国和沙利文），由此可见，逼迫清朝官员承认鸦片贸易合法化是英国政府既定的一贯坚持的外交方针和政策。通过阅读两次鸦片战争间的关于鸦片问题的英国议会文件，我们可以深刻理解两次鸦片战争发生的性质。关于两次鸦片战争的起因和目的，战争的发动者制造了种种借口，说什么为正义而战，为自由贸易而

---

① *Sessions Opium War and Opium Trade* 1840 – 1885，*British Parliamentary Papers*，China 31，Irish University Press，p. 292.

② "谕军机大臣等：有人奏闽省擅开烟禁，抽取厘金一折。据称本年春间，福建省因防剿需费，经升任知府叶永元建议，开禁抽厘，改鸦片之名为洋药。于南台中洲设厘金总局。每箱装烟土四十颗，每颗抽收洋银一圆。其零碎烟土，每十斤抽银四圆。均由总局发给照引为凭，准其随处行销，并遍贴告示，称系奏明办理，以致兴贩之徒，敢于通衢开设烟馆，悬挂招牌，诱人吸食。所抽厘金，大半官役分肥，充饷者不及十分之一，等语。鸦片烟例禁森严，前有人奏请弛禁。迭经大学士九卿等议驳在案。该员叶永元等何得变易名目，擅行抽税。即或因防剿需费，姑为一时权宜之计，亦不应张贴告示，骇人听闻。且妄称奏明，更属荒谬。著王懿德、庆端查明如有此等情事，即将该员等据实参处。"（《清文宗实录》卷236，咸丰七年九月己亥，《清实录》第43册，中华书局1985年版，第670页）

战,为打破十三行的垄断体制而战,为侮辱英国的国旗而战,为公使馆进入北京而战,等等,这些口实或许都是真实的,但却都不是最主要的。无论是第一次鸦片战争,还是第二次鸦片战争,英国政府发动战争的最主要的最真实的原因和目的都是维护鸦片利益。为了维护鸦片走私贸易利益,巴麦尊发动了第一次鸦片战争;为了逼迫中国承认鸦片贸易合法化,巴麦尊又发动了第二次鸦片战争,这种侵略性质不能被改篡。因此,19世纪中期的两次中英战争被中外历史学家称为"鸦片战争",应当是很有道理的。

事实证明,鸦片对英国在亚洲的统治至关重要。19世纪初,当英国王室完全控制印度时,鸦片收入仅次于土地和盐,是印度国库收入的最大增量,超过总收入的七分之一。鸦片贸易的垄断和两次鸦片战争中对鸦片贸易的保护,决定了帝国内部的经济和政治决策条件。这正像卡尔·特罗基(Carl Trocki)总结的那样:"鸦片已经变得像其他大型商业毒品贸易一样,它现在是一个市场驱动的体系,几乎完全被一个小小的特权群体垄断。它还围绕自身创建了一个贸易、融资、银行、保险、运输和分销系统。鸦片对亚洲的影响,就像烟草、糖、酒精和茶对欧洲的影响一样。它创造了一个大众市场和一种新的药物文化。"①

---

① Abraham and van Schendel, *Introduction: The Making of Illicitness*, p. 19.

第六章
两次鸦片战争期间禁烟的困境

道光、咸丰年间的禁烟运动是中国近代史开端的重大事件，研究者对此非常重视，成果相当丰富。关于第一次鸦片战争之前的毒品走私情况，史学界比较关注其输入量与白银外流的关系，比较重视白银外流引起的国内贵金属相应减少和银钱比价的波动情况。

学术界历来重视第一次鸦片战前的禁烟运动，在林则徐收缴外国鸦片和虎门销毁方面发表了大量研究成果，同时围绕着1838年的禁烟大讨论也各抒己见。有的学者认为当时存在"严禁派"和"弛禁派"的对立。[1] 有的学者认为，并不存在"弛禁派"，认为参与讨论的29位将军和督抚无一不赞成禁烟，只是在对待吸食者是否采用重刑方面存在一些不同看法。[2]

第二次鸦片战争之后鸦片贸易合法化问题，也是大家关注的热点，但由于现存中文档案资料太少，当事者又没有留下笔记资料，所以，论著大多语焉不详，甚至误以为是清朝官员迫于兵饷筹集困难，为了征收鸦片税而主动解除了禁令。[3] 针对这一问题，有的学者仔细阅读了英国

---

[1] 吴雁南主编：《中国近代史纲》上册，福建人民出版社1982年版，第12页；林增平：《中国近代史》，湖南人民出版社1979年版，第30页；沈毅：《弛禁派新议》，《辽宁大学学报》1985年第3期。

[2] 郦永庆：《从档案记载看鸦片战争期间的禁烟运动》，《历史档案》1986年第3期；吴义雄：《关于1838年禁烟争论再探》，《福建论坛》1985年第6期；王宏斌：《禁毒史鉴》，岳麓书社1998年版，第102页。

[3] 郭卫东：《不平等条约与鸦片输华合法化》，《历史档案》1998年第2期；胡维革：《论鸦片贸易合法化对近代中国社会的影响》，《东北师大学报》1988年第3期；傅娟：《19世纪中英鸦片贸易合法化探析》，《四川师范大学学报》1996年第2期。

议会文件，发现从 1841 年 2 月 26 日巴麦尊训令乔治·懿律（Elliot, George, Admiral）促使中国解除鸦片禁令开始，一直到 1858 年 11 月 8 日中英两国代表签署《通商章程善后条约：海关税则》，正式承认鸦片贸易合法化为止，英国的这一外交图谋的最终实现经历了 18 年的时间。①

  从上述情况来看，论者不仅仔细考察了鸦片走私和传播情况，而且深入分析了禁烟运动的起因和大讨论的分歧；不仅着重探讨了林则徐在虎门海口收缴和焚毁外国鸦片的过程，而且一致认为清廷的禁烟政策是在第二次鸦片战争之后才改变的。那么，在两次鸦片战争期间（1842—1858），清廷的禁烟政策是否得到了继续贯彻和执行？尤其是《查禁鸦片烟章程》（下文均简写为"章程"）在实施过程中遇到了哪些问题？究竟是什么原因导致这场轰轰烈烈的禁烟运动半途而废？这些问题至今尚未引起讨论。本书主要利用档案资料，从刑法学的角度以历史学方法对于上述问题加以探讨，意在说明毒品犯罪问题十分复杂，由于当年对于吸食鸦片者采用绞刑，导致这场运动难以继续开展下去。这一刑罚过重的历史教训应当汲取。

一 两次鸦片战争期间"明禁暗弛"局面的形成

  由于史籍记载简陋，档案资料未经整理公布，史学界对于两次鸦片战争期间（1842—1858）清廷的禁烟政策缺乏研究，很少论及。首要的两个问题是，在这一时期清廷是否继续坚持了既定的禁烟政策？1839 年 6 月 15 日公布的"章程"是否得到了贯彻和执行？要精确回答这两个问题，需要查阅当年形成的系统的档案资料。

  晚清时期，奏报打击毒品犯罪较多的年份通常就是禁烟运动达到高潮时期，禁烟运动的成效与禁烟文件的数量基本成正比。应当说，打击毒品犯罪奏折数量的多与少，反映了清廷对于毒品犯罪重视程度的变化。下表

---

① 王宏斌：《从英国议会文件看英国外交官关于鸦片贸易合法化的密谋活动》，《世界历史》2010 年第 3 期。

的统计情况与上述现象是基本一致的。1842—1850 年的 9 年间平均每年有 12 件,1851—1859 年 9 年间平均每年只有 7 件。1842 年以后,毒品犯罪的奏折数量越来越少的现象,显然不是由于毒品犯罪越来越少的反映,而是清廷禁毒力度逐渐减弱的结果。

表 6-1　　　　1842—1859 年奏报毒品犯罪文件情况统计表　　　　单位:件

年份	贩卖	吸食	种植	其他	总数	年份	贩卖	吸食	种植	其他	总数
1842	11	10	0	4	25	1851	10	4	3	1	18
1843	4	14	1	0	19	1852	0	1	0	0	1
1844	1	11	0	0	12	1853	3	0	0	2	5
1845	2	0	0	0	2	1854	5	9	1	2	17
1846	1	10	0	0	11	1855	1	2	0	2	5
1847	2	1	0	0	3	1856	0	4	1	0	5
1848	5	8	0	0	13	1857	0	0	0	0	0
1849	2	8	1	1	12	1858	0	2	2	0	4
1850	2	9	0	4	15	1859	0	1	2	0	3

在我们查阅的这 173 件奏折中,奏报吸食鸦片的件数最多,有 97 件;其次是奏报贩卖鸦片的件数,有 49 件;奏报种植罂粟的件数最少,只有 11 件;讨论综合性毒品犯罪的有 16 件。由于存在多件奏折报告的是同一案件的现象,173 件奏折所记录的毒品案件只有 94 起,这与当时全国实际存在的贩毒、吸毒和种植罂粟犯罪人数相比,相差甚远。

就各地区破获的案件来看,京师与盛京两地破获的数量最多,合计 44 起,接近全国破获毒品案件的 47%,这种情况说明禁烟政策在京师和盛京两处得到了较好的坚持。在 18 年中破获毒品案件较多的省份是直隶、福建和贵州三省,各有 6 起;其次是山西省,破获 4 起;江苏、浙江、安徽、江西、河南、广东、广西、新疆等八省区,各为 2—3 起;吉林、山东、湖北、云南和西藏四省区,各有 1 起;最令人奇怪的是,除了蒙古情况比较特殊之外,四川、湖南、陕西、甘肃和黑龙江等五省区竟然没有破获一起毒品案件。① 无论是有所查获还是无所查获的省区，在今天看来，破获的毒品案件起数与严重的毒品犯罪形势相比，存在着巨大反差，可以说是成效甚微。此处，我们对于发生在1850年冬季的大规模内战可能产生的干扰作用必须有所估价。太平天国等农民起义军对于清廷的禁烟政策会有一些冲击，但不会很大，因为鸦片的"明禁暗弛"局面在1842年至1850年间事实上已经形成。

首先从禁种说起，从1842年到1859年，涉及禁种的公文共有11件。在这些关于禁种的公文中，讨论禁种措施与弛禁政策的有9件，奏报查获禁毒案件的只有2件。在讨论有关罂粟的禁与弛措施的9件公文中，有7件来自广西巡抚衙门，主要内容是奏报在广西如何编立保甲，在禁种鸦片方面保甲起了什么作用，没有涉及具体的禁种案件。贵州学政黄统的奏折是请求弛禁鸦片，没有涉及具体案例；伊犁将军札拉芬泰讨论的是弛禁鸦片之后，如何抽收税厘，也不涉及具体案例。因此，在此18年间，反映查获罂粟案件的公文事实上只有2件。一份是浙江巡抚刘韵珂的《奏为奸民私种罂粟不遵铲除逞凶拒捕事》，另一份是盛京将军奕兴的《奏为拿获栽种罂粟制造鸦片杜继耀等人事》。

第一件案件发生在1840年4月12日，署天台县知县高振宛带人前往

---

① 道光二十年四川总督宝兴的奏报，四川参与武装贩毒的人数一案二十余人。（《四川总督宝兴奏为审拟许洪顺等兴贩鸦片各犯折》道光二十年十月二十八日，《鸦片战争档案史料》二，第548—551页）又据他人同年报告："云南永昌府有匪徒贩卖烟土，聚党辄数百人，手持枪炮，各带红旗，上书'将本求利，舍命取财'二语，往来四川顺庆宁远之间，肆行无忌。该处人民栽种罂粟，煎炼成土，变名为芙蓉膏，成群贩卖，曾经会理州缉获烟贩，供在云南拒捕戕兵，含混了结等语。"（《著四川及云贵总督等严拿川滇交界烟匪事上谕》道光二十年十二月三十日，《鸦片战争档案史料》二，第776页）于此可见四川需要大量鸦片，吸毒人数在不少数。据湖南巡抚裕泰奏报："斯时查获烟匪二百四十余起，烟土烟膏58800余两，烟枪烟具七千余件。"（《湖南巡抚裕泰奏报湖南地方续获烟犯烟土情形片》道光二十年十一月十九日，《鸦片战争档案史料》二，第606页）又据陕西巡抚富呢扬阿奏报："其由内河兴贩至南北各省盈箱累篚，再以舟车，影射字号货物者，实繁有徒。即以陕西而论，其自河南、山西来者，入潼关并同州府属之大庆关。自湖北来者，入商州之龙驹寨及兴安府属洵阳县之溆河。虽又零星分聚于各府州县。"（《陕西巡抚富呢扬阿奏请首严海口之禁等事》道光十八年五月二十四日，《鸦片战争档案史料》一，第290—292页）陕甘总督杨遇春在1831年曾经指出，甘肃"烟土俱系来自外省，应责令东南二路之入境首站计设有税口之各州县认真严密稽查"。（《陕甘总督杨遇春呈甘省查禁鸦片烟章程》道光十一年四月二十七日，录副奏折，档号：03-3597-014。）一项章程肯定不是针对的是个别吸食现象。在五省之中，四省均有鸦片流毒比较严重记录，唯有黑龙江缺乏资料。因此，笔者认为，这五省区在18年间没有鸦片问题的奏报，属于非正常现象。

各地查禁私种罂粟,在距离县城80里的潘家峎发现村民朱泳丁的田地里种有罂粟,随即传呼朱泳丁。因朱泳丁本人不在家,差人将其妻子朱王氏捉拿到现场。高振宛一面追究朱泳丁下落,一面派人将过路人林中允等拦住,饬令他们将罂粟苗全部铲除。正在铲除间,村民多人持械赶来,将林中允等打伤。差役立即前往查拿,村民闻风四散逃走。朱王氏也乘机躲藏起来。在铲除完朱泳丁地里的罂粟之后,又发现村民杨士复地里有罂粟。高振宛又派林中允带人前去铲除,杨士复、杨兴幅等纠集多人前来阻止,双方发生殴斗,互有伤情。高振宛返回县衙后,据实禀报台州府知府,转报浙江巡抚乌尔恭额,请求立案拿人。是案,先后拿获抗拒铲除罂粟36人,种植罂粟1人,共计37人。由于中英战争正在进行,此案审理推迟了两年多。主犯杨士复、杨人截、杨士彩、朱甫升、朱泳品、杨兴业、杨庆三等先后在狱中死去,其余人等按照抗拒情节轻重,分别被判处徒流、杖责等刑罚。这一抗拒铲除罂粟案件影响恶劣。① 但是,这一案件发生于第一次鸦片战争期间,时间上超出了本章讨论的范围。

第二件案件发生在1851年6月26日,在盛京发现有人在菜园里种植有若干畦罂粟,已经开花结果,并且到了收浆、制作鸦片之时。案犯杜继耀,原籍山西太谷县。他在被捉拿后,对于私种罂粟,收割鸦片图利罪行,供认不讳。盛京将军奕兴认为,私种罂粟的风气不可开,必须加以严惩。② 这一案件比较简单。

在录副奏折和朱批奏折中,1842—1859年,私种罂粟,被查获的案件事实上只有这一件。这种现象能否证明两次鸦片战争期间,鸦片贸易尚未合法化,中国的土产鸦片很少?不能。因为这一时期,私种罂粟不仅在许多地方开始流行,而且在一些省区逐渐成为一定规模。1851年,湖广道监察御史汤云松在其奏折中明确指出:"栽种罂粟虽奉明禁,而滇黔、四川、浙江温台各郡久已连畦成亩,栽种熬膏。近闻直隶之顺德、甘肃之平陆亦有种植,则是年终结报,已成具文。"③ 显然,这些省区的各级官吏对于违

---

① 《浙江巡抚刘韵珂奏为奸民私种罂粟不遵铲除逞凶拒捕事》道光二十三年二月十三日,朱批奏折,档号:04-01-01-0814-046。
② 《盛京将军奕兴奏为拿获栽种罂粟花制造鸦片烟人犯杜继耀等人送部审办事》咸丰元年八月十八日,录副奏折,档号:03-4586-010。
③ 《湖广道监察御史汤云松奏为现拟绞监候人犯于情法未尽允协请变通禁烟章程事》道光三十年十二月十五日,录副奏折,档号:03-4016-014。

法种植罂粟的现状采取了视而不见的态度。

其次两次鸦片战争期间，查获的贩运鸦片的案件共有37起，涉及的朱批和录副奏折共有49件。第一次鸦片战前，参与沿海鸦片走私活动的中国人大致分为三类，不法商人、匪徒和放纵走私的兵弁；两次鸦片战争期间，清朝贩毒者的身份大致可以分为七类：宗室觉罗、文官、举人生员、喇嘛、兵弁、商民和匪徒。① 两个时期相比，后期参与毒品贩运的人员的身份更加复杂，社会地位越来越高，既有皇族成员和文官，又有举人、生员和喇嘛。由于文章篇幅的限制，不便对其案件一一加以介绍，这里只能按照贩毒主犯的身份择要介绍几个案例。

表6-2　　1842—1859年破获案件的贩毒主犯职业和身份

皇族	文官	举人生员	喇嘛	兵弁	商民	匪徒	总计
2	4	3	1	1	24	2	37

事例1　宗室良浩贩卖鸦片案。1853年8月5日，在怀远关查获贩卖鸦片案，犯人为宗室良浩，系正蓝旗索明阿管下，属于闲散宗室。贩毒者赵润自天津走私鸦片3包，计120余两，准备出售。良浩得知此事，起意转售获利，遂与赵润议定每两售价京钱2000文。正在转售时，被查获，人证、物证俱在，良浩供认不讳。②

事例2　觉罗青山非法搜查鸦片案。觉罗青山素与承德县捕役吴德相识，曾向其打听附近人员吸食鸦片烟消息，准备以搜查为名，讹诈吸食者钱财。1853年1月10日，吴德从杨姓车夫那里探知其雇主关姓家中经常有人聚会，遂将这一消息透漏给觉罗青山。青山召集步甲多隆阿、三音保等人，各执器械，于12日22时左右，翻墙闯入，开始非法搜查，但是在关姓人家没有发现吸食者和鸦片烟具。而后，这一伙人又前往街南弓士杰家非法搜查，也未发现鸦片吸食者和烟具。临

---

① 1851年6月27—28日，京师破获天津惯匪锅盖王老贩卖案，缉获贩卖、吸食鸦片人犯多人。事见《巡视中城御史联福、吴若准奏为拿获匪棍贩烟人犯王老等并起获鸦片烟具等物请交部审讯事》咸丰元年六月初四日，录副奏折，档号：03-4586-007。

② 《盛京将军奕兴奏为宗室良浩贩卖鸦片请送盛京刑部审办事》咸丰三年八月初三日，录副奏折，档号：03-4569-016。

走时，他们将弓士杰家摆放的锡器顺手拿走。此案被破获后，人证、物证俱全。①

事例3　候补通判袁云贩卖鸦片案。1851年5月31日，浙江道监察御史姚福增弹劾江苏候补通判袁云在苏州阊门外，开设店铺，名为销售绸缎，实际贩卖鸦片，并且曾与署按察使吴其泰合伙，将鸦片运往常州销售，请求江苏巡抚从严查处。②两江总督陆建瀛、江苏巡抚杨文定奉到谕旨后，立即派人前往搜查。发现袁云所开绸缎店早已关闭，没有查到相关物证。讯问该店伙计，伙计坚称，本店从未囤积、贩卖和吸食鸦片情事。由于案情重大，陆建瀛等为彻底追查袁云贩卖鸦片案，奏请将通判袁云先行革职，"以便严审彻办"。这一奏请得到皇帝批准③。但是，笔者没有找到下文，不知最后处理结果。

事例4　嵩县勒休知县刘彬贩卖鸦片案。刘彬，系江西南丰人，曾任河南嵩县知县，缘事勒令致休在籍。1850年10月12日夜晚，匪徒入室盗劫。事发之后，刘彬报案，称家中失窃洋银、首饰等贵重物品。该县知县迅速派人侦查，先后缉获夏八三等12名匪徒，起获烟土百十余两，及其烟具和包金翡翠手镯等物件。提讯犯人供词，与事主所报两歧。经南昌府知府再次审理，夏八三供称：伊与刘彬家人饶兴经常在一起。道光三十年（1850）九月间，饶兴跟随刘彬自广东回来，告诉伊，刘彬带回烟土，准备销售，嘱其代为寻觅买主。夏八三当面应允，心中起意盗劫。遂于九月初八日（10月12日）夜间，纠集王日洸等三人，进入刘彬寓所，抢得烟土并烟具、手镯等物，按人分取，并未抢有洋银或其他首饰。审讯结果，夏八三等所供属实，并且有物证。而刘彬坚不吐实，谓系夏八三等栽赃反噬，又不将家人饶兴等交案质对，"显系依恃职官，任意狡展"④。为此，江西巡抚陆应谷奏请将刘彬革职审办。

---

①《盛京将军奕兴奏为拿获觉罗青山等伙同搜翻吸食鸦片烟案各犯请转刑部审理事》咸丰三年正月十二日，朱批奏折，档号：04-01-01-0856-037。
②《浙江道监察御史奏请饬令江苏巡抚严办江苏候补通判袁云贩卖鸦片事》咸丰元年五月初一日，录副奏折，档号：03-4085-095。
③《两江总督陆建瀛江苏巡抚杨文定奏为遵旨查访江苏候补通判袁云贩卖鸦片请革职究办事》咸丰元年六月十三日，录副奏折，档号：03-4086-065。
④《江西巡抚陆应谷奏为前任嵩县勒休知县刘彬贩卖烟土提讯狡展请革职审办事》咸丰元年六月二十日，录副奏折，档号：03-4086-108。

事例 5　侯官举人杨熙元等贩卖鸦片案。根据贩卖鸦片主犯杨阿律供称：本人原籍晋江，寄居闽县。1850 年秋间，听说青州人林文文等受雇"夷人"，包送货物，每月可得薪水洋银 12 元，起意争夺，遂建造小剥船两只，冒认侯官举人杨熙元为同宗，央求其遇事给予庇护。杨熙元应允。十二月间，杨阿律得知五虎门口外寄泊有夷人鸦片船，与杨熙元商议，合伙在外国走私船上购买烟土 30 余个，藏在船内。咸丰元年二月间，杨阿律又在外国船上盘得货物两小船。这件事情被林文文得知，认为杨阿律抢夺了自己的饭碗，遂纠集多人，于二十三日在罗星塔江面拦截，要求分取一半。杨阿律不答应。林文文即带人登上杨阿律的船只，将货物抢走。杨阿律带领两名押送货物的"黑夷"追到岸上，双方开始大打出手，互相殴伤多人。这一案件经福建布政使、按察使督同知府、知县两次审理。① 结论是，杨熙元冒认杨阿律为同宗，并为其非法行为提供庇护，"不知自爱"，复与杨阿律起意贩卖鸦片，应照贩卖鸦片未成条例，拟流放边疆充当苦差。其余人犯，各照条例拟定罪名。②

事例 6　泾县监生汪应瑞贩卖鸦片案。1842 年 3 月 3 日，京师中城捕役在同升店内查获鸦片 24 两，并将鸦片所有者汪应瑞、汪应丁和店主郝银林缉获归案。主犯汪应瑞为安徽泾县监生，曾在蒙城涉讼，邀堂弟汪应丁赴京上控。汪应丁在蒙城购买鸦片 18 两，随同堂兄到京，最初住在德升店内，托一同来京之汪汉宇卖给陈凤亭 3 两，得钱 10400 文。然后汪氏兄弟移居同升店，郝银林对于汪氏兄弟贩卖鸦片一事自称不知情。案发之后，巡视中城兵科给事中舒光等认为，该案情况复杂，奏请饬下步军统领衙门、顺天府、安徽巡抚一体严究。③

总的来说，在巨大利益驱使之下，皇族也罢，官吏也罢，举人生员等读书人也罢，都开始突破道德底线，纷纷加入贩毒人群。在这种情况下，

---

①《闽浙总督裕泰福建巡抚徐继畲奏为拿获烟犯杨熙元等人请从严审究事》咸丰元年四月初九日，录副奏折，档号：03-4586-002。

②《闽浙总督裕泰奏为审拟侯官举人候选教职杨熙元等人贩卖鸦片一案事》咸丰元年八月初二日，录副奏折，档号：03-4586-011。

③《巡视中城兵科给事中舒光等奏为拿获泾县监生汪应瑞等贩卖鸦片交部事》道光二十二年正月二十九日，录副奏折，档号：03-4015-033。

第六章　两次鸦片战争期间禁烟的困境

"而烟土之禁，不弛而弛"①。清政府的禁毒陷入了进退两难困境。

最后，两次鸦片战争期间，查获的吸食鸦片案件有51起，涉及的公文有97件之多。这是本章探讨的重点，后面还有具体案例分析。这里有必要通过时人的看法，首先了解一下总体吸食情况。对于全国的吸食鸦片形势，广西巡抚周天爵于1850年作了这样的描述，"洋烟之祸，毒流天下，几成积重难返之势。通计天下，有不吸食之官，而鲜不食之眷属；有不食之眷属，而无不食之劣幕；间有不食之幕友，而无不食之书役。以致上行下效，闾阎之集镇开烟馆者不知凡几。通计天下所费数倍于天下之正赋矣"②。

江西学政张芾于1850年6月20日指出，"银价之所以日昂者，由于出洋者愈多。乃中外皆讳言其事，地方有司从未认真查办，江河日下，伊于胡底？不知内地苟无吸食之人，则来源不遏而自绝，何所顾忌，而不为严禁。况蚩蚩之氓，莫非朝廷赤子，忍令其陷溺不返忽【乎】？宜申明旧禁，严惩吸食。"③ 这是说鸦片泛滥的情况是由于各级官员不作为造成的，即"地方有司从未认真查办"。

同一年，礼科给事中黄兆麟也明确指出："十年以来，各省地方官讳疾忌医、因噎废食，凡遇吸食鸦片之案，概置不办。现今流毒愈深，陷溺愈甚。各省自督抚以至州县衙门，内而幕友、家丁，外而书吏、胥役，类皆食烟之人。官员则司道以上者，吸食尚少。至若厅州县吸食者十居三四，佐贰、杂职者十居七八……至各省营弁、兵丁，类皆沉溺于烟者，兵力不强，实坐此弊。"④ "凡遇吸食鸦片之案，概置不办"，这既是鸦片弛禁现状的一种真实写照，又是对于"各省地方官"禁烟态度的高度概括，非常值得重视。

1852年，通政使罗惇衍在其奏折中明确指出，地方官对于鸦片吸食者

---

① 徐宗干：《斯未信斋存稿》，载丁曰健辑《治台必告录》卷四，台北：文海出版社1986年影印版，第283页。
② 《周天爵奏为敬陈饬禁鸦片等管见事》道光三十年八月初四日，录副奏折，档号：03-2856-050。
③ 《江西学政张芾奏请严禁鸦片讲求海防并参劾咸龄劣迹折》道光三十年五月十一日（1850年6月20日），中国第一历史档案馆编：《鸦片战争档案史料》第7册，天津古籍出版社1992年版，第972页。
④ 《礼科给事中黄兆麟奏为敬陈禁烟保甲等管见事》道光三十年十一月二十五日，录副奏折，档号：03-2856-037。

之所以"竟置之不问"①,乃是道光皇帝对于鸦片吸食者有怜悯之心,"不忍勾决"的结果。

1855年,河南布政使英棨对于鸦片的流毒现状进行了分析,在他看来,鸦片之所以无法禁止,"惟用法过严,转致互相容隐"②。

从上述情况我们可以看出,在两次鸦片战争期间清廷的禁烟政策应当说得到了坚持,打击各种毒品犯罪的"章程"仍在执行。③ 只是这种"坚持"随着时间的推移变得越来越放松,这种"执行"到后来是越来越困难,形成了明禁而暗弛的局面。而这种"明禁暗弛"局面的形成在很大程度上是由于各级官员不作为造成的。因为,在道光、咸丰之际分析鸦片流毒现状时,所有官员的奏折,全都认定地方官在此方面不作为。张芾认定"地方有司从未认真查办",黄兆麟说地方官"凡遇吸食鸦片之案,概置不办",罗惇衍指出地方官"遂竟置之不问",英棨强调这种"明禁暗弛"局面的形成在于"互相容隐",这四位官员的看法不约而同,都是对官场禁烟态度的真实描述。事实上,最有力的证据应是官员们对于发生在身边的大量吸食鸦片者视而不见。广西巡抚周天爵的奏报可以说明一切。因此,我们认为,"凡遇吸食鸦片之案,概置不办",是两次鸦片战争期间多数官员对待鸦片吸食者比较一致的态度。

两次鸦片战争期间中国的禁烟运动遇到了内外两种阻力:一种来自外国的干扰,另一种来自中国内部的抵制。中国内部的抵制来自四个方面:一是贩卖鸦片利益集团,二是鸦片吸食者,三是接受鸦片商人贿赂的腐败官吏,四是"各省地方官"。在这四种阻力中,最大的阻力应是"各省地方官"的一致消极抵制态度,"凡遇吸食鸦片之案,概置不办"。

比较国际国内两种阻力,当时国内的阻力似乎更大一些。两次鸦片战争期间,西方列强对于清廷的内政影响力还相当有限,除了1856年的

---

① 《通政使罗惇衍奏请禁食鸦片烟事》咸丰元年十一月二十六日,录副奏折,档号:03-4586-014。

② 《河南布政使英棨奏请重收鸦片烟税事》咸丰五年七月初三日,录副奏折,档号:03-4395-068。

③ 根据贵州巡抚乔用迁奏报,他在1850年11月护送官兵前往广西镇压太平军的路途上,在贵州境内曾经破获一起武装贩运鸦片案,"拿获龚益计等三十九名,鸦片烟土十六挑,计重一万七千余两,并枪炮刀杆等件。"(《贵州巡抚乔用迁奏为遵旨督饬并护送官兵赴广西出境日期及拿获兴贩鸦片烟犯事》道光三十年十月二十五日,朱批奏折,档号:04-01-01-0846-009)

"亚罗号事件"之外,在禁烟问题上没有发生一宗外交重大交涉案件。① 如果说在通商口岸查处大宗的鸦片贩运活动,可能会遇到外来势力的干扰,而在通商口岸以外的广大内陆地区则很少遇到这种阻力。这一时期,不仅外国公使馆尚未进入京师,领事馆在内地很少设立,就连传教士也很少能够深入内地,中国的司法主权在内地尚未遇到外部力量的挑战。在内陆地区查禁种植、贩运和吸食鸦片活动毕竟是中国的内政,因此尚未遇到外国的阻力。禁烟运动之所以在内地出现"明禁暗弛"的现象,主要阻力显然来自中国的内部。

二 "重治吸食"的困境

按照礼科给事中黄兆麟的说法,"各省地方官"对于"吸食鸦片之案"一致采取了"概置不办"的消极抵制态度。由于种种原因,部分官员对于某项国家政策采取消极抵制态度,是古往今来行政、司法的常态现象,完全可以理解。现在的关键问题是,"各省地方官"对于当时的禁烟令为什么会如此一致地采取消极抵制态度?他们在行政和司法过程中究竟遇到了什么难题?要想了解"凡遇吸食鸦片之案,概置不办"的"各省地方官"的真实心理原因,我们需要先从"重治吸食"的法律规定说起。

---

① 清史数据库档案中有一件道光二十七年的附片,说道:上年,叶尔羌参赞大臣恩特亨额接到阿奇木伯克伊斯玛依尔报告,外国商人携带大批鸦片进卡,随即派出两名伯克,传谕夷商,勒令交出鸦片。"各夷商遵即将贩来烟土陆续呈缴无遗,先后共计十万两有零。"经过审问,叶尔羌参赞大臣恩特亨额认为这批商人属于初犯,奏请皇帝开恩,免其治罪,建议将这批鸦片就地全部销毁。当年正月二十五日奉上谕:"准其自首,免罪。"叶尔羌参赞大臣当即饬令阿奇木伯克伊斯玛依尔,向"夷商"宣布皇仁,恺切晓谕,嗣后不准再贩烟土进卡售卖,如果再犯,必将货物抄没入官,逐出卡外,永远不准再来贸易。阿奇木伯克伊斯玛依尔当即取具各夷商并各呼岱达图记、甘结存案,然后将所有查获的烟土运到城外空地上,在夷商面前全部予以销毁。外国商人目睹了销毁鸦片的过程之后,"各欢欣散去,照旧贸易,安谧如常"(《奏为销毁外商呈交烟土情形事》道光二十七年,朱批奏片,档号:04-01-01-0822-010)。如果这一档案录入没有错误,这应当是两次鸦片战争期间中国官员在边境查获的一宗最大的外商贩卖鸦片案,涉及人数达到50余人,鸦片总量达到"十万两有零"。但是,笔者怀疑这一档案发生了错乱,时间标注有误。据《清实录》记载,这一事件发生在道光二十年。"乙卯,叶尔羌参赞大臣恩特亨额等奏:阿奇木伯克伊斯玛依尔探知各部落,外夷有贩卖之事,令各夷商缴出烟土十万两零,如法烧毁,俱自顺从悔罪。得旨:务要令行禁止。勉之。"(《清宣宗实录》卷332,道光二十年三月乙卯,《清实录》第38册,中华书局1986年影印本,第41页)一份是原始档案记录,一份是《清实录》记载,在没有新的更加可靠的资料情况下,只能暂时存疑待考。应该以《实录》为准。

1839年6月15日颁布的"章程",规定:"一、吸烟人犯,均予限一年六个月,限满不知悛改,无论官民,概拟绞监候。一、平民吸烟,在一年六个月限内者,拟杖流;如系旗人,销除旗档,一体实发。一、在官人役并官亲幕友等,一年六个月内,在署吸烟者,照平民加一等治罪;该管官知情故纵者革职;失察者,降调。一、职官吸烟,在一年六个月内者,发新疆充当苦差。一、兵丁吸烟,在一年六个月内者,发近边充军;该管官知情故纵者革职;失察者分别议处。"①

从立法精神来看,这些规定毫无疑问体现了清政府打击吸食鸦片犯罪行为的精神,这在当时叫"重治吸食"。

吸食鸦片是个人对自己生活的一种毁灭性安排,是一种自伤、自损,直接危害的是自身和家庭。吸食鸦片行为的不道德性在于,每一个人都是社会共同体的一员,每一个人都有责任成为社会有机体的健康成分,自我毁灭性安排间接地构成了对国家、民族的侵害。吸食鸦片行为与制毒、贩毒相比,社会危害性要小得多。吸食鸦片者具有病人、违法者、受害者多重属性,因此,在刑法上的危害性应严格加以认定。目前,对于吸毒的行为,各国的法律认定是不同的。有的认定吸毒是一种犯罪(例如美国),有的认为吸毒不是犯罪(例如荷兰),有的认为吸毒尽管不是犯罪行为,但违反国家治安管理规定(例如中国)。尽管存在着有罪与无罪之间的认识上差别,但有一点可以肯定,吸毒不是严重犯罪行为,国家对于吸毒者采取一定的干预和限制是必要的(例如拘留、劳动教育和戒毒等),但绝对不可采取死刑的惩罚方式。

从刑法学上讲,"重治吸食",在一定程度上会产生威慑效果,抑制吸食者再次犯罪的冲动,遏制潜在犯罪者的犯罪动机。但是,"重治吸食"的威慑力毕竟是有限的,不能过分地依赖和迷信。"重治吸食"的副作用是,可能导致吸食者与行政、司法机关的对抗,不仅驱使吸食者产生对抗性的行为反应,增大其家属与国家的离心力,而且模糊司法的公正标准,使司法的公信力受到人们的质疑。

按照上述规定,以道光二十年十二月初五(1840年12月28日)为界,对待吸食鸦片者前后有两种刑罚:一种是在一年半限期内,根据吸食

---

① 《清宣宗实录》卷322,道光十九年五月己亥,《清实录》第37册,第1044—1047页。

者的身份，判处不同的刑罚；另一种是"无论官民，概拟绞监候"。现存档案对于这两种情况均有充足的反映。

李铭恩，任江西大庾县知县，在寓所吸食鸦片，被查获。"照职官限内吸食鸦片烟例，拟发新疆充当苦差。道光二十一年闰三月到戍，派船工，交省差。道光二十六年四月顶补厂船额缺，咨部，奉准在案，扣至本年四月，二年差满，例减戍限三年，连到戍年限，合计十年期满。"①按照惯例，伊犁将军萨迎阿于道光二十八年五月十二日（1848年6月12日）奏请道光皇帝，说明李铭恩当差期满，可以释放。道光皇帝认为，李铭恩未当苦差，不得援例减戍三年。朱批："再留三年。"

邸指南，系安徽太和汛把总，因吸食鸦片被查获，又因未指出卖膏之人，"照贩卖为从例，应杖一百，徒三年。系职官，加一等治罪，例应杖一百，流二千里，从重，发往新疆先当苦差。道光二十二年四月顶补铅厂额缺，咨部，奉准。二年差满，例减戍限三年，扣至道光二十八年七月，连减免年限，十年期满"。经伊犁将军萨迎阿奏请，释回。②

刘玉麒，原任浙江乌程县南浔巡检，属于试用未入流人员，因患胃疼病，吸食鸦片烟，被巡检胡次明带人拿获，经浙江巡抚参奏、审拟，复由刑部核议，刘玉麒合依买食鸦片烟，不将贩卖人指出例，应杖一百，徒三年，以职官加一等治罪，拟杖一百，流二千里，奏请从重，发往新疆效力赎罪。"于道光二十年九月二十一日到戍，扣至本年九月二十一日，十年期满。"乌鲁木齐都统毓书摘录当事人犯事缘由，奏请释放。③

从上述事例来看，"杖一百"，"徒三年"，"流二千里"，"发往新疆当苦差"，"期满十年"，这些综合性的刑罚规定对于吸食鸦片的官员来说已经是相当严厉的了。然而，由于不是剥夺人的生命的死刑，得到了比较顺利的执行。这与限期之外对于鸦片吸食者执行绞刑的困难情况恰成鲜明对比。

---

① 《伊犁将军萨迎阿奏为已革江西大庾县知县李明恩吸食鸦片发新疆效力派船共处当差期满请旨事》道光二十八年五月十二日，录副奏折，档号：03-4004-003。
② 《伊犁将军萨迎阿奏为已革武举署安徽太和汛把总邸指南因吸食鸦片等发新疆效力当差期满事》道光二十八年八月二十八日，录副奏折，档号：03-4004-018。
③ 《乌鲁木齐都统毓书奏为原浙江南浔巡检刘玉麒吸食鸦片发新疆效力十年期满请释回事》道光三十年五月初八日，录副奏折，档号：03-4004-109。

1840年年底，各省区对于鸦片吸食者无论官员还是平民均开始判处"绞监候"刑罚。由于对于吸毒者量刑过重，很快就出现了执行的困难。这里我们先从一桩普通的吸毒案例说起。

1846年9月26日，西城御史在宛平破获一起吸食鸦片案。9月30日，奉旨交由刑部审理。案情如下：道光二十六年二月间，王俊由于胃疼，从杨七十九处购买烟枪，开始吸食鸦片。三月份，陈寿儿的小舅子赵长青前来投亲，无处存歇，在王俊之子王泰负责管理的茶房暂住，遂与王俊一起吸食鸦片。后来，赵长青病故，遗物有鸦片烟枪和烟膏，由陈寿儿保存。陈寿儿不久得了便血症（可能是痢疾），每逢发作，也靠吸食鸦片治疗。王俊、赵长青和陈寿儿等人吸食的鸦片购自附近的杂货店，每次成交量不过数分及一钱，价值京钱二三百文及七八百文不等。杂货店老板张二出售的鸦片是由小商贩冯九如从天津带回的。案内，赵长青已死，冯九如、杨七十九在逃，缉获无期。刑部决定暂时结案。

> 此案，王俊招募看管茶房，辄敢在禁地附近之处吸食鸦片烟，并容留陈寿儿伙住，一同吸食，均属不法。张二买得烟膏，转售图利，即属兴贩，应各按例问拟。王俊、陈寿儿均合依兵民、吏役人等吸食鸦片烟者绞例，拟绞监候；张二合依兴贩鸦片烟膏发卖图利者绞例，拟绞监候；俱秋后处决。陈寿儿供称亲老丁单，犯系吸食鸦片烟，应照例不准查办。王泰身充皂役，带管茶房，乃于伊父王俊容留陈寿儿同住吸烟，并出赁铺盖，不能阻止，又不禀官，将陈寿儿早行驱逐，实属不合，应革去皂役，照不应重律，拟杖八十，酌加枷号一个月，枷满折责，发落。无干省释。起获烟具等物，案结销毁。赵长青吸食鸦片烟，罪应拟绞，业已病故，应毋庸议。在逃逸犯冯九（即冯九如）并杨七十九、方姓等应有臣部行文步军统领衙门、顺天府、五城及直隶总督一体严缉，务获归案，究办。①

这是一件相当普通的贩毒、吸毒案，从贩毒者情况来看，张二充其量

---

① 《刑部尚书阿勒清等奏为审拟宛平县籍民王俊等吸食鸦片一案事》道光二十六年九月初八日，录副奏折，档号：03-4016-031。

第六章 两次鸦片战争期间禁烟的困境

只是一个小小的鸦片零售商,代售的鸦片数量无多(五两鸦片烟膏);从吸毒者情况来看,王俊、陈寿儿和赵长青都是因患病而吸食鸦片,不过是不自爱其身家,不自惜其性命而已。平心而论,他们的行为都不是戕害他人的性命,劫夺他人的财产的严重犯罪。但是,按照"章程"规定,刑部官员又必须判处其死刑,与"大奸大恶"同一科断,拟"绞监候",刑罚显然过重。刑罚过重,执行时势必产生困难。

关三喇嘛吸食鸦片勒赎强奸案的发生,足以引起我们对于刑罚过重问题的反思。关三喇嘛,本名桑结,系满洲正黄旗文明佐领下人,自幼充当延寿寺长命喇嘛,因嫖宿娼妓犯案,经承德县知县审理,勒令其还俗。关三喇嘛还俗后,蓄发,娶妻杨氏。后来,又剃发,带领其妻,搬到太平寺别院居住,代管庙事。因患肚痛,购买鸦片烟具和烟膏,吸食成瘾。1835年,受辽阳红脸沟会首刘京续邀请,前往该屯担任火神庙主持。1853年9月14日,民人姚克祥养子的童养媳金喜被旗人庆喜拐走,藏在蒋家窝佟姓人家。姚克祥央求关三喇嘛帮助解救。关三喇嘛当即应允,遂邀集陈幅、陈漾、李五等人商议,将金喜抢出,并趁机向姚克祥勒赎。次日鸡鸣时,关三喇嘛带领陈幅等人将金喜抢出,送到太平寺居住。17日,姚克祥前往太平寺,请求领回金喜。关三喇嘛声称必须花钱一千吊,方可赎回。姚克祥无钱,苦苦哀求放人,关三喇嘛不答应。姚克祥走后,关三喇嘛起意奸污金喜,金喜不从。关三喇嘛持刀威逼,金喜畏惧,只好顺从。9月29日,关三喇嘛带领陈漾等人,携带鸟枪、刀杆前往红脸沟办事,路过辽阳肖家河子地面,被庆喜父亲安邦阿举首,盛京将军遂派人将关三喇嘛缉拿归案①。查例载:"军民人等吸食鸦片烟者,绞监候。"又,例载:"捉人勒赎,审无凌虐重情,止图获利,关禁勒赎为首,发新疆给官兵为奴;为从之犯,俱发极边足四千里充军。"又,例载:"诱拐妇人子女为妻妾,知情为首者,发极边足四千里充军;被诱之人减等,满徒。"根据上述案发情节和大清律例有关规定,刑部的判词是:"关三喇嘛前因宿娼犯案还俗,不知安分,辄复吸食鸦片烟,羁留犯奸妇女,讹诈勒赎,吓逼奸宿,并私藏军械鸟枪等物,不法已极,自应按例从重问拟。应如该将军所奏:关三

---

① 《盛京将军奕兴盛京副都统承志奏为拿获霸留勒赎犯奸妇女并吸食鸦片烟人犯太平寺关三喇嘛请送部审办事》咸丰四年正月十八日,朱批奏折,档号:04-01-01-0856-003。

喇嘛,即桑结,除捉人勒赎并逼奸、犯奸妇女已成,及私藏抬枪、鸟枪,应拟遣流各轻罪不议外,合依军民人等吸食鸦片烟者绞例,拟绞监候,秋后处决。"① 在这一案件中,关三喇嘛可谓罪恶累累,无论是其霸占、强奸妇女,还是讹诈勒赎,私藏军械,均已不法已极,都可判处重刑。然而这些罪名却都赶不上吸食鸦片罪,最后不得不以吸食鸦片罪,从重判处其绞监候。轻罪而重罚,重罪而轻罚,这就是刑罚失衡的后果。一个在社会上作恶多端的家伙,最终的判决竟然是吸食鸦片私罪,令人看来多少有些滑稽可笑。

龚益计聚众武装贩卖鸦片案的判罚结果,也可以与京师西城吸食鸦片案形成鲜明的对比。1850年秋季,上帝会成员开始在广西团营,清廷调集各路军队前往镇压。11月下旬,贵州巡抚乔用迁在贵州和广西边界布置防堵,得到兴义知府张瑛禀报,"该府率领兵役拿获龚益计等三十九名,鸦片烟土十六挑,计重一万七千余两,并枪炮、刀杆等件"。乔用迁立即派人将龚益计一伙押解到省城审讯。据龚益计等供称:他与同伙十余人各带资本,结伴前往广东贩卖鸦片,行至广西大黄江地方,遇见张亚五、梁阿保等十余人携带鸦片,准备到平乐一带出卖。由于得知各路军队云集,防守严密,不敢前往,情愿减价出售。龚益计等人遂将这批烟土全部盘下,雇人押运前往越南销售,行至贵州兴义地方,被官兵拿获。龚益计喝令众人拒捕,其中十人有所反抗,很快被官兵制服②。按照"章程"规定:"收买烟土,尚未出售贻害者,为首发极边烟瘴充军,为从杖一百,流三千里";又,"大伙兴贩鸦片烟,聚众持械,未经拒捕之首犯拟绞监候,为从发极边烟瘴充军";又,"兴贩鸦片烟,知情受雇之船户,半年以内,杖一百,徒三年"。因此,龚益计应按"大伙兴贩鸦片烟,聚众持械,未经拒捕之首犯拟绞监候,秋后处决";郑带计等10人,"听从伙买烟土,尚未转售,罪至拟流";陆家鹏等12人各带铜炮、鸟枪、刀杆,贪利护送鸦片,"照为从减等,罪止满徒均合依大伙兴贩鸦片烟,聚众持械,未经拒捕,为从,发极边烟瘴充军"。程宵计等16人,"知情受雇,挑送烟土,

---

① 《刑部尚书德兴赵光等奏为遵议盛京将军等会同审明关三喇嘛吸食鸦片烟勒赎逼奸妇女案按例定拟事》咸丰四年十一月初十日,朱批奏折,档号:04-01-01-0856-063。

② 《贵州巡抚乔用迁奏为督饬严防并护送官兵赴广西出境日期及拿获兴贩鸦片烟犯事》道光三十年十月二十五日,朱批奏折,档号:04-01-01-0846-009。

即与船户无异,为时未及一个月,均合依兴贩鸦片烟知情受雇之船户,半年以内,杖一百,徒三年"。程阿生等 10 人在官兵查拿时,胆敢持械拒捕,应照律加拒捕罪二等。"各于满徒上加二等,杖一百,流二千五百里,到配折责安置。"① 应当说,这是一起重大的团伙武装贩毒案,涉及的犯罪人数高达 40 余人,性质相当严重,影响相当恶劣,参与的人犯各得应有惩罚。如此重大的案件,判处死刑的只有首犯一人,即龚益计。② 而前述京师西城普通吸食鸦片案,死罪人数竟然达到 4 人之多。二者相较,轻罪重罚,重罪轻罚,禁吸与禁贩的法律失衡现象已经相当严重。

就法理来说,刑罚过轻,可能无法保障法律的权威性和公众利益。而为了威慑犯罪,刑罚过重则可能影响法律的公正性。"刑罚体现的公正性的重点不是刑罚手段的轻与重,而在于罪与刑的必然联系和刑罚适用的统一性。"③ 刑罚过重往往导致罪与刑失衡现象。脱离犯罪行为本身的性质和危害程度一味强调严刑峻法,既违背法律公正性的要求,又影响刑罚效益的最佳发挥。脱离犯罪行为本身的性质和界限的重刑,不仅不能有效遏制犯罪,反而会造成罪犯与国家的严重对抗,妨碍对罪犯的感化和矫正,使民众对于残忍感到麻木,削弱民众对法律的支持和尊重,破坏刑罚应有的效果。

对于鸦片吸食者判处死刑,从"章程"开始实施时,道光皇帝就感觉不妥。1841 年 8 月 6 日,刑部尚书王鼎、赛尚阿面奉谕旨:"本年朝审,吸食鸦片烟人犯,另为一本进呈,请旨。"1842 年 8 月 28 日,刑部尚书李振祜与左侍郎柏葰又面奉谕旨:"所有京外吸食鸦片烟人犯,另为一本进呈,请旨。以后著为年例。"是年 10 月 7 日,刑部尚书阿勒清阿又面奉谕旨:"嗣后秋朝审,吸食鸦片烟人犯,著另缮清单,先期专折具奏,请旨。著为年例。"④ 秋审,系清代的一种审判制度,自明朝发展而来。清代的秋

---

① 《贵州巡抚乔用迁奏为审拟龚益计等兴贩鸦片烟一案事》咸丰元年正月二十五日,录副奏折,档号:03-4586-001。

② 千万不要误会,在此我们不是说,对于这一团伙武装贩毒案惩罚过轻,而是说关于西城吸食鸦片案犯的惩罚过重,导致法律实践轻重失衡。

③ [美]迈克尔·D. 贝勒斯:《法律的原则——一个规范的分析》,张文显等译,中国大百科全书出版社 1996 年版,第 408 页。

④ 《刑部尚书阿勒清阿等奏为遵将秋审案内吸食鸦片官犯张际垣先期具奏事》道光二十三年闰七月十四日,录副奏折,档号:03-4016-011。

审分为两种：朝审和秋审。朝审是复审刑部在押的死刑犯，秋审是复审各省上报的被处以死刑的囚犯案件。审判官的组成是相同的，都是中央机关各部院的长官。此外，在时间上也有一些区别，即朝审时间一般晚于秋审。以上三道谕旨的下达，意味着皇帝对于判处死刑的吸食鸦片"烟犯"打算另案处理。

在现存档案中，我们看到的另案处理的吸食鸦片"烟犯"奏折是从1843年开始的。在这一年的9月7日，刑部尚书奏报了秋审和朝审的情况，并将"官犯"和"常犯"分别列出清单，奏报皇帝，请求缓决。朝审，一名官犯。绞犯的名字叫张际垣，系已经革职的把总。刑部提供的清单这样说："因在海口防堵，感受潮湿，染患痔疮，嗣与武大会遇，谈及，武大答称：亦曾患过痔疮，系用鸦片烟灰熬水薰洗后，又吸烟数次，病始痊愈。并将余剩烟灰烟土送与试验。该犯先用烟灰熬水薰洗，未效。因希图赶紧医痊，起意将烟土熬膏吸食，病渐轻减。嗣该犯痔疮复发，取出烟土煎熬，即被获。案：职官犯死罪，秋审，例入情实。惟系因病吸食鸦片烟，谨开具该犯张际垣犯事节略，恭候钦定。"① 同一日，刑部提供的朝审烟犯清单为9名，秋审烟犯清单为15名，道光皇帝御批全部缓决。现将各犯吸食鸦片缘由，综合列表如下。

表6-3　　　　　　道光二十三年秋审朝审吸食鸦片烟犯一览表

姓名	犯案缘由	审判类别	案发地
王四	患吐泻病症，服用鸦片治愈。担心复发，继续吸食	朝审	京师
方帼懊	曾吸食鸦片成瘾，闻严禁，戒断。患吐血病，复吸	朝审	京师
刘四	因病吸食鸦片，后来戒断，见好友张二吸食，复吸	朝审	京师
张二	患痢疾症，购买烟枪烟膏吸食	朝审	京师
李氏	患胃疼病症吸食鸦片，曾戒断。因旧病复发，再吸食	朝审	京师
张三	患泻痢病，吸食鸦片，曾戒断。因旧病复发，再吸食	朝审	京师
杨帼受	患腰疼病症，服用鸦片，治愈。因病发，再次吸食	朝审	京师
赵四	患胃气病症，吸食鸦片，治愈。旧病复发，复吸	朝审	京师

---

① 《刑部尚书阿勒清阿等奏呈官犯吸食鸦片烟清单》道光二十三年闰七月十四日，录副奏折，档号：03-4016-012。

续表

姓名	犯案缘由	审判类别	案发地
张宝	患胃气病症，吸食鸦片，痊愈，成瘾，不能戒断	朝审	京师
余惧	患瘴病，吸食鸦片，成瘾	秋审	云南
乐中知	患痢疾，吸食鸦片，成瘾	秋审	云南
孙试业	吸食鸦片烟，成瘾，不能戒断	秋审	广东
陈全	曾贩卖鸦片，因心气疼痛，自制烟袋，吸食鸦片	秋审	四川
王明	曾在省城吸食鸦片，并参与零星贩卖鸦片	秋审	四川
何乾菖	因病吸食鸦片，成瘾，购买鸦片，继续吸食	秋审	湖广
陈魁	患痢疾，吸食鸦片	秋审	湖广
廖良盛	因患病吸食鸦片成瘾，曾戒断。因烟瘾发作，复吸	秋审	湖广
李栽九	患泻痢等症，买食鸦片	秋审	湖广
袁轻	患泻痢等症，服用鸦片	秋审	湖广
王志学	患疼痛病，吸食鸦片，病愈，戒断。旧病复发，又吸	秋审	湖广
刘氏	患气疼病，吸食鸦片	秋审	湖广
彭金扬	患气疼病，吸食鸦片	秋审	江西
章炳	患痢疾，吸食鸦片	秋审	江西
陈周	患病，吸食鸦片成瘾，曾戒断。旧病复发，复吸	秋审	安徽

资料来源：《刑部尚书阿勒清阿等呈秋审吸食鸦片人犯清单》道光二十三年闰七月十四日，录副奏折，档号：03-4016-009；《刑部尚书阿勒清阿等呈朝审吸食鸦片人犯清单》道光二十三年闰七月十四日，录副奏折，档号：03-4016-010。

从1841年到1858年，每年刑部都要按照惯例专折奏明当年秋审、朝审案件中的吸食鸦片"烟犯"情况，按照官犯、常犯和宗室人犯三类分别列出清单，并开具简明节略，说明各个"烟犯"的犯案因由。在阅读"烟犯"的节略时，我们看不到关于死刑犯的"罪有应得"等字样，大都是说该犯因病吸食鸦片，事实明确，是否缓刑，恭请皇帝钦定。虽是客观描述，而多多少少流露出刑部官员的同情心。在情理与法律之间显得相当犹豫。从历年的清单来看，秋审鸦片"烟犯"越来越少，有时全国一年只有一起，甚至一起也没有。按照清朝刑罚规定，各省死刑案件必须咨报刑部核定，吸食鸦片者一经发现即处以绞监候，必须咨报刑部。因此，我们可以认定秋审、朝审中的吸食鸦片"烟犯"就是当年定案的全部鸦片吸食者。从上表可以看出，每年查获和判刑的鸦片吸食犯罪人数寥寥无几。这与前述礼科给事中黄兆麟的看法完全一致，"十年以来，各省地方官……凡遇吸食鸦片之案，概置不办"。

此处需要引起我们关注的，不仅仅是查获的吸食鸦片人数越来越少，更重要的是对于"烟犯"缓决问题。到1844年12月为止，经过朝审、秋审的贩卖、吸食鸦片人犯，已经有50余名缓决三次以上，因无成案可以援例减刑，刑部尚书阿勒清阿等人于1845年2月2日奏请准其一体减为流刑。奉旨："刑部片奏：现在查办减等，内有照新例办理人犯，可否一体减流，等语。着俟缓决五次，再行奏明，请旨。"① 此后，每年阴历十二月中下旬，刑部长官均按照这一旨意，奏报当年已经达到五次缓决的"烟犯"名单，照例请求减流。例如，1847年1月30日（道光二十六年十二月十四日），宗人府宗令多罗定郡王载铨、左宗正和硕睿亲王仁寿、右宗正多罗贝勒绵偲、刑部尚书李振祜、左侍郎庚福、右侍郎斌良等11名大臣，联合奏请将已经缓决五次的宗室奕澍等人减刑。② 1855年2月7日（咸丰四年十二月二十一日），刑部尚书德兴、赵光合奏，请求将朝审案内缓决五次的绞刑犯全部减为流刑。③ 1858年2月8日（咸丰七年十二月二十五日），刑部尚书桂良、麟魁合奏查明当年吸食鸦片烟缓决五次人犯名单，请求减流。这些请求，照例都会得到皇帝的"准其减流"的批准。

因此，从1840年年底开始按照"章程"对于吸食鸦片者判处"绞监候"之后，直到1858年宣布弛禁鸦片之前，在这个条例执行的18年时间内，没有出现一个因吸食鸦片而被真正执行绞刑的案例。这固然是统治者对于吸食鸦片犯罪者的仁慈表现，同时也证明对于吸食鸦片者本身就不应该判处死刑。一项死刑条款规定针对的是较大的犯罪人群，由于刑罚过重，不仅未能得到民众的支持和理解，也没有得到执行者（各省地方官）的积极执行，就连它的制定者（刑部官员）和批准者（皇帝）也认为不便执行，不得不以因病吸食为由，一而再，再而三地采用"缓决"办法。最

---

① 《刑部尚书阿勒清阿等奏为缓决案内烟犯可否拟准减流事》道光二十四年十二月二十二日，录副奏折，档号：03-4016-024。
② 《宗人府宗令载铨等奏为宗室奕澍等吸食鸦片案犯可否减流事》道光二十六年十二月十四日，录副奏折，档号：03-4016-034。
③ 《刑部尚书德行赵光奏为查明咸丰四年朝审案内吸食鸦片烟灯乡缓决五次人犯请准减事》咸丰四年十二月二十一日，朱批奏折，档号：04-01-01-0856-064。

后，实在不能再拖延了，才被迫修改为缓决五次后"准其减流"。结果是，法律成为摆设，"禁之愈严，而卖者愈众，食者愈多"①。这说明，"重治吸食"的条款规定本身就不符合实际情况，在实施过程中难于执行。

刑罚规定过重，可能引起法官的良心不安，他们采用各种办法巧妙抵制其法律规定。例如，中世纪的英国对待偷窃犯，通常按照赃物的价值量，处以相应的刑罚，一旦达到一定数额，要判处死刑。陪审官感到处死偷窃犯，刑罚过重，往往采用低估赃物价值的做法，来减轻偷窃者的刑事责任。再如，日本江户时代，一个商人的年幼佣人在护城河中杀死了一只鸭子。按照幕府的刑法规定，应对这个佣人处以死刑。而负责审理这一案件的大岗越前守拿起鸭子的尸体说，这个鸭子还有一口气，把它放生吧。因此，就救了这位佣人。由此可见，过重的刑罚难以得到实际执行。"各省地方官"之所以"凡遇吸食鸦片之案，概置不办"，显然是不愿意对于鸦片吸食者判处绞刑。

1839年6月15日，清廷颁布的"章程"，毫无疑问体现了"重治吸食"的精神。对于吸食鸦片者，不仅从当时的执行情况来说，还是在今天来看，它都是一个刑罚过重的法律条款。刑罚过重，对于当时的毒品犯罪不仅没有真正起到应有的威慑作用，反而使各级行政司法官员（包括"章程"的制定者、批准者和执行者）对于执行"章程"均表示了怀疑，使法律的公正性和严肃性均受到了质疑，结果是"章程"在民众中丧失了应有的权威，形同虚设。孟德斯鸠曾经明确指出："法律过于残酷，反而阻碍了法律的实施。如果刑罚残酷无度，则往往不处刑了。"② 两次鸦片战争期间的大部分省区的鸦片弛禁状态充分证明了严刑峻法的威慑作用是相当有限的，"重治吸食"的立法陷入执法、司法的困境之中。

三 关于"重治吸食"条款的质疑

1850年2月25日，道光皇帝去世，咸丰皇帝登基，一些官员希望趁此机会修正既往的禁烟政策，尽快走出"重治吸食"的困境。

---

① 《贵州学政黄统奏为收洋烟税开罂粟禁以遏制纹银流出等事》咸丰四年正月二十二日，录副奏折，档号：03-9508-038。

② ［法］孟德斯鸠：《论法的精神》上册，张雁深译，商务印书馆1961年版，第88—89页。

通政使罗惇衍看清了"法重而不行"的症结。他认为，当时的鸦片流毒越来越广泛，社会危机愈来愈严重。"今鸦片烟之为祸，蔓延无已，愈溺愈深，其初不过惰游无赖之所为耳，继则农工商贾，肩挑背负，亦多染之，且及于仕宦之家，衣冠之族，以迄学校、营伍，类不免焉。不胫而走，几遍环区。本非孝子顺孙，遂相率而入于禽兽之域……其畿辅、中原近者无论已，即远及沈阳、河套、西藏、新疆，无不濡首从之者。"对于道光皇帝缓决鸦片烟犯的初衷，他表示理解："宣宗悯焉，尽予长系，于每年秋审时另编烟犯一册，不忍勾决，岂非不嗜杀人之明验乎？且先帝不嗜杀人，而予以长系，原为寓宽于严，驱民从善之意。所谓以仁心行仁政也。乃地方官奉行疏懈，以为豢养徒费，牢狱难容，遂竟置之不问。由是吸食者日多一日，悉相习而成风。"①

不过，他认定道光时期禁烟最大的流弊恰恰就是这种"法重而不行"，严重影响了禁烟法律效力的发挥。为此，他提出："其法重而不行，曷若法平而必究。"明确主张用刑谨慎，不尚严峻，"立法必有务持其平"。强调公平是立法必须遵守的原则。建议刑部，"酌减死罪，妥议章程，务须防闲周密。"同时，他强调司法效果在于法律必须得到完全的贯彻和执行，"法平而必究"。"于立法后限定数月，俟其迁革；逾限，则有犯必惩，无稍弛纵。"②这种观点与意大利著名刑法学家贝卡里亚的主张是完全一致的，"对于犯罪最强有力的约束力不是刑罚的严酷性，而是刑罚的必定性"③。清末民初对于吸食鸦片者规定的刑罚要轻得多，清末规定处以20—500元的罚款，民国初年规定处以五等有期徒刑（2个月以上，12个月以内）、拘役，或1000元以下罚金。当时的禁烟运动却取得了举世瞩目的成就，得到了中外舆论界的一致肯定。④ 由此可见，禁烟运动的成效与禁烟法令严峻与否并无必然联系，而与禁烟法令的有效贯彻则密切相关。

罗惇衍是一个真正的儒学信徒，非常重视儒家的教育和感化方案，始

---

① 《通政使罗惇衍奏请禁食鸦片烟事》咸丰元年十一月二十六日，录副奏折，档号：03-4586-014。
② 《通政使罗惇衍奏请禁食鸦片烟事》咸丰元年十一月二十六日，录副奏折，档号：03-4586-014。
③ ［意］贝卡里亚：《论犯罪与刑罚》，黄凤译，中国大百科全书出版社1993年版，第59页。
④ 王宏斌：《清末新政时期的禁烟运动》，《历史研究》1990年第4期。

终不忘"明刑弼教""德主刑辅",建议给予鸦片吸食者自新之路,"发起知耻之心"。"《周书》所云:'宅天命,作新民。'言安定天命,鼓之,舞之,使自新之民振兴而奋起也。《夏书》云:'旧染污俗,咸与维新。'言赦其既往,戒其将来,使之洗心革面,不致颠覆其德也。""由是而人伦以正,风化以维,民渐醇谨,而不甘犯法,训俗型方,莫切于此。"① 吸食毒品严格说来属于社会弊病,对于社会弊病,我们只能寻求综合的治疗方法。

罗惇衍认为,新皇帝登基正是修正过去禁烟政策的大好时机。建议咸丰皇帝秉不世出之才,当大有为之日,以斯道觉斯民,涣然与天下更始之。在他看来,各种举措只要符合民心,法律适当,因势利导,百姓皆惴惴畏法,父诏其子,兄勉其弟,戒除鸦片恶习,似乎并不困难。

湖广道监察御史汤云松也说,各省吸食鸦片的人多的是,各省栽种罂粟的地亩有的是,而各地州县年年出具"并无栽种贩卖切结",这明明是敷衍塞责,难道鸦片可以不翼而飞,不胫而走吗?在他看来,利之所在,人人争趋;法有难禁,习之所成。严禁变为不禁,明禁变为暗弛,贻害无穷。导致这种结果的主要原因是,对于吸食鸦片者概拟绞监候,"于情法未尽允协"②。"约束过严",不仅无法遏制鸦片流毒,而且造成了社会的混乱。"且职官兵丁一并亲随人役买食,罪名均照平民加等而绞死,上司及本管官弁徇隐不究,均照私罪革职。是约束过严,则挟嫌反噬者有之;查拿太急,则栽赃诬陷者有之。"此处的"约束过严",显然是指对待吸食者"用法过严"。

河南布政使英棨认为,由于对待鸦片吸食者刑罚过重,不仅产生了一系列问题,使吏治更加败坏,社会更加混乱,财政更加困难,就连鸦片弛禁本身也是"用法过严,转致互相容隐"的结果。"虽严定科条而积重难返,其弊愈甚,徒为胥役人等依势讹诈。甚或行旅往来,匪徒每持器械,冒充官役,名为查烟,肆行抢劫,盗风日炽,职此之由。盖法令者,胥役、棍徒之所藉以为利,法愈峻用,胥役之贿赂愈丰,棍徒之计谋愈巧……惟用法过严,转致互相容隐。"③

---

① 《通政使罗惇衍奏请禁食鸦片烟事》咸丰元年十一月二十六日,录副奏折,档号:03-4586-014。
② 《湖广道监察御史汤云松奏为现拟绞监候人犯于情法未尽允协请变通禁烟章程事》道光三十年十二月十五日,录副奏折,档号:03-4016-014。
③ 《河南布政使英棨奏请重收鸦片烟税事》咸丰五年七月初三日,录副奏折,档号:03-4395-068。

"惟用法过严,转致互相容隐",是刑罚学上遇到的一种反常现象。"互相容隐",是说人们对于犯罪者不仅不痛恨,不揭发,反而产生了怜悯心,设法予以保护。过重的刑罚不但不能实现其维护正义的使命,反而会引起人们的普遍反感和憎恨,导致重刑本身被视为一种罪恶。在民众看来,这种方式,其野蛮程度甚至超过犯罪本身。"使刽子手变得像罪犯,使法官变得像谋杀犯。从而在最后一刻,调换了各种角色,使受刑的罪犯变成怜悯或赞颂的对象。"①

与通政使罗惇衍有所不同,英棨虽然看到了刑罚过重对于禁烟运动自身的伤害,但是,他开列的走出困境的方案,则是解除鸦片禁令,允许鸦片进口,征收鸦片关税;采用替代政策,鼓励农民种植罂粟,来抵制外国鸦片进口。"惟有各关口一律加重收税,其外洋烟土与内地货物互相交易,内地罂粟听民自种,使外洋烟价日贵,内地烟价日贱。庶免居奇,人皆舍贵就贱,则银两仍在内地流通。银价自平,商民完纳粮课较易,奸商不得把持利权,而宝银无从偷漏,库款日见充盈。"②

在如何对待鸦片吸食问题上,他主张禁官禁军而不禁民。"嗣后拟请职官吸食者,由该管上司访查明确,即行奏参革职,永不叙用。弁兵吸食者,革退钱粮,不准复充,以存政体……其余平民人等吸食鸦片烟者,率皆游惰无志、不足重轻之辈,似可概置无论。"③英棨的这种看法在第二次鸦片战后,经过李鸿章等人提倡,成为官方弛禁鸦片的主流观点。1858年的中国鸦片弛禁,既是英国外交官长期密谋诱导的结果,也是当时清廷急于筹措军饷的"罗掘之方"。

两次鸦片战争期间中国禁烟运动的虎头蛇尾现象,既是外国军事入侵的结果,又是"用法过严"所得到的苦果。现在,我们回头来观察1838年关于鸦片问题的全国大讨论,不仅发现学术界关于"严禁派"与"弛禁派"的划分标准是有问题的,而且似乎可以从实施效果中得到是与非的明确答案。当年大讨论引起争论的是黄爵滋的奏折中的一段话,"伏请饬谕

---

① [法]米歇尔·福柯:《规训与惩罚》,刘北成、杨远婴译,生活·读书·新知三联书店2003年版,第9页。
② 《河南布政使英棨奏请重收鸦片烟税事》咸丰五年七月初三日,录副奏折,档号:03-4395-068。
③ 《河南布政使英棨奏请重收鸦片烟税事》咸丰五年七月初三日,录副奏折,档号:03-4395-068。

各省督抚，严切晓谕，广传戒烟药方，毋得逾限吸食。并一面严饬各府州县，清查保甲，预先晓喻居民，定于一年后，取具五家邻右互结，仍有犯者，准令举发，给予优奖。倘有容隐，一经查出，本犯照新例处死外，互结之人，照例治罪……现在文武大小各官，如有逾限吸食者，是以奉法之人甘为犯法之事，应照常人加等，除本犯官治罪外，其子孙不准考试。"① 当时参与讨论的官员一共 29 人，其中有 8 人主张用死刑"重治吸食"，21 人明确反对"重治吸食"。赞成用死刑"重治吸食"的 8 位督抚是：湖广总督林则徐、两江总督陶澍、漕运总督周天爵、湖南巡抚钱宝琛、河南巡抚桂良、江苏巡抚陈銮、河东河道总督栗毓美、安徽巡抚色卜星额。反对用死刑"重治吸食"的 21 位官员是：盛京将军宝兴、吉林将军祥康、黑龙江将军哈风啊、直隶总督琦善、云贵总督伊里布、山东巡抚净额布、护理湖北巡抚张岳松、陕西巡抚富呢扬阿、贵州巡抚贺长龄、福建巡抚魏元烺、两广总督邓廷桢、广东巡抚怡良、闽浙总督钟相、四川总督苏廷玉、江西巡抚裕泰、浙江巡抚乌尔恭额、江南河道总督麟长、云南巡抚颜伯焘、陕甘总督瑚松额和广西巡抚梁章钜。

赞成者认为，"当鸦片未盛行之时，吸食者不过害及其身，故杖徒已足蔽辜；迨流毒天下，则为害甚巨，法当从严"。"欲令行禁止，必以重治吸食为先"，② 对于吸食者处以死刑，可以起到威慑作用。由于刑罚具有惩罚性和痛苦性的本质，因此，威慑功能是刑罚的最基本的功能。国家机关制定刑罚的直接动机就是想借助刑罚的威慑功能来预防犯罪。毫无疑问，刑罚的预防犯罪功能是存在的，并且有着充足的实证根据。但是，这种吓阻作用不可过分高估。当代犯罪学的主流观点是，任何一类犯罪，都是由一定的社会因素、个人生物因素、心理因素等相互作用的产物。犯罪原因的多样性和复杂性决定了犯罪预防方法的多元性。刑罚只是针对犯罪的一种心理威慑力量，"辟"是不能完全"止辟"的。著名刑法学家菲利曾经指出："如果我们把犯罪的总体结果与导致其产生的人类学的、自然的和社会因素的不同特征进行比较，就会容易发现刑罚对犯罪的结果只不过略微有些影响。其

---

① 《鸿胪寺少卿黄爵滋奏请严塞漏卮以培国本事》道光十八年闰四月初十日，中国第一历史档案馆编：《鸦片战争档案史料》第一册，天津古籍出版社 1992 年版，第 156 页。

② 《湖广总督林则徐奏为钱票无甚关碍宜重禁吃烟以杜弊源片》道光十八年八月，中国第一历史档案馆编：《鸦片战争档案史料》第一册，第 358 页。

实仅凭心理力量的法律威慑的特殊作用,显然不能抵消气候、习惯、人口增长、农业生产及经济和政治危机等因素的世代相传的持续作用。统计资料一致表明,这些因素的作用是导致犯罪增加或减少的最有力的力量。"①

反对者认为,死罪是对付严重犯罪的,吸食鸦片不是严重犯罪,采用轻刑就可以起到惩戒作用。"凡论罪必须衡情,食烟者非有凶暴害人之心,亦无狂妄悖理之事,不过如酒色过度之自戕躯命耳,而与杀人同科,毋乃过当。"②他们的担心是,"若将食烟之人拟以死罪,而兴贩之犯转从轻典,不特轻重倒置,有失情法之平,且恐吸食者众,诛不胜诛,兴贩者转得兴贩如故。"③重罪重罚,轻罪轻罚,刑罚适当,是制定刑法应当遵循的基本原则。如果出现轻罪重罚,重罪轻罚等现象,就违背了刑法的基本原则。"轻重倒置",势必造成一系列社会问题。

赞成与反对"重治吸食",二者之间的分歧实际是重刑与慎刑理念的冲突,而不是关于禁烟政策的是非表态,所以这样的分歧不可作为"严禁派"与"弛禁派"的划分标准④。另外,特别令人值得注意的是,在一年半限期之后,即两次鸦片战争期间,无论是先前支持"重治吸食"的督抚,还是反对"重治吸食"的封疆大员,他们的任期无论长久,还是短暂,在其辖区内对于鸦片吸食者都没有采用严查严打手段,⑤ 前面列表统计的各省查获烟犯案件的情况对此提供了充足的证据。

湖南巡抚颜伯焘在1838年详细分析了对于吸食者执行死刑的种种困

---

① [意]菲利:《犯罪社会学》,郭建安译,中国人民大学出版社1990年版,第26页。
② 《贵州巡抚贺长龄奏复塞漏戹培本不应重处吸烟之人而请铸造白铜钱币折》道光十八年五月二十日,中国第一历史档案馆编:《鸦片战争档案史料》第一册,第281页。
③ 《山东巡抚经额布奏为塞漏培本必先严惩兴贩及贿纵人犯折》道光十八年五月初七日,中国第一历史档案馆编:《鸦片战争档案史料》第一册,第263页。
④ 至于在第一次鸦片战争之前,在中央或地方是否存在一个真正意义上的"弛禁派"?尽管我们已经看到了部分官员的弛禁言论,但是据此有限的信息,目前仍然难以做出有或无的确切判断。
⑤ ——考察赞成"重治吸食"的8位督抚的在限期外的禁烟态度,似乎没有必要。此处对他们的督抚任职情况需要作一简单介绍,因为这关系到他们能不能采取"重治吸食"措施。湖广总督林则徐于道光十九年任两广总督,二十年被免职,二十六年任陕西巡抚,次年辞职。陶澍于道光十九年三月因病辞职。漕运总督周天爵于道光二十年十一月被革职,三十年任广西巡抚,咸丰元年又被革职。湖南巡抚钱宝琛于道光二十一年五月离任。河南巡抚桂良于道光十九年三月调任云贵总督,二十四年离任,咸丰三年任直隶总督,六年离任。江苏巡抚陈銮于道光十九年三月离任。河东河道总督栗毓美卒于道光二十年二月。安徽巡抚色卜星额卒于道光十九年十一月。尽管有5位在限期内已经去职,毕竟还有3位(林则徐、桂良和周天爵)在限期外继续担任过督抚要职。

难，曾经预言这样的条例，"非特不可行，亦必不能行"。他说："此非特不可行，亦必不能行也。吸烟者如此其众，立限一年之后，能必其无不断瘾耶！持平论之，断者半，不断者半，此不断瘾者又岂能尽拿之耶。约略计之，不能拿者半，拿者半。今即以得半而论，一省所拿至少亦有数百人，合之各直省所拿，则已有万余人，一概弃市，非常之举，势有难行。及之难行，乃始收回前令，另作变通，是前令已为虚设。而此后之吸烟者心有所恃，必益肆无忌惮。所谓任法者有时而穷也。不但此也，人孰无父母、妻子，一家之中一人犯法，如果情真罪当，其父母、妻子知为法所难容，虽痛切至亲，亦甘心而无他说。若吸烟者置之大辟，拟罪岂可谓当。即使人人服法，俯首就戮，而人人之父母、妻子念及前此吸烟者，未尝蒙此显戮。今一旦斯法创行，适罹其祸。人各有情，谁能隐忍，轻则谤议沸腾，重则激成事变。亦为势所必至。况一年限满，不断瘾者，其亲属断无自行举发，仍不得不假手官吏，人数过多，搜求过急。彼人人之父母、妻子知其被拿之后，万无生理，势众言庞，互相煽发，既不忍于坐视，势必出于攘争。一哄之市，即查拿而亦不听焉。又将何以为计耶？所谓必不能行者也。"① 这是说对于鸦片吸食者采用死刑，情理与法律失衡，不能服众，法律难于执行；吸食鸦片者人数众多，若执法的人数少，难于搜查；若派遣大批官兵，搜查过急，难免激成事端，法律执行的成本太高。秦朝、隋朝的短命与其统治者迷信严刑峻法有很大关系。因此，中国古代法学家非常重视人情与法理之间的相互适应性，特别强调："法意、人情，实同一体，徇人情而违法意，不可也；守法意而拂人情，亦不可也。权衡于二者之间，使上不违于法意，下不拂于人情，则通行而无弊矣。"②

颜伯焘事前关于重治吸食的"非特不可行，亦必不能行"的预言，与英棨、罗惇衍和汤云松事后的"惟用法过严，转致互相容隐""其法重而不行，曷若法平而必究""于情法未尽允协"的分析和总结，完全是一致的。这是近代中国法律史上关于刑罚过重实践失败教训的一次认真分析和总结，值得汲取。

---

① 《云南巡抚颜伯焘奏为密陈严刑禁烟不可行事》道光十八年，朱批奏折，档号：04-01-30-0514-015。
② 中国社会科学院历史研究所宋辽金元史研究室校：《名公书判清明集》，中华书局1987年版，第160页。

结　论

　　道光皇帝与咸丰皇帝在两次鸦片战争期间（1842—1858），表面上都坚持了先前确定的严禁鸦片政策。1843年11月，在英国公使璞鼎查（Pottinger, Sir Henry）的一再劝诱下，中方谈判代表耆英决定将英国方面关于鸦片贸易合法化的要求正式奏报朝廷，请求皇帝裁决。道光皇帝明白英国人的意图，但由于缺乏军事实力，不能强行禁止鸦片输入，只好对鸦片采取"截流政策"，试图通过"有犯必惩"的司法措施，来制止国内的鸦片贩卖和吸食，从而达到对于外国鸦片"不禁而自止"的目的。如前所述，道光皇帝终生坚持了这一"鸦片截流"政策。但是，由于"各省地方官"不予积极配合，形成了"明禁而暗弛"的局面。英国驻华外交官在咸丰皇帝登基之后，继续劝诱中国官员改变其禁烟政策，直到1858年11月8日，中英《通商章程善后条约：海关税则》正式签署，才最终达到目的。

　　这是中国鸦片问题的症结所在，鸦片走私贸易具有殖民掠夺性质。英国殖民强盗蔑视清廷禁烟法令，公开在沿海地区武装走私鸦片，甚至发动两场大规模的侵略战争，以维持其可耻的鸦片贸易，迫使清廷承认鸦片贸易合法化，使鸦片流毒日益严重，不仅中华民族的身心健康遭受严重摧残，而且在经济上也造成了巨大损失。外国侵略势力是中国禁烟的最大障碍，不赶走外国侵略势力，中国难以完成艰巨的禁烟任务。中国内部的抵制来自四个方面，贩卖鸦片利益集团、受贿的不法官吏、鸦片吸食者和各级行政司法官员。前两者是禁烟运动的国内主要阻力。第一次鸦片战争前后，外国鸦片贩子通过贿赂官吏、兵弁，将鸦片运送到沿海城市，但无法将鸦片运送到内地。于是，一批土匪、流氓和不法商贩受雇于大小窑口，向内地运销鸦片，邪恶势力与邪恶经济联系在一起。没有贪污受贿的官吏和兵弁，也就没有鸦片走私贸易。政治腐败是邪恶经济的庇护者，邪恶经济是政治腐败的温床，二者狼狈为奸、相得益彰。要想根除毒品传播问题，在政治上必须清除其腐败。至于吸食者，毫无疑问，也是禁烟运动的阻力。一般来说，他们是被动的，没有毒品供应者，就没有毒品消费者。卡断了毒品流通渠道，禁止吸食的效果往往是事半而

第六章　两次鸦片战争期间禁烟的困境

功倍。本章特别重视的是清朝"各省地方官""凡遇吸食鸦片之案，概置不办"。两次鸦片战争期间，"各省地方官"之所以对于鸦片吸食者一概采取下旗息战的态度，显然不是由于受贿而枉法，而是出于不愿"重治吸食"之心理抵触，属于当时的特殊现象，非常值得研究。

两次鸦片战争期间中国禁烟之所以陷入困境之中，在很大程度上是由于"章程"难于执行造成的。对于鸦片吸食者拟以绞刑，情理与法律失衡，刑罚过重，不仅在各地执行过程中遇到了强大的阻力，就是"章程"的制定者和批准者也认为不便执行，不得不采用"缓决五次"，然后再减流的办法，最终的结果是，当时全国没有一位鸦片吸食者被执行死刑，一条死刑条款事实上等于虚拟。立法是人类的心智产物，不可能全是合理的、完备的。从司法实践中获得的普遍规则，又必须回到社会实践中获得进一步检验，而检验所用的首要标准从来是法律的实际社会效果。一旦发现其错误，就要及时修正。在现代法治国家，通过持不同意见的法官、学者之间自由平等对话，按照一定程序修改不合理的法律条款是很正常的、比较及时的。但在帝王专制时代，帝王的意志就是法律，不经过改朝换代的漫长过程，立即修正根据帝王的意志确定的法律条款则是十分困难的。1839年6月15日颁布的"章程"，实际是道光皇帝意志的体现，到1858年才被废止。清廷再次把吸食鸦片列入犯罪行为是在70年之后，清末的禁烟条例对于吸食者仅仅处以20—500元罚款。这样的条款规定，毫无疑问，已经吸取了先前的教训。清廷对于吸食鸦片这一犯罪行为的刑罚修正过程，正如美国法学家史密斯（Munroe Smith）所说："在其试图将正义的社会意义明确表达于规则和原则的努力中，发现法律的专家所用的方法永远是实验性的。判例法的规则和原理从来不是作为终极真理而被创造，而是作为运作假设，在伟大的法律实验室——正义法庭——不断受到重新检验。每一个新的案子都是一项实验；且如果看起来适用的成规产生了被感到是不公正的结果，那么这项规则就将被重新考虑。它也许不会被马上修正，因为要在每一件个案中实现绝对公正的企图将使得普遍规则的发展与维持变得不可能；但如果一项规则继续不公正地运作着，那么它最终将被重新阐述。"① 因此，我们说，

---

① Munroe Smith, *Jurisprudence*, New York: Columbia University Press, 1909, p. 21.

"章程"中的"重治吸食"条款，在立法史上是一次失败性的尝试。鸦片吸食者罪不致死，而对其立法拟以绞刑，轻罪重罚，导致法律违背了公平性原则。而公平问题是人类追求的核心价值之一，刑法学家贝卡利亚曾经明确指出，"如果对两种不同程度地侵犯社会的犯罪处以同等的刑罚，那么人们就找不到更有力的手段去制止实施能带来较大好处的较大犯罪了。无论谁一旦看到，对打死一只山鸡、杀死一个人，或者伪造一份重要文件的行为同样适用死刑，将不再对这些罪行作任何区分，道德情感就这样遭到了破坏。"①

由于"重治吸食"的条款得不到及时修正，难免产生社会上常见的"破窗效应"。其危害不仅在于这一条款难于贯彻，而且导致相关的条款也难于执行，整个章程等于一纸空文。"重治"等于"不治"，"严禁"等于"弛禁"，事与愿违，历史的辩证法就是这样。提倡"重治吸食"的黄爵滋、林则徐等人没有料到严禁鸦片的动机会产生这样的实践后果。刑罚过重的这一深刻教训值得汲取。历史告诉我们，刑罚的性质和强度与犯罪的性质和严重程度必须相适应，轻罪应当采取轻刑，重罪应当采取重刑，罪刑相当，罚当其罪。

某些学者以是否赞成"重治吸食"为标准，来划分"严禁派"和"弛禁派"②，是值得商榷的。仔细阅读当时参与讨论的所有官员的奏折，他们的分歧仅仅在于是否赞成"重治吸食"而已，在笔者所掌握资料看，没有发现一个奏折是反对禁烟的。尤其是从"章程"的实践效果来看，支持"重治吸食"，即用死刑对付吸食者的意见是错误的；而主张慎刑，请求按照"常例治之"的意见恰恰是值得采纳的。遗憾的是道光皇帝否定了多数官员的意见，选择了少数人的建议。历史证明这是一个错误的选择。凡是在法律形式上表明一种价值独断意旨时，法律形式体现的非理性倾向难以避免。

总之，任何一种刑罚规定都关系到诸多人群的生命、自由和财产利益，任何时候都必须坚持法律的公平性原则。立法当谨慎，刑罚应适当，

---

① ［意］贝卡利亚：《论犯罪与刑罚》，黄风译，中国大百科全书出版社1993年版，第65页。
② 林增平：《中国近代史》，第30页；吴雁南主编：《中国近代史纲》上册，第12页；王承仁、吴剑杰合编：《中国近代八十年》，武汉大学出版社1985年版，第19页；李德义主编：《中国近代战争史》，中国大百科全书出版社2007年版，第2页。

瞻前宜顾后。既要考虑国情，又要尊重民意；既要充分注意犯罪行为的性质和社会危害程度，又要竭力避免刑罚规定实施后可能遭遇的困境。尤需注意的是，最高统治者的一时冲动和个人意旨一旦成为法规，刑法的公平性原则将难以保持，刑罚失衡的现象将难以避免。

第七章

四国六方大博弈：洋药税厘十年外交谈判

光绪前期有一场外交谈判经历十年之久，可谓旷日持久。这场旷日持久的外交谈判主要围绕着如何征收鸦片关税和厘金展开，牵涉四国六方。"四国"，指的是中国、英国、印度和葡萄牙。"六方"，指的是上述四国之外，再加上香港和澳门地区。此外，还牵涉鸦片利益集团。由此可以看出，鸦片生产、输出和消费问题在当时是一场极其复杂的国际问题。学术界关于这一问题的研究取得了一定成就①，但是，由于受到视野和史料的限制，尚未彻底揭示其真实面相和背后不可告人的秘密。

一 洋药税厘并征问题之提出

1858年11月，中英签订《通商章程善后条约：海关税则》。从此以后，外国鸦片正式易名为"洋药"。鸦片进口合法化之后，每担（100斤）鸦片在海关缴纳30两白银，然后进入内地。进入内地的洋药，要交纳数额不等的厘金才能到达消费者手中。鸦片贸易合法化之后，外国鸦片贩子为了牟取暴利，不顾中英条约的限制性规定，继续从事走私贸易。例如，

---

① 既往学界发表的论文主要集中在清末鸦片税收的征收和使用上，也曾谈及中英洋药关税厘金谈判和中葡里斯本条约问题，但均失之片面、简单和零碎，使人无法了解洋药关税厘金并征谈判的全部过程和复杂面相。见周志初《鸦片贸易与1887年中葡条约》，《扬州大学学报》1999年第6期；周育民《清季鸦片厘金税率沿革述略》，《史林》2010年第2期；陈勇《赫德与鸦片税厘并征》，《暨南学报》2006年第4期；睢萌萌《英国议会文书中的威妥玛与清廷关于鸦片税厘的纷争》，《殷都学刊》2011年第2期；马光《晚清民初外国鸦片的进口与税收》，《国家航海》2014年第1期；林满红《晚清的鸦片税1858—1906》，《国家航海》2016年第3期。

第七章　四国六方大博弈：洋药税厘十年外交谈判

1882年，运入香港的外国鸦片共有85565担，在中国通商口岸报关的鸦片只有6570担，留在香港的鸦片有19856担。尽管这19856担中包含了香港居民消费的一部分鸦片，但这些数量微不足道。因为，留在香港的绝大部分鸦片都走私到了中国内地口岸。表7-1是1865年至1886年香港鸦片进出口情况。

表7-1　　　　　1865—1886年香港鸦片进出口一览表　　　　单位：箱

年份	中国各通商口岸进口	香港进口	香港进口超过中国口岸	年份	中国各通商口岸进口	香港进口	香港进口超过中国口岸
1865	56133	76523	20390	1876	69851	96985	27134
1866	64516	81350	16834	1877	70179	94200	24021
1867	60948	86530	25582	1878	72424	94899	22475
1868	53915	69537	15622	1879	83051	107970	24919
1869	53413	86065	32652	1880	71654	96839	25185
1870	58817	95045	36228	1881	79074	98556	19482
1871	59670	89744	30074	1882	65709	85565	19856
1872	61193	86385	25192	1883	67405	94036	26631
1873	65797	88382	22585	1884	67181	86163	18982
1874	69844	91082	21238	1885	66645	90329	23684
1875	62949	84619	21670	1886	67788	96164	28376

资料来源：Reports on trade at the treaty ports in China 1862-1881; Reports on trade at the treaty ports in China 1882-1886;《香港政府对于从香港走私到中国的鸦片以及其他商品的调查情况》1883年9月1日，收入爱尔兰大学出版社区域研究丛刊《英国议会文书·中国》第31卷，第566页。

事实证明，鸦片贸易合法化并不能阻止鸦片走私，英国外交官先前的劝说乃是谎言。[①] 1861年，总税务司赫德（Robert Hart）认为，鸦片走私是鸦片税收和厘金太重造成的。为了杜绝走私，就应当把鸦片关税和厘金

---

① 王宏斌：《从英国议会文件看英国外交官关于鸦片贸易合法化的密谋活动》，《世界历史》2010年第3期。

降低到人们不愿冒险走私，主动报关纳税的水平。为此，他提出两个整顿方案：一个是对于洋药征收一次重税，即每担洋药在通商港口征收60两白银，以后不再征收厘金；另一个是"划一办理"洋药厘金。即先按海关税则办理，每担洋药征收进口税30两，然后由中国政府不分南北划一征收一次厘金，此后无论运往何地不再征收厘金。①

赫德之所以提出这两种整顿洋药税厘方案，既是为了中国关税的增加，也是为了印度鸦片贸易的顺利发展。因为，按照《通商章程善后条约：海关税则》规定，中国海关对于每担洋药除了应征收30两白银外，还要在洋商聚居区设立局所，加收数额不等的厘金。英国鸦片商和英国政府对此非常不满。他们认为，中国政府的行为影响了英印政府的鸦片利益。因此，英国驻华公使威妥玛（Thomas Francis Wade）提出抗议，声称中国对于洋药征收厘金，"商民不便"。总理衙门大臣据理反驳说："洋药进口每百斤征洋税三十两，售于内地商人，征华商税三十两，厘捐二十两。是征之洋商者仅有三十两，其余五十两皆征之华商，与洋商无涉。"②这一驳论无懈可击，威妥玛不便公开反对。

1875年，马嘉理（Augustus Raymond Margary）在云南被误杀，英国借此事件对中国进行极限施压。1876年8月至9月，直隶总督兼北洋大臣李鸿章作为中国全权代表与英国公使威妥玛就英国提出的种种要求进行谈判。借此机会，赫德重提洋药税厘并征问题，他代表总理衙门起草了一份致各国公使的照会。照会的大意是，洋药进入中国通商口岸后引起了许多混乱。一是大量走私使中国的税收和厘金大大减少，二是负责征收洋药厘金的官员在洋商周围设立局所，限制了洋药商人的自由，出现了许多滋扰事件。为了制止鸦片走私和混乱，中国在通商口岸准备实行洋药税厘并征方案。③

李鸿章接到上述总理衙门的照会后，做了一些文字修改，即发交英国公使。中英双方代表在会谈时，威妥玛表示接受中国洋药税厘并征的原则，但在洋药税厘并征税率问题上，双方存在较大分歧。据李鸿章记录，

---

① 贾桢编：《筹办夷务始末》（咸丰朝）卷79，中华书局1979年版，第2934页。
② 李圭：《鸦片事略》卷下，见《信及录》，神州国光社1946年版，第232页。
③ 李鸿章：《酌改赫德总税司代拟给各国照会洋药底稿附》，吴汝纶编：《李文忠公全集》译署函稿卷六，光绪三十一年（1905）金陵刻本，第46页。

"七月二十一二等日，鸿章欲加一百二十两，威使不允，嗣减为南洋八十两，北洋五十两，该使犹不允。彼固深知南省各口药厘原只每箱五六七十两不等，北口药厘原只每箱三四十两不等也。"①

1876年9月1日草签的《烟台条约》第三款这样说："洋药一宗。威大臣议请本国准为另定办法，与他项洋货有别，令英商于贩运洋药入口时，由新关派人稽查，封存栈房趸船，俟售卖时，洋商照例完税，并令买客一并在新关输纳厘税，以免偷漏。其应抽收厘税若干，由各省察勘情形酌办。"② 由此可以看出，双方在1876年只是达成了洋药税厘并征的原则。

《烟台条约》草签后，凡是有利于英方的条款陆续都得以实行，例如，立即开放了湖北宜昌、安徽芜湖、浙江温州、广东北海4个驻扎领事的口岸和安徽之大通、安庆、江西之湖口、湖广之武穴、睦溪口、沙市6个停靠外国船只的港口。唯独关于洋药税厘并征一事久久不能落实。原来是英国公使威妥玛关于洋药税厘并征的报告在伦敦引起了一系列争论。研究近代中国鸦片问题的一位学者曾经一针见血地指出："印督中于商人之言，印廷复中印督之言，其烟台条款有益于彼者已尽行之，此事遂置不理，其谓久议不决，特饰词也。"③ 实际上在"遂置不理"背后，隐藏着极其复杂的外交博弈。

威妥玛以为该条约如同1860年10月24日中英在北京签署的《续增条约》一样，无须英国女王的批准就可以生效。④ 然而，当他兴冲冲地回到伦敦后，收到外交大臣德比伯爵（Earl of Derby）的通知，要求他起草一份关于《烟台条约》谈判内容的报告。他为此起草了一份比较详尽的报

---

① 李鸿章：《议洋药厘税并征》光绪二年十二月十九日，吴汝纶编：《李文忠公全集》译署函稿卷六，第43页。
② 王铁崖编：《中外旧约章汇编》第一册，生活·读书·新知三联书店1957年版，第349页；李鸿章：《谨将与英国使臣威妥玛会议改定画押互换条款照录恭呈御览事》光绪二年七月，《四部丛刊》第九编，第44册，台北：文听阁图书有限公司2013年版，第57页。
③ 李圭：《鸦片事略》卷下，见《信及录》第237页。
④ "在《烟台条约》上签字时，我本人没有意识到这个条约必须由女王陛下正式批准。因为1860年殿下同额尔金（Elgin，1811-1863）签署的9个法律文件，女王从来就没有正式批准，但也照样执行了。"原文见英国蓝皮书 Correspondence Respecting the Agreement Between the Ministers Plenipotentiary of the Governments of Great Britain and China signed at Chefoo on September 13, 1876 (1877)，第1页，收入爱尔兰大学出版社区域研究丛刊《英国议会文书·中国》第31卷，第395页。

告。该报告共分三个部分:第一部分是关于云南马嘉理事件,第二部分是关于官方交往和司法行政问题,第三部分是关于商务问题。

英国政府之所以没有批准《烟台条约》,主要是第三部分商务问题,尤其是鸦片问题,在议会内外受到广泛质疑。1881年6月16日,英国印度事务部大臣哈汀顿(Hartington)在致印度总督的第59号电文中明确指出,"在这个国家(指英国——笔者注)强有力的看法是,坚决反对印度与中国之间的鸦片贸易,尤其反对印度政府与这个贸易有直接关系。并且越来越积极敦促全面禁止鸦片贸易。尽管我个人认为这场运动很大程度上是建立在误解甚至是偏见之上的,但同时建立在支持者的能力、活跃程度和高尚品格之上的这场运动,其影响力不应并且不能被忽视。只要印度政府的所作所为没有完美到无懈可击,反对鸦片贸易的呼声就只会增强,而不会减弱"①。

二 英国反对鸦片贸易公会的抗议活动(1874—1885)

1859年,鸦片贸易在中国合法化之后,在华的和返回英国的西方传教士对于这种可耻的毒品贸易大都采取反对态度。传教士认为,鸦片不仅摧残了中国人的身体和生命,而且破坏了中国的道德和经济。在他们看来,鸦片弛禁之后,人们买卖毒品,吸食毒品已经没有愧疚感。有的人甚至以吸毒为荣。在华的传教士主张禁种、禁运、禁卖和禁吸。"如不吸可不种,且可不买。夫中国不吸不买,即英国不售不来。"他们认为中国广泛种植罂粟等同于民族自杀。"夫种烟与种茶、种桑不同,不得引以为例。茶、桑,益人者也;烟,害人者也。益人,可种。害人,不可种。烟之毒人,当引砒霜为例,譬如所多储砒霜,自备、自吃,可乎?烟之自种、自吸,何以异是?……广种中国之烟,以毒中国之人,乌呼可以!西国之烟害中国,譬犹他人之刀杀己也;以中国种之烟害中国,譬犹以己刀杀己也。"②这种比喻说理浅显易懂,颇有说服力。

---

① 《英国印度事务部大臣哈汀顿致电英属印度政府》1881年6月16日,原文见英国蓝皮书 Correspondence with the Government of India Respecting the Negotiations with China on the Subject of opium 1982,第1页。(《英国议会文书·中国》第31卷,第411页)
② 《答五天水论种鸦片烟书》,《教会新报》第二卷,第208页。

然而，关键的问题是，与传教士国籍相同的商人为什么要把这种毒品强行输入中国？英国人明知鸦片有害，却要来毒杀中国人呢？传教士试图与鸦片贩子划清界限，极力说明自己不是鸦片贩子的同伙。

多年来，沙夫茨伯里（Shafresbury）伯爵一直反对鸦片贸易。1843年，他与阿瑟莱（Ashley）勋爵向国会提出议案，谴责鸦片贸易全然与奉行基督教王国的荣誉和职责不符。1857年，他在上议院再次提议反对鸦片贸易，无效。① 到了19世纪70年代，反对鸦片贸易的呼声在英国再度高涨。从1873年11月30日开始，到1874年5月31日截稿，以《英国、印度和中国通商贸易中鸦片烟一案嗣后关系如何》为题，开展了一次国际性征文活动。这次征文共收到50余篇论文。在这次征文活动的骨干人物于是年8月在伦敦成立了反对鸦片贸易公会（又译称力除鸦片贸易公会、英格兰东方协会等），沙夫茨伯里担任该会主席，会员65名，其中既有在政坛和工商界的名流，也有著名传教士和知识界名人，例如，德贞（John Hepburn Dudgeon，1837—1901）、理雅各（James Legge，1814—1897）、毕士（George Piercy，？—1913）、雏魏琳（William Wirt Lockwood，1877—1936）等人。这以后10年中，该协会在英国和中国异常活跃。

该公会成立后，在英国展开了鸦片有害宣传活动，请求英国政府停止操纵鸦片贸易。一位名字叫约瑟·格伦迪·亚历山大（Joseph Grundy Alexander）的教友给予了大力支持。他是一位律师，经常使用律师的雄辩方法，以人道主义的理性唤起中产阶级的良知，公会因此得到广泛的支持。公会成立的目的是宣传鸦片的毒害，并给国会施加政治上的压力。他们大量出版反对鸦片贸易的小册子——《中国之友》，并多次发动请愿活动。到1882年，该公会向国会请愿多达489次。②

例如，1875年6月26日，由于反对鸦片贸易公会的积极活动，在英国下院引发了一场关于鸦片贸易的辩论。议员司徒亚德主张对印度鸦片生产逐渐查禁。鸦片贩子的代表人哈密尔顿表示反对。他说，鸦片对于中国人，就像啤酒对于英国人一样，没有生命危害。禁止印度栽种罂粟，其政府款项无处可筹，对于印度不利。此次辩论，参加者大多数为印度之官。

---

① ［美］马丁·布思：《鸦片史》，任华梨译，海南出版社1999年版，第173页。
② ［美］马丁·布思：《鸦片史》，任华梨译，海南出版社1999年版，第173页。

会议表决结果，支持禁烟的有 57 人，主张维持既往鸦片政策的有 94 人，反对鸦片贸易公会的禁烟提案被否决。

1880 年 4 月 29 日，英国议会就鸦片贸易问题进行激烈辩论。议员皮斯（Pease）先生向下院提出提案，要求改变英国的鸦片政策。他说："鸦片收入的一个来源是进口税收，另一个是从孟加拉罂粟种植中直接获得的利润。毋庸置疑，忽视鸦片收入的来源的区别是错误的。"他继续说，"在下院看来，印中之间的鸦片贸易是受到基督教教义和国际道义反对的，并且使成千上万的中国人体质和道德下降的主要原因。因此，不能按照目前的方式继续这种贸易。"他敦促英国政府，采取措施，尽快停止在印度罂粟种植。英国印度事务部大臣哈汀顿承认在这次会议上英国政府成为众矢之的，而"备受谴责"。1881 年 4 月 29 日，皮斯先生在议会演讲中谈及罂粟种植犯罪问题，敦促英印政府采取措施，停止种植罂粟。① 1874 年到 1880 年，正是英国保守党领袖本杰明·迪斯雷利（Benjamin Disraeli, 1804—1881）担任首相时期。他在任时期大力推行对外侵略和殖民扩张政策，因此，他的名字是同英国殖民帝国紧密联系在一起的。但是，他对鸦片贸易不得不采取谨慎态度。

1881 年 10 月 21 日，在伦敦市政官署举行的一次重要集会中，坎特伯雷大主教（Archbishop Cantebury）说，他尽管不完全了解禁止鸦片贸易可能对印度财政造成的困难，但他强烈谴责说："他们是否有理由在中国继续那个邪恶的不道德的毁灭性的贸易，给英国曾经以基督教和正义的名义所做的善事蒙上阴影，这前后是否一致。"曼宁枢机主教（Carding Manning, 1807—1892）则更直接地说："请全体与会者想想，我们在东方的统治到底给了我们什么……仅仅为了那区区 800 万，就能犯下背叛人类自身的罪行，违反国家法律和自然法则，损害不幸、无知的当地人吗？"②

中国人民反对鸦片贸易的呼声也得到了国际支持。1880 年，美国政府

---

① 《印度政府商务与金融部的复信》［Letter from the Government of India, Department of Finance and Commerce（Accounts and Finance）1881 年 12 月 19 日，《1840—1885 年关于鸦片战争与鸦片贸易的英国议会文件》（Sessions Opium War and Opium Trade 1840 - 1885, British Parliamentary Papers］《英网议会文书·中国》，第 31 卷，第 416—417 页。

② 《时报》（Times）1881 年 10 月 22 日，《1840—1885 年关于鸦片战争与鸦片贸易的英国议会文件》（Sessions Opium War and Opium Trade 1840 - 1885, British Parliamentary Papers），《英网议会文书·中国》，第 31 卷，第 417 页。

派遣了一个代表团,到中国商谈移民问题。为了达到这个目标,与中国签订了两个条约:一个条约使美国达到了它的目的,另一个则坦率承认中国反对鸦片贸易的观点。在后一个条约中,美国政府同意禁止美国商人参与鸦片贩卖,反对利用美国船只贩运洋药。①

总而言之,英国和中国各地反对鸦片贸易公会的成立与活动,使英国人了解了鸦片贸易对于中国造成的巨大危害,从而得到国际人道主义的理解和支持。一年一度的英国议会辩论,使英国政府成为众矢之的,备受谴责。英国政府不得不一再延搁《烟台条约》的批准。

三 威妥玛的解释与印度政府撤回反对意见

英国政府之所以没有立即批准《烟台条约》,除了在议会受到广泛质疑之外,更主要的原因是遭到印度政府的强烈反对。1879 年秋,威妥玛在英国休假结束准备回到中国,当时担任英国外交大臣的索尔兹伯里(Salisbury)责成他前往加尔各答,向印度政府解释《烟台条约》关于洋药税厘并征的条款。因为,"此条款曾被认为妨害了印度政府的鸦片税收"②。威妥玛在 1879 年 2 月离开加尔各答时,写给印度总督利顿勋爵(Lord Lytton)一封长信,透露了他在印度的活动情况和基本观点。

在备忘录中,威妥玛承认,中国政府的合法鸦片税收应该受到条约的保护。例如,1858 年 11 月 8 日在上海签订的中英《通商章程善后条约:海关税则》第五款明确规定:"洋药准其进口,议定每百斤纳税银三十两,惟该商止准在口销售,一经离口即属中国货物,只准华商运入内地,外国商人不得护送。"③ 依照这一规定,鸦片有别于其他外国商品,是一种特殊药品,只要离开了通商口岸的货栈,到了中国商人手中,中国各地官员就有权征收其厘金。

---

① 王铁崖编:《中外旧约章汇编》第一册,生活·读书·新知三联书店 1957 年版,第 380 页。

② 《威妥玛爵士致印度总督》1879 年 2 月 16 日,原文见英国蓝皮书 *Correspondence Respecting the Agreement Between the Ministers Plenipotentiary of the Governments of Great Britain and China signed at Chefoo on September 13*,1876(1880),第 67 页。(《英国议会文书·中国》第 31 卷,第 525 页)

③ 王铁崖编:《中外旧约章汇编》第一册,生活·读书·新知三联书店 1957 年版,第 117 页。

基于上述条约规定，为了防范中国鸦片商人逃避厘金，清朝官员在通商口岸和香港周围设立了局所，征收洋药厘金。然而各国外交官对于在各个通商口岸的租界和香港周围设立局所，征收洋药厘金，感到不胜其扰，时常加以抗议，希望建立限制厘金征收的免税区。"中国政府控制鸦片税收的愿望是无可非议的。而站在我们的立场上，则希望消除这个烦人的防卫圈。"① 建立免税区，需要得到中国政府的配合；要得到中国政府的配合，就必须确保洋药厘金不受损失；实行洋药税厘并征制度，才能确保洋药厘金不受损失。这就是威妥玛提议洋药税厘并征的内在思维逻辑。

按照当时西方国际惯例，国际条约分为两类：一类是根据最高权力机关的命令缔结的协议，各当事方必须按照条约的规定，不得以任何借口违反条约的规定，不得从事违反条约目的和宗旨的任何活动；另一类是越权缔结的协定，是指未经最高权力机关授权实施缔结条约行为的人做出的某种承诺的协议。② 这时的《烟台条约》显然属于越权缔结的协定。对于越权缔结的协定如何处理呢？有两种办法：一是针对绝对越权条约，即宣布无效；二是对于相对越权，即条约的部分内容超越了最高权力机关的授权。如果协定的签署人声称他们有权以国家的名义履行协定，他们就应当为自己的欺诈行为给对方造成的损失承担恢复原状的义务。如果他们并非明显的意图欺诈，则他们的义务是尽力使协定得到批准③。

《烟台条约》草签之后，凡是有利于英国的条款，都立即得到了清廷的执行。例如，1876 年 9 月 3 日，在《烟台条约》草签时，威妥玛要求清廷在 6 个月内开放湖北宜昌、安徽芜湖、浙江温州和广东北海 4 口岸和 6 个轮船停靠港口，清廷按照其要求开放了这些口岸和港口，也就是说，清廷已经履行了《烟台条约》规定的商务义务。就事实来讲，很难宣布关闭这些口岸和港口。因此，威妥玛别无他法，只有积极采取措施，使英国政

---

① 《威妥玛爵士致印度总督》1879 年 2 月 16 日，原文见英国蓝皮书 *Correspondence Respecting the Agreement Between the Ministers Plenipotentiary of the Governments of Great Britain and China signed at Chefoo on September 13, 1876* (1880)，第 70 页。(《英国议会文书·中国》第 31 卷，第 528 页)

② [荷] 格劳秀斯：《战争与和平法》第二卷，马呈元等译，中国政法大学出版社 2016 年版，第 293 页。

③ [荷] 格劳秀斯：《战争与和平法》第二卷，马呈元等译，中国政法大学出版社 2016 年版，第 293 页。

第七章　四国六方大博弈：洋药税厘十年外交谈判

府批准这个协定。

威妥玛为此向印度政府解释说,"我并不认为《烟台条约》必须生效,但是我要求帝国在我报告滇案解决之前,能下令批准这个文件。清廷已发表了和我们方面协商相符的声明,我对此表示很满意。因为,这一声明已经满足了我的一切要求,并且要求我们也批准《烟台条约》"①。

印度政府的最大担心是,随着洋药税厘并征方案的确定,洋药销量就会下降,印度的财政收入就会受到影响。威妥玛认为这种担心完全是多余的。他从以下三个方面表达了洋药销量不会下降的观点：

第一,中国人吸食鸦片烟已经很普遍,尽管云南、四川、甘肃和山西已经广泛种植罂粟,大量生产鸦片,在这些地区洋药竞争显然处于不利地位。但是,有许多省区明令禁止种植罂粟,尽管一些官员阳奉阴违,这些地方鸦片生产量毕竟有限,难以满足吸食者的需求。中国政府之所以不鼓励农民大量种植因素,一是吸食鸦片导致道德沦落,毁坏身体;二是种植罂粟,影响粮食生产,导致饥荒。②

第二,质量低劣的中国鸦片,无法排挤质量高的印度鸦片。"富有的人以吸食洋药为荣,看不起吸食土药的人。毫无疑问,洋药被看成是富贵人家的时尚。在北京的社交中,尤其是纨绔子弟通常用鸦片来招待客人,在他们看来使用洋药才算有面子。"③

第三,实行洋药税厘并征,不是提高洋药输入中国的关税,而是将原来各地不规范的洋药厘金转变为统一的厘金比率,由税务司负责的海关征收而已。为此,威妥玛列举各地新海关提供的厘金征收情况（详见表7-2）。在他看来,统一征收的洋药厘金只要不高于80两,就不会影响印度鸦片的输入。

---

① 《威妥玛爵士致印度总督》1879年2月16日,原文见英国蓝皮书 Correspondence Respecting the Agreement Between the Ministers Plenipotentiary of the Governments of Great Britain and China signed at Chefoo on September 13, 1876 (1880),第70页。(《英国议会文书·中国》第31卷,第528页)

② 《威妥玛爵士致印度总督》1879年2月16日,原文见英国蓝皮书 Correspondence Respecting the Agreement Between the Ministers Plenipotentiary of the Governments of Great Britain and China signed at Chefoo on September 13, 1876 (1880),第71页。(《英国议会文书·中国》第31卷,第529页)

③ 《威妥玛爵士致印度总督》1879年2月16日,原文见英国蓝皮书 Correspondence Respecting the Agreement Between the Ministers Plenipotentiary of the Governments of Great Britain and China signed at Chefoo on September 13, 1876 (1880),第72页。(《英国议会文书·中国》第31卷,第530页)

表7-2　　　　1877年中国各地洋药厘金征收标准一览表　　　　单位：海关两

地点	征收的厘金	地点	征收的厘金
海南	23	上海	40
汕头	21.5	镇江	16
厦门	84.6	烟台	32
福州	84.6	天津	18
宁波	32	牛庄	18
温州	40	汉口	30

资料来源：英国蓝皮书 Correspondence Respecting the Agreement Between the Ministers Plenipotentiary of the Governments of Great Britain and China signed at Chefoo on September 13, 1876 (1880)，第70页。(《英国议会文书·中国》第31卷，第530页)

为此，威妥玛奉劝印度政府接受《烟台条约》第三款洋药税厘并征方案。他说，他不能不考虑英印政府的鸦片利益，但也不能回避中国政府的利益。尤其是在《烟台条约》草签后，清廷按照该条约要求已经开放了4个通商口岸和6个开放港口，他不能直接撕毁这个协议。如果这样做了，将会使英国使馆处于尴尬的境地，一是亲手撕毁了自己签署的条约，二是无法取得各国公使的同意，因为这些新开的口岸和港口已经对各国开放。更何况，这些口岸开放后，随着外国商品的进入，印度鸦片也会自然输入。他说："我认为签订协议，让出一定数量的鸦片税收，使中国政府得到稳定的厘金收入，借以保证印度鸦片贸易的顺利进行，对于我们是有利的。"[①]

无论是采取洋药税厘并征，还是继续像先前那样由清朝各地官员任意征收洋药厘金，不管采取哪一种方式，外国鸦片在中国都将被进一步征税，"我的建议将使我们免于长期以来不守信誉的臭名，并且依照诺言，他们将会开放新的港口"[②]。

印度总督接到这封信后，反应如何，我们没有看到直接答复。但是从事件进程来看，他们表示不再坚决反对《烟台条约》第三款关于洋药税厘

[①]《威妥玛爵士致印度总督》1879年2月16日，原文见英国蓝皮书 Correspondence Respecting the Agreement Between the Ministers Plenipotentiary of the Governments of Great Britain and China signed at Chefoo on September 13, 1876 (1880)，第74页。(《英国议会文书·中国》第31卷，第532页)

[②]《威妥玛爵士致印度总督》1879年2月16日，原文见英国蓝皮书 Correspondence Respecting the Agreement Between the Ministers Plenipotentiary of the Governments of Great Britain and China signed at Chefoo on September 13, 1876 (1880)，第74—75页。(《英国议会文书·中国》第31卷，第532—533页)

并征的原则。1881年6月16日，英国印度事务部大臣哈汀顿致电印度政府说："我注意到你们已经撤回了贵政府早先提出的针对批准《烟台条约》的反对意见。这个反对意见是你们为了维护印度税收提出的。现在，任何阻碍《烟台条约》获得通过的责任就不在阁下的政府了。"①

四　中英外交官关于征收洋药税厘的第一轮谈判
　　（1879年5月—1880年1月）

　　1879年5月，威妥玛从印度返回中国，路经天津，就洋药税厘并征问题与李鸿章进行了深入讨论。当时，威妥玛认为各个港口征收的厘金不应超过30两白银，考虑到洋药在其他地方也将被征收一定量的厘金，因此可以将洋药厘金提高到40两。李鸿章认为威妥玛关于洋药统一厘金的比率估计得太低，每一个口岸征收的厘金不能少于60两。威妥玛准备将每担洋药厘金提高到50两。正在商议时，李鸿章接到了北京的指示，于是中断了讨论。②

　　威妥玛回到北京后，立即着手与总理衙门谈判洋货厘金征收问题。直到11月10日，他才给恭亲王奕䜣写了一封长信，不仅解释了《烟台条约》未经英国政府批准的原因，而且初步谈了他对于中英商务面临的问题和看法。尽管他绕了一个很大圈子，煞费苦心地谈了"滇案"的处理情况，还是不由自主地将问题集中在洋药厘金的征收上。他说："这个问题的解决对于中国政府来说事关切身利益，我本不应该首先提出这个问题，但我国政府面临众多指责，认为1876年在烟台进行的谈判对待中国不公。当时是我和大学士李鸿章进行的谈判，因此我觉得必须让我国政府能够应对这种责难。条约签署之后，我在英国待了将近两年，多次要求我国政府说明为什么不批准条约。议会内外到处都

---

①《英国印度事务部大臣哈汀顿致电英属印度政府》1881年6月16日，原文见英国蓝皮书 *Correspondence with the Government of India Respecting the Negotiations with China on the Subject of Opium* 1882. 第2页。(《英国议会文书·中国》第31卷，第412页)

②《威妥玛爵士致格兰维尔伯爵》1982年6月3日，原文见英国蓝皮书 *Correspondence Respecting the Agreement Between the Ministers Plenipotentiary of the Governments of Great Britain and China signed at Chefoo on September 13, 1876* (1880)，第77页。(《英国议会文书·中国》第31卷，第535页)

在质疑。"①

他解释说，实行洋药税厘并征是他站在中国立场上提出的。"我所提议的新的厘金征收方案的目的就是要确保中国政府的洋药厘金不受损失。我承认，我做这个提议时，我考虑的是那时估计的洋药厘金。当时对于税率的评估明显是根据各口情况不一做出的；如果中国政府满足于当时各省征收的洋药厘金标准，我就能够说服不对这个制度提出异议。然而，现在大学士李鸿章所提出的统一税率比原来统计的翻了一番，并且让我得到的印象是，即使按照他所提出的高税率抽取之后，他还要保留在内地继续征收厘金的想法。"② 威妥玛这时才知道原来他所了解的新海关提供的洋药厘金只不过是各地最初抽取的靠近海关的厘金，并未包括深入内地后各个局所继续征收的厘金。他知道他原来的以每担洋药抽取白银20—40两厘金的设想肯定行不通。

但是，他仍然试图说服的总理衙门大臣，在给恭亲王奕䜣信件中开始宣扬统一征收厘金40两的好处。"我准备建议印度政府同意每担抽取40两银，以期对中国有益。除了香港本地消费的和转运澳大利亚、美国的那一部分鸦片之外，凡是进入通商口岸的和留存在香港的超出所报的鸦片统统征收一次重税（即每担抽取40两厘金）。"③ 他进一步举例说，1878年输入香港的印度鸦片有94899担，其中转运到各个通商口岸的有73424担，留在香港的尚有22475担，其中香港本地消费的和转运出口的有7500担，剩余的14975担鸦片被走私运到中国沿海地区。按照威妥玛的设想，从94899担印度鸦片中扣除香港消费和转运出口的7500担，剩余87399担鸦

---

① 《威妥玛爵士致恭亲王奕䜣》1879年11月10日，原文见英国蓝皮书 *Correspondence Respecting the Agreement Between the Ministers Plenipotentiary of the Governments of Great Britain and China signed at Chefoo on September* 13, 1876 (1877), 第1页。(《英国议会文书·中国》第31卷，第395页）

② 《威妥玛爵士致恭亲王奕䜣》1879年11月10日，原文见英国蓝皮书 *Correspondence Respecting the Agreement Between the Ministers Plenipotentiary of the Governments of Great Britain and China signed at Chefoo on September* 13, 1876 (1877), 第2页。(《英国议会文书·中国》第31卷，第396页）

③ 《威妥玛爵士致恭亲王奕䜣》1879年11月10日，原文见英国蓝皮书 *Correspondence Respecting the Agreement Between the Ministers Plenipotentiary of the Governments of Great Britain and China signed at Chefoo on September* 13, 1876 (1877), 第4页。(《英国议会文书·中国》第31卷，第398页）

片，统统按照30两关税，40两厘金计算，每担共征银70两，产生的洋药关税为2621970两，厘金为3495960两，两项合计6117930两。而1878年实际征收的洋药正税和厘金加在一起不到500万两，实施洋药税厘并征后，每年可以增加关银100万两。

最后他强调说，原来作为补偿条件，即《烟台条约》规定的开放4个口岸和6个停靠商船港口可以重新关闭。对于洋药厘金征收的老办法他并不反对继续维持。但向女王政府提交方案之前，不得不要求中国政府告知所有设在内地的鸦片局所的确切位置以及每个局所所定的厘金税率。

恭亲王奕䜣接到威妥玛的来信后，于1879年11月20日针对几个重点问题进行了答复。

关于4个口岸与6个港口开放问题。复信指出，《烟台条约》的这一规定当时由大学士李鸿章奏请批准，早在几年前就按照备忘录执行了。

关于"滇案"结案问题。复信说，早在1878年已经收到总理衙门驻英公使郭嵩焘转来的电文，英国外交大臣德比伯爵照会该案可以结案。

关于租界免收洋货厘金与洋药税厘并征问题。复信说，1876年12月，威妥玛先生返回英国后，德国公使巴兰德（Brandt Maximilian August Scipio Von）写信要求总理衙门免收上海租界洋货厘金。总理衙门据此上奏，确定1877年2月13日为此协议生效日期，已经知照巴兰德先生，同时也向英国公使馆发出照会。因此，该协议已在上海租界生效。虽然巴兰德先生在这一事件上抢先一步，但免除租界洋货厘金符合《烟台条约》精神，总理衙门并不知道英国代表反对立即执行巴兰德的提议。上海租界既然已经免除洋货厘金，与此相连带的洋药税厘并征也应开始执行。

关于洋药厘金的抽取标准问题。复信指出，英国公使提出每担洋药统一征收的厘金最多为40两，这个方案在新海关实施后，洋药进入内地不得再征任何厘捐。但是，据总理衙门估计，每担洋药厘金平均为60两，才能与各省在其境内征收的厘金持平。现在，经过双方几次商议，毫无结果。为了避免毫无用处的讨论，总理衙门提出，放弃统一征收洋药厘金的想法，按照《烟台条约》规定办理，先在通商口岸征收一次厘金，进入内地的洋药可以继续征收厘金，试办5年。实验期满后，双方可以就此方案继续进行磋商。

关于告知内地厘金局所一事。复信指出，对于洋药如何征税，听凭中国自行办理。这与新海关征收洋药税厘关系不大。内地开设局所和征收的标准，缺乏统计，没有必要告知公使。①

威妥玛接到恭亲王奕䜣的复信后，又与总理衙门进行了两次商谈：一次是11月28日英国使馆参赞璧利南（Byron Brenan）携带威妥玛备忘录前往；另一次是12月1日威妥玛亲自前往谈判。在没有取得任何进展情况下，威妥玛向恭亲王奕䜣发出新的照会，继续解释其关于洋药税厘并征的主张。

第一，重提"滇案"结案一事。威妥玛解释说，他是在还没有英国政府授权情况下就通知了清廷，意在消除总理衙门对他早先的怀疑。

第二，在洋货需要交纳厘金问题上，总理衙门大臣对此有误会。"请原谅我再次重申在这个问题上我所理解的中国和外国的权利。各省多年已经形成习惯，只要洋货进入中国人手中，对于包括鸦片在内的所有外国货物可以抽取厘金，不论在口岸还是局卡，甚至在租界内。对于洋药，他们有权这样做。但他们对于洋货也照样抽取厘金，则是错误的。对于违反条约的行为，各国代表（包括我在内）都进行了抗议，但都无效果。尽管如此，1876年，我劝说我国政府接受一个妥协，如果中国政府增开更多的口岸，我赞成允许中国对各个口岸租界外的所有洋货征收厘金，但是洋货免收厘金的实施，需要其他条约国同意划定界址。然而，到现在为止，各国都不同意划定界址。"

第三，洋药厘金。洋药一旦进入华商手中，清廷就有权利对其征收厘金。如果租界内不准设立厘金局所，可以预见，中国政府的厘金收入将严重受损。因此，我在烟台同意将洋药封存栈房，由新海关派人稽查，并由海关税务司取代厘金局收取洋药厘金。"我曾多次对总理衙门大臣说，虽然目前洋药为英国商人独家贩运，但没有其他国家的同意，也不能生效。因为，洋药的条款出现在许多国家的通商条约中。就条约来讲，任何外国公司都有权向中国输入洋药，售于中国人。现在要外国鸦片统统封存在栈房，等候征收税厘之后，再卖给中国商人。由于既往的条约中

---

① 《恭亲王奕䜣致威妥玛爵士》1879年11月20日，原文见英国蓝皮书 *Correspondence Respecting the Agreement Between the Ministers Plenipotentiary of the Governments of Great Britain and China signed at Chefoo on September* 13，1876（1877），第6—7页。(《英国议会文书·中国》第31卷，第400—401页)

第七章 四国六方大博弈：洋药税厘十年外交谈判

没有这一规定，因此要实行税厘并征制度，就必须征得有约各国的同意。"①

第四，《烟台条约》关于洋药税厘并征规定，旨在保护清廷的岁入。"我明白中国政府希望我劝说我国政府同意照 1876 年《烟台条约》签订时的各口厘金税率，由海关税务司代替各口岸厘金局所在一定年限征收厘金，口岸与邻近的厘金局所不再征收洋药厘金。"按照这一办法，威妥玛认为，他必须了解内地厘金局所的数量、所在地方以及各局所征收鸦片厘金的比率。"如果您能够接受这些条件，并让我得到令人满意的书面保证，我将再次请求我国政府改变立场，同意由新海关征收洋药厘金。而且我将劝说其他国家公使同意我国政府接受的任何有关洋药的协议。但必须再一次声明，征得他们的同意是最基本的。如果我得不到我所要求的保证，我将通知我国政府说无法获得保证，并建议放弃在《烟台条约》中规定的 4 个口岸和 6 个停泊处进行通商的权利。"②

收到威妥玛 12 月 27 日的照会之后，经过内部磋商，而后于 1880 年 1 月 4 日恭亲王向威妥玛发出复照。复照认为，前一次关于"滇案"结案的复信援引的是驻英公使郭嵩焘的报告，尽管没有援引英国公使威妥玛的声明，并没有否定威大使在"滇案"谈判中的作用。

至于洋货厘金问题，清廷遵照条约规定，对于有单和无单货物做了明确区分。有单货物，无论运输远近，沿途关卡不再对其征税；无单货物，需要逢关纳税，遇卡抽厘。

对于租界内的洋商卖给华商的洋货抽收厘金，是清廷政府为筹集军饷而设，由华商交纳，不是正税。而在烟台谈判时，英国公使坚持要求租界内免除洋货厘金，同时对于洋药实行税厘并征制度，确实是为清廷岁入着想。后来，德国公使巴兰德要求免除租界内的洋货厘捐，总理衙门为此奏

---

① 《威妥玛爵士致恭亲王奕䜣》1879 年 12 月 27 日，原文见英国蓝皮书 Correspondence Respecting the Agreement Between the Ministers Plenipotentiary of the Governments of Great Britain and China signed at Chefoo on September 13，1876（1877），第 9 页。（《英国议会文书·中国》第 31 卷，第 402 页）

② 《威妥玛爵士致恭亲王奕䜣》1879 年 12 月 27 日，原文见英国蓝皮书 Correspondence Respecting the Agreement Between the Ministers Plenipotentiary of the Governments of Great Britain and China signed at Chefoo on September 13，1876（1877），第 9—10 页。（《英国议会文书·中国》第 31 卷，第 402—403 页）

请皇帝，批准了这个请求。尽管威大使认为，这一动议与《烟台条约》的相关规定无关，但是，总理衙门在奏请批准上海租界免除洋货厘金时，已经考虑了《烟台条约》的相关条款。

洋药与洋货毕竟有别，中英《通商章程善后条约》明确规定，洋药准其输入，但只准在口岸卖给华商，不得运入内地。洋药一经离口，即属中国货物，如何征税，听凭中国办理。

关于洋药厘金征收的比率不一问题，英国公使反复说有的口岸每担洋药抽收高达80—90两，有的只有20—30两。总理衙门的想法是统一各关的税率，但这一想法已经被搁置。现在《烟台条约》中关于洋药税厘并征的原则，只剩下一条，即由新海关一并征收税厘。因此，洋药输入各个口岸后，应由新海关将其封存栈房，由洋商交纳进口税和华商交纳厘金后，方可离开口岸。洋药不准进入外国租界，违者视为非法销售，按照条约相应规定加以处罚。

各个口岸的厘金局所不单是为了征收洋药厘金而设。洋药缴纳税厘之后，在附近的局所不再抽收厘金。但在经过第二道局所时，应按照规定交纳厘金。英国公使希望告知内地厘金局所的设置地点，总理衙门当然可以通令各省提供必要信息，再把信息转达给英国公使。但是，往来传递信息会有一些延误。因此，总理衙门保证不会再设新的局所。

最后，复照指出，无论是所有口岸还是上海口岸，现在应当立即实施英国公使所说的为期5年试验方案。这是英国公使提出的方案，应当没有什么问题。①

威妥玛接到恭亲王奕䜣的照会后，于1月30日再次向奕䜣复信明确了就洋药税厘并征问题达成的初步协议。新方案试行5年，厘金征收标准按照1876的统计抽收，不得上调税率。② 这个最后达成的协议事实上没有任

---

① 《恭亲王奕䜣致威妥玛爵士》1880 年 1 月 14 日，原文见英国蓝皮书 *Correspondence Respecting the Agreement Between the Ministers Plenipotentiary of the Governments of Great Britain and China signed at Chefoo on September 13*，1876（1877），第9—11 页。（《英国议会文书·中国》第 31 卷，第 403—405 页）

② 《威妥玛爵士致恭亲王奕䜣》1880 年 1 月 30 日，原文见英国蓝皮书 *Correspondence Respecting the Agreement Between the Ministers Plenipotentiary of the Governments of Great Britain and China signed at Chefoo on September 13*，1876（1877），第11—12 页。（《英国议会文书·中国》第 31 卷，第 405—406 页）

何结果，因为总理衙门与威妥玛既不能就厘金的征收税率，也不能就各个口岸的免除厘金的范围达成一致意见。1880年，关于鸦片税厘并征谈判毫无进展。

关键的原因是，洋药税厘并征的消息传到印度，遭到了印度政府的强烈反对。在他们看来，无论是李鸿章提议加征洋药税厘110两（先是提议统一厘金为90两，后来减为80两），还是威妥玛建议提高关税至45两，或50两，厘金照旧征收等方案，都是对印度鸦片加征重税。"他们认为征收鸦片重税严重损害了印度政府的收益。"①

五　中英外交官关于征收洋药税厘的第二轮谈判（1881年5月—11月）

1881年，南洋通商大臣大学士左宗棠奉诏入京，任军机大臣，兼在总理衙门行走。5月，左宗棠邀请威妥玛商议洋药税厘并征事宜，适逢直隶总督兼北洋大臣李鸿章到京，三人在总理衙门晤商两次，李鸿章又单独与威妥玛谈论一次。但是，仍然没有达成一致意见。在左宗棠看来，"威妥玛语多反复，而于加价一节断断然若重有所惜者。臣等如从其后议，以每箱八十两为定，则加数甚微，不但瘾无由断，适足为兴贩洋药者广其销路，而内地种罂粟贩土烟者得以借口，并加征捐厘亦多窒碍，是与拟增税捐，期收实效本谋大为刺谬。"② 左宗棠主张对洋药（外国鸦片）和土烟（土产鸦片）采取"寓禁于征"的方针，将每担洋药关税和厘金加在一起，提高到征银150两的水平。6月8日，他上奏指出，加重征收鸦片税厘。

就加征洋药和土药的厘金来说，"无非有两种办法。或议于总口征洋商之税，即并内地厘捐之厘而加征之，是为合办；或议于总口照税加厘外，于内地分销各口加征华商之厘，是为分办"③。这两种方案在左宗棠看

---

① 《威妥玛爵士致格兰维尔伯爵》1882年6月3日，原文见英国蓝皮书 *Correspondence Respecting the Agreement Between the Ministers Plenipotentiary of the Governments of Great Britain and China signed at Chefoo on September 13, 1876* (1880)，第93页。(《英国议会文书·中国》第31卷，第551页)
② 朱寿朋编：《光绪朝东华录》第1册，光绪七年五月，中华书局1958年版，总第1096页。
③ 《军机大臣左宗棠奏为严禁吸食鸦片请先增洋药土烟税捐事》光绪七年五月初五日，中国第一历史档案馆藏录副奏折，档号：036490-026。

来都是可行的，都是中国的内政，与外交无关，朝廷执两用中，选择其中一种办法即可。这一份奏折送达御案之后，当即被慈禧太后批交南北洋大臣、福州将军、各直省督抚、粤海关监督讨论。北洋大臣兼直隶总督李鸿章认为，洋药税厘加得太重，可能导致走私更加严重，加捐易办，偷漏难防。山东巡抚周恒祺也认为，"加增较多，办理不易"①。

左宗棠的上述奏折于 6 月 29 日被刊登在《申报》上，威妥玛看到后，感到左宗棠的评论对他有所误解。于是，在 7 月 23 日写信给左宗棠，说明对他的指责不是真实的。他说，如果能保证中国政府的收入，只要是合理的，他随时都会向英国政府提出接受的建议；如果是不合理的，也会向英国政府提出报告，但不会建议认可。正是因为两位大臣（左宗棠和李鸿章）提议加征的数量过大，他认为是不合理的，因此予以拒绝。他说，在他看来，把某一年当作税厘征收的平均年，把关税和厘金定为每担 80 两（即关税 30 两，厘金 50 两），中国政府的财政将会大量增加。"几个月来，我一直考虑，在这个问题的讨论过程中，我并没有表现出'反复无常'的态度。"②

收到威妥玛的来信后，左宗棠于是年 8 月 1 日复信解释说，因为他的奏折是写给朝廷的，而且朝廷已经谕令各直省督抚加以讨论，不知道是哪个地方透漏了消息。对于报纸，中国政府历来没有监督和限制，并不特别看重新闻。又说，威大臣认为内地大量厘金流失，最好的办法是提高关税，取消内地厘金。尤其是英国政府对于奢侈品加征两倍税率的做法更值得效法。正是接受了威大臣的这个建议，本人才建议每箱洋药应加征 150 两税厘。至于说到"反复无常"问题，左宗棠指出，"爵士先生一开始建议提高关税，取消厘金。然后提议商讨关税，置厘金于不顾。最后提议提高关税，不取消厘金。尤其是关于关税加征的数量，先是五两，后是十两、十五两。随后在与中堂大人（李鸿章）商谈时，又提出增加关税，免收厘金，说关税可以增加到八十两。从开始到最后，谈判目标一直是含糊

---

① 《漕运总督山东巡抚周恒祺为洋药土烟加征内地厘税事》光绪七年六月，《晚清四部丛刊》第九编，第 50 册，第 3622 页。

② 《威妥玛致大学士左宗棠》1881 年 7 月 23 日，原文见英国蓝皮书 *Correspondence Respecting the Agreement Between the Ministers Plenipotentiary of the Governments of Great Britain and China signed at Chefoo on September* 13，1876（1880），第 96—97 页。（《英国议会文书·中国》第 31 卷，第 554—555 页）

第七章 四国六方大博弈：洋药税厘十年外交谈判

不清，没有一个固定的方向。令人如何看待这些问题？"①

正当威妥玛和总理衙门大臣以及左宗棠、李鸿章商谈洋药如何税厘并征之时，一位香港富商突发奇想，提出包揽洋药计划。这位富商名字叫何献墀，他提出可以集资2000万元设立洋药公司，与英印政府签订包买鸦片合同，再与清廷签订包卖合同。"每年限定运赴香港洋药若干箱，每箱价值若干，统归公司承买缴价，再由该公司发售中国各口，不准印度洋药经运他处，售予他人。如于定数尚可多销，再由该公司寄信印度添运。该公司于卖出后，每箱统交中国税厘一百余两。"② 这一包揽洋药计划经翰林院编修钟德祥等人转呈北洋通商大臣李鸿章。在李鸿章看来，何献墀拥有雄厚资金，加之一批富商支持，只需派一名大员驻扎公司，负责监督，无虑国家税收亏损，或许可行。但是，考虑到这项包揽洋药计划必须得到印度政府的合作和支持，"权非自我操"，一面令该商与印度官员接触，一面委派马建忠出国考察。③

1881年5月，英国派往印度、中国考察鸦片贸易的代表团成员沙苗（Joseph Samuel）见到了何献墀，得知清朝官员正在考虑商人包揽洋药计划，对于垄断中国鸦片贸易的利润垂涎三尺，试图将这一特权抢夺到自己手中，立即将一份包揽洋药计划草案递送给总税务司赫德。沙苗的洋药章程共有17条，主要内容是，由中英两国政府批准由沙苗承包中国洋药贸易5年，如果试办有效，此后继续由沙苗包办。印度生产的鸦片全部由沙苗包买，转售给中国，在中国每销售一担鸦片，就向清廷交纳税银100两。清廷不得在内地设卡征收税厘；清政府应付2万两白银作为沙苗的开办经费。④ 这个计划不仅盗取了何献墀的洋

---

① 《大学士左宗棠致威妥玛爵士》1881年8月1日，原文见英国蓝皮书 *Correspondence Respecting the Agreement Between the Ministers Plenipotentiary of the Governments of Great Britain and China signed at Chefoo on September* 13，1876（1880），第97—98页。(《英国议会文书·中国》第31卷，第555—556页)

② 《议设洋药公司片》光绪七年六月十六日，《李文忠公全集》奏稿卷四十一，台北：文海出版社1985年影印本，第31—32页；《李鸿章片》光绪七年六月十六日，《晚清四部丛刊》第九编，第50册，第3541页。

③ 《议设洋药公司片》光绪七年六月十六日，《李文忠公全集》奏稿卷四十一，第31—32页。

④ 《赫德译出英人沙苗呈揽办洋药章程》，《清季外交史料》卷二十七，台北：文海出版社1987年影印本，第34—35页。

药包揽计划①，而且想空手套白狼。

赫德接到沙苗的计划后，立即将其转交总理衙门大臣。并且极力推荐说："多年反复商议洋药事宜，而未见头绪。总税务司以为，不若依沙苗之章定局。缘无庸商及他国，按此法可多收税项，而多省事，若准照办，似必有效验。"②

与沙苗递交包揽洋药贸易计划的同时，天津海关税务司德璀琳（Gustav Von Detring）也提出了一个包揽洋药计划。主要内容可以分为四个方面：第一，选派一名精干大员驻扎印度，负责调查鸦片事宜，然后就中国购买鸦片问题与印度总督庞斯佛德爵士（Sir J. Pauncefote）进行磋商，以每年进口总数9万箱为最高额，以30年为限，每年递减3000箱，期满断绝鸦片进口。第二，中国与印度协商鸦片价格，每年按照定价由中国收买，印度必须保证不将鸦片售于其他国家。第三，中国方面严禁种植罂粟，由北洋通商大臣派员主持，严格监督各个口岸鸦片输入情况，每担洋药税厘180两白银。第四，洋药运到中国后，不准零售，批发若干，纳税若干。德璀琳的这一计划没有明确指出谁人可以承办。然而他暗示说，如延洋人办理，应议定年限。言外之意，他可以承办。德璀琳的计划得到了李鸿章的肯定。据赫德观察，马建忠将带着何献墀和德璀琳的计划前往印度，直接与印度总督谈判。③

1881年7月19日，马建忠奉命自天津搭乘怡和洋行船只前往印度。9月5日，到达印度西姆拉。9月8日，正式与印度总督代表贝尔（E. Baring）少校进行了交谈。马建忠和盘托出其计划，他指出，鸦片毒害世人共知。中国鸦片流毒日益严重。英国伦敦设立反对鸦片贸易协会，提倡禁毒，鸦片必须禁止。但骤然禁止办不到，建议在一定期限内逐渐禁止。希望印度逐渐减少鸦片出口，建议双方就鸦片贸易问题磋商，制定一个妥善办法。

---

① "四月间，英官沙苗奉派中国查考各口每年售销洋药数目，何献墀等与之相见，论议创设公司之事，沙苗允为留意。"（《议设洋药公司片》光绪七年六月十六日，《李文忠公全集》奏稿卷四十一，台北：文海出版社1985年影印本，第32页；《李鸿章片》光绪七年六月十六日，《晚清四部丛刊》第九编，第50册，第3541—3542页）

② 《赫德拟呈议收洋药厘税节略》，《清季外交史料》卷二十七，台北：文海出版社1987年影印本，第36—37页。

③ 《赫德致金登干》1881年10月16日，中国第二历史档案馆和中国社会科学院近代史研究所合编：《中国海关密档》第二册，中华书局1990年版，第638页。

"使印度岁出鸦片,或专售于中国国家,或专售于中国所指承揽公司,通盘交易,不复辗转他商之手,将鸦片出口箱数立一定额,每岁递减,约积二三十年之久减完,自然禁绝。如是办法,则销售鸦片之权在两国国家,中国于进口鸦片无虞奸商之偷漏,贵国家于出口鸦片亦岁有定项之可收。"①

贝尔却狡猾地说,印度白皮鸦片不归国家专卖,鸦片价格变化无常,难于核定。减少鸦片出口不利于印度国家财政收入。而后他指出,中国加重洋药税厘,走私偷漏将更加严重。奉劝中国减轻鸦片税厘,使印度鸦片在中国内地畅行无阻。马建忠回答说:"吾国之加厘,亦即暗寓渐禁之意。至度支自有正项,假如欲向鸦片筹饷,则开内地罂粟之禁,由官抽税,自行贩卖,一如贵治之例,每岁进项岂止六百万金镑。此法一行,则印度出口之鸦片日减,而岁入之税亦日减矣。"②

贝尔见马建忠的回答无懈可击,遂将话锋一转,借题发挥道:"商人垄断一专,流弊滋甚,贵国恐难一一厘清,故不若国家自办之妥也。"马建忠立即回答说,中国政府可以包揽包括白皮土在内的一切印度鸦片。并且反问道:"贵国有何善法使白皮土与以上二种(即公班土和喇班土)一例专售我国?"贝尔称:"一时别无善法。"③ 表示要与印度总督磋商后再说,其真实意图是反对何献墀和德璀琳的包揽计划。

马建忠此次出使印度,与虎谋皮,毫无效果。所得到的结论是,英国人一致反对何献墀的包揽洋药计划。香港总督说何献墀等人不可靠,印度总督不以华商为然。因此,何献墀的包买洋药计划因英印政府的一致反对而首先胎死腹中。

是年11月下旬,李鸿章与威妥玛在天津就洋药税厘并征问题再次举行会谈。会谈一开始,威妥玛就询问中国关于洋药税厘征收的最新意图。李鸿章回答说:"承办洋药公司恐无把握,威大使居华年久,必愿助我中国,请问究以何者为得计?"

威妥玛声称:"愚意办理洋药必使两国税项有加,且可永绝争端,方称尽善。六条中(即六个洋药税厘方案)华商公司一层(即何献墀包揽洋药计划——笔者注),香港燕督谓其不甚可靠,印度政府也难相信,本大

---

① 马建忠:《适可斋纪言纪行》纪行卷三,光绪二十二年(1896)刻本,第9—10页。
② 马建忠:《适可斋纪言纪行》纪行卷三,第10页。
③ 马建忠:《适可斋纪言纪行》纪行卷三,第11页。

臣也虑其不妥。但若沙苗之议未可厚非。左相（左宗棠——笔者注）所定之数太多，偷漏必重，且恐内地烦扰生事。《烟台条约》由各省自行酌量定数，英国官商皆不答应，又恐他国从中阻挠。惟有在各口新关厘税并加，通免内地厘金；与专加正税，厘金仍旧二层似可商办。"① 这里威妥玛否定了三个方案：一是香港商人何献墀的包揽洋药计划；二是左宗棠加征洋药税厘至150两的方案；三是《烟台条约》关于各省自行确定厘金数量的方案。只留下沙苗、德璀琳等包揽洋药计划、新海关统一征收洋药税厘方案和洋药每箱增加子口半税后，照旧征收厘金方案。

李鸿章表示："本大臣亦同此意，惟欲通免厘金，当于海关征收百二十两，须加正税三倍；如不免厘金，则需增加一倍正税，至六十两。似此办法，亦尚平允。"

谈及洋药税厘并征税率问题，威妥玛问："中堂前次总署会议时，忆曾减至百一十两，今何以又增至百二十两？"李鸿章指出："此次在京与政府王大臣会商，皆以百一十两不足意，故须议加正税三倍，为百二十两。如威大人嫌其太多，或仍照原议百一十两，但不可再减分毫。"②

此后李鸿章与威妥玛又进行了几次商谈，双方争论的要点有三：其一，洋药税厘并征，威妥玛坚持每担不超过90两白银，而李鸿章坚持不少于110两。其二，加征洋药关税，厘金仍由中国自行办理。威妥玛认为每箱鸦片加征正税最高额为50两，李鸿章坚持正税不低于60两。其三，关于洋药包揽计划。威妥玛认为中国商人资金不足，无力承办，建议由英国人承包；李鸿章认为中国商人承包洋药固然力量不足，但有外国人愿意包揽，可以缴纳厘税150—180两（暗指德璀琳包揽洋药计划）。

六　中英外交官关于征收洋药税厘的第三轮谈判（1882年1月）

在阅读完李鸿章的当时记录之后，我们有必要看一看威妥玛后来的说法。1882年1月13日威妥玛写信给恭亲王奕䜣，比较详细地阐述了他当

---

① 李鸿章：《英国公使来晤回答节略》，《李文忠公全集》译署函稿卷十二，第40—41页。
② 李鸿章：《英国公使来晤回答节略》，《李文忠公全集》译署函稿卷十二，第40—41页。

第七章 四国六方大博弈：洋药税厘十年外交谈判

时对各种洋药税厘征收方案的看法。

第一种是沙苗的建议。威妥玛认为。沙苗是一个财团的经纪人，他的计划是把鸦片专卖市场设在中国，总部定在香港，由英国人经营。然后，按照中国需求，通过各个口岸运到中国各地，在新海关税务司监督下，买卖双方分别缴纳一次性关税和厘金。① 威妥玛这时已经倾向于沙苗的洋药包揽计划，但他不便明说而已。

第二种是何献墀的提案。何献墀是中国香港商人，他的计划是在香港设立总部，包揽洋药的全部买卖，为中国政府提供巨额的洋药税厘。但这个方案的前提条件是中国将内地征收的洋药厘金全部免除。"我并不支持这个方案，因为每年进口到中国的鸦片量为4000万两，中国和印度两个国家非常重视洋药税收。把如此巨大的贸易交给一个资产有限的私人公司来经营，我怀疑其操作的安全性。"②

第三、第四种两种方案是指沙苗的修正案和约翰·皮特曼提案。③ 在此威妥玛没有直接介绍提案者的名字。他是这样说的，"上个月，我从天津回来后又得到两个方案，也有明显的优点。前一个方案是，中国政府应该在一段时间内专卖英国鸦片。达成的协议应当规定，印度政府在一定时期内逐渐减少罂粟种植面积，并在合同期满后完全停止鸦片生产。根据设想，在香港设立公司（既可以是私商，也可以由国家来组建），一年一度向中国和印度交纳洋药专卖税收"④。后一个方案是在前一个方案的基础上

---

① 《威妥玛爵士致恭亲王奕䜣》1882年1月14日，原文见英国蓝皮书 Correspondence Respecting the Agreement Between the Ministers Plenipotentiary of the Governments of Great Britain and China signed at Chefoo on September 13, 1876 (1880)，第87页。(《英国议会文书·中国》第31卷，第545页）

② 《威妥玛爵士致恭亲王奕䜣》1882年1月14日原文见英国蓝皮书 Correspondence Respecting the Agreement Between the Ministers Plenipotentiary of the Governments of Great Britain and China signed at Chefoo on September 13, 1876 (1880)，第87页。(《英国议会文书·中国》第31卷，第545页）

③ 1881年冬季，沙苗对于提出的包揽洋药计划又进行了修改。与此同时，还有一个名字叫作约翰·皮特曼（John Pitman）英国皇家海军军官也提出了一个鸦片专卖方案。《威妥玛爵士致格兰维尔勋爵》(Sir T. Wade to Earl Granville) 1882年6月3日，原文见英国蓝皮书 Correspondence Respecting the Agreement Between the Ministers Plenipotentiary of the Governments of Great Britain and China signed at Chefoo on September 13, 1876 (1880)，第84页。(《英国议会文书·中国》第31卷，第539页）

④ 《威妥玛爵士致恭亲王奕䜣》1882年1月14日，原文见英国蓝皮书 Correspondence Respecting the Agreement Between the Ministers Plenipotentiary of the Governments of Great Britain and China signed at Chefoo on September 13, 1876 (1880)，第87页。(《英国议会文书·中国》第31卷，第545页）

增加一条，在合同期内中印双方应该逐渐减少鸦片贸易的利润。① 这两个方案显然是指沙苗修正案和约翰·皮特曼提案。②

第五种是左宗棠提出的征收 150 两税厘方案。即每箱洋药除了在通商口岸征收 30 两关税之外，再统一征收 120 两厘金。威妥玛坚决反对这个方案，理由是印度政府将遭受重大损失。

第六种是李鸿章提出的征收 110 两税厘方案，即除了 30 两关税之外，再统一征收 80 两厘金。关于统一征收厘金问题，威妥玛最初极力主张在每担征收 30 两关税的基础上，再统一加征厘金 50 两，合计每担洋药可以征收税厘 80 两。每年中国洋药税厘一项就可以收入 600 万两白银。经过在天津与李鸿章激烈辩论后，"确定固定的厘金比率定在 60 两。但是李中堂仍然想提高这个数目，我丝毫没有考虑接受 70 两的比率，除非一般贸易的有关条件得到非常满意的解决"③。

第七种方案是威妥玛提出的变通方案。在李鸿章与威妥玛各执己见的情况下，威妥玛提出了一个新方案，即在 30 两关税的基础上，再增加 15 两，合计关税 45 两，洋药厘金征收则按照先前办法继续执行。后来，"经过激烈的谈论后，我建议征收 20 两进口附加税，这样，每担进口鸦片征收的关税达到 50 两，而不是现行的 30 两。厘金的征收无论在口岸还是中国内地还和过去一样"④。

比对李鸿章的记录和威妥玛信函的说法，可以看出，两人的说法基本一致。在威妥玛看来，可供中国政府选择的征收洋药税厘方案众多，但必

---

① 《威妥玛爵士致恭亲王奕䜣》1882 年 1 月 14 日，原文见英国蓝皮书 *Correspondence Respecting the Agreement Between the Ministers Plenipotentiary of the Governments of Great Britain and China signed at Chefoo on September* 13，1876（1880），第 88 页。(《英国议会文书·中国》第 31 卷，第 546 页)

② 《威妥玛爵士致格兰维尔勋爵》1882 年 6 月 3 日，原文见英国蓝皮书 *Correspondence Respecting the Agreement Between the Ministers Plenipotentiary of the Governments of Great Britain and China signed at Chefoo on September* 13，1876（1880），第 81 页。(《英国议会文书·中国》第 31 卷，第 539 页)

③ 《威妥玛爵士致格兰维尔勋爵》1882 年 6 月 3 日，原文见英国蓝皮书 *Correspondence Respecting the Agreement Between the Ministers Plenipotentiary of the Governments of Great Britain and China signed at Chefoo on September* 13，1876（1880），第 88—89 页。(《英国议会文书·中国》第 31 卷，第 546—547 页)

④ 《威妥玛爵士致格兰维尔勋爵》1882 年 6 月 3 日，原文见英国蓝皮书 *Correspondence Respecting the Agreement Between the Ministers Plenipotentiary of the Governments of Great Britain and China signed at Chefoo on September* 13，1876（1880），第 89 页。(《英国议会文书·中国》第 31 卷，第 547 页)

第七章 四国六方大博弈：洋药税厘十年外交谈判

须得到缔结条约的各国政府同意。尤其是鸦片贸易事关英印政府的巨大利益，必须得到英国政府的授权。言外之意，中国政府单方选择左宗棠提出的120两洋药厘金方案，英国政府是不会答应的。"我不想再进一步深究鸦片贸易的道德问题。一旦我确定在众多的方案中中国政府比较容易接受的一种，我就会立即向英国政府提出报告。"①

总理衙门接到威妥玛1月13日信件之后，经过讨论，于1月25日以恭亲王奕䜣的名义复信威妥玛。在复信中奕䜣讨论了双方的分歧和误解，明确指出，在众多征收洋药税厘的方案中，"厘金和关税一起征收将作为谈判的基础"。同时指出，目前英国公使提出的每担洋药合计征收税厘90两，与李鸿章提出的合计征收110两之间还有比较大的距离。李鸿章代表中国政府提出的洋药统一税厘110两是不会降低的。中英关于鸦片的谈判无须涉及第三方。中英之间应当尽早达成洋药税厘并征协议。否则的话，中国也许按照左宗棠提出的建议，将洋药税厘提高到150两，也许采取其他措施。② 这种语气比较强硬。

1月28日，威妥玛针对1月25日恭亲王奕䜣的来信，复信道，关于鸦片问题的协商并不像您所说的那样发生在1879年对于其他问题协商之前，事实上，这件事情发生在1879年之后，并一直持续到现在。他说，他必须承认，中国政府把鸦片厘金的征收权操在自己手中，并且现在仍然握在手中。但是，上海港作为唯一的厘金免税区，其边界问题仍没有确定。更何况其他口岸仍然像以前那样征收厘金，大量的鸦片偷漏过关，导致厘金征收损失很大。统一征收洋药厘金，离不开英国政府的合作。英国政府是乐意合作的，但是，必须提醒中国官员，英国在洋药税厘并征问题上，或者其他方案上，仍然保留着自己的选择权利。③ 此话显然有不合作的意味。

---

① 《威妥玛爵士致格兰维尔勋爵》1882年6月3日，原文见英国蓝皮书 Correspondence Respecting the Agreement Between the Ministers Plenipotentiary of the Governments of Great Britain and China signed at Chefoo on September 13, 1876 (1880), 第90页。(《英国议会文书·中国》第31卷，第548页)

② 《恭亲王奕䜣致威妥玛爵士》1882年1月25日，原文见英国蓝皮书 Correspondence Respecting the Agreement Between the Ministers Plenipotentiary of the Governments of Great Britain and China signed at Chefoo on September 13, 1876 (1880), 第91—92页。(《英国议会文书·中国》第31卷，第549—550页)

③ 《威妥玛爵士致格兰维尔勋爵》1882年1月28日，原文见英国蓝皮书 Correspondence Respecting the Agreement Between the Ministers Plenipotentiary of the Governments of Great Britain and China signed at Chefoo on September 13, 1876 (1880), 第92页。(《英国议会文书·中国》第31卷，第550页)

总理衙门接到威妥玛1月28日来信，于2月2日复信威妥玛。首先解释说，前一封信（即1月25日复信）所称单方面采取措施征收洋药厘金，或诉诸其他措施，以防止厘金大量流失，乃是中国政府的权利，并非威胁。然后敦促道："我现在回复英国公使，如果洋药厘金和关税征收的措施得不到落实，中国将自行提高厘金，抑或采取其他措施。这清楚地表明，中国政府想尽快达成协议，如果谈判达不到应有的效果，中国将搁置久谈不决的谈判。"最后，恭亲王奕䜣强调指出，既然公使乐意合作，希望将洋药并征的方案报告英国政府，在得到答复后，应尽快通知亲王殿下，以便这一问题得到尽快解决。① 总理衙门的这一封复信语气稍有缓和，显然对洋药税厘并征的协议早日达成有所期待。

但是，笔者在英国外交部提交给议会的文件中没有看到威妥玛在1882年1月至5月提交给英国外交部的任何关于鸦片贸易的报告，所看到的1882年他写给英国外交大臣格兰维尔的涉及鸦片问题的信件的最早时间是6月3日，格兰维尔收到这一份信件的时间是1882年7月22日。

1882年6月3日，威妥玛给英国外交大臣格兰维尔写了一封长信，并附录了他和总理衙门大臣1882年1月至2月往来照会情况。

他承认鸦片与其他洋货不同，《天津条约》不仅规定外国人不许携带鸦片前往内地销售，而且明确规定鸦片在通商口岸每箱交纳30两关税之后销售给中国商人，中国政府有权对其自由征收厘金。而问题是，保留在租界征收厘金的权利，势必影响其他洋货贸易的正常进行；而取消租界的厘金局卡，必然导致厘金的损失。

在信中威妥玛介绍了他与李鸿章等中国官员会谈的情况。他说，大多数中国官员都赞成对于洋药采取关税和厘金并征的方案。李中堂的丰富经验使其比起同事更容易接受比较灵活的财政制度。他倾向于关税与厘金一起征收，但不排斥鸦片专卖制度。只是他要求的厘金数额比较高，并且多次表示要与我进一步商谈。总理衙门倾向于统一征收关税和厘金，但是要求的厘金比较高。"我推荐的最高数额为60两，可以考虑的最大数额是70

---

① 《恭亲王奕䜣致威妥玛爵士》1882年1月25日，原文见英国蓝皮书 Correspondence Respecting the Agreement Between the Ministers Plenipotentiary of the Governments of Great Britain and China signed at Chefoo on September 13, 1876 (1880)，第91—92页。(《英国议会文书·中国》第31卷，第549—550页)

两。总理衙门要求的厘金是 80 两，但是，我得到的口头承诺是 70 两可以被接受。"①

我们不知道威妥玛延迟向英国外交部报告的具体原因。但可以推知，正是由于威妥玛的报告延迟，英国外交部未能及时作出决定。威妥玛在洋药税厘并征问题上，由最初的积极推动已经转变为消极延宕，违反承诺，乃是不争的事实。总理衙门大臣为此多次向英国公使威妥玛发出咨询照会，而威妥玛总以咨报本国为词，不予明确答复。洋药税厘并征问题久拖不决。总理衙门大臣因此怀疑威妥玛对于达成洋药税厘并征协议缺乏诚意，是一种"借作推宕"的欺诈行为。为此于 1883 年 2 月 18 日奏请皇帝谕令曾纪泽在伦敦展开交涉。"威妥玛在华，臣等屡商此，总以咨报本国为词，藉作推宕地步。刻下该使臣业已回国……拟请饬下出使英国大臣曾纪泽将洋药厘税并征一事，查照臣衙门节次电函与英外部妥为商办，使彼无可狡展，期在必成。"②

七 英印政府鸦片贸易政策之维持与调整（1881—1882 年）

与威妥玛在中国就洋药税厘问题展开持续谈判的同时，英国政府与印度政府之间就鸦片贸易政策调整问题也进行了讨论。

1881 年 6 月 16 日，英国印度事务部大臣哈汀顿向印度政府发出第 59 号电文。文中明确指出，英印两国政府由于长期以来维持鸦片贸易而备受指责。一个备受指责的原因是印度政府同这个贸易有直接关系。"我们是不能主张完全禁止当地民众，其实就是我们自己的民众种植罂粟、生产鸦片以供出口，不能把鸦片出口定为非法。但是，很明显如果政府就是这种药物的生产者和交易商（例如在孟加拉），而这种药物可能引起滥用，并

---

① 《威妥玛爵士致格兰维尔勋爵》1882 年 6 月 3 日，原文见英国蓝皮书 *Correspondence Respecting the Agreement Between the Ministers Plenipotentiary of the Governments of Great Britain and China signed at Chefoo on September* 13，1876（1880），第 81 页。（《英国议会文书·中国》第 31 卷，第 539 页）

② 奕䜣：《奏为洋药税厘并征载在会议条款清旨饬下出使大臣与英外部商办以专责成而免延宕事》，《晚清四部丛刊》第九编，第 53 册，台北：文听阁图书有限公司 2013 年版，第 5189—5190 页。

在许多人的眼里是导致罪恶和痛苦的根源,那情况就不同了。"① 他敦促印度政府积极采取措施消除这个被指责的原因。

哈汀顿在电文中首先承认,印度政府对于鸦片贸易带来的巨大财政收入有很大依赖性,难于立即变革。"从1868—1869财政年度开始到1879—1880财政年度为止,每年印度鸦片税收自675万英镑增加到825万英镑。但同时一些新的不可预算的支出也增加了。首先是白银贬值以及接连不断的外汇汇率下跌,接着是1879—1880年度大饥荒造成的大量开支。因此,印度想要进行财政变革,以减少对于鸦片贸易税收的依赖,现在是不可能的。"②

印度鸦片贸易不仅备受国际国内舆论谴责,而且在中国市场上面临各种挑战。第一个挑战就是印度鸦片生产成本的提高,一部分种植者已经不像以前那样愿意接受政府的影响;第二个挑战就是波斯鸦片的竞争;第三个挑战来自中国土产鸦片的增加。因此,哈汀顿提醒说:"这样一来,印度鸦片生产成本将会提高,净收益就会减少,除非售价提高。但面临中国市场上日益激烈竞争,这个做法也靠不住。面临着这种激烈竞争,现在的售价能否维持下去也是不一定的。"③

在当时的国际背景下,英国政府如果再公开反对中国提高鸦片进口税厘,反对中国的禁烟措施,将是十分愚蠢的。哈汀顿为此劝告说:"我不赞成招惹这种麻烦。相反,我认为应积极准备,利用一切合法手段进行对抗,防止中国政府恢复将会引起非法贸易的政策。"④ 无论哈汀顿的电文多么耐人寻味,但有一点是明确的,即英国政府不希望把中国重新逼回到直

---

① 《英国印度事务部大臣哈汀顿致电英属印度政府》1881年6月16日,原文见英国蓝皮书 *Correspondence with the Government of India Respecting the NegOtiations with China on the Subject of opium* 1982,第2页。(《英国议会文书·中国》第31卷,第412页)

② 《英国印度事务部大臣哈汀顿致电英属印度政府》1881年6月16日,原文见英国蓝皮书 *Correspondence with the Government of India Respecting the NegOtiations with China on the Subject of opium* 1982,第1页。(《英国议会文书·中国》第31卷,第411页)

③ 《英国印度事务部大臣哈汀顿致电英属印度政府》1881年6月16日,原文见英国蓝皮书 *Correspondence with the Government of India Respecting the NegOtiations with China on the Subject of opium* 1982,第1页。(《英国议会文书·中国》第31卷,第411页)

④ 《英国印度事务部大臣哈汀顿致电英属印度政府》1881年6月16日,原文见英国蓝皮书 *Correspondence with the Government of India Respecting the NegOtiations with China on the Subject of opium* 1982,第2页。(《英国议会文书·中国》第31卷,第412页)

接采取禁烟的政策上。

19世纪，鸦片贸易使一批英印毒品贩子发了横财，他们聚集在孟买、加尔各答、香港、广州和上海，并在伦敦为其政治集团提供经济支持和舆论发声。印度总督接到哈汀顿的电文后，将其消息立即传递给英印鸦片商。对于鸦片商来说，触动其根本利益比触动其灵魂还要难以接受。英印鸦片商立即被动员起来，他们纷纷陈述其坚持鸦片贸易的荒谬主张，试图影响英国和印度政府的决策。

1881年7月31日，赫顿公司（Messrs. Herton and Co. to the Chairman of the Chamber Commerce, Calcutta）致函加尔各答商会主席说，清政府正在广东省北海和海口成立厘金局所，这些新的办事处不仅影响了他们的鸦片贸易利益，也影响了孟加拉的鸦片销售。[1]

9月7日，新沙逊洋行（Messrs. David Sassoon and Co.）代表孟买鸦片商向印度总督递交了陈情书。他们声称，如果中国对于洋药加征税厘，不仅使印度政府的鸦片收益很不稳定，而且会导致商人的重大损失。他们要求印度政府进一步保护鸦片贸易，不是提高厘金的征收标准，而是增加中国通商口岸，进一步扩大洋药的市场。[2]

9月16日，靠贩运鸦片起家的怡和洋行（Jardine Messrs. & Co.）和史金纳公司（Skinner Co.）也致信印度总督说：他们得知中国派遣使臣（马建忠）前往印度谈判洋药税厘并征事宜，建议印度政府仅就每箱鸦片只征一次30两的进口税进行谈判，以确保鸦片贸易的正常进行，而不是实行很重的关税。他们表示最担心的是左宗棠的每担洋药统一加征150两厘金的建议得到实施，认为这将引起中国鸦片市场的一片恐慌。[3]

印度总督接到各地鸦片商的陈情书之后，经过精心准备，于1881年

---

[1] 《赫顿公司致函加尔各答商会主席》1881年7月31日，原文见英国蓝皮书 Correspondence Respecting the Agreement Between the ministers the ministers plenipotentiary of the governments of Great Britain and China 1982，第23—24页。（《英国议会文书·中国》第31卷，第481—482页）

[2] 《新沙逊洋行致印度政府》1881年9月7日，原文见英国蓝皮书 Correspondence Respecting the Agreement Between the ministers the ministers plenipotentiary of the governments of Great Britain and China 1982，第19—20页。（《英国议会文书·中国》第31卷，第477—478页）

[3] 《怡和洋行和史金纳公司致印度政府》1881年9月16日，原文见英国蓝皮书 Correspondence Respecting the Agreement Between the ministers the ministers plenipotentiary of the governments of Great Britain and China 1982，第18页。（《英国议会文书·中国》第31卷，第476页）

12月19日致信英国印度事务部大臣哈汀顿，系统表达了印度政府的基本观点。这一封信写得很长，分为78个自然段，共有21页，并且有5个附件。此处为了避免冗长的引述，只能简单归纳其要点。

第一，关于孟加拉其他作物对于鸦片的竞争。印度政府承认生产成本的提高，对于种植罂粟构成了挑战。他们列举的数据是，比哈尔（Behar）代理处1881—1882财政年度种植罂粟的田地有476600比卡（印度土地面积单位，1比卡约等于2.5英亩，或等于1760平方米），与1880—1881财政年度的465000比卡相比，大约增加了12000比卡。但是，这比1879—1880财政年度少了7000比卡，比1878—1879财政年度少了28000比卡。贝拿勒斯（Benares）种植罂粟的面积1880—1881财政年度为432113比卡，而1879—1880财政年度是451641比卡，相比之下，减少了19528比卡。种植罂粟面积的减少，意味着种植其他农作物比种植罂粟更有吸引力。在印度政府看来，只能通过提高比哈尔和贝拿勒斯收购鸦片价格来稳定罂粟种植面积①。

第二，关于波斯鸦片的竞争。据印度政府估计，1859年进口中国的波斯鸦片为300箱。这种情况一直持续到1877年，波斯鸦片才开始快速增长。1877—1878财政年度约为3500箱，1878—1879财政年度为6700箱，1879—1880财政年度为7100箱，1880—1881财政年度估计为10000箱。因此，印度鸦片必须依靠其上乘的品质才能赢得市场。②

第三，关于中国土产鸦片的竞争。据英国使领馆报告，近些年来，中国的土产鸦片一直在持续增加，而且其产量还没有达到其自然的限度。中国土产鸦片增加，而且价格低廉，势必在中国的贫困阶层中取代印度鸦片。不过到目前为止，印度鸦片仍然以其品质上乘在中国的富裕阶层中拥有市场。③

---

① 《英属印度政府来函》1881年12月19日，原文见英国蓝皮书 Correspondence with the Government of India Respecting the Negotiations with China on the Subject of opium 1982，第5—6页。（《英国议会文书·中国》第31卷，第413—414页）

② 《英属印度政府来函》1881年12月19日，原文见英国蓝皮书 Correspondence with the Government of India Respecting the Negotiations with China on the Subject of opium 1982，第6页。（《英国议会文书·中国》第31卷，第414页）

③ 《英属印度政府来函》1881年12月19日，原文见英国蓝皮书 Correspondence with the Government of India Respecting the Negotiations with China on the Subject of opium 1982，第7页。（《英国议会文书·中国》第31卷，第415页）

基于以上三个方面的竞争和挑战，印度政府声称，他们的财政势必受到影响。尽管鸦片税收不会立即失掉，但肯定会有大幅度减少。"尽管近两三年来鸦片收益巨大，继续指望将来保持这么大的数额却是不明智的。"①

第四，关于印度政府与鸦片贸易之间的直接联系。印度政府诡辩说："假若不对鸦片贸易实行专卖制度和管理，不对罂粟种植设置障碍，同时取消出口税，肯定会给鸦片生产一针强心剂。印度鸦片将会像洪水一样涌入中国市场。这样一来，消除经济上的异议之后，道德上的异议就凸显了。"②

第五，关于清政府被迫承认鸦片贸易合法化问题。印度政府为了证实清政府承认鸦片贸易合法化不是被迫的，围绕着以下四个论点展开了混淆是非的论述。

其一，清政府承认鸦片贸易合法化是志愿的。印度政府引证英国远征军秘书劳伦斯·奥利佛（Laurence Oliphant）的话，证明中国政府承认鸦片贸易合法化完全是自愿的，而不是对方强加的。③ 这是强盗玩弄自证清白的拙劣手法。

其二，洋药贸易不是英国政府强加给中国政府的。如果终止这一贸易，中国政府会反感。证据是，1881年2月7日，英国公使威妥玛发给外交大臣格兰维尔的电报中说："我并不否认中国政府有选择的自由，但想知道到底赞同哪个方案。他们说，这个提问令人费解。中国政府很高兴全面禁止鸦片贸易，但是，现在吸食鸦片的习惯已经根深蒂固，官方干预已经无法完全奏效。目前中国政府还没有考虑彻底废止鸦片贸易。"④ 以总理衙门大臣在谈判中强调全面禁烟存在一定困难，用断章取义的方法证明中

---

① 《英属印度政府来函》1881年12月19日，原文见英国蓝皮书 Correspondence with the Government of India Respecting the Negotiations with China on the Subject of opium 1982，第7页。（《英国议会文书·中国》第31卷，第415页）

② 《英属印度政府来函》1881年12月19日，原文见英国蓝皮书 Correspondence with the Government of India Respecting the Negotiations with China on the Subject of opium 1982，第9—10页。（《英国议会文书·中国》第31卷，第417—418页）

③ 《英属印度政府来函》1881年12月19日，原文见英国蓝皮书 Correspondence with the Government of India Respecting the Negotiations with China on the Subject of opium 1982，第11页。（《英国议会文书·中国》第31卷，第419页）

④ 《英属印度政府来函》1881年12月19日，原文见英国蓝皮书 Correspondence with the Government of India Respecting the Negotiations with China on the Subject of opium 1982，第11页。（《英国议会文书·中国》第31卷，第419页）

国政府想维持洋药贸易，只不过是逻辑学上一种诡辩，通过指向对方错误，借以达到其混淆视听的目的而已。

其三，清廷禁止鸦片种植是有条件的。印度政府引证英国公使馆1878年6月7日的信函说："中国政府禁种罂粟主要原因是由于土药产量过高，影响了洋药市场。"① 这是说清廷下令查禁土药，只是为了增加洋药税厘；而对于地方官府来说，土药利益比洋药利益更重要。这话虽然符合清朝部分官员的想法，以此作为印度政府维持洋药贸易的理由则是强词夺理。

其四，清政府没有能力停止鸦片使用。印度政府引证各种说法，强调对付鸦片这种社会顽疾，清政府既无能力，又无成功的经验。②

第六，禁止孟加拉鸦片将导致印度政府财政破产。印度政府表示，印度对中国出口贸易的减少会加重英印两国外贸的困难。中国每年对印度贸易逆差很大，这主要是因为鸦片。这个逆差主要由英国对华贸易逆差来平衡。因此，就外贸而言，如果印度对华贸易一年减少400万卢比的话，英国对华贸易将会出现严重问题。忽略不计那些不确定的因素，印度政府每年对华贸易损失加上必须支付的养老金、抚恤金和工资，合计总量达到500万卢比。"不论采取什么措施扩展国家的税源，在实际允许的范围提高税率，降低开支等，印度政府都无法挽回停止孟加拉鸦片贸易造成的损失。"③

印度政府坦率承认，印度的财政建立在与中国鸦片贸易的基础之上，一旦失去鸦片贸易，印度政府的财政体系就会崩盘。"孟加拉鸦片收入损失会使每年政府的正常开支远远大于收入，也就是说印度政府会破产。"④

---

① 《英属印度政府来函》1881年12月19日，原文见英国蓝皮书 Correspondence with the Government of India Respecting the Negotiations with China on the Subject of opium 1982，第11—12页。(《英国议会文书·中国》第31卷，第419—420页)

② 《英属印度政府来函》1881年12月19日，原文见英国蓝皮书 Correspondence with the Government of India Respecting the Negotiations with China on the Subject of opium 1982，第13页。(《英国议会文书·中国》第31卷，第421页)

③ 《英属印度政府来函》1881年12月19日，原文见英国蓝皮书 Correspondence with the Government of India Respecting the Negotiations with China on the Subject of opium 1982，第18页。(《英国议会文书·中国》第31卷，第426页)

④ 《英属印度政府来函》1881年12月19日，原文见英国蓝皮书 Correspondence with the Government of India Respecting the Negotiations with China on the Subject of opium 1982，第2页。(《英国议会文书·中国》第31卷，第426页)

第七章　四国六方大博弈：洋药税厘十年外交谈判

第七，放弃孟加拉鸦片专卖制度将造成财政巨大损失。印度政府说，1871—1880年平均每年卖出的孟加拉鸦片有49337箱。鸦片生产成为印度事务支柱产业。如果放弃鸦片专卖制度，由私商经营，且不说鸦片质量下降，销售价格下跌，每箱抽取的鸦片出口税维持在600卢比，一年税收270万卢比。而在鸦片专卖情况下，每年的收益是500万卢比，这里面包括对阿布卡利鸦片抽取的货物税，平均每年为172000卢比。"这样算来，在加尔各答市场上销售的鸦片获益为5000000－172000＝4828000卢比。这个数字与270万卢比之间的差额2128000卢比，就是印度政府放弃鸦片专卖的损失数额。"① 在印度政府看来，上面的计算并没有反映出事情的全貌。因为，放弃鸦片专卖制度，为了防止鸦片走私，必须建立起一套预防走私的机构。即使建立起这样一套预防走私的机构，也难以完全阻止鸦片走私。因此，印度政府的鸦片财政损失可能远远超过2128000卢比。

他们不仅坚持维护孟加拉的鸦片专卖制度，而且反对清政府对于洋药加征重税，还希望进一步开放通商口岸，为鸦片行销内地扩大市场。这就是印度政府给予英国印度事务部大臣哈汀顿的答复。

不过，在长信的末尾印度政府还是接受了哈汀顿"利用一切合法手段进行对抗，防止中国政府恢复将会引起非法贸易的政策"的建议，表示愿意通过谈判达成某种协议。② 这为英国外交官继续与中国谈判留下了一定空间。

八　中英外交官关于洋药税厘并征的第四轮谈判（1883年3月—1885年7月）

1882年8月16日，总理衙门致函曾纪泽说："洋药加税一事，屡与威使商酌，迄未就绪。嗣因北洋大臣李鸿章议于正税之外，加征八十两。统

---

① 《英属印度政府来函》1881年12月19日，原文见英国蓝皮书 Correspondence with the Government of India Respecting the Negotiations with China on the Subject of opium 1982，第20页。（《英国议会文书·中国》第31卷，第428页）

② 《英属印度政府来函》1881年12月19日，原文见英国蓝皮书 Correspondence with the Government of India Respecting the Negotiations with China on the Subject of opium 1982，第24页。（《英国议会文书·中国》第31卷，第432页）

计厘税一百一十两一层办理。如能就范，自属最妙。倘彼坚执不稍转移，或我示以大方，即照威使百两之议办理，此事即可定局。"①

曾纪泽在接到总理衙门训令之后，总理衙门大臣开始与英国外交部商请在伦敦重启谈判。因此，于1883年1月31日，英国外交大臣致函曾纪泽表示，"《烟台条约》第三款第三条关于向中国出口鸦片的关税问题已经进入英国政府和印度政府的议事日程。我现在准备和你讨论此事，希望达成一个使各国政府都满意的协议。我很想知道几周内是否方便协商此事"②。

2月6日，曾纪泽致函英国外交大臣格兰维尔说："非常高兴接到1月31日来函。阁下通知我《烟台条约》第三款第三条向中国出口鸦片的条款已经提上议事日程，并期望达成一个令人满意的协议。鉴于中英两国政府对于此事已经有了充分的考虑。我将在伦敦停留两周，中国政府也希望尽快达成一个令人满意的协议。"③

3月1日，格兰维尔致函曾纪泽，通知于3月5日下午3点钟在英国外交部举行预备会议，以确定协商的范围。英国方面参加的人员有：退休公使威妥玛（Sir T. Wade）、外交大臣助理柯里（Mr. Currie）和印度事务部大臣秘书佩迪（Mr. Pedder）。并希望曾纪泽派遣中国驻伦敦使馆参赞马格里（Dr. Macartney）参加会议。3月3日，曾纪泽复信表示同意。

3月5日的会议如期召开，会议上两国代表各抒己见。柯里在给马格里的备忘录中说，以1880年1月14日恭亲王奕䜣的通知为基础进行谈判。即运输到中国通商口岸的鸦片应当向中国新海关交税，然后由中国第一道局所按照1876年标准征收厘金。中国政府在备忘录中提交的厘金征收比率将提交英国政府加以考虑。④ 这显然是英国外交官的低价试探。

曾纪泽看了柯里给马格里的备忘录，于3月12日也写了一份备忘录，交给英国外交大臣。在曾纪泽看来，时间已经过去了3年，没有必要回到

---

① 朱寿朋编：《光绪朝东华录》第二册，光绪十一年六月，中华书局1958年版，总第1966页。
② 《格兰维尔伯爵致曾纪泽》1883年1月31日，原文见英国蓝皮书 Correspondence Respecting the duties on opium in China 1982，第2页。(《英国议会文书·中国》第31卷，第573页)
③ 《曾纪泽致格兰维尔伯爵》1883年2月5日，原文见英国蓝皮书 Correspondence Respecting the duties on opium in China 1982，第2页。(《英国议会文书·中国》第31卷，第573页)
④ 《给马格里的备忘录》1883年3月5日，原文见英国蓝皮书 Correspondence Respecting the duties on opium in China 1982，第2—3页。(《英国议会文书·中国》第31卷，第574—575页)

第七章 四国六方大博弈：洋药税厘十年外交谈判

恭亲王奕䜣1880年1月14日写给英国政府的信函基础上来讨论洋药税厘征收的范围。而后，曾纪泽直奔主题，提出统一征收洋药厘金问题。曾纪泽解释说，清廷之所以主张洋药厘金和关税一并征收，是因为以前的厘金制度在实践中流弊较大。因为厘金作为一种战时征收的费用不仅在不同省份征收的数额不一样，就是在同一省区的不同地方也不一样。曾纪泽指出，他受大清皇帝委派，专门就统一征收洋药厘金问题进行谈判。英国政府应当使英国商人同意，鸦片运到中国通商口岸后，由中国海关验明，存入栈房、仓库或趸船，只有在每箱交付了30两关税后，才能卖给中国商人。中国商人在每箱交纳80两厘金后，才能运销各地。① 为了确保洋药的运输安全，中国政府将发给与货单一致的通行证，以保证洋药在内地运销过程中不再被抽收任何费用。②

接到曾纪泽的备忘录之后，格兰维尔于4月27日答复说，大英政府研究了清朝大臣3月12日的备忘录，为了尊重中国政府的强烈愿望，准备举行一次正式协商，专门商讨中国大臣提出的统一征收洋药厘金以及鸦片运销内地问题，但不能接受清政府提出的每担征收80两厘金的标准。英国政府主张，中英双方应当在交纳30两关税之外，每箱鸦片再交纳70两厘金的基础上进行谈判。因为，威妥玛从总理衙门那里得知，清廷方面乐意接受这样的征收比率。并且强调说："清政府颁发的通行证能确保洋药无论运到何地，都免于再征收任何费用。"③

由于谈判没有取得迅速进展。1883年5月11日，总理衙门再次致函曾纪泽称，可以尽快签订协议。"威使原允百金，如不能酌加，中国亦只可俯从。"④

我们不知道是什么原因导致此次谈判中断了一年多。1884年9月27日，曾纪泽再次向英国外交大臣格兰维尔递交备忘录，详细阐述清政府立场。

---

① 此处的一箱，装载鸦片100斤，即1担。
② 《曾纪泽的备忘录》1883年3月12日，原文见英国蓝皮书 Correspondence Respecting the duties on opium in China 1982，第3页。(《英国议会文书·中国》第31卷，第575页)
③ 《备忘录草稿》1883年4月27日，原文见英国蓝皮书 Correspondence Respecting the duties on opium in China 1982，第4页。(《英国议会文书·中国》第31卷，第576页)
④ 朱寿朋编：《光绪朝东华录》第二册，光绪十一年六月，中华书局1958年版，总第1966页。

第一，清政府对于英国政府尊重清政府意愿，将统一征收洋药厘金作为谈判的基础，表示感谢。鉴于英国政府1883年4月27日的备忘录的提案与清政府的利益没有矛盾之处，中国公使决定满足英国政府的合理要求。

第二，曾纪泽针对英国政府的担心回答说，清政府准备在统一征收洋药厘金后，给予洋药运入内地的合理保证，使其无论运入何地，都免收规定的厘金以外的费用；清政府对于协议实施过程中发生的任何摩擦有责任加以消除，只要是非故意违法，均可以免除处罚。

第三，如果洋药税厘并征的计划得以实施，清政府将向全国发出通谕，确保英国政府的合理要求得到保证。（1）通令帝国所有海关征收洋药关税30两，厘金80两。（2）在交纳关税和厘金之后，可以将鸦片在货栈重新加以包装。经税务司同意后，按照包装情况，发给通行证。（3）清政府同意，这些分包装的洋药无论运到何地，只要包装不破损，完税印章清晰，通行证附随，可以免交任何费用。（4）清政府同意，洋药无论存放在何处，均与土药一样，不得有任何歧视性限制。

第四，清政府对于英国将洋药统一厘金确定为每箱70两，而不是80两，深表失望。为了每箱洋药厘金不超过80两，清政府已经在内部做了很大努力。因为一部分总督和巡抚要求对于鸦片征收远远高于80两的厘金。因此，清政府无法将每箱洋药厘金统一削减到70两。考虑到鸦片的毒害性，清政府有责任去控制它的蔓延，因此，清政府提出的每箱80两厘金是比较适宜的。

第五，英国政府应当明白：（1）根据《天津条约》的附件《关税协定》第五部分第一款规定，清政府有权把鸦片关税提高到自己认为合理的数目。一旦鸦片进入中国人手中，清政府绝对有权把厘金定为每箱80两，而不需要和贸易对方商议。清政府把厘金统一确定为每箱80两，实际上限制了自己的税收权限。在这个问题上，清政府应该是决策者，而不是接受者。（2）清政府已经压低了厘金的征收标准，一些港口征收的厘金远远高于80两。例如，福州征收的厘金是96两，温州征收的厘金在80两到90两之间。

鉴于上述事实，清政府期望与英国政府达成令人满意的协议。敦促英国政府接受在通商口岸统一征收洋药关税（30 两）和厘金（80 两）的方案。①

此后，曾纪泽遵守总理衙门训令，与英国外交大臣格兰维尔等人展开多次谈判，并利用伦敦反对鸦片贸易协会抗议施压。"或具分条节略，或于逐条面谈。该外部援引前说力争，数目久而未定。禁烟会绅屡发端论，责以大义。外部始允加至一百五两。臣恪遵谕旨，仍未敢遽行松口，最后乃争得一百一十两之数。"②

1885 年 2 月 8 日，格兰维尔致函曾纪泽说："英国政府仔细考虑了曾使于去年 9 月 27 日鸦片贸易的备忘录。为了尊重清政府的意见，决定接受每箱鸦片统一厘金为 80 两的请求，这将使印度政府的鸦片贸易税收有所减少。曾对这一提案感到欣慰，因为这一措施是他提出的。"英国政府对于清政府 1884 年 9 月 27 日作出的承诺，表示满意。英国政府提出两个问题希望中国公使加以考虑。第一个问题就是鸦片贸易通行证问题。清政府应当按照协定发放通行证。通行证只能由中国政府发放，任何外国不能随便使用这一权力。通行证应遵照《烟台条约》的明确规定，不同意添加任何词语。因为那样可能提供违反条约的空间。第二个问题是洋药重新包装后运往内地的税收问题。"如果洋药在内地厘金没有被有效废除，那么，英国政府有权在任何时间终止这一条约。"③

曾纪泽对于英国政府 2 月 8 日的备忘录同意每箱洋药统一征收 80 两厘金表示感谢。同时，对于英国政府提出的两点要求表示接受。④

4 月 24 日，格兰维尔对于曾纪泽的备忘录做出回应，将英国方面起草的《烟台条约》附件草案转交曾纪泽审阅。6 月 15 日，曾纪泽复信认为，草案很好地表达了中英双方谈判的成果。并告诉英国方面，已经接到总理衙门电令，通知曾纪泽代表清政府签字。就在这时英国政府内阁改组，索尔兹伯里（Salisbury）担任首相，兼任外交大臣。

---

① 《曾纪泽的备忘录》1884 年 9 月 27 日，原文见英国蓝皮书 Correspondence Respecting the duties on opium in China 1982，第 7—9 页。（《英国议会文书·中国》第 31 卷，第 579—581 页）
② 朱寿朋编：《光绪朝东华录》第二册，光绪十一年六月，中华书局 1958 年版，总第 1967 页。
③ 《格兰维尔伯爵致曾纪泽》1885 年 2 月 9 日，原文见英国蓝皮书 Correspondence Respecting the duties on opium in China 1982，第 9—10 页。（《英国议会文书·中国》第 31 卷，第 581—582 页）
④ 《曾纪泽的备忘录》1885 年 3 月 18 日，原文见英国蓝皮书 Correspondence Respecting the duties on opium in China 1982，第 10 页。（《英国议会文书·中国》第 31 卷，第 582 页）

曾纪泽担心夜长梦多，希望尽快签字。就在这时，又发生了一件事。1885年4月28日，英国驻华公使欧格讷（N. R. O'Conor）将4月24日《京报》刊登的一篇文章摘要呈送给英国外交部，认为这篇文章是清廷不能有效控制地方政府的一个证明。文章是内阁学士周德润谴责凤阳关的奏折摘要。周德润认为，凤阳关所辖5个厘金所和10个稽查站，任用亲信，中饱私囊，导致国家每年损失100万两白银。这种指责，如同其他文人学士的奏折一样难免有所夸张。正好成为英国政府指责中国厘金当局无法无天的证据。① 曾纪泽担心英国人节外生枝。

　　索尔兹伯里没有借周德润的奏折大做文章，只是转呈曾纪泽，要求清政府防止此类事件发生。中英双方关于洋药税厘并征的条约于1885年7月18日（六月初七日）在英国外交部完成签字仪式。② 曾纪泽终于松了一口气。

　　条约共有10款，名为《续增专条》。第二款明确规定："《烟台条约》第三端第三节所拟洋药办法，今议定改为洋药运入中国者，应由海关验明，封存海关准设具有保结之栈房，或封存具有保结之趸船内，必俟按照每百斤箱向海关完纳正税三十两，并纳厘金不过八十两之后，方许搬出。"③

　　中英关于洋药税厘并征的谈判，首先在天津开场，接着在北京举行，并在印度西姆拉非正式接触，而后又回到天津和北京交涉，最后阶段又不得不改在伦敦举行，一波三折，经历十年之久，才降下帷幕。

九　香港总督设难与中葡洋药贸易谈判
（1885年8月—1886年）

　　由于香港是个自由港，所有进口中国的鸦片，土耳其、印度和波斯的鸦片大都集中运输到香港，然后再运销中国通商口岸。从海关统计可以看

---

①《备忘录》1885年4月24日，原文见英国蓝皮书 Correspondence Respecting the duties on opium in China 1982，第7—9页。（《英国议会文书·中国》第31卷，第579—581页）

②《曾纪泽致索尔兹伯里》1885年7月18日，原文见英国蓝皮书 Correspondence Respecting the duties on opium in China 1982，第17页。（《英国议会文书·中国》第31卷，第589页）

③ 朱寿朋编：《光绪朝东华录》第二册，光绪十一年六月，中华书局1958年版，总第1965—1966页。

第七章 四国六方大博弈：洋药税厘十年外交谈判

出，19世纪70年代、80年代，香港成为洋药走私的重点区域。走私鸦片大多是从长洲、汲水门（又称急水门）和佛头洲运走的。例如，1875年有21670箱鸦片运到香港，是年在中国各个口岸正常报关的鸦片为10813箱，除了香港本身消费的数百箱鸦片之外，大部分被走私运输到邻近香港的广东省。据威妥玛估计，这一年至少有7500箱被走私出境[1]。为了制止鸦片走私，李鸿章代表中国政府要求英国公使威妥玛协助防止走私。威妥玛当时答应予以协助，因此，在《烟台条约》第三端中明确规定，由英国选派领事官一员，由中国选派平等官一员，由香港选派英官一员，会同查明核议定章，总期于中国税饷有益。[2] 然而，由于英国政府对于《烟台条约》关于鸦片贸易的条款争议较大，不予批准，中英派员会同查禁香港鸦片走私问题随同搁置。1885年，在伦敦讨论洋药并征问题时，曾纪泽再次提出这项要求，英方不便反对。于是，写入《续增专条》第九款。根据这一条款规定，总理衙门于1886年4月29日授权总税务司赫德与江海关道邵友濂前往香港，具体落实防止鸦片走私事宜。

5月19日，赫德自北京出发，一路视察了天津、烟台、上海、宁波、温州、福州、厦门、汕头等海关，心中盘算着他的趸船计划，于6月19日抵达香港。数日之后，他的谈判伙伴邵友濂与英国驻华使馆所派领事璧利南（Brenan Byron）相继到达香港。6月20日开始与香港代表劳士（James Russell）开始会谈。赫德本来认为，自1875年，香港当局一再抱怨清政府在香港周围设置税卡不利于香港大贸易和繁荣，一再要求清政府撤销这些关卡。认为清廷撤销这些关卡以换取香港对趸船计划的让步，是可行的。赫德的趸船计划是，在香港口岸设立鸦片趸船，不让洋药上岸，以便掌握洋药进出的数额和动向，防止走私，便利征收关税和厘金。

不料，刚开始谈判，港方代表劳士说："从前关卡所为俱系香港不以为然之事，而近年来该卡并无扰害，所行所为与香港情事亦无掣肘。因此，《烟台条约》所提之扰累情事一节可作罢说，毋庸会议。"对于赫德的

---

[1] 《香港政府对于从香港走私到中国的鸦片以及其他商品的调查情况》1883年9月，《1840—1885年关于鸦片战争与鸦片贸易的英国议会文件》(Sessions Opium War and Opium Trade 1840 - 1885, British Parliamentary Papers) 中国，第31卷，第566页。

[2] 王铁崖编：《中外旧约章汇编》第一册，生活·读书·新知三联书店1957年版，第349页。

鸦片趸船计划明确表示反对。他说："趸船办法有三不可：一则趸船囤货于岸上行栈有碍；一则香港所食之洋药以及他国在香港所购之药，其税何得由中国征取；一则已奉英国部文，饬于会商时不准商及中国在香港收税。"这样一来，赫德顿时感到失去了谈判的有利条件。他说："我的立脚根据一开始就被港方委员劳士枭司所推翻。他表示香港不需要什么洋药委员会，对于洋药征税也没有什么意见。如果我们的需要与他们的利益没有冲突的话，香港愿意考虑怎样能够来迁就我们，以作为一种向中国表示友好的行动。我本来打算以取消香港的'封锁'作为讨价还价的本钱，现在反倒被人看作是来乞求的叫花子了。我的趸船计划据说已被英国来的训令当头驳回。"①

后来港方代表主动提出了一项方案，以表示对清政府的友好和对赫德的支持，这使赫德喜出望外，认为这一方案与他的趸船计划大同小异，当即做主以此为基础进行谈判。三方于1886年9月11日签订了《香港鸦片贸易协定》。这个协定共有12款，前6款着重规定了中国内地与香港之间洋药贸易管理方案，后6款规定了实施前6款的前提条件。前6款的主要内容是：

　　一，凡洋药之数不及一箱者，不准贩运进口、出口；一，除香港特准包揽洋药公司外，他人不得违章私存洋药或管理不及一箱之洋药；一，凡洋药运抵香港口岸，须报明理船厅，如无理船厅所发之准单，不得将洋药由此船拨载彼船，及起岸运栈、互相装载复出口等事，并须通知包揽之公司知悉；一，凡洋药无论进口、出口及储栈房，均须遵照香港督宪所谕，备有册簿登记，以便稽核；一，凡洋药囤存若干，并短少若干，亦须立章，便于包揽之公司稽察究诘，且须订章，俾理船厅得悉存岸之确数；一，拟改订管理华船夜间出口之新章。②

---

① 《帝国主义与中国海关》第六编，《中国海关与中葡里斯本草约》，科学出版社1959年版，第3—8页。

② 《帝国主义与中国海关》第六编，《中国海关与中葡里斯本草约》，科学出版社1959年版，第3—8页。

第七章 四国六方大博弈：洋药税厘十年外交谈判

以上各款以后6款为办理条件，否则，即不照行。后6款规定，港方认为这一条约若对贸易有碍，有权单方面废止；清政府应与澳门当局商定相同之办法，否则，这一条约不能生效。赫德认为，这项协定对清政府有许多好处。诚然，这项协定的签字对于清政府查禁鸦片走私，提高关税收入是有一定积极作用。而这个协定的消极作用在于，规定与澳门相同的办法，清政府因此付出了承认葡萄牙对澳门的实际管理权。

香港之外，澳门也是向中国内地走私鸦片的基地，由于《续增专条》和《香港鸦片贸易协定》的签订，香港方面已经承担了查禁鸦片走私、协助洋药税厘并征的义务。为了防止鸦片改道由澳门向中国内地走私，影响香港的鸦片贸易，1885年7月，英国政府照会中国，声明洋药税厘并征有约各国应一体遵照，否则，英国政府有单方面废除专条的权力。同时，由于当时中国照顾对进出口澳门的中国民船和装载的货物均按国内的标准征税，以表示对澳门主权的拥有。而对往来于香港的同类船只按照较高的洋货征税，这样在贸易条件上使澳门比香港占有优势。因此，香港总督乘赫德在香港与英国代表谈判之机，提出了一个制约条件，即香港不但在征税问题上要与澳门一致，而且要求洋药税厘并征制度也要与澳门采用相同的办法。

为了使香港和澳门在对华贸易上地位相同，为了使葡澳当局在征收洋药税厘问题上与中国合作，在香港谈判期间，赫德曾多次前往澳门，与罗沙总督（Thomaz de Souza Roza）会谈。赫德认为："为了谈判，我们必须答应签订条约，而任何条约如果不用若干字句承认葡萄牙的澳门地位，是绝不会被接受的。"① 因此，他打算采用维持既成事实，照顾中葡双方的面子，借以取得实利的办法，承认葡萄牙永远驻扎和管理澳门的权力，以换取葡方协助中国政府实行洋药税厘并征制度。然而，葡澳当局的胃口很大，准备使劲敲一次竹杠。

即将离任的澳门总督罗沙声称，如果中方要求澳门在洋药税厘并征问题上与其合作，那么，除了承认葡萄牙永远驻扎和管理澳门权之外，还要答应三项要求："一则官栈办法举行照办若干时，则澳门附近新设之关卡

---

① 《帝国主义与中国海关》第六编，《中国海关与中葡里斯本草约》，科学出版社1959年版，第1页。

停办若干时；一则官栈照办若干时，则葡萄牙国驻用管理对面山地方若干时；一则赴澳门之华船在中国完纳厘金，一切即照中国不赴澳门等项之船一律办理，在该口不得因赴澳门致多纳税课，行还时亦不得因赴澳门被巡船扰累。"① 很明显，这三条不仅对中国的对面山地方主权提出了要求，而且要清政府放弃缉私关卡，敞开通商大门。既要中国承认其永久驻扎澳门的权利，又要继续享受内地居民的优惠政策。

赫德向总理衙门报告了葡澳当局的要求，认为若不答应澳门政府的要求，在香港的洋药税厘并征制度难以实施。在他看来，为了洋药税厘并征的巨大利益，即使答应葡萄牙的要求，承认其永久驻扎权，承认最优惠的通商权，甚至承认其对面山的管理权，也是值得的。他建议派遣中国海关驻伦敦办事处主任金登干（James Duncan Campbell）前往里斯本会谈。金登干在总理衙门大臣的默许下，开始在里斯本与葡萄牙外长巴罗果美（Henrique de Garros Comes）等秘密接触。

此次秘密谈判开始前，赫德曾建议清政府把澳门从葡萄牙手中买回来，并要求金登干试探葡萄牙人的出售价格。金登干在伦敦接触罗沙之后，确信葡萄牙人是一个骄傲的民族。"提起购买澳门，就会惹恼他们，只是白费时间。这等于让他们放弃殖民地，是他们永远不会干的。"当金登干提出仅以承认葡萄牙人永驻澳门，要求葡澳当局有效配合中国实施鸦片趸船计划时，罗沙却狡猾地说，洋药税厘并征专条，如没有澳门的合作，就无法实现。香港当局已经明白告诉过他。因此，问题是中国究竟愿意洋药税厘并征专条立即就能实施呢，还是愿意等候多年以后才能实施。他不仅继续坚持在澳门提出的条件，还对拱北提出了新的驻扎要求。真是漫天要价！

赫德得悉金登干的报告，立即致电罗沙说，"中国政府仍在讨论，但反对割让拱北。他们大致将不要别人合作，而独自进行洋药征税，此事必可办成。但他们举动一彻底，可以对澳门造成极大的损害。因此，我极力劝您收回关于拱北的要求"②。罗沙接到赫德的电报不但不作丝毫退让，反

---

① 《帝国主义与中国海关》第六编，《中国海关与中葡里斯本草约》，科学出版社1959年版，第6页。
② 《帝国主义与中国海关》第六编，《中国海关与中葡里斯本草约》，科学出版社1959年版，第19页。

而威胁说:"葡政府宁可设趸船,而不许陆上堆栈。他们认为拱北是必不可少的,不仅因为没有它,问题难解决,而且因为拱北一定成为走私中心。中国既难于维持澳门四周的关卡,唯一的防止走私办法是将拱北置于葡萄牙管理之下。"① 这时,曾纪泽回国担任兵部右侍郎,并在总理衙门行走,他坚决反对割让拱北。

1886年12月4日,赫德致信金登干,强硬地说,"我们本来可以不要香港和澳门的配合。只是为了避免缉私措施所造成的麻烦,才希望取得合作。这当然决定于澳门。我现在要里斯本答复的问题是,如果我替你们班里到澳门地位的条款,这够不够?你们肯不肯以它作为交换条件答应我们设立趸船或堆栈和税务上的必要合作?我们不能给拱北,也不能关闭关卡。我们的缉私措施将非常彻底,一旦实施,肯定严重损害澳门的商业。并且特别强调说,目前的大好机会万一错过,是绝不会再来的。如果错过,就不会有条约,中国将永远不肯承认葡萄牙在澳门的地位。"12月21日,赫德又致电金登干,催促葡萄牙政府立即决断。他几乎用最后通牒的语气说:"我们已决定明年2月份开征洋药税厘,曾侯极力反对澳门地位条款,与总理衙门谈判更形困难。但是,葡萄牙如肯立刻答应征税合作,我自信能办到地位条款。因此,我劝葡萄牙就此答应。两个星期后,就只能取得永久租赁。再迟一个月必致毫无所得。你应催葡方速答复,并做回伦敦的准备。"②

葡萄牙政府得知清廷立场坚定、态度强硬,只好同意撤回关于拱北的要求,但仍坚持要求中国撤销设在澳门周围的关卡。由于香港政府表示,香港四周的关卡如由赫德管理,往来香港和往来澳门的民船待遇一样,就不加以反对。总理衙门因此强调澳门周围的关卡不能撤掉。坚持以下五条作为缔结条约的基础。"1. 签订修好通商条约;2. 条约内承认葡萄牙永久占据和治理澳门及其附属地;3. 葡萄牙承认条约义务,未经中国许可,决不出让澳门;4. 条约内订明澳门当局与香港采取相同办法对于中国征收洋药税厘给予合作;5. 关卡继续保留,但改归总税务司

---

① 《帝国主义与中国海关》第六编,《中国海关与中葡里斯本草约》,科学出版社1959年版,第21页。
② 《帝国主义与中国海关》第六编,《中国海关与中葡里斯本草约》,科学出版社1959年版,第27页。

管辖。"①

赫德将这五条内容电达葡萄牙政府。葡方无可奈何，表示原则上接受，仅仅提出，为了照顾葡方外交部的面子，希望将第五款关于保留关卡问题不在条约中出现。因为，既然澳门当局同意与香港相同办法，而香港保留了关卡，那么，澳门周围的关卡存在是无疑的。葡萄牙代表要求这样办理，既不变更条约义务，而又容易被澳门和里斯本的舆论接受。

总理衙门大臣对此表示同意，并授权金登干在里斯本签订草约。金登干于1887年3月26日下午草签此约。

一，定准在中国北京即议互换修好通商条约，此约内亦有一体均沾之一条。

二，定准由中国坚准，葡国永驻、管理澳门以及属澳之地，与葡国治理他处无异。

三，定准由葡国坚允，若未经中国首肯，则葡国永不得将澳地让与他国。

四，定准由葡国坚允，洋药税征事宜应如何会同各节，凡英国在香港施办之件，则葡国在澳类推办理。②

《里斯本草约》签订后第三天，路透社自伦敦发出电讯，称中国"将澳门割让给葡萄牙"。是时，金登干尚在里斯本，意识到草约内容提前泄露的严重性，立即向赫德解释说，尽管草约是未来订立正式条约的基础，但他特别反对在第二款加进"与葡国治理他处无异"一语。并且抄送了一份由葡萄牙外长巴洛果美口述的电文为证，其中写道："我们从未指明，也不以指明这行动是割让领土。但是我们无法防止恶意的或经人指使的新闻电讯。"③

赫德对于这个草约比较满意。他说："我们现在给澳门的也就是中国

---

① 《帝国主义与中国海关》第六编，《中国海关与中葡里斯本草约》，科学出版社1959年版，第27页。

② 王铁崖编：《中外旧约章汇编》第一册，生活·读书·新知三联书店1957年版，第505—506页。

③ 中国第二档案馆与中国社会科学院近代史研究所合编：《中国海关密档》第四册，第527页。

为取得港澳两处的合作而付出的代价。"我们给澳门的对于中国来说不算什么,只是说一声承认葡萄牙占据澳门的事实,并不去变动它。而对于葡萄牙来说,他们收获很大。因为他们采取各种办法"占领"澳门三百余年,并未得到中国的承认。不过,由于明文规定"未经中国首肯,则葡国永不得将澳地让与他国"。这样,双方政府的体面都得到照顾到了。①

与此不同,两广总督张之洞等人对于这个草约疑虑重重,他在奏折中提出挽回补救办法。张之洞建议:

其一,详细议定条约。张之洞认为,草约虽经金登干在里斯本画押,而正式条约在北京签订,可增可减。其永驻澳门一条,原因协办洋药税厘并征,格外允准,并非割划地给葡萄牙。可以声明,澳门让给葡国永远居住,免其租银,不准视为葡国属地。"其不让与他国一条,应声明澳门仍系中国疆土,葡国不能转让他国。"

其二,划清陆界和水界。陆地以三巴门、水坑尾门、新开门为界,不使尺寸逾限。水面则归中国管辖,因为按照国际公法,澳门本是中国地方,不过允准葡萄牙人永远居住而已,他们只能管辖居住之地,所有水道准其船只往来,但不准兼辖水面。

其三,双方派员勘定陆界。陆地界限的确定应由粤省督抚就近派员,会同葡方代表勘定,避免影射逾越。

其四,仔细核对洋文,以防含混。由于中文与葡文含义不同,双方理解互有歧义。例如,草约内"澳门"字样凡三见,洋文皆作"澳门及澳门附地"。"附地"二字意极含混,按照葡萄牙人的解释,不仅将围墙外的望厦村隐括在内,而且将毗邻的村落和附近小岛也可作为"附地"。尤其是"与葡国别处属地无异"一语,尤为大谬。

其五,暂缓批准。草约虽有成议,而批准权在朝廷,这是国际法的通则。应与葡萄牙明确规定,俟洋药税厘并征开始,税厘款项大增,拐骗逃亡人等随提随解,明效可证,再签条约。②

是年7月,葡萄牙派遣罗沙到北京议约,双方对"澳门及其附地"以

---

① 中国第二档案馆与中国社会科学院近代史研究所合编:《中国海关密档》第四册,第518页。

② 《粤督张之洞奏葡国永租广东澳门请审慎立约折》光绪十三年闰四月二十一日,王彦威编:《清季外交史料》(光绪朝)卷七十一,台北:文海出版社影印,1985年版,第10—16页。

及界址存在较大分歧,未能达成共识。葡萄牙外长巴罗果美指示罗沙妥协。赫德再次出面斡旋,双方原则确认草约,但删除了"属澳之地"及"与葡国治理他处无异"等字句,并将划界问题留待以后磋商解决。

同年12月1日,中方以奕劻、孙毓汶为代表,葡方以罗沙代表,双方在北京正式签订《中葡和好通商条约》。该条约第四款规定:"大西洋国坚允,在澳门协助中国征收出口运往中国各海口洋药之税厘,其如何协助并助理长久,一如英国在香港协助中国征收由香港出口运往中国各海口洋药之税厘无异。"而中国取得这一条款的条件是:"前在大西洋国京都利斯伯阿(即里斯本)所订预立节约内,大西洋国永居、管理澳门之第二款,大清国仍允无异。"① 此后,关于鸦片贸易问题,中葡双方还签订了《会议专条》和《会订洋药如何征收税厘至善后条款》等。中国实施洋药税厘并征才得以解决。

葡萄牙利用清廷急于征收洋药税厘,增加财政收入的心理,进行了敲诈勒索。《中葡和好通商条约》经反复交涉而成,既属权宜之计,亦留有继续谈判余地。中国获得了葡萄牙方面打击鸦片走私和洋药税厘并征方面的合作,以及未经中国同意,葡方不得将澳门让与他国的承诺;葡萄牙获得中国承认其"永居、管理澳门"之权。葡方虽然获得了对于澳门的永久治权,但因澳门及其属地界址需要另立专条,衍生出后续的谈判。

而对于中国海关总税务司赫德来说,他的收获很大。他自己说:"总的来说,我们业已胜利。现在我已将各通商口岸往来香港和澳门的民船贸易,从粤海关监督的掌握中抢了过来,置于总税务司的管辖之下。我想,我们不应当辜负这个机会,使这件工作顺利开展。"② 赫德周旋于清廷大臣之间,多次参与外交斡旋。1885年的中法巴黎谈判和1887年的香港鸦片贸易谈判使他声名鹊起。

附录:外交博弈背后的巨大经济利益冲突

如果有10%的利润,资本就会保证到处被使用;有20%的利润,资本

---

① 王铁崖编:《中外旧约章汇编》第一册,生活·读书·新知三联书店1957年版,第523页。
② 《帝国主义与中国海关》第六编,《中国海关与中葡里斯本草约》,科学出版社1959年版,第89页。

就能活跃起来；有50%的利润，资本就会铤而走险；为了100%的利润，资本就敢践踏人间一切法律；有300%以上的利润，资本敢犯任何罪行。现在，我们来看一看鸦片贸易带来的丰厚利益是如何分配的？

（一）印度政府的鸦片收益

印度政府对于孟加拉鸦片出口收益算了一笔账。每箱比哈尔鸦片（68锡厄2古塔克，浓度为75°，合133.33磅，约等于100斤）收购平均价格为365卢比，加上生产和包装成本、投入的资金利息、管理人员的津贴和养老金等需要73卢比，二者合计成本为438卢比（相当于138中国海关两）；每箱贝拿勒斯鸦片（68锡厄2古塔克，浓度为75°，合133.33磅，约等于中国100市斤）收购平均价为341卢比，加上生产和包装成本、投入的资金利息、管理人员的津贴和养老金等需要66卢比，二者合计407卢比。

每箱孟加拉鸦片的拍卖价，减去生产成本价（鸦片收购价、包装和管理者的工资），等于印度政府的鸦片收益。比哈尔与贝拿勒斯两地出售的鸦片数量大体相当，因此两地每箱鸦片的成本可以用算术平均法来计算。(438＋407)÷2＝422卢比。最近十年（1871—1881）加尔各答市场上每箱鸦片的平均价格是1280卢比，每箱孟加拉鸦片的平均利润为1280－422＝858卢比（相当于271中国海关两），相当于生产成本价的2倍有余。① 农民种植罂粟一年新课到头，其收益大致与种植其他农作物相当，有时高一些，有时低一些。因此，孟加拉种植罂粟的农民长期处于温饱状态。真正的受益者首先是印度政府。

马洼鸦片的收益，即征收的出口税每箱为600—700卢比（按照650卢比计算，相当于205中国海关两）。

1871—1881年，是印度鸦片鼎盛时期，印度政府从孟加拉鸦片专卖制度和孟买鸦片关税中获取了巨额财政收入。平均每年纯收益高达7052387镑，最高年度为1880—1881年度，纯收益为8451185镑。表7－3是印度政府的统计情况。

---

① 《英属印度政府来函》（*Letter from the Government of India，Department of Finance and Commence*）1881年6月16日，《1840—1885年关于鸦片战争与鸦片贸易的英国议会文件》（*Sessions Opium War and Opium Trade* 1840－1885，*British Parliamentary Papers*）中国，第31卷，第427页。

表7-3　　　　1871—1881年印度政府的鸦片收益情况　　　　单位：英镑

年度	印度鸦片财政总收入			印度鸦片财政管理支出			印度鸦片财政纯收入		
	孟加拉	孟买	合计	孟加拉	孟买	合计	孟加拉	孟买	合计
1871—1872	6898700	2355159	9253859	1593218	3348	1596646	5305402	2351811	7657213
1872—1873	6069793	2614898	8684691	1810631	3637	1814268	4259162	2611261	6870423
1873—1874	5582984	2741895	5324879	1998226	3054	2001280	3584758	2738841	6323599
1874—1875	5602624	2953704	8556328	2338295	2687	2341282	3264329	2950717	6215016
1875—1876	5921097	2549494	8470591	2216044	1807	2217851	3705053	2547687	6252740
1876—1877	6174138	2948290	9122428	2839829	1815	2841644	3334309	2946475	6280784
1877—1878	6432763	2749840	9282603	2657355	2149	2659504	3775408	2747961	6523099
1878—1879	7006115	2391647	9397762	1695735	2057	1697792	5310380	2389590	7699970
1879—1880	7175953	3141347	10317300	2065490	2002	2067492	5110463	3139345	8249808
1880—1881	7953567	2526375	10479942	2026840	1917	2028757	5926727	2524458	8451185
平均数	6481773	2697265	9179038	2124174	2477	2126651	4357599	2694788	7052387

注释：财政总收入包括税务部门的管理支出。数据摘自印度政府的报告，见《英属印度政府来函》（Letter from the Government of India, Department of Finance and Commerce）1881年12月19日，《1840—1885年关于鸦片战争与鸦片贸易的英国议会文件》（Sessions Opium War and Opium Trade 1840-1885, British Parliamentary Papers）中国，第31卷，爱尔兰大学出版社1971年版，第455页。

（二）英印鸦片商的收益

计算英印鸦片商的鸦片收益有两种方法：一种是从香港销售鸦片的价值中减去在印度（包括加尔各答和孟买）销售鸦片的价值。采取这种方法，需要推算出印度销售鸦片的总价值。另一种方法是从香港销售鸦片的价值中减去印度政府的鸦片收益和生产成本费（农民生产鸦片费用和管理费用）。采取这种方法，有利的条件是印度政府的鸦片收益统计是现成的，不利条件是缺少农民生产鸦片数量、价值以及管理费用统计。两种方法相比，前一种方法可以借助已有的统计加以推算，而后一种方法由于缺乏必备的系统统计资料，推算起来相对比较困难。因此，本书采用前一种计算方法。运到香港的销售价，减去在印度的售价（即在加尔各答的拍卖价值和在孟买的销售价），再减去中国海关征收的关税，就等于鸦片商的收益。下面首先来看在印度的鸦片销售数量、平均价格以及总价值。

表7-4　　1871—1881年印度各地鸦片销售数量、平均售价和价值

年度	孟加拉鸦片			马洼鸦片			印度鸦片	
	拍卖箱数	鸦片平均售价（卢比）	价值（卢比）	销售箱数	鸦片平均售价（卢比）	价值（卢比）	鸦片箱数	鸦片价值（卢比）
1871—1872	49695	1388	68976660	38754	600	23252400	88449	92229060
1872—1873	42675	1386	59147550	44003	600	26401800	86678	85549350
1873—1874	42750	1266	54121500	44957	600	26974200	87707	81095700
1874—1875	45000	1207	54315000	46561	600	27936600	91561	82251600
1875—1876	45510	1260	57342600	41804	600	25082400	87314	82425000
1876—1877	47240	1270	59994800	40786	600	24471600	88026	84466400
1877—1878	49500	1266	62667000	43281	600—650	27050625	92781	89717525
1878—1879	55500	1225	67987500	36881	650	23972650	92381	91960150
1879—1880	59100	1170	69147000	46732	650—700	31544100	105832	100691100
1880—1881	56500	1362	76953000	37205	700	26043500	93705	102996500

注释：数据摘自印度政府报告，见《英属印度政府来函》（Letter from the Government of India，Department of Finance and Commence）1881年12月19日，《1840—1885年关于鸦片战争与鸦片贸易的英国议会文件》（Sessions Opium War and Opium Trade 1840-1885，British Parliamentary Papers）中国，第31卷，爱尔兰大学出版社1971年版，第455页。

表7-5　　1871—1881年英印鸦片商的鸦片税前与税后收益

年度	在香港销售的鸦片		在印度销售的鸦片			鸦片商税前收益（海关两）	鸦片商税后收益（海关两）
	鸦片箱数	鸦片价值（卢比）	鸦片箱数	鸦片价值（卢比）	鸦片价值（海关两）		
1871—1872	89744	40690974	88449	92229060	29125560	11565414	9775314
1872—1873	86385	34704689	86678	85549350	27016153	7688536	5852566
1873—1874	88382	32467697	87707	81095700	25609708	6857989	4884079
1874—1875	91082	33175559	91561	82251600	25974736	7200823	5105503
1875—1876	84619	29106923	87314	82425000	26029495	3077428	1188958
1876—1877	96985	36491288	88026	84466400	26674167	9817121	7721591
1877—1878	94200	32303963	92781	89717525	28332447	3971516	1849946

续表

年度	在香港销售的鸦片		在印度销售的鸦片		鸦片价值（海关两）	鸦片商税前收益（海关两）	鸦片商税后收益（海关两）
	鸦片箱数	鸦片价值（卢比）	鸦片箱数	鸦片价值（卢比）			
1878—1879	94899	37470465	92381	91960150	29040659	8429806	6257086
1879—1880	107970	41479892	105832	100691100	31797859	9682033	7190503
1880—1881	96839	42823721	93705	102996500	32525895	10297826	8148206

数据来源：第2—3栏中国通商口岸进口洋药数量来源于 Reports on trade at the treaty ports in China 1862-1881；第4—5栏是表4推算的1871—1881年在印度销售的鸦片数量与价值；第6栏系按照当年中国1海关两相当于印度3.1666卢比推算而得；海关两与卢比之间的比率，可以印度政府提供的"30两折合95卢比"，"84两折合266卢比"求得，即1海关两约等于3.1666卢比。

资料来源：《英属印度政府来函》（Letter from the Government of India, Department of Finance and Commence）1881年12月19日，《1840—1885年关于鸦片战争与鸦片贸易的英国议会文件》（Sessions Opium War and Opium Trade 1840-1885, British Parliamentary Papers）中国，第31卷，爱尔兰大学出版社1971年版，第455页。

（三）中国政府的洋药税厘收益

中国海关征收的洋药关税收入，加上地方政府征收的洋药厘金收入，就是中国政府的收益。关于鸦片税的收入，中国海关每年都有系统的进口数量统计，按照每箱鸦片缴纳关税30两，可以得到鸦片关税征收量。关于厘金收入，由于各地抽收比率不同，难以有效推算。不过，幸运的是罗玉东先生对此已经有了粗略的统计。现将两种统计合计，制成表7-6。

表7-6　　　　　中国政府征收洋药税厘一览表　　　　单位：海关两

年度	中国通商口岸进口洋药数量	中国海关征收洋药关税	中国地方政府征收洋药厘金	中国政府洋药关税和厘金合计
1871—1872	59670	1790100	54271	1844371
1872—1873	61193	1835970	52702	1888492
1873—1874	65797	1973910	55836	2029746
1874—1875	69844	2095320	50953	2146273
1875—1876	62949	1888470	48925	1937395
1876—1877	69851	2095530	48958	2144488

续表

年度	中国通商口岸进口洋药数量	中国海关征收洋药关税	中国地方政府征收洋药厘金	中国政府洋药关税和厘金合计
1877—1878	70179	2121570	41451	2163021
1878—1879	72424	2172720	30529	2203249
1879—1880	83051	2491530	27400	2518930
1880—1881	71654	2149620	25872	2175492

数据来源：第 2 栏中国通商口岸进口洋药数量来源于 Reports on trade at the treaty ports in China 1862-1881；第 3 栏根据每担洋药关税 30 两加以推算；第 4 栏，摘录自罗玉东《中国厘金史》第二册，第 471 页。

（四）中国政府、印度政府和英印鸦片商的收益对比

从表 7-6 的综合统计可以看出，1871 年至 1881 年，中国政府每年洋药平均收益 2105146 两；英国政府每年鸦片收益为 29200970 两；英国和印度商人每年鸦片收益是 5797375 两。中国政府平均每年鸦片收益相当于英国政府的 7%，平均每年鸦片收益相当于英国和印度商人的 36%。若把英印政府和商人的鸦片平均每年收益计算在一起，即 29200970 + 5797375 = 34998345 两，那么，中国政府每年鸦片平均收益仅仅相当于后者的 6%。就每年来说，统计数据可能不够精确。但是，将其放在 10 年的长时段看来，完全可以反映鸦片贸易的实质问题。

表 7-7 中国政府、印度政府和英印鸦片商的收益对比一览表

年度	中国政府洋药收益（海关两）	印度政府鸦片收益折合海关两			英印鸦片商利润	
		印度政府收益（英镑）	海关两对英镑汇率（便士）	折合海关两	税前（海关两）	税后（海关两）
1871—1872	1844371	9253859	78	28473412	11565414	9775314
1872—1873	1888492	8684691	79.75	26135747	7688536	5852566
1873—1874	2029746	5324879	77	16597025	6857989	4884079
1874—1875	2146273	8556328	76	27019983	7200823	5105503
1875—1876	1937395	8470591	74	27472187	3077428	1188958
1876—1877	2144488	9122428	71.40	30663624	9817121	7721591
1877—1878	2163021	9282603	72.00	30942010	3971516	1849946

续表

年度	中国政府洋药收益（海关两）	印度政府鸦片收益折合海关两			英印鸦片商利润	
		印度政府收益（英镑）	海关两对英镑汇率（便士）	折合海关两	税前（海关两）	税后（海关两）
1878—1879	2203249	9397762	71.50	31544935	8429806	6257086
1879—1880	2518930	10317300	67.333	36774717	9682033	7190503
1880—1881	2175492	10479942	69.125	36386055	10297826	8148206
平均	2105146	9179038	73.611	29200970	7858849	5797375

数据来源：第2栏数据来自本文表6第5栏；第3栏数据摘自表5印度政府的统计；第4栏摘自海关统计（马士：《中华帝国对外关系史》第二册，上海书店出版社2000年版，第454页所附《1870至1904年海关两合英镑及中国铜线平均每年价格图解》）；第5栏系根据第3—4栏折算，1英镑当时等于240便士；第6栏是英国和印度鸦片商人的税前收益；第7栏是英印鸦片商人的税后利润。

正是由于每年从鸦片贸易中获得了巨额收益，从1868—1869年度的6750000英镑增加到1879—1880年度的8250000英镑。印度政府才始终坚持鸦片生产，坚持鸦片专卖制度，坚持以邻为壑，并且从来不敢把自己的巨额收入公之于众。在他们看来，鸦片的利润是一定的，中国政府加征洋药税厘，分取的是印度政府的财政收益。鸦片专卖政策更是印度财政的命根子，如果停止孟加拉鸦片专卖政策，"鸦片税收的全部损失会使印度政府破产"。他们在强调财政困难时，更是荒谬地把向印度人征收高额赋税与实施鸦片专卖制度对立起来，说什么"依靠中国人吸食鸦片获利是不道德的，那么，为了有益于中国，而对极度贫困的印度百姓抽收赋税就是残酷"①。究竟是谁不顾印度人和中国人的死活，坚持要从鸦片专卖制度中攫取高额利润，一目了然。

对于英国政府而言，巨大鸦片贸易利润既是维持印度殖民统治的经济基础，又是平衡中、英、印之间三角贸易的重要手段。为了维持鸦片专卖制度，英国政府制造种种借口，颠倒是非，混淆黑白，甚至以发动战争的手段，强行推销毒品。此次鸦片贸易谈判，英国政府之所以长期拖延，不

---

① 《英属印度政府来函》（Letter from the Government of India, Department of Finance and Commence）1881年12月19日，《1840—1885年关于鸦片战争与鸦片贸易的英国议会文件》（Sessions Opium War and Opium Trade 1840-1885, British Parliamentary Papers）中国，第31卷，第427页。

愿彻底破裂,并非对于自己的行径有所忏悔。英国印度事务部大臣哈汀顿在信中说得明明白白。在他看来,鸦片贸易已经罪恶昭著,英国政府不便为此再次发动一场新的鸦片战争了。因此,他希望英印政府利用一切合法手段进行对抗,"防止中国政府恢复将会引起非法贸易的政策"①。这是说,在必要时可以通过满足中国政府的某些要求,借以防止鸦片贸易谈判彻底破裂,导致中国政府重新宣布禁止鸦片贸易。显然,这是想通过某些妥协继续维持罪恶的鸦片贸易。

随着国际社会越来越意识到鸦片在亚洲的恶劣影响,英国的决策者不得不改变先前的鸦片贸易政策。印度出口鸦片数量的减少反过来又对英国在印度的治理产生了深远的影响,因为它迫使英属印度的许多地方和省级政府依赖国内贸易作为税收的主要来源。这样,英国陷入了困境。"一方面,他们需要鸦片收入来支撑他们的帝国,但另一方面,毒品贸易的恶臭限制了他们与国际社会接触的能力。"②

洋药关税与厘金并征的谈判取得一定进展,对于清廷并非没有意义。第一,洋药关税与厘金并征是国家财政开源的重要举措之一。1875年,一位御史建议全面整顿地丁、关税、盐税和厘金说:"近自军兴以来,用兵二十余载,以致帑藏空虚,迥异往昔,中外用款,支绌日甚。臣思户部天下财赋总汇之地,若不及早理其源而节其流,诚恐泄沓日久,支撑愈难。"③ 由此不仅可以看到光绪前期财政拮据现状,同时也可以明白清廷之所以开展洋药关税和厘金并征谈判,意在整顿国家财政,支撑危局。第二,洋药关税与厘金并征缓解了光绪前期国家财政拮据状况。对于清廷来说,尽管洋药关税和厘金并征之后,所增财政收入远远不及印度政府,但就本身而言,还是取得了重要进展。1884年海关所征进出口税银13510712两,1887年猛增至20541399两。④ 进出口关税大量增加,不言而喻,可以缓解中央财政拮据现状。第三,实施洋药关税和厘金并征,使清

---

① 《英国印度事务部大臣哈汀顿致电英属印度政府》(*Revenue Despatch the Government of India*) 1881年6月16日,《1840—1885年关于鸦片战争与鸦片贸易的英国议会文件》(*Sessions Opium War and Opium Trade* 1840 – 1885, British Parliamentary Papers) 中国, 第31卷, 第412页。

② James Tharin Bradford, *Poppies, Politics, and Power Afghanistan and the Global History of Drugs and Diplomacy*, Cornell University Press, London, 2019, p. 16.

③ 朱寿朋编:《光绪朝东华录》第一册, 总第87页。

④ 朱寿朋编:《光绪朝东华录》第二册, 总第1892页、总第2406页。

廷找到了整顿国家财政的抓手。厘金是内战时期地方当权者向中国商人征收的附加税，名目繁多，机构复杂。这种混乱的征收制度，不仅在战时和战后使商人饱受其苦，而且使户部等中央机构逐渐失去了对于财政来源的控制。实施洋药关税和厘金并征之后，清廷鉴于关税大幅度提高，立即将目标转向土药厘金的整顿上。

  鸦片贸易，对于英国来说，不仅是殖民扩张的发动机，而且是资本主义经济成长的孵化器，从而成为日不落帝国形成的政治经济基础；对于中国来说，不仅摧毁了中华民族的身心健康，而且破坏了农业手工业经济赖以维持的资金流，从而成为清朝瓦解的催化剂。

第八章
土药的生产与禁种

1858年,中英《通商章程善后条约》在上海草签之后,在清朝的官方文书中,凡"外国鸦片"字样,统统被改为"洋药"二字,为什么把外国鸦片改为"洋药"?有人认为:"以昔年原照药材上税故事也。"① 这种解释固然有一定道理,但似乎还有一层意思没有完全揭破。自1796年(嘉庆元年)正式下令禁止鸦片入口,停废税率以来,在先朝皇帝的圣训中它已被判定为耗财害命的毒品,在社会上它已成为一个邪恶的名词。承认鸦片的合法化,对于咸丰皇帝来说,是一件令人难堪的事情,不仅意味着违背祖制成法,而有纵毒之嫌。不得不采用自欺欺人的办法,将外国鸦片讳其名曰"洋药"。既然外来鸦片有了一个固定的专用名字,那么,中国的土产鸦片也就同时获取了一个相对的名称——"土药"。这两个称呼直到1906年清廷在全国重新发动禁烟运动时才有变化。从1859年至1906年,在鸦片流毒中国史上,又可视为一个时代,恰与上述两种称呼相始终,故本章重点讨论土药生产与禁种。

一 罂粟种植的禁与弛

中英《通商善后条约》签订之后,为适应鸦片政策的变化,清廷不得不对以往有关鸦片的禁令条例进行修订。1859年颁布的新条例规定:所有官员、兵丁、太监兴贩、收买、吸食洋药,保存烟灰以及不能禁约子弟买

---

① 李圭:《鸦片事略》卷下,台北:文海出版社1987年影印本,第2页。

食之父兄，失察兵丁之该管官，并失察容留之总管首领、同房太监，都仍照定例办理。如老百姓聚众吸食至五名以上者，按照赌博例问拟；开馆销售鸦片照诱赌例，分别是否经旬累月问拟，房屋入官；地方匪棍及兵役人等借查拿为由，肆行抢夺，或希图讹诈、栽赃诬赖，并干名犯义等条，仍照各律例治罪，此外有关鸦片的禁例一并删除。另外规定，"其售卖洋货商人仍不准在铺内开馆，别项门面住户一概不准私售转卖寄存，如获有此等匪人及商民聚集者，照开局聚赌之例送部治罪，房间一概入官"①。简而言之，洋药只准洋货商人经销，其他铺户及住户一概不准出售；洋药货铺不得以开设烟馆形式出售（因为开设烟馆聚集吸食人数多，易产生社会不安定因素，这对于封建专制政权来说，是必须严加防范的）。虽然规定继续禁止兵丁、官员、太监等人贩运、吸食，但解除了对于民间的禁令。于是，禁令解除，不但一般老百姓可以公开吸食、贩运，官员、兵丁、太监等人的吸毒、贩毒活动在实际生活中也不受丝毫干涉、惩罚，烟馆林立而无任何取缔行动。

洋药弛禁以后，一些地区的农民为适应市场的需要，开始广泛种植罂粟，生产鸦片。按照法令，生产鸦片是不允许的。清廷一部分官员认为，洋药可以输入，就应当允许农民生产鸦片，土药生产可以抵制洋药输入，减少白银外流，暗中鼓励农民种植罂粟。另一部分官员坚持禁毒主张，反对种植罂粟，但对外来鸦片输入提不出有效禁止方案。他们认为鸦片是毒品，从道义上必须加以禁止。广泛种植罂粟，妨碍粮食生产，不能允许毒卉夺取民食。

清廷主要决策人物对禁与弛这两种意见长期犹豫不决，时禁时弛，反复无常，才确定了以广泛种植罂粟，大量生产鸦片抵制洋药输入的方针，结果是罂粟遍植全国，土产鸦片高达数十万担，中国因此成为当时的毒品生产大国。

咸丰后期，有人看到云南、贵州、四川境内连畦接畛种植罂粟，叹惜说："近年此风尤甚，多一亩种罂粟之田，即减一亩稻麦之产，弃膏腴而滋鸩毒。"② 同治年间，甘肃之兰州，浙江之温州，四川之涪陵，江苏之宿

---

① 《大清会典事例》卷八二八，第3—4页。
② 翁同书：《通筹财用大源敬陈管见疏》咸丰六年，载盛康辑《皇朝经世文续编》卷3，台北：文海出版社1987年版，第3178页。

迁、砀山等地罂粟已广泛种植，小小一个涪陵县所产土药，每年可以招徕湖南、湖北、江西、广东等大批商人前往预订收购，"大吏移土厘局于涪，以道员督理税收，每年数十万两"①。

同治年间，清廷对于弛禁罂粟是犹豫不决的。1865 年曾下令禁种，1868 年又颁布了一个查禁罂粟种植章程。但禁种命令和章程并未认真推行。同治末年，对于是否禁止种植罂粟，清廷还在讨论。醇亲王奕譞认为，如果洋药来源不断绝，那么，势必不能禁止土产鸦片，主张"候外洋鸦片不来，再严中国罂粟之禁"。对此，李鸿章表示赞同，在《筹议海防折》中，他说："查洋药自印度进口，每年约七万数千箱，售银三千余万之多。英国明知害人之物而不欲禁。洋商贩运，并欲禁中国内地自种，用意殊极狡狠。上年修约，总理衙门与英使言之屡矣。并预声明，既不能禁英商之不贩洋烟，即不能禁华民之不食洋烟。惟有暂行弛禁罂粟，不但夺洋商利权，并可加增税项，将来计穷事迫，难保不出于此……应仍循总理衙门原议，阴相抵制，以冀洋药之来渐少，再加厉禁为宜。查云贵川陕、山西各省多种罂粟，疆臣台谏每以申明禁令为言，是徒为外洋利薮之驱，授吏胥扰累之柄，究之罂粟日种日广，势仍不可遽禁。闻土药性寒价廉，而瘾亦薄，不比洋药为害之烈。为今之计，似应暂弛各省罂粟之禁，而加重洋药之税厘，使外洋烟土既无厚利，自不进口，然后妥立规条，严定限期，俾吸食者渐戒而徐绝之，民财可杜外耗之源，国饷并有日增之势，两得之举也。"②

对于英国鸦片的强行入侵，奕䜣、奕譞、李鸿章等人采取了消极抵制态度，主张广泛种植罂粟，"阴相抵制"，以冀洋药逐渐减少，美其名曰"夺洋商利权"，实际目的是加增税项，挽救清政府的财政危机。在这里，不道德的税厘，被说成是道德的义举和国家的需要，黑白竟然如此颠倒，实足表现了封建统治者的无耻嘴脸。此种以毒攻毒，饮鸩止渴的方案，是以牺牲无数中国人的生命为代价，与殖民主义者共同抢夺中国老百姓手中那有限的财富。此后的事实证明，大量种植罂粟的结果，尽管对洋

---

① 《涪州志》卷十八，转引自李文治编《中国近代农业史资料》第一册，生活·读书·新知三联书店 1957 年版，第 458 页。
② 《谨将总理衙门原奏紧要应办事宜逐条切实办法拟议折》，见《李文忠公全集》奏稿卷二十四，第 20—21 页。

药的大量输入起了一些抵制作用，但要使洋药因无厚利而自不进口的设想，完全是空想。

二 西方传教士与禁烟

鸦片贸易"合法"化之后，在华的和返回英美国家的西方传教士对这种可耻的毒品贸易，大都抱持反对态度。传教士认为，鸦片不仅摧残了中国人的身体和生命，而且破坏了中国的道德和经济。他们说，鸦片开禁之后，人们买卖毒品，吸食毒品已无愧疚感。有的人甚至以吸毒为荣，令其妻女为其挑膏烧烟，"吸烟为尊，不许亲友劝导，觉为应分吃烟也。其不知转瞬之间形骸消损，直同鬼类，荡产倾家，死于途路，无怜悯之人，没棺材收敛，可惨已极"。所以，他们在报刊上发表大量诗文，抨击鸦片贸易对中国造成的毒害，主张禁吸、禁种、禁运和禁买。① "如不吸可不种，且可不买。夫中国不吸不买，即英国不售不来。"他们反对将印度鸦片运到中国，也不赞成清政府所采用的饮鸩止渴的方案，认为广泛种植罂粟抵制西方鸦片入侵的方案是一种愚蠢的自杀方案。"夫种烟与种茶、种桑不同，不得引以为例。茶、桑，益人者也；烟，害人者也。益人可种，害人不可种。烟之毒人当引砒霜为例，譬如多储砒霜，自备自吃可乎！烟之自种自吸，何以异是？……广种中国之烟，以毒中国之人，乌乎可以！西国之烟害中国，譬犹以他人之刀杀己也，以中国种之烟害中国，譬犹以己刀杀己也。智者不为也，且仁者不忍也，害莫大焉！"② 这种比喻说理，浅显易懂，颇有说服力。

传教士感到自己作为西方人与英国鸦片贩子一道来到中国，在中国人眼中，自己是鸦片贩子的同伙和支持者，所以极力说明自己与鸦片贩子不是同伙，希望划清界限。他们认为贩卖鸦片玷污了基督教国家的文明，损害了西方人的声誉。一部分归国的传教士在英国联络社会各界人士，成立戒烟公会，继续对当局的鸦片政策尖锐批评，努力宣传鸦片的毒害，要求

---

① 林乐知编：《教会新报》卷2，第229页。
② 《答吴天水论种鸦片烟书》，林乐知编：《教会新报》卷2，上海林华书院1868年9月刊发，第208页。

英国政府主动停止不道德的毒品贸易。"仁人善士共具连名禀于议政院"，这类请愿活动几乎年年举行。

1873年，在英国发起了一次以"英国、印度与中国通商贸易中鸦片烟一案，嗣后关系之如何"为题的国际性征文活动。1874年5月31日截稿，这次征文活动，共收到中国论文50余篇。通过这次鸦片问题征文，在英国和中国都掀起了一次呼吁禁毒运动，这对于光绪初年中国又一次发动禁种罂粟事件起了一定的推动作用。

1874年6月，国际禁毒征文活动结束。在这次活动中的骨干人物于8月份在伦敦正式成立了英国禁止鸦片贸易公会，会员共有65名，其中有工商界的代表马特生、有议员马克斯求尔德，有知识界的名人，有宗教领袖以及在华的著名传教士，如理雅各、德贞、毕士、丹拿、雒魏林等。该会成立后，在英国展开了积极的宣传活动，请求英国政府停止鸦片贸易。1874年11月13日，该会集会讨论禁毒事宜，主持者是伦敦会在华传教士德贞（John Hepburn Dudgeon），曾在北京英国教会医院担任院长，对于中国人遭受的毒害程度有相当清楚的了解。他在会议上发表了演说，概述了鸦片问题的由来，然后说："我在中国亲见亲闻，自皇帝以至于庶民，不论穷富男女，无不恨鸦片一物，即食者亦自知其非养身救命之物，实有害而无益。"① 这次集会之后，德贞将各种有关鸦片的资料，汇集起来，撰成《禁烟说略》，递交给英国政府和中国政府。

《禁烟说略》全文刊登在《中西闻见录》的第30号上，《万国公报》后来作了转载。德贞认为，禁毒，靠中英两国单方面的努力不能成功，"倘不能遏绝其外来之源，徒禁止本国之栽种，终归无济。设若绝其外来之源，而不能禁止本国之栽种，亦无利益。必须内外互禁，方能绝其根株。"他强烈谴责英国的鸦片政策，说："将损人之物议入条约，而显然灭其天良矣。乃本英国之奸顽之商，昔年贩运鸦片人所不齿，入条约之后，若辈列为端士正人，今虽如盗贼洗手，终不免玷辱本国之廉耻，致邻邦之物议，中国衔恨。"② 他对于清政府鼓励种植罂粟表示痛惜，说："察中国各省栽种鸦片较外来之烟约加两倍，核其物价之值并其抽厘之数，溯其款

---

① 《大英国事》，《万国公报》第七年322卷，1875年1月30日。
② 《禁烟说略》，《万国公报》第七年329卷，1875年3月27日。

项何自而出，莫非中国之脂膏焉。均其富贵贫贱、男女老少，按每人吸食鸦片一钱核之，及诸吸烬抽灰之辈，约有瘾之人计二三千万之众。令人思之毛发凛然。"① 他向中国政府提出了三种禁毒方案，在当时对于清廷来说，都不失为较为积极的禁毒方案。可惜，清廷已经没有勇气这样做了。

1875年6月26日，由于伦敦力除鸦片贸易公会的活动，在下院又引发了一场关于鸦片贸易的辩论。议员司徒亚德主张对印度鸦片生产逐渐查禁。鸦片贩子的代言人哈密顿则表示反对。他说，鸦片对于中国人，就像啤酒对于英国人一样，没有什么危害，禁止印度栽种罂粟，政府税款无处可筹，对于印度不利。这次辩论，参加者"大半曾为印度之官"。会议结果，赞成实行罂粟减种方案的有57人，主张维持原来鸦片政策的有94人。禁止鸦片贸易方案被否决。

1875年春天，英国伦敦力除鸦片贸易公会曾向中国致送公开信，说明参与鸦片贸易的只是英国的一小部分人，多数的英国人与此没有关系，而且还有一部分人乐意帮助中国力除鸦片毒害。他们还建议清廷派人前往英国交涉，呼吁中国老百姓自己成立戒毒会所。"各处绅士庶民等，当发奋自抒其见，禀明地方官宪不许在其本处种罂粟，吸鸦片。亦当各处设戒烟善会及刊书劝人勿食。此书寄来本会，翻译与英人观览，使英人知华人真欲救国出于鸦片之陷阱。十八省各城各邑各乡欲救中国之人免其吸鸦片致败亡，当各为力除鸦片公会，共誓不买不食，亦不许子弟陷溺其中，绅民又禀官宪，在属内不得开设烟馆，严禁种烟。"② 这个呼吁发出之后，在华传教士积极响应，在广州、上海、北京、天津、杭州、宁波等大城市和通商口岸纷纷组织和设立力除鸦片会所。

1875年9月，"羊城劝除鸦片公会"正式成立，会址设在仁济大街博济医局。表面上该会由中国董事12人管理，实际则由外国传教士主持，每月集会一次。宗旨是"专欲劝我华人去除鸦片之害"，在该会的会章中说明了它成立的原因和担负的任务。

"鸦片之物洋人既有所运来，中土亦有所栽种，吸食日众，贻害日深，国病民贫，天怒人怨，苟非中西合力，积患断难消除。乃昨者得见英东

---

① 《禁烟说略》，《万国公报》第七年329卷，1875年3月27日。
② 《英京力除鸦片贸易会告白》，《万国公报》第八年370卷，1876年1月8日。

(京)力除鸦片贸易会一书,骇其国之有心相救也,幸我辈之有机可以乘。爰集同人,立此公会,各思善法,共设良谋,或作论标贴街衢,或撰书派送闾里,或修札耸立别会,或呈禀上达官绅。速效未敢妄求成功,俟诸异日相机立法,因时制宜,务使我辈劝之于先,他人继之于后,从小至大,由卑逮尊,将必于事有济,不至流毒无穷,是所薄望。"① 同时,将成立劝除鸦片公会的消息以启示的形式刊登在《万国公报》上,要求各地信徒踊跃参加。这一启示,就其内容来讲,仍然是英国力除鸦片贸易会告白的翻版。值得研究的是,它所宣传的禁烟方法。"父诫其子,兄勉其弟,绅耆遍谕不准其地种罂粟花,官宪有权严禁其民开洋烟馆,吸食者迷途返步……此倡彼和,自迩及遐。"② 这是要掀起一场自下而上的群众性自发的禁毒运动。这是中国禁毒史上的新方法,透露了民权意识的初步觉醒。因为它没有把禁毒的成功希望寄予官府,而是要同心协力,众志成城,完成禁毒任务。

"羊城劝除鸦片公会"的初次呼吁,似乎没有多大社会反响。又于1876年8月26日,再次发出倡议,似乎又是一片沉寂。1877年2月以《普劝各省教堂添设戒烟所说》为题,发出第三次呼吁,反响也不大。后来又以《求各省教友踊跃劝除鸦片》为题,第四次发出呼吁。他们还展开广泛的社会宣传活动,或将传单贴于街头巷尾,或发行批评毒品贸易的书刊漫画,或撰写毒品危害论文,或散发戒烟处方。广州方面印有多少反毒品贸易的小册子,尚不清楚。在宁波收到的宣传品集中起来有10大本。在《万国公报》上,还有15幅劝诫鸦片的漫画和大量诗文。所有这些活动,尽管没有立即促成大的禁毒运动,但他们的真诚动机是纯洁的、善良的,是值得肯定的。这些善良的要求表达了大多数中国人的心愿。

1877年以后,在北京、天津、宁波、上海等城市都陆续成立了以基督教徒为骨干的戒毒公所。北京的戒烟公所成立于1878年2月17日,会址在崇文门内东城根路北。上海的戒烟会成立于1880年4月26日,会址在花草浜。尽管这些戒烟会所活动成效不算很大,而在客观上对于地方性的禁毒运动起了促进作用。

---

① 《羊城劝除鸦片公会谨启》,《万国公报》第八年383卷,1876年4月15日。
② 《羊城劝除鸦片公会谨启》,《万国公报》第八年383卷,1876年4月15日。

需要指出的是，在华的传教士为什么不顾鸦片商的嘲弄和围攻，热情鼓动中国实施禁毒政策呢？这在一般的中国人看来，似乎是不可思议的。有的认为，这是西洋人的"狡猾伎俩"，说他们一面将鸦片运入中国，一面担心中国广种罂粟，不利于洋药销售。鼓动中国禁种，只是为了洋药垄断市场。实则不然。英国传教士来华，固然在其侵略中国的性质上与英国政府和鸦片贩子是一致的，但他们之间也有矛盾。从传教士方面来讲，他们在华活动的目的是要扩大基督教在华影响，试图用基督教文化占领中国。在华传教士目睹了鸦片对中国的危害，感受到中国人民坚决反对鸦片贸易的情绪以及中国人对基督教的怀疑态度。他们不愿意接受中国老百姓对于西方宗教缺乏热情的严酷事实，认为这是受了官绅的鼓动，鸦片毒害引起的仇恨情绪也是障碍之一。因而希望消除障碍，为基督教的迅速传播寻找通路。

　　随着英国伦敦力除鸦片贸易协会的成立，反对毒品传播的运动在全球才迈出第一步。该协会促使人们对英国在中国鸦片贸易中的作用进行了大量的审查，但最终，他们未能产生阻止英国机器所必需的实质性政治和经济变革。

　　《万国公报》作为西方传教士的喉舌，代表着西方资产阶级的利益和观点。在文化上，在政治上无论怎样批评它都可以，而在鸦片问题上，从人道主义原则出发，它是一贯坚持反对毒品贸易的。我们细心翻阅它刊登的大量有关鸦片问题的文章，可以很明显地看出，尽管有的地方不免对英国政府的罪责有所开脱，但没有一篇公开支持这种罪恶贸易的文章。所以，传教士反对鸦片贸易的真诚性无须怀疑。

　　为了使英国人更全面了解鸦片对中国的毒害和中国人对于鸦片的痛恨，英国一位传教士将光绪初年在华传教士有关鸦片的论述搜集到一起，编印成书，于1882年在英国出版。书名是《关于吸食鸦片的真相》（*The Truth about Opium Smoking*）。书中用传教士的大量记述，说明吸食毒品对于中国人绝对有害，同时指出鸦片贸易破坏了中国的主权。"由于英国强迫中国政府准许鸦片进口——那造成人民贫穷与体弱的根源，它已经严重地侵害了中国的主权。我们不应该容忍这种侵害再继续下去，而应该给中国自由决定进口或不进口鸦片的权利。因为就中国人民的利益而言，这是最好的方法。"又说，"我们亏负中国太多，我们伤害她土地上的百姓太深。已经造成的祸害,我们不能除去;正在形成的祸害,我们也无法阻止。由于我们供应鸦片,使中国百姓受到诱惑,使他们政府被迫准许进口,他们已经养成吸食鸦片的习惯,这样的习惯将摧毁他们的家庭和他们自己。作为一个民族和一个国家,我们使罪恶成行动的力量,而这种力量又非我们现在所能控制,我们对中国和中国人负有责任。如果,因为鸦片的使用,在中国造成摧残与死亡,是由于英国一些个人的行为所造成的,那也就够糟了;但如果是由于英国政府的行动所造成的,那么罪债便落在我们全体的身上,我们一个个都对中国负有责任。"①

这本书主要收录了在华著名传教士李修善、马雅各、杨格非、戴德生、理雅各等人有关鸦片问题的论文。李修善(Hill David)系英国卫理宗循道会传教士,1865年来到中国,积极参与了《万国公报》鼓动禁烟的工作。他认为吸食鸦片,在中国无论是在道德上还是在法律上都是被定罪的。"在中国,吸食鸦片是被社会定罪的,传教士们若欲损毁基督教在中国的名誉,最直接的途径莫过于接纳吸食鸦片的人进入教会。关于中国人自己的看法……我可提供行政方面、宗教小册子的看法,因为这两者都把吸食鸦片归类为赌博与放荡不羁的。"②

马雅各(James L. Maxwell)是英国长老会派到台湾的传教士。他认为吸食鸦片对人体有致命的毒害。"我在台湾传道的第一站——有着2000—3000居民的海港村镇,在这小小的地方,我很难过地说,运鸦片的船只比运稻米或粮食的船只还多。每当我看到这些瘦弱燕子般的脸孔,内心总感到十分痛苦,尤其是劳工中阶级最低的人,这都是他们吸食鸦片的后果。"③

戴德生(James Hudson Taylor)是内地会的创始者。1854年抵达上海。他认为中国人禁毒是诚心的。"当中国首次与英国的势力发生冲突时,我就认为中国人拥有禁止鸦片在中国使用的权力、力量和意志,这是不容置疑的。同时,我们十分相信,如果没有英国,中国早已达到他们的这一愿望。所以,我们感到只要鸦片是从国外输入,英国就对现在产生在中国的每一盎司的鸦片负有道德上的责任。"④

---

① *The Truth about Opium Smoking*,1882,p. 11.
② *The Truth about Opium Smoking*,1882,p. 32.
③ *The Truth about Opium Smoking*,1882,p. 54.
④ *The Truth about Opium Smoking*,1882,pp. 80 – 110.

理雅各（Legge, James）系伦敦会传教士，1839年来到东方，先后在马六甲、香港、南京等地传教。他对于中国文化的西传很有贡献。对于鸦片的毒害，他说："吸食鸦片在中国所引起的有害影响是毫无疑问的。它是一种祸害，简直就是一种祸害。我曾听见外国人为这种习惯辩护，但我从未听到一个中国人如此做，也从未听到任何一个染有这种习惯的，为它说一句话。"①

这些著名传教士关于鸦片的论述主要是驳斥英国鸦片贩子及其政府所散布的种种谬论。这些谬论主要是："吸食鸦片对中国人无甚伤害"；"英国政府从未向中国人强行销售过鸦片"；"中国人在国内种植罂粟表明禁烟无诚意"；"即使英国不运鸦片到中国，其他的国家也会照样运去的"，等等。《关于吸食鸦片的真相》在英国出版后，使更多的英国人了解了鸦片贸易的真相。但唯利是图的英国政府仍然不顾人类起码的道义，漠视国内公众的舆论，继续强行维持其罪恶的毒品贸易。

三 地方性的禁烟活动

咸丰、同治年间，清廷对罂粟的种植时禁时弛，举棋不定，罂粟种植面积越来越大，吸毒人数越来越多，毒害越来越重。到了光绪时期，清廷仍然没有彻底禁毒的决心，但一些地方官员在各方面的督促下开展了一些禁烟活动，有时还很有成绩，可惜，受大局影响，地方性的禁毒成绩无法保持下去。尽管如此，这些活动还是值得肯定的。

山西巡抚鲍源深在他的辖区曾努力禁种罂粟，而因其他省区督抚放纵罂粟种植，成效不大。他目击各省毒卉盛开的情况，心情十分忧虑。于1876年9月上奏清廷，建议重申旧例，制订考成法，坚决查禁罂粟。他说："臣莅晋以来，饬属查禁、劝诫兼施，五年于兹，未敢一懈，虽私种（罂粟）十去八九，总未能一律净尽。所以然者，种罂粟之利数倍于种五谷，小民唯利是图，罔知其害。地方官不肖者收费弛禁，借以营私，其稍贤者，亦以为民利所在，不忍拂违。否则以为世俗争趋，力难禁止。大都于此一事视为故常。肯于劳怨不辞认真查禁者盖鲜，以致私种之风日浸月

---

① *The Truth about Opium Smoking*, 1882, pp. 80–110.

盛。若不于此时力挽颓流，极其势之所至，窃恐数十年以后种罂粟者十居八九，种五谷者十无二三，民食将从何出，甚非天下之小故也。"① 这里他描述了一般地方官吏对待罂粟的复杂态度，同时考虑到毒卉遍植，占用良田，有害嘉禾，担心粮食歉收，社会发生动荡，势将危及王朝统治。所以他发出了警告，说："自此以后，若不将罂粟禁除，一任有妨艺谷，岁当丰稔，盖藏未裕，民食犹艰，设遇荒歉，民不能以乌烟代食，道殣相望，自在意中。此其患又不必迟之数十年以后矣。兴念及此，殊切殷忧。"这种声调尽管不高，而主要是从维持政治统治角度思考问题，不能不引起清廷决策人物的重视。

鲍源深恳求说："应请饬下各省大吏督饬所属，于莺粟一事认真查禁，勿视为具文，勿置为末务，勿以为民利所归稍存姑息，勿以为俗情难强相率因循，勉尽实心，徐收实效，但使境内少栽一亩恶卉，即多植一亩嘉禾。民间多收数亩稻粱，即多得数月蓄积，偶遇灾荒，不虞乏食，并可出其赢余以相赒济，全活必多。此惠政及民，功在无形，视发仓赈粟于一时者，其施仁为尤普矣。"②

对于鲍源深的奏折，上谕曰："栽种莺粟，例禁綦严，乃近来私种之风各省所在多有，于民食大有妨碍。地方官查禁不力，视为故常，且有收费弛禁藉以营私者，种种流弊不可胜言。著各省督抚严饬所属认真查禁，倘再仍前积玩，即行查明奏参。并著该部申明旧例，通行各省，俾小民知所儆畏，并明定地方官查禁考成。"户部按照上谕，抄录了同治七年（1868）禁种罂粟章程，通知各省认真查禁，并拟定考成法。"嗣后官员所属境内拿获私自栽种人犯，应比照拿获邻境寻常案犯，三名以上者准其纪录一次，五名以上者准其纪录二次，不及三名者，无庸议。如失于查禁，应照失于查察例罚俸一年，公罪。倘有不肖州县知情故纵，收取费用，经该督抚揭参到部，臣部照违例科罚，降三级调用例议处。"③ 表面看来，鲍源深的建议受到了清廷的重视，而事实上，无论重申例禁也好，还是制定

---

① 朱寿朋编：《光绪朝东华录》第 1 册，光绪二年八月，中华书局 1958 年版，总第 272—273 页。
② 朱寿朋编：《光绪朝东华录》第 1 册，光绪二年八月，中华书局 1958 年版，总第 272—273 页。
③ 朱寿朋编：《光绪朝东华录》第 1 册，光绪二年八月，中华书局 1958 年版，总第 272—273 页。

考成法也好,都是纸上谈兵。从史料来看,各省督抚并无任何积极配合行动。不过,我们不能以此否定鲍源深建议的作用,因为他毕竟预先向清廷发出了警告。

马嘉理案之后,兵部侍郎郭嵩焘和刘锡鸿作为正副大使前往英国执行表示"惋惜"使命。① 郭嵩焘一行抵达伦敦后,伦敦力除鸦片贸易公会50余人前往中国使馆拜会郭大使,请求中国查禁鸦片。郭嵩焘记叙说:"西洋人士知鸦片烟为害之烈,与中国受害之深也,相与设为公会,广劝禁止栽种贩卖。臣至伦敦,其地世爵夏弗斯伯里及议政院绅士马克斯求尔德及教士里格、丹拿、毕士等五十余人相就论此,义形于色。""其后屡见英国士绅力陈鸦片烟之害,发于至诚,又复会集多人,陈述此义。"② 对此,郭嵩焘非常感动,于1877年3月22日,与副使刘锡鸿联名上奏清廷,请求禁毒。

郭、刘二人的奏折认为,鸦片弛禁以来,社会危害更加严重。官员、士子、弁兵公开违犯禁令,而种植罂粟,熬制鸦片之风日盛一日,"一二十年来,肥田而种罂粟,岁益浸广,而西洋贩运中国亦逐渐增多,足见开种日繁,即吸食者日众,势将尽中国之人皆至失其生理,槁项黄馘,奄奄仅存,无异残废"。他们认为禁毒不在频繁下达禁令,而在养士大夫之廉耻,"而其要尤在官之稽查督察,使不能有所宽假。宜先示限三年,责成督抚分饬州县,多制戒烟方药,施散劝谕,以满三年为期,逾期不能戒者,官吏参革,生监、举人褫斥,其官不举发,同罪"。"求实效而不为虚语,务力行而不责近功"③。

上述奏折发出之后,在没有接到批示的情况下,郭嵩焘又于7月20日单独寄发了《续陈禁止鸦片事宜折》,提出六项具体措施。"一曰权衡人情以定限制之期。"所有文武职官及举贡士子,戒吸时间一例定为三年。一般平民若年龄超过50岁,无庸示禁。"二曰严禁栽种以除蔓延之害。"多栽一亩罂粟,民间多增一亩害苗,国家多废一亩良田。应切实查禁,断绝根株。"三曰严防讹诈以除胥吏之扰。"严禁差役骚扰老百姓。若借戒烟为

---

① 《郭嵩焘日记》第三册,湖南人民出版社1981年版,第107—140页。
② 《钦差大臣署理礼部左侍郎郭嵩焘钦差副使候补五品京堂刘锡鸿奏为鸦片烟为害中国西洋设立公会相劝禁止贩运急由中国设法办理事》光绪三年二月初八,中国第一历史档案馆藏录副奏折,档号:03-7420-103。
③ 《钦差大臣署理礼部左侍郎郭嵩焘钦差副使候补五品京堂刘锡鸿奏为鸦片为害中国请旨禁止贩运事》光绪三年二月初八日,中国第一历史档案馆藏录副奏折,档号:03-7402-002。

名,肆行讹诈,应听民人呈控。"四曰选派绅员以重稽查之责。"广东设有劝禁鸦片烟会,用心良善,仅有劝导之功,而无督察之责。应由官府选派公正绅士劝禁鸦片,并派得力人员负责稽查,互相配合,力求实效。"五曰明定章程以示劝惩之义。"使民人知利病切身,自觉戒毒。所收鸦片税厘,应当用于禁烟活动。"六曰禁绝烟馆以绝传染之害。"上述六条禁烟措施,郭嵩焘进一步作了总结。"先官而后民,先士子而后及于百姓,一以渐摩劝戒为义……其大要尤在责成各省绅士自立章程,切实劝导,求实效而不务虚文,求真有益百姓而不专假官势以责近功。"① 很显然,郭嵩焘的奏折曲折反映了英国伦敦力除鸦片贸易公会的一些主张。

  清廷接到郭嵩焘的奏折后,对于英国设立公会提倡禁烟一节相当重视,立即批示道:"郭嵩焘与英国官员妥为筹商。果使外洋烟土不入内地,则中国栽种罂粟之风不难自行禁止,而吸食亦可永绝。并著该大臣认真商议。"同时,谕令各省督抚说:"该侍郎谓以三年为期,设法禁止,著各该将军、府尹、各直省督抚斟酌情形妥筹具奏。"② 准备在全国发动禁种罂粟、查禁吸毒的运动,但仍没有下定决心,只是打算在洋药来源断绝之后,再实行严厉措施。

  就在清廷尚未真正下定决心查禁罂粟种植时,一场大旱灾袭击了华北,粮价大幅度上涨,饿殍遍地,迫使一些省区为稳定粮食生产,而强制查拔烟苗。旱灾从1876年开始,波及山西、河南、陕西、直隶、山东等省。山西旱情最重,被灾州县80有余,啼饥号寒动辄数千人,待赈饥民不下五六百万。河南被灾23州县,户少炊烟,道殣相枕,四野哀鸿。阎敬铭奉命前往山西赈灾。他说:"往来二三千里,目之所见,皆系鹄面鸠形,耳之所闻,无非男啼女哭……甚至枯骸塞途,绕车而过。残喘呼救,望地而僵,统计一省之内每日饿毙何止千人。"③ 山西巡抚曾国荃在分析成千上万的人被饿死的原因时指出,除了旱情特别严重外,更由于山西大面积播种罂粟,粮食储存太少所造成。"此次晋省荒歉,虽曰天灾,实由人事。

---

① 《署理礼部左侍郎郭嵩焘奏为补陈禁止鸦片条款事》光绪三年六月初十日,中国第一历史档案馆藏录副奏折,档号:03-6334-022。

② 《郭嵩焘奏稿》,岳麓书社1983年版,第369页;《上谕郭钦差奏禁鸦片事》,《万国公报》第九年447卷,1877年7月14日。

③ 朱寿朋编:《光绪朝东华录》第1册,光绪三年十二月,中华书局1958年版,总第514页。

自境内广种罂粟以来,民间蓄积渐耗,几无半岁之粮,猝遇凶荒,遂至无可措手。"① 又说,山西土地气候本来不利粮食作物生长,纵令全部播种嘉谷,每年收获的粮食也不过刚够一岁之用。若将一半土地改种罂粟,本省粮食自然不足,猝遇荒歉,家无储积,而又无处购买,自然会饿死很多人。因此,奏请查拔罂粟。

  1878 年 3 月,清廷批准曾国荃的奏章,并将山西制定的查铲罂粟章程向全国推广,勒令各地一体严行查禁。② 山西制定的《查铲罂粟章程》,主要是依靠宗族关系和里、甲长的力量进行督察。"一族之中有种罂粟者,责成族长率子弟拔除;一甲之中有种罂粟者,责成甲长押令拔除……如花户(指种罂粟的人家——笔者注)人等意存梗化,准该管族长、甲长禀官究治。如族、甲长知情徇隐,则罪其族长、甲长。如州县官吏据为利薮,私自征收罂粟亩税,一经查出,立行参撤。"③ 同年 4 月 6 日,官府再次催令各省督抚说:"鸦片烟有害民生,实堪痛恨,近来民间栽种罂粟,流毒愈深,著各省督抚严行禁止,并详明晓谕,有犯必惩。"④ 似乎真的接受了华北大旱数十万人被饿死的教训。实际上,腐败的清廷仍然因循玩愒,并不关心人民死活,从未认真推行禁令,除了陕、甘、晋三省查禁罂粟较为积极外,其他各省很少有具体行动。陕、甘、晋三省最初查种虽比较认真,但没有长期坚持下去,很快宣告失败。

  从 1878 年开始的较大规模的查禁罂粟活动,虽导源于山西,而山西禁种的成绩并不大。1879 年编修李用清到山西各州县视察,"所历之处,种罂粟者较去年约减十之六七"⑤。这说明,查禁种植罂粟力度不大,种植面积仍然不小。不久,山西的鸦片著名产区又到处盛开毒卉。陕西查禁罂粟种植颇有成效。据陕西巡抚谭钟麟汇报,自谕令发出后,"有民间自行拔去,翻犁更种者;有印委各员往拔,纵容妇女阻挠,经训斥后始拔除者;有令饥民拔取花苗,给价收买者。于是穷乡僻壤一律净尽,乡民见饥黎往拔,按斤得价,亦相率自行拔除,用车

---

① 萧荣爵编:《曾忠襄公(国荃)奏议》卷 8,台北:文海出版社 1966 年版,第 16 页。
② 朱寿朋编:《光绪朝东华录》第 1 册,光绪四年二月,中华书局 1958 年版,总第 537 页。
③ 《曾忠襄公(国荃)奏议》卷 8,台北:文海出版社 1966 年版,第 61 页。
④ 朱寿朋编:《光绪朝东华录》第 1 册,光绪四年三月,中华书局 1958 年版,总第 567 页。
⑤ 《山西巡抚曾国荃奏为刊刻禁止栽种罂粟告示请旨事》光绪四年七月二十六日,中国第一历史档案馆藏录副奏折,档号:03-7402-017。

载往出售"①。陕西当年查拔罂粟取得较大成效,显然得力于夏天让饥民拔取罂粟花苗,按斤取酬。这种方法只能奏效于一时,而不能一劳永逸。第二年,陕西渭河两岸毒卉照旧遍地盛开。甘肃由于历来主张严禁鸦片的左宗棠的督催,查种罂粟也有一定成效。该省禁种罂粟始于1876年,每年不仅由官府派遣大批人员,周历乡村巡查,同时还出动军队前往民俗剽悍的地区弹压,强制拔除,到1877年已将大部分地区的罂粟查拔干净。然而宁夏一府农民因种罂粟利厚,"群以钱粮无从完纳为词,阴相抵制,肥沃田地,半为妖卉所占。"② 1878年,左宗棠把查种重点放在宁夏,"先之以文告,继之以复验,责之以乡约,督之以防营",同时向当地农民推广植棉技术。除了这些重要措施外,还对地方官员认真加以考课,发现查禁不力官弁,立即参革,先后撤任的有宁夏知府李宗宾、宁夏县知县胡韵兰、灵州知州孙承弼、平罗知县任懋修等。对于查禁得力的官员,则请旨交部议叙。因而成效较为显著。③

光绪初年的禁种罂粟活动,也像清末政局一样,政策的贯彻取决于地方长官的态度,或禁,或不禁,或阳奉阴违,或敷衍塞责,或阴相抵制,政令不能统一。而政令不能统一在于清廷内部有一批权要人物主张种植罂粟,抵制洋药输入,征收额税。1879年以后,清廷对于罂粟的种植采取放任态度。查禁罂粟较有成效的地区无法坚持下去,全国性的禁种自然归于失败。另外,禁种罂粟失败,还有群众思想不通的巨大障碍。例如,浙江象山县南门外,一家姓姜的农户栽种罂粟,知县令其拔除。他说:"官能将各关洋药捐税一律裁撤,我即遵谕拔去所种罂粟。否则,安能禁我?"④县令以其抗官,将其强行带走,路上遇到数十名乡民拦截。清廷对待洋药的软弱立场和对待土药的暧昧态度,是这次查种失败的主要原因之一。

鸦片输入合法化之后,上海一直成为外国鸦片输入量最大的城市,是当时世界消费鸦片最大的城市。它不仅大量消费洋药,也大量消费土药。

---

① 《陕西巡抚谭钟麟奏为暂缓奖励陕西省查禁罂粟出力各员事》光绪四年九月十八日,中国第一历史档案馆藏朱批奏折,档号:03-7402-019。
② 《陕甘总督左宗棠奏为宁夏府知府李宗宾等查禁罂粟不力请旨分别革除并出办各员请奖事》光绪四年七月初四日,中国第一历史档案馆藏录副奏折,档号:03-7402-014。
③ 《陕甘总督左宗棠奏为宁夏府知府李宗宾等查禁罂粟不力请旨分别革除并出办各员请奖事》光绪四年七月初四日,中国第一历史档案馆藏录副奏折,档号:03-7402-014。
④ 《栽种罂粟续闻》,《万国公报》第十年485卷,1878年4月20日。

上海作为当时世界最大的毒窟，从进口鸦片到批发转销，再到消费零售都有专门的商业机构。有专门负责进口印度及其他国家鸦片的大同行，有从大同行批发到鸦片后，再批发转销内地的小同行，有专门负责熬制鸦片膏的挑膏店，有专门为消费者设立的级别不同的大小鸦片烟馆，还有专门负责向各地押运毒品的镖局。大同行主要由外国商人垄断。著名的洋行有英国人开设的怡和洋行，英籍犹太人的新康、老沙逊、新沙逊、哈同洋行，还有英籍阿拉伯人开设的"白头行"（巴利行）等。

最初，上海开埠时，会说英语的人很少。当时有潮州人郭某能讲英语，得到鸦片贩子重用，专门代替洋商洽谈生意，从中获取了丰厚的酬金。以此为资本，开设了鸿泰土栈。这是中国人在上海开设鸦片行的开端，由于郭某经营鸦片生意很成功，于是，他的亲朋好友从潮州赶来，很快在上海的鸦片推销行业里形成最大的鸦片帮——潮州帮。与此同时，早期在广州经营鸦片走私贸易的一批商人，也看中了上海优越的地理位置，纷纷迁往上海，形成了"广州帮"。清末上海的鸦片帮各有一批著名的挑膏店。属于潮州帮的挑膏店有林恒丰等数十家，属于广州帮的也有数十家，其中以广诚信、广诚发、广诚昌、广福和、广维新、赵南来等最为有名。两帮烧烟技术，各有特色。广州帮以味香浓厚为上品，"陈膏""宿膏"最诱人；潮州帮烧工著名，蘸烟发泡，冠以"六出花""七出角""狮子摇头"等名。鸦片烟馆林立于上海的大街小巷。1872年，《申报》作了一下统计，有1700余家，毒窟的中心是法租界。据记载：大马路（今南京路）由抛球场起自东向西，有同信昌、龙园、北诚信、夏日长、恒益、中国、清园、同庆楼、协顺昌、沁芳园；石路（今福建路）北首有同信昌，盆汤弄（南京路北侧的山西路）有老延龄、恒丰祥；铁大桥南块（今河南路桥）有奇园；二马路（今九江路）有清芬堂、翠芳园；四马路（今福州路）自东起有乐也逍遥楼、留香园、沪江第一楼、万华楼、五层楼、留园、青莲阁、四海升平楼、馨芳园、协顺长、西园、群芳花萼楼、四海心平楼；望平街（今南京路福州路间山东路）有绮园、寄园；石路南首有协顺长；宝善街有怡珍、同芳、万宝楼；正丰街有正延龄、丰园；棋盘街有芳园、宏园、明园、奇园、聚园、燧园；西棋盘街有风生一啸楼，等等。在1700余家烟馆中，法租界的眠云阁最为有名，铺设精雅，茗碗灯盘精巧无比。馆主虽是一位女性，而算计十分精明。她首先雇佣青年女子为堂馆以广招探,其他烟馆辗转仿效。能与眠云阁相颉颃的是南诚信。南诚信设于1873年,内部陈设有红木梨花烟榻,云铜黄竹枪、银灯铜斗,光彩耀目。该烟馆分东西二厅,每厅设榻20余,还开设有豪华房间,每室置一榻,或双榻。开设在麦家园的倚园,烟枪十分考究,有虬角象牙的,有湘妃竹的、有甘蔗枸杞藤的。此外,还有兼营其他行业的烟馆。英租界的醉乐居兼营烟馆和酒楼,四马路的青莲阁则以烟馆兼茶馆。还有一种被称为花烟馆者,是妓院与烟馆的结合体,以妓女侍奉烟客过瘾嫖宿。同治、光绪时期,官僚买办乃至社会各阶层人都将吸食毒品视为交际场中的应酬品,或在烟馆边谈生意边吃鸦片,或借故醉月评花,陶醉于鸦片麻醉状态,社会风气呈现严重病态。上海一城如此,其他大中小城市的鸦片流毒可以想见。

上海查禁鸦片烟馆在同治年间曾进行过一次,但主要是为整顿社会风纪,限于查禁花烟馆。禁令发出之后,限一个月内烟馆娼妓择配良家。致远街、靖远街诸处花烟馆大半被强行关闭。不久,便故态重萌。上海对烟馆采取大规模查禁行动是1880年。从两江总督沈葆桢奏参嗜吸鸦片人员被批准的时间来看,江苏在1877年秋季已开始对官员实施较为严格的禁令。① 当时因吸食毒品被参革的有淮扬道刘咸、候补道杜文澜、宿迁县知县李德溥等多人。传教士评论说:"两江沈制军破除情面,任劳任怨,先将做官者参革数员,俾士商工贾及兵农等望而生畏,互有警戒之心,早谋除此巨祸,不敢以身试法也。"②

1878年,苏州的鸦片烟馆被查封,而上海方面似乎没有认真执行禁令。两江总督沈葆桢宣布要查禁鸦片烟馆后,上海的各大烟馆相率搬迁到租界。上海只是对军营士兵和读书人宣布了几道禁令,便草草收兵。1880年初,护理江苏巡抚谭继洵通饬全省查禁鸦片烟馆,要求各级官员一齐出动。告示说:"凡开设烟馆之户立即一律闭歇,各图正业。倘敢阳奉阴违,本护院不时派员察查,一经发觉,立予照章严办,并将查禁不力之地方官立予撤参。本护院令出惟行,法不宽贷,毋违。特示。"③ 同时公布了五条查禁章程:其一,凡查获烟馆,地方官立将开馆之人枷责示众,烟具当堂

---

① 《两江沈制军奏参吸食洋烟人员》,《万国公报》第十年470卷,1877年12月29日。
② 《两江沈制军奏参吸食洋烟人员》,《万国公报》第十年470卷,1877年12月29日。
③ 《通饬严禁烟馆示》,《万国公报》第十二年582卷,1880年3月27日。

销毁,房屋封闭归官;其二,无论军民人等俱准举报,密封投署,经查实立即赏大钱十千文。举报者须开具姓名、住址及本人姓名、住址,以便查拿给赏,不实者不究;其三,凡乡镇鸦片烟馆,地方须择公正绅耆二三人给予谕帖,互相稽查,随时密报;其四,凡烟馆停歇之后,再设灯榻供人吸毒,一经查获,立予严惩;其五,凡私开烟馆,房东、地保及左右邻最易发觉,如能先行密报,一律重赏。如私相容隐,一经发觉,立即查封,房屋入官,地保严惩,左右邻罚款。① 3月23日,谭继洵再次发出《严禁鸦片告示》,表示对以往吸毒成瘾的人既往不咎,勒限戒绝,对于以后新的吸毒者严惩不贷。"即将招诱之人,比照私开烟馆例重惩,房屋入官。其续行沾染者,亦按在馆吃烟之人究治。不能禁约之父兄一体连坐,仍勒限二十日戒绝。"②

  以上这些谕令发出之后,在上海引起很大震动,租界以外的鸦片烟馆纷纷自动关闭停业。到4月中旬,"其城中南市遵谕闭歇者已逾其半,改装门面另图生业者亦属不少……计三月初一日起至今,南市所开烟馆极少,竟寥寥如晨星"③。为了使剩余的鸦片烟馆尽快关闭,上海县又发出《严行催闭烟馆谕》。上海这次大规模查禁鸦片烟馆,起因于郭嵩焘的报告和在华西方传教士的鼓动,取得了一定成效。但由于它没有触及外国鸦片输入问题,也没敢对英法租界的烟馆采取相应措施,仍然归于失败。这次查禁不仅没有彻底关闭租界以外的烟馆,反而使大批瘾君子涌入租界烟馆,使租界内的烟馆生意更加红火起来。事后有人评论这次活动说:"苏藩谭方伯出示严禁,于是,各属州县为之一清,其有益于国计民生岂浅鲜哉!但禁于各属,而不能禁于上海,且禁于上海城内与南市,而不能禁壬夷场。夫上海,一弹丸地耳!徒以与西人通商,遂使政令扞格难行之势。在西人岂甘自居于化外耶!抑方伯之以化外置之耶!但业烟馆者,他处既难安置,势必蜂集于上洋,所以近日夷场烟馆愈加繁炽,小者不可悉数,如福泰号、旖园号、华园号、绅富楼相继开张,资本巨万。"④ 有的评论说:"前者谭护抚查烟馆一时雷厉风行,地方为之振肃,独上洋租界以夷

---

① 《通饬严禁烟馆示》,《万国公报》第十二年582卷,1880年3月27日。
② 《严禁鸦片告示》,《万国公报》第十二年584卷,1880年4月10日。
③ 《严禁催闭烟馆谕》,《万国公报》第十二年599卷,1880年7月24日。
④ 《拟禁上洋烟馆论》,《万国公报》第十四年684卷,1882年4月8日。

场之故，声教未通，故城内与南市概行绝迹，十六铺桥以下则高挑招牌，大张旗鼓如故也。租灯主人以租界为逋逃薮，趋归者有如山水之赴壑，愈汇愈多。"① 莫大遗憾。

上海查禁鸦片烟馆不仅没有触动外国租界开设烟馆者的利益，反而使其更加繁荣。租界内中国政令不能推行，租界以外的查禁成效自然难以维持，各处鸦片烟馆纷纷重新开业，比以前数量更多。这次上海查禁鸦片烟馆的失败，从大的环境来看也是必然的。因为英国并没有改变其强行向中国输入鸦片的立场，软弱的清廷既然不能阻止外国鸦片的输入，又不能有效制止吸食，那么，要想消灭传播毒品的场所是根本不可能的。上海一地如此，武汉、杭州、天津、广州、福州、厦门等城市无不如此。光绪初年开展的查禁种植和开设烟馆，各地都成效不大，以至于地方官吏无法夸功请赏，很少记载此事。

但是，中国对于毒品的宣战、斗争从未停息。1882年，张之洞调任山西巡抚，这位清流派的名士踌躇满志，决心一展抱负，从查禁罂粟入手，整顿山西纲纪、风俗。当年7月26日，他就上奏，请求查禁罂粟。强调说，山西土地贫瘠，产粮不多，从前靠邻省接济。广泛种植罂粟，夺民衣食，若有大的自然灾害，不堪设想。晋省吸毒之人已遍及各阶层，"大率乡僻居其十之六，城市居其十之八，豪家晏起，怠惰颓废，毫无生气"，生产力严重破坏。况且，"内地不禁，听其繁滋，何以关远人之口"②。他总结以往失败的教训说："晋省罂粟之所以不能禁者，一由于上官之禁弛不一，朝令夕更；一由于官吏之视为利源，图收亩税。祛此二弊，必有成效可观。"③ 他请求在查拔罂粟的同时，设立戒烟局，劝戒吸食，移风易俗，综合治理。

清廷接到张之洞的这一片奏，仅仅一般性地批曰："民间栽种罂粟有妨嘉谷，屡经严谕申禁，仍著该抚随时查察，有犯必惩，以挽颓俗。"清廷没有彻底实行禁种的诚意和决心，但又不便公开制止张之洞在山西实施

---

① 《治沪先策》，《万国公报》第十五年734卷，1883年4月7日。
② 张之洞：《禁种罂粟片》光绪八年六月十二日，《张文襄公全集》卷4，台北：文海出版社影印1966年版，第31页。
③ 张之洞：《禁种罂粟片》光绪八年六月十二日，《张文襄公全集》卷4，台北：文海出版社影印1966年版，第31页。

禁烟。不过，张之洞需要的是清廷的允诺，一接到批交的谕旨，就积极准备在辖区内发动大规模禁烟运动，创造辉煌政绩。张之洞以其名士文笔，拟定了一份包括十条内容的查禁罂粟章程："一曰得人"，选择得力的差役和社会上有名望办事公正的绅士，参与禁种活动；"二曰先难"，重点查禁从前栽种罂粟最多的区村，具结有案之户、水利丰饶之区、人迹难到之处，风俗剽悍之乡；"三曰通力"，各州县不旌域通力合作，照章查禁；"四曰除弊"，各州县不得私征烟亩税，杜绝得贿包庇行为；"五曰议罚"，查得种罂粟之田，立即充公；"六曰悬赏"，绅士实心任事，不辞劳苦，授以功牌匾额。首告者给以奖赏；"七曰抑强"，各路营兵所在地方，一律严禁，劣绅富豪私种，加重治罪；"八曰速毁"，发现罂粟，或用长杆击倒，或翻犁改种，或令自拔，或派乡夫拔毁；"九曰用威"，在禁令不能推行的地方，可以请兵弹压，以壮声威；"十曰化俗"，劝告农民改种蚕桑、木棉、烟叶、花生和山药等农作物。① 这一查禁章程，较之以往各地的同类章程更加周密具体。这表明张之洞十分重视这次行动。张氏于11月札饬各属执行，明确表示说："本部院惟以能禁与否，定地方官之功过。既不准听其种植，亦不准骚扰生事，勘察责之各府州县，督考责之两司四道。禁绝者奖，不禁者严参。"② 权责划分亦十分明确。

在查禁罂粟的过程中，张之洞的督察相当认真。1883年春天，各州县查禁罂粟情况的报告一份份报来，张之洞一份份认真批示。他一面责令所属地方官一律查禁，不可稍有畏难苟安之见；一面派员到各州县明察暗访。当发现交城尚有8个村子3000余亩罂粟没有拔除，立即批令严办练总刘兰、郝永魁等人，并将各村村长枷责示众。6月，得悉交城胡卢峪山民强悍，抗违不拔，先后派遣三支清军前往弹压，并传集该县社首前往，"立刻拔除净尽，改种五谷，各县各具永不再种甘结，如有租户、奸商、劣绅、地棍敢于迁延抗违，以及衙役汛兵得规包庇，即行捕拿锁押来省，尽法惩办"③。由此可见，张之洞禁种的决心。长官如此，属员自然不敢怠

---

① 朱寿朋编：《光绪朝东华录》第2册，光绪八年六月，中华书局1958年版，总第1361页。
② 《札各属禁种罂粟》光绪八年十月，《张文襄公全集》公牍一，卷八十六，台北：文海出版社影印1966年版，第14—17页。
③ 《札知府刘林新赴交城督禁罂粟》光绪九年五月初八日，《张文襄公全集》公牍二，卷八十七，台北：文海出版社影印1966年版，第16—17页。

慢。所以,山西这次各地查禁罂粟比以前认真,效果较好。

经过一年多的努力,山西禁烟取得了明显成效。张之洞奏报说:"查晋省种烟最盛之地,南为交城,北为代州。交土、代土之名闻于邻省,而交城尤为之冠。于是迭饬印委员弁先赴交城分查互勘,穷数日之力,遍历溪谷,不避幽险。其间东西壶卢峪,地如其名,素为种烟渊薮,民俗狡悍,号称难治,亦复一茎不留。其查代州亦如之。各属民户以交城、代州之多且难,犹然禁断。每有闻风自毁改种秋禾者,各牧令亦俱踊跃奉行,顺流而下,并令地方官各视土宜,教之种桑、种棉、种麻、种兰、种蒜、种菜籽、种花生,以敌其利……其绅士、社长劝导有方者,匾额花红,以旌其善。屡次明察密访,考之绅商士民,合通省计之,南交、北代一律净绝。其余厅州县,南滨黄河,北抵边外,或十去八九,或十去六七。通省多少牵算,实已禁除十分之八。"① 同时,向清廷表示,以三年为期,陆续而行,永除此害。

当年12月29日(光绪九年十二月初一日),为巩固、扩大禁烟成效,又发出严禁告示,谕令各府州县于来年查种时,"断不准再有遗漏,以期永绝根株"。

与查禁种植罂粟相配合,张之洞还要求各地官员必须戒断烟瘾,关闭辖区所有鸦片烟馆,筹设戒烟局,研制戒烟丸药。1883年1月,札令保甲等说:"惟各处烟馆之设,尤为诱民陷溺之端,凡属务士民,皆可就便取携,积成痼疾。若不一律查禁,留此痼疾,终为民生风俗之害。"要求将省城大小烟馆一律驱逐,不准容留一家。3月,又札饬布政使通饬所属官员于三个月内戒除毒瘾。他说:"本部院莅晋以来苦口劝谕,告诫周详,藩司以嗜好而去任,州县以嗜好而参撤、停委;乎罚、示戒,何至三令五申!乃经年以来,察看大小官员悔疵愉涤者不过十之二三,苟安因循者仍有十之七八。沉迷如此,可为痛恨。兹复钦奉谕旨,勒限三月禁断。"同年十月,于省城太原三桥街临时设立戒烟局,奏调直隶都司杨佑青前往主持。戒烟局开设之后,据说当时太原人前往就医买药的络绎不绝。

山西这次禁毒运动之后,一直到1906年,没有出现大的禁毒活动,但

---

① 《山西巡抚张之洞奏为陈明查禁栽种罂粟各员情形请旨分别奖惩事》光绪九年十二月十二日,中国第一历史档案馆藏录副奏折,档号:03-7402-041。

民间反对毒品的活动从未停息。尤其是，甲午战争之后，随着民族主义运动的兴起，反对毒品的声势越来越大，许多地方都出现了自发的禁毒会社。例如，江苏无锡等地就出现了一个禁毒团体，试图依靠民间的力量，通过局部的禁毒活动，而影响整个社会，为全国新的禁毒运动进行必要的舆论和组织准备。①

从上述情况来看，地方性的历次禁烟拒毒运动虽在局部地区暂时取得一定成绩，而最终无不归于失败。究其失败原因，就国内来说，主要是由于清廷态度暧昧，缺乏禁烟的诚意和决心，邻近省区的配合行动不力；就国际条件而论，各国对于毒品的危害认识尚不深刻，互相声援的国际禁毒组织尚未成立，国际环境尚未形成，英国政府虽遭到国际国内舆论的批评，但压力不足，其鸦片政策尚未松动。

四 "土药"产量与烟毒泛滥程度

光绪初年的全国性禁种罂粟活动失败后，在清朝各级官员放纵、鼓励和保护"土药"生产贸易政策影响下，罂粟的种植面积越来越大，"土药"的产量越来越高。

四川号称中国的"天府之国"，土地肥沃，气候湿润，特别适宜各种农作物的生长。光绪时期，由于种植罂粟可以获取较高收益，农民大量种植罂粟，使四川成为全国最大的鸦片产区。罂粟不但占用了大量良田，就连山林深处，沟壑溪畔，也处处盛开罂粟花。云南的种植面积和产量仅次于四川，一到罂粟花开季节，遍地毒卉。贵州的农民将罂粟"视同禾稼，连阡越陌，收赃盈，微利所归，群相竞取。"② 1882 年，有人估计说："中国四川、云南、贵州三省共出烟土 265000 担，三处土人所食仅需 165000

---

① 许珏在《与旅京同乡诸君拟办本籍禁烟书》中说："今欲以数书生之志力，就百里之地倡之，未免近愚。然古来至艰至巨之事，其转旋枢纽恒萌芽于一二人方寸之中，及其精诚所至，金石为开，天心悔祸，亦随人事为转移。古人以人为天地之心，良不诬也。吾邑自泰伯南游，草昧肇开，三千年来代有贤哲，实为海内文明之地。顾、高二先生倡道东林，至今四方宗仰。今日鸦片之祸或当由吾邑首先浦除以为天下之倡，亦使当世知锡麓惠泉之间，圣贤遗泽犹未湮也。"此书写于光绪二十五年七月二十五日，详见《復庵文集》卷七，台北：文海出版社 1966 年版，第 1—2 页。
② 陈惟彦：《强本堂汇编》，官游偶记卷上，1917 年铅印本，第 23 页。

担，余皆分运近省。"① 1906 年，国际鸦片委员会估计，四川生产的土药有 238000 担，云南为 78000 担，贵州约产 48000 担，三省共计 364000 担，占全国鸦片产量的三分之二左右。若以平均亩产 50 两推算，三省罂粟播种面积为 11648000 亩。②

山西以种植罂粟收益倍于菽粟，便以膏腴之田遍植罂粟，而将粮食作物种植于贫瘠之地。该省罂粟向来以太原、榆次、交城、文水、代州、归化等地最盛，岁征土药地亩税 1099400 两，坐贾厘金 96000 两，行商税银 57700 两。1906 年，国际鸦片委员会估计该省产土药 30000 担。陕西渭南土地肥沃，水利灌溉条件良好，每年有大批商品粮运出。光绪中后期，因遍植罂粟而粮食生产不足，不能供应本区所需。甘肃土地不甚肥沃，而罂粟种植无处不有。1906 年，国际鸦片委员会估计上述三省所产鸦片约有 114000 担，种植面积约有 3648000 亩。

江苏北部的徐州，在咸丰、同治年间已经成为全国著名的鸦片产区，所属八州县，农田"几乎半植罂粟"③。浙江台州所种罂粟与徐州齐名，"每年所植罂粟，出浆不下数十万石"④。温州也是有名的鸦片产区，绍兴也种有很多罂粟。安徽种罂粟最盛之区，向以宿州、涡阳、亳州、阜阳、太和、蒙城为最。"原隰龙鳞，弥望皆罂粟花，嫣红夺目"。三省所产鸦片估计约有 70000 担，"烟亩当为 2300000 亩"⑤。

光绪时期，东北三省也成为鸦片重要产区。1884 年，有人说，东三省种罂粟者不下十之六七，每当花开时节，漫山遍野。吉林每年所产土药为 6000 担，黑龙江、奉天也种有很多罂粟。据国际鸦片委员会估计，东北每年土药产量为 15000 担，种植面积约计 480000 亩。

其他省区，如山东、河南、直隶、福建等省，虽无罂粟集中种植区，而各地也种有大量罂粟。总之，可以说无一省不种，或种植以图利，或种植以自食，到处罂粟遍植，毒卉盛开。

1897 年，赫德估计了一下全国的鸦片产量。"吉林 6000 担，甘肃、

---

① 《益闻录》光绪八年二月十四日，145 号。
② 1906 年，国际鸦片委员会估计中国罂粟面积为 1870 万亩（详见表 8－1）。
③ 朱之榛：《常慊慊斋文集》下，钞本第 11 页。
④ 《农学报》第 13 期，光绪二十三年十月，（1897 年 11 月）上。
⑤ 日本外务省《清国事情》上，1905 年中文本，第 580 页。

陕西、山东、山西、河南、直隶 60000 担，四川 120000 担，云南 80000 担，贵州 40000 担，浙江 14000 担，江苏 10000 担，安徽 2000 担，福建 2000 担。总计 334000 担。"① 1900 年，莫尔斯估计全国的土药产量为 376000 担。② 1906 年，国际鸦片委员会估计中国年产土药为 584800 担，若以平均亩产 50 两推算，种植面积为 18713600 亩。详见表 8-1③。

表 8-1　　　　　　1906 年中国各省的鸦片产量　　　　　　单位：担

产区	产量	产区	产量	产区	产量
东北	15000	湖南	1000	甘肃	34000
直隶	12000	湖北	3000	四川	238000
山东	18000	江西	300	云南	78000
江苏	16000	安徽	6000	贵州	48000
浙江	14000	河南	15000	广西	500
福建	5000	山西	30000	新疆	500
广东	500	陕西	50000	合计	584800

1905 年，清廷户部作过一项估计，数字大得更加惊人。"内地种烟之地约计五六十万顷，产土近四百万石。"④ 以上这些估计，尽管有较大出入，但都一致反映出土产鸦片数量巨大。

光绪初年查禁罂粟与鸦片烟馆活动失败后，土产鸦片数量急剧增加，吸食毒品的人数越来越多。出产鸦片的地区，不仅成年男子绝大多数染上烟霞癖，就连妇女儿童也未能幸免，家家都有烟枪烟具。即使不吸食毒品的人家，也要备置鸦片烟枪、烟膏，以便招待亲朋好友。朋友相遇，每以请入鸦片烟店，表示热情款待。比较富裕的人家，则以购买洋药夸耀乡里。下层的劳动者买不起洋药，便以土药为主要消费对象，多半把吸食鸦片当成是他们能够支持一天繁重工作，驱除疲劳的一种刺激品。经常处在

---

① 朱寿朋编：《光绪朝东华录》第 4 册，光绪二十三年五月，中华书局 1958 年版，总第 3963 页。

② 瓦格勒：《中国农书》下册，王建新译，上海商务印书馆 1936 年版，第 442 页。

③ Report of the International Opium Commission, Vol. I, Shanghai: Plinted and Publised by the North-China Daily News & Herald Ltd., 1909. p.57.

④ 《户部奏洋药土药害人耗财拟严定分年禁法烟画一办法折》，《东方杂志》1905 年 2 卷 2 期。

为男子挑膏燃灯的吞云吐雾环境中的妇女，也能染上毒瘾。上行下效，一些不懂事的儿童以其好奇心理模仿大人，染上毒瘾。

鸦片烟馆遍布各城乡镇，为吸食毒品提供了十分便利的条件。"鸦片烟馆随地皆是，错杂民居，核而计之，约得十与一之比例。无论山乡僻壤，甚至不成聚落之地，操此业者必有数家。入其室横陈其间者，曾无虚榻。"① 街市上所开设的各种酒店、茶社、旅馆、妓院，通常为满足客人的临时需要，也备置烟枪烟具。有人甚至提着烟枪烟膏，跟随江边的纤夫，为其服务。据《申报》统计，1872 年的上海有鸦片烟馆 1700 余家；1906 年的重庆有烟馆 860 家；成都有 500 家。就连吸食鸦片风气不很盛行的长沙也有 554 家烟馆。② 由此，可以想见各城乡镇鸦片烟馆林立的景象。

蔓延全国的鸦片烟毒，主要是高层统治集团竞相奢侈影响的结果。慈禧太后吸食鸦片是众所周知的事实。大学士瞿鸿禨经常手里攥着根大烟枪，睿亲王魁斌、庄亲王载功、都御史陆宝忠、副都御史陈名侃、外务部侍郎唐绍仪等都是毒瘾很大的烟鬼，就连一向反对鸦片的张之洞也是一个地地道道的瘾君子。各省督抚衙门同样吸食毒品成风。例如，贵州巡抚庞鸿书、学政陈酿、布政使松煖、按察使严隽熙，竟然全是鸦片的俘虏。有的衙门里的吏役书办、师爷听差都是鸦片吸食者。1910 年的一项统计说，全国戒吸鸦片的官员有一万人之多。这尽管不是吸食毒品官员的实有人数，而足可以说明清代官场吸食毒品的严重程度。军队吸食毒品的现象更加严重。福州将军奏报驻在闽省的清军染有毒瘾者"几于十之六七"③；驻在成都的清军"沾染殆遍"④；宁夏的驻军"以满营吸烟人数过多，不仅十分之五六"⑤。如此，形成一种严重堕落的社会风尚。

由于当时没有系统的统计，对于全国每年有多少人吸食毒品这个问题，很难回答。这里我们只能按照每人每年平均吸食 3 斤或 6 斤，做以下粗略推算。

---

① 思楚：《论中国社会现象及其振兴之要旨》，《东方杂志》1905 年第三卷 12 期。
② 《烟馆争奇》，《申报》1873 年 12 月 29 日。
③ 《福州将军朴寿奏为闽省驻防遵旨办理禁烟情形事》，光绪三十四年七月二十九日，中国第一历史档案馆藏朱批奏折，档号：04-01-01-1090-017。
④ 《成都将军绰哈布奏为城防官兵禁烟情形并设所查验事》，光绪三十四年八月十六日，中国第一历史档案馆藏朱批奏批，档号：04-01-01-1090-019。
⑤ 《宁夏将军奏禁烟办法片》，《政治官报》1908 年第 412 期。

1880年，据郑观应估计消费的洋药和土药共有2640万斤。若按6斤推算，经常吸食毒品的人数为"四百四十万人"；若以3斤推算，应为880万人。

1897年，赫德估计中国每年消费的土药为334000担，当年输入的外国鸦片为52859担，二项共计386859担。以每人每岁食用6斤推算，经常吸食者有6447650人；以3斤计算，则为12895300人。

1900年，土产鸦片为376000担，输入的外国鸦片为49201担，两项共计425201担。以每人每岁食用6斤计，经常吸食者约为7086683人；以3斤计，则为14173366人。

1906年，国际鸦片委员会估计的土药产量为584800担，当年进口的外国鸦片有54225担，两项总计639025担。以每人每岁食用6斤推算，经常吸食毒品者为10650416人；若以3斤推算，则为21300832人。相当于全国总人口1/40或1/20。考虑到偶然吸食和有节制的吸食因素，实际吸食毒品的人数还要更多一些，而真正吸毒成瘾的人数也许略少一些。这是就全国一般情况而言。在鸦片重灾区，吸食者更为普遍。1882年，有人说台湾某地有"5%的男子和2%的妇女——在市镇有70%的男子——吸食鸦片"；有人推算四川有27%的人吸食毒品；有的说山西"无人不吸"，祸延妇孺。这些描写，绝非夸张之词。

除了数以千万计的鸦片吸食者之外，在通商口岸和经济发达的地区，吞服和注射吗啡的风气正在蔓延。数以吨计的外国吗啡，"正在牢牢地抓住中国人"[①]。吗啡是鸦片进一步加工后的高级制成品。作为药物，只要正确使用，可有助于减轻人的病痛。但若用之不当，所造成的毒害较之鸦片更烈。19世纪这种药物被发明后，西方国家的生产能力迅速提高。吗啡作为药物广泛应用的同时，作为毒品也迅速向世界各地扩散。吗啡首次被带入中国的确切时间尚不十分清楚，但可以肯定它的最初传入与西方来华的医生有关。19世纪的最后10年，吗啡通过海关输入中国的数量在迅速增加，一年比一年引起人们的关注。表8-2是通过海关输入的情况。与此同时，由于吗啡体积小、价值大、携带方便，被大量走私入口。1907年8

---

① 徐雪筠等译编：《上海近代社会经济发展概况（1882—1931）》，上海社会科学院出版社1985年版，第67页。

月,一位记者这样写道:"问题很清楚,吗啡还将大量向中国进口,从海峡(指马六甲海峡——笔者注)、暹罗、婆罗洲回汕头和厦门的中国人随身携带吗啡。这是一种便于携带走私和出售获利最大的商品。在中国大药栈里有很多外国雇员,如果不是全部,都经营吗啡生意。我记不清以前是否寄过给你如下的这种大规模交易的说明。今年年初在马来联邦的吉隆坡地方查获了一批吗啡,那是从英国格拉斯哥城的药品商麦肯齐公司运来的,查获的数量不是几两,或一两磅,而是 400 磅。实际上,中国消费的全部吗啡都是走私进来的,数以吨计。这是英国人感兴趣的中国秘密交易之一,按目前的行市,吗啡的关税是每两 10 先令,或每吨 17920 英镑。如果每年走私进来 2 吨,这似乎是可能的,中国税收损失就极为严重了。"①这位英国记者对其同胞向中国走私杀人的毒品罪行轻描淡写,似乎只是偷漏了一二十万英镑的关税,却不计算这批数量巨大的毒品毒害了多少中国人。

表 8-2　　　　　　　1892—1901 年吗啡输入量与价值

年份	数量(盎司)	价值(海关两)	年份	数量(盎司)	价值(海关两)
1892	15761	12325	1897	68170	112796
1893	27993	32462	1898	75748	109570
1894	43414	63289	1899	133764	197602
1895	64043	76886	1900	93667	145864
1896	67320	89536	1901	114080	178743

吗啡针剂主要用于皮下注射。注射吗啡之后,可以减轻患者病痛,患者周身产生持久的快感,时间一长,就会成瘾,须臾不能离开。注射吗啡针剂,最初是从四肢开始,因为每次注射后,针眼下的皮肤通常会出现肿块,无法在原处重新注射,注射一次要更换一个部位,四肢被密密麻麻注射满后,再从臀部、腰部开始,然后再从四肢开始,卒至体无完肤。有时患处发炎化为脓疮,奇臭无比。这样,直到生命终点。最初,中国注射吗

---

① [澳]骆惠敏编:《清末民初政情内幕》,刘桂梁等译,知识出版社 1986 年版,第 517—518 页。

啡的风气是从上海、广州等通商口岸开始，后来扩散到内地城市。先是官僚、绅士、富商相互习染，后来流氓痞棍、歌星妓女等人趋之若鹜，危害日深。①

结　论

鸦片烟毒泛滥，对于人民群众是巨大的灾难和祸害。英国政府是这场灾难的制造者和受益者。同样，清廷既是纵毒者，也是受益者，它不仅每年从洋药中征取大量税厘，而且从土药中获得了很大收益。

1859 年洋药弛禁，户部曾规定，每百斤土药的税厘为 30 两银。然而，由于清廷对罂粟的弛禁与否存在着严重分歧，时禁时弛，各地执行情况不同，税厘标准自然不能统一。1881 年，南洋通商大臣两江总督左宗棠奉诏入京，与北洋大臣直隶总督李鸿章会商洋药加征税厘事宜。左宗棠主张对外国鸦片采取"寓禁于征"的方针，加征税厘到每担 150 两银。同时，他主张对土药的生产重加其税，以限制罂粟种植面积的扩大。② 至于加征多少，左氏并未明确说出。李鸿章主张，土药不分何地出产，统照所拟洋药内地税厘之数，减成征收。"今拟不分何处出产，统照洋药内地税厘之数减成征收，土烟无进口之税，暂按一百二十两，三分减二，定为每百斤共征税厘 40 两。此口征则彼口免，彼处征则此处免。完过税厘之后，领有执照，无论运往本省何处，均不重征。"③ 这是试图用降低土药税厘的办法，一面抵制洋药入口，一面防止偷税漏税，增加财政收入。清廷既然明令征收土药税厘，并试图统一全国土药税厘征收标准，就意味着放宽了内地种植罂粟的禁令。从此以后，清廷很少下达在全国禁毒的命令，它的土药政策无非是以"寓禁于征"为名，而行榨取社会财富之实。

1881 年关于土药税厘的讨论，由于种种原因，未能统一标准。1890

---

① David Edward Owen, *British Opium Policy in China and India*, New Haven: Yale University Press, 1934, pp. 205 – 271.
② 《军机大臣左宗棠奏为严禁吸食鸦片请先增洋药土药税捐事》光绪七年五月初五日，中国第一历史档案馆藏录副奏折，档号：03 – 6490 – 026。
③ 《直隶总督李鸿章奏为遵议洋药土药加赠内地厘税事》光绪七年六月十六日，中国第一历史档案馆藏录副奏折，档号：03 – 6490 – 041。

年，因财政困难，清廷急于寻求税源，准备采纳赫德的建议。赫德认为，土药税厘偷漏严重，必须设法整顿，建议征收鸦片落地税。所谓"落地税"，就是在罂粟的种植区按亩征收定量的鸦片税厘。清廷于是将征收鸦片过境税和落地税的方案，发交各地讨论。张之洞认为，土药若照洋药税厘每百斤征银110两，似嫌太重，"加税过多，行销必滞，透漏益工，转恐有名无实"，建议按户部原定每百斤征银30两推行。① 李鸿章认为，征收土药落地税不便有三：其一，民间种植罂粟地亩经常变化，官吏确定查勘困难，无法准确核定地亩与产量；其二，种植罂粟多在偏僻之处，官员无法处处查勘，势必借助吏役操作，假手吏役则滋扰事多；其三，若按地亩征收，是征之于农，而不是征之于商，名实不副，农民以为加赋，势必聚众抗官。所以，只能对土药估价定税。他说："现在洋药每百斤售价约三百八九十两，核之约计每价百两，征税厘二十四五两之数。拟将土药亦按价每百两，共征税厘二十四两，惟洋药只有关税、厘捐两项，无落地税。土药则当分为落地税八两、关税八两、厘捐八两，合计共二十四两。如此则与洋药税厘额数铢两悉称，无畸轻畸重之处，可免滋生异议。而落地税、关税、厘捐三项俱全，分次征收，系属土货办法，与总税务司原议相吻合。"②

这次关于土药税厘的全国讨论，似乎仍未取得一致意见。1897年，户部总结1890年以来征收土药税厘情况，说："近年以来各省复奏，或按亩输税，或设局统捐。按亩者则捏报歉收，统捐者则隐匿短细。即如南徐州土药，该省督抚初报以产计捐，可收银三十万两，旋又改办统捐，在徐局每百斤捐足六十两，所过各关不复再捐。乃自改章后，每年仅收二十四五万，今又短至二十一万余两。即此一处，前后收款已属悬殊；一再改章，竟同虚设。其余各省办法不同，要之一无实际。统计各省收税，每年不过一百数十万两。其中胥役之包庇，商贩之偷漏，官吏之侵渔，种种弊端，更仆难数，朝廷徒受开禁之名，赋税未获征收之实。"③ 这是抱怨征收的土

---

① 《整顿土药税项筹拟办法折》，《张文襄公全集》奏议卷二十九，第16页。
② 《直隶总督李鸿章奏报酌议直隶征收土药税厘情形事》光绪十六年十二月十七日，中国第一历史档案馆藏朱批奏折，档号：04-01-35-0567-056。
③ 朱寿朋编：《光绪朝东华录》第4册，光绪二十三年五月，中华书局1958年版，总第3963页。

药税收不够多。

　　1897年，为筹措甲午战争赔款，户部根据总税务司的建议，奏请在全国对土药实行税厘并征，每担计划征银60两，借以达到"不加税而税足，不开源而源裕"的目的。具体方法是：由各直省选派得力人员在土药主要产区设立总局，略仿洋药税厘并征方案，先行试办，每担征税厘60两。纳税之后，发给印票，粘贴印花，任其销售，概不重征。如无印票、印花则照章以走私例罚款。这次清廷整顿土药税厘，不再提"寓禁于征"，显然目的只有一个，就是增加税厘，解决财政危机。

　　户部的奏折被批准后，通令各省执行。又有一些省区的督抚提出异议，认为户部所拟征收土药税厘方案窒碍难行。如湖广总督张之洞、广西巡抚史念祖、陕西巡抚魏光焘、甘肃巡抚陶模以及山东巡抚李秉衡等，均复奏说，新章不可行，要求照旧章办理。山东巡抚李秉衡的反对意见具有一定代表性。他的反对理由有三：其一，按照规定的数量要求各省强制征收，实际是迫使农民尽弃嘉禾而植毒卉，势必是亩无栖粮，家无储粟，设遇灾荒，难以避免饿殍遍地的灾难，害稼贼民，有伤政体；其二，老百姓已经很贫困了，各省所征正税每年不及七成。如果按百斤强迫纳税60两，以山东为例，应征银60万两，相当于从前征收数额的10倍左右，"是即于向所不产之处教之树艺，多方搜括，又未必能盈其数。揆之事理，即有所不可"；其三，四川土药产量为12万担，应征720万两；云南8万担，应征480万两；贵州4万担，应征240万两；吉林6000担，应征36万两；甘肃1万担，应征60万两。此五省中以四川最为富庶，而额征地丁杂税不过六七十万两，而所议土药税厘多至十余倍，恐竭全省之力，难于完成。其余四省位在边陲，本已入不敷出，加之土地贫瘠，而责以数百万两税项，即使采用商鞅之法，也不能强无而为有，根本不可能办到。他尖锐批评说："即令如数取盈，已非圣朝宽大之政，况财用者，国之脉，民之命，竭地利之所出，不能餍其诛求，必至商贾裹足，怨讟繁兴，现在蜀、滇、黔、粤强敌环伺，使民不堪命，势必包藏祸心，迭起事变，患且不可胜言，利于何有？是两千万之数断不可得，何必虚悬诰令，为此得不偿失之谋哉！"① 要

---

① 《山东巡抚李秉衡奏为部议筹征土药税厘办法流弊甚大请仍照现办章程稽征事》光绪二十三年六月初一日，中国第一历史档案馆藏朱批奏折，档号：04-01-01-1018-002。

求清廷立即收回成命。

光绪帝接到李秉衡的奏折,谕户部议奏。户部针对李秉衡的主张,反唇相讥说:"若谓加重税厘之故,商贾不获厚利,未免动以浮言,则是观望者不过运销土药之人,而各项商贩自若也。怨谦者,亦只吸食土药之人,而各项农民自若也。何至包藏祸心,迭起事变。"① 并指出尚有一亿两赔款无从筹措,即使借贷外国,也必须设法筹还,分摊各省。采取土药税厘并征是不得已之举,志在必行。户部不顾反对,坚持对土药税厘并征。各省的反对意见虽有一定道理,只是着眼于社会的暂时稳定,而不是考虑清除毒害,长治久安。他们在维持清王朝的统治上是一致的。

1899年,清廷财政异常窘迫,便又在土药税厘上打起主意,要求各地"于原定数目之外,再行加收三成"。比如,山西土药税厘已经征至每百斤80两,再加30%,为104两。川土运到湖北,税厘已增至每担84两,再加三成,为109两。当时四川与山西的鸦片,每担为二三百两银子,征收的税厘相当于原价的1/3或1/2。各省纷纷表示难于征收,要求缓期执行。清廷无可奈何。1901年,又因筹措庚子赔款无从入手,清廷再次决定加征土药税厘三成。1904年,国库一空如洗,清廷下令在全国实行统捐,将每担土药税捐统统提高到115两,声称以后不再提高土药税厘。先由湖广总督试办,然后推广到湖南、湖北、江西、安徽,旋因溢收数额增大,于1905年改为8省合办,其他省区,如直隶、山东、山西、浙江、河南、陕西、甘肃、四川、云南、贵州也于1906年陆续仿办。

统捐局设于武昌,由柯逢时负责督办,无论何省产销的鸦片统捐银都是每担100两,随收15两,共为115两。为了保障运销鸦片的安全,清廷承担了保护鸦片商贩的义务。"保护商人,统捐收清,粘给印花执照,听其销售。如有劫案,地方官坐视不理,一经禀告得实,即行撤任,留缉,荒僻之处,酌拨兵勇、巡船……力为保护。"② 这样一来,清廷全部放宽了土药的禁令。土药成为清廷财政收入的一大来源。为了保护自己的鸦片利益,清廷把这种毒品生产和贸易置于国家的保护之下。鸦片贸易,除了在

---

① 《遵议东抚请免加土药税厘事宜折》,《万国公报》第九年10卷,1897年11月。
② 《清朝续文献通考》卷51,征榷二十三,第8062页。

道德法庭上仍然处于被告席位之外，在清代这一时期已经取得了一切合法地位。

依据档案资料，罗玉东对清廷征收的土药厘金做过一项系统统计。这项统计，起于1869年，到1906年为止。详见表8-3①。土药厘金只是清廷从这项毒品中获取利益的一小部分，大笔税款是通过其他名义征收的。例如，光绪年间征收的有落地税、关税和厘金三种。当时四川征收的落地税每年不下40万两，全国征收的落地税和关税总额足有100万余两。1897年，户部提出要整顿土药税厘章程时，就承认土药税收有"一百数十万两"，并对这个数字表示不满。实行统捐之后，清廷的土药收益大增，总计一年届满征收的土药统捐有"九百余万两"②。

表8-3　　　　　　　　1869—1906年鸦片厘金统计　　　　　　单位：海关两

年次	厘金	年次	厘金	年次	厘金	年次	厘金
1869	62981	1879	27400	1889	632997	1899	566543
1870	61330	1880	25872	1890	688369	1900	498397
1871	54271	1881	37425	1891	589959	1901	461284
1872	52702	1882	48370	1892	483177	1902	493314
1873	55836	1883	141968	1893	529831	1903	560384
1874	50953	1884	106487	1894	576486	1904	551259
1875	48925	1885	102229	1895	713468	1905	622997
1876	48958	1886	140402	1896	549512	1906	176269
1877	41451	1887	371824	1897	535997	—	—
1878	30529	1888	625609	1898	566928	—	—

1904年，各省土产鸦片税收有"五百六十余万两"③。这一数额相当于罗玉东统计的厘金额的十倍。从上述情况看，清廷每年从土产鸦片中所榨取的税款，除了几十万两厘金外，还有一笔相当大的税收款项。这些款

---

① 罗玉东：《中国厘金史》第2册，商务印书馆1936年版，第471页。
② 《清朝续文献通考》卷51，征榷二十三，第8063页。
③ 《清朝续文献通考》卷51，征榷二十三，第8063页。

项包括烟亩捐、落地税、关税、统捐等。在 19 世纪末至 20 世纪初，平均每年收入五六百万两，最高时达到 900 余万两。对于土药税款的重要性，清廷十分清楚，每当遇到财政困难，总要在土药上打一番主意。有了每年数百万两土药收入，再加上大笔的洋药税厘，清廷的腐朽统治机体得到了输血。不道德的财政收入，维护了不道德的统治。毒品依靠清廷的承认和保护自由泛滥，清廷依赖于毒品利益苟延残喘。

第九章
清末新政时期的禁烟运动

清朝末年，由于国际和国内环境的变化，清廷被迫顺应历史潮流，推行不同程度和形式的社会改革，借以挽救其衰落的命运，史称清末新政。由于种种原因，新政措施大多成效甚微，或半途而废。不过，也有几项新政措施在不触动封建专制政治制度的情况下搞得很有声色，禁烟运动就是一例。[①]

一 清廷的鸦片政策与弥漫全国的烟毒

1858年，由于炮舰的威胁和增加财政收入的需要，清政府与英国代表在上海签订了《通商章程善后条约》[②]。从此，鸦片在清朝官方文书中正式易名为"洋药"，成为合法的进口商品。鸦片贸易合法化之后，英国政府更加肆无忌惮地推行鸦片政策，一方面在印度劝诱和胁迫农民扩大罂粟种植面积，另一方面在中国各通商口岸极力兜售毒品，因此，输入中国的鸦片数量急剧增加。从1870年到1890年的20年间，大致说来，每年输入中国的鸦片都在90000担以上，相当于鸦片战争前夕走私量的3倍左右；洋药价值平均每年3000万—4000万两，相当于鸦片战争前夕的2倍至3倍。1890年以后，由于中国土产鸦片数量急剧增加，对于外来鸦片多少起了一

---

① 本章内容以《清末新政时期的禁烟运动》为题，发表于《历史研究》1990年第4期，略有修改。
② 规定鸦片每百斤纳税银三十两。王铁崖编：《中外旧汇编》第1册，生活·读书·新知三联书店1957年版，第117页。

定的抵制作用，进口的印度鸦片有所减少，但平均每年仍在50000—60000担左右，价值仍在3000—4000万两之间。① 大量进口的外来鸦片，不仅掠夺了数以千万计的白银，而且严重摧残着中国人民的身心健康。

与进口鸦片增加的同时，国内种植鸦片的情形也日趋严重。1859年，清廷重新颁布的有关鸦片的章程条例，除了保留禁止官兵、太监等吸食条目外，其他内容一概删去。同年4月28日，为了筹集镇压太平军的经费，惠亲王绵愉奏请洋药土药一并抽厘，立即得到批准。土药既然公开抽收税厘，农民自然认为种植罂粟得到了官方的许可。而种植罂粟的收益相当于种植粮食作物的几倍，因而许多地方的农民纷纷将种植粮食的耕地改种罂粟。咸丰中后期，云南、贵州、四川的罂粟已经连畦接畛。同治年间，四川之涪陵、甘肃之兰州、山西之交城、江苏之徐州都成为全国闻名的鸦片产区。清廷对于是否禁止种植罂粟一度犹豫不决。1865年下令禁种罂粟，1868年又颁布了禁种章程。对于这些命令和章程，各级地方官吏很少认真执行，因为他们看到清廷对于禁种罂粟意见很不一致。醇亲王认为，如果洋药来源不断绝，那么就没有必要禁止土产鸦片，主张俟外洋鸦片不来，再严中国罂粟之禁。李鸿章对此也完全赞同，并对传教士在华鼓励禁烟的意图表示怀疑。他说："英国明知害人之物，而不欲禁洋商贩运，并欲禁中国内地自种，用意殊极狡猾。……既不能禁英商之不贩洋烟，即不能禁华民之不食洋烟。惟有暂行弛禁罂粟，不但夺洋商利权，并可加增税项，将来计穷事迫，难保不出于此。"② 对于英国强行向中国输入鸦片，总理衙门采取"阴相抵制"的消极态度，美其名曰"夺洋商利权"，实际目的是"加增税项"，挽救财政危机。这种以毒攻毒、饮鸩止渴的愚蠢方案，是以牺牲无数中国人的生命为代价，与英国殖民强盗争夺社会财富。此后几十年的事实证明，广泛种植罂粟对洋药大量入侵虽有一些抵制作用，然而要达到使洋药无厚利"自不进口"的设想则是荒谬的。广泛种植罂粟的结果是鸦片烟毒弥漫全国。

针对这种情况，清廷曾在光绪初年实行禁烟，但是很快就失败了。

---

① 姚贤镐编：《中国近代对外贸易史资料》第2册，中华书局1962年版，第958页；第3册，第1602页；《统计周刊》第16期。

② 《谨将总理衙门原奏紧要应办事宜逐条切实办法拟议折》，《李文忠公全集》，台北：文海出版社影印版，奏稿，卷24，第20—21页。

1876年，华北出现特大旱灾，粮食严重歉收。次年，山西、河南等省旱情进一步加重，饿殍遍地。山西巡抚曾国荃因此总结教训说，华北成千上万的人饿死，除了旱情特别严重外，主要是山西大面积栽种罂粟，民间粮食储存减少造成的，奏请清廷下令禁种罂粟。①

与此同时，英国人民反对鸦片贸易的斗争亦出现了一次高潮。在华的英国传教士目睹鸦片烟毒对中国人的伤害，出于人道主义，归国之后呼吁英国政府停止罪恶的毒品贸易。英国的一些工业资本家和商人亦认为，鸦片贸易妨碍了中国人对西方工业品的吸收，反对本国政府的鸦片政策。归国的英国传教士和工商资本家在伦敦联合成立了反对鸦片贸易的戒烟公会，利用报刊和小册子宣传鸦片在中国的毒害，批评当局的鸦片政策。

适值1876年郭嵩焘和刘锡鸿作为正副公使前往伦敦为马嘉理案向英国政府"道歉"，以议员马克斯、求尔德和著名传教士里格、丹拿等为首的50余名戒烟公会会员前往郭嵩焘下榻的宾馆，呼吁中国禁烟，以配合英国人民正在展开的反对鸦片贸易运动。经过多次会商，郭嵩焘确信英国士绅要求禁烟"发于至诚"②，奏报国内，希望朝廷借此机会清除鸦片烟毒。清廷得悉郭嵩焘的奏报，鉴于广种罂粟在山西造成的危害，谕令各省"一体严行查禁"③。

光绪初年清廷发布的几道查禁罂粟的命令，除在陕、甘、晋得到左宗棠、谭钟麟、曾国荃的响应，取得了一定成效外，其他各省均未认真执行。这次禁烟失败，除了由于国际环境不利外，还由于清廷缺乏禁绝鸦片的信心。本来清廷下令禁烟是将英国方面主动停止鸦片贸易作为前提条件的，后来发现伦敦戒烟公会并无制止鸦片贸易的力量，而英国政府并未改变其鸦片政策。清廷认为既然不能制止外国鸦片输入，那么，查禁罂粟种植就没有了实际意义。总理衙门主张以种植罂粟抵制外来的鸦片减少白银外流的观点重新占了上风。

顺便指出，这种观点不仅在清廷中比较流行，就连郑观应、薛福成等

---

① 《曾忠襄公（国荃）奏议》卷8，台北：文海出版社1966年版，第16页。
② 《钦差大臣署理礼部左侍郎郭嵩焘钦差副使候补五品京堂刘锡鸿奏为鸦片烟为害中国西洋设立公会相劝禁止贩运急由中国设法办理事》，中国第一历史档案馆藏录副奏折，档号：03-7420-103。
③ 朱寿朋编：《光绪朝东华录》第1册，光绪四年二月，中华书局1958年版，第536页。

人也持类似的看法。他们认为，土药日多，洋药日少，英国人将不得不与中国会商禁烟。①

种植罂粟，抵制洋药入侵的行为，不仅得到清廷的鼓励，而且得到了一般社会舆论的认可。各级地方官员当然不再考虑如何限制种植，而是千方百计鼓励农民扩大种植面积，加强征收土药税厘手段，增加财政税收，从而导致罂粟种植面积越来越大，鸦片产量越来越高。

1882 年，有人估计："中国四川、云南、贵州三省共出烟土 265000 担。"② 1897 年，总税务司赫德估计全国土产鸦片约有"334000 担"。③ 1900 年，莫尔斯估计中国生产的鸦片有 376000 担。④ 1906 年，英国驻华公使朱尔典估计当年中国所产土药有 33 万担⑤；国际鸦片委员会经过调查，认为中国生产的鸦片是 584800 担⑥，相当于当年进口鸦片的 11 倍。1905 年，清廷户部也对全国的鸦片生产情况进行估计，数字大得更加惊人，"内地种烟之地约计五六十万顷，产土近四百万石"⑦。以上这些估计尽管有较大出入，但都一致反映出土产鸦片数量巨大。这里以国际鸦片委员会估计的数字为根据，按亩产 50 两鸦片进行粗略推算，全国种植面积约有 18713600 亩。而户部的估计，比这个数字还要高许多倍。

直到 19 世纪末，在四川、云南等土产鸦片地区，鸦片膏仍然受人欢迎，被用来招待客人。进入鸦片烟馆中的大多数人不仅仅是为了享受鸦片，而是为了结交一位有用处的人。与此同时，酒店、茶馆、餐厅、俱乐部、赌场和妓院也继续为鸦片吸食者提供各种服务。清代中国人的生活和经济已经开始严重依赖鸦片。

到了 20 世纪初期，鸦片在中国人的生活和社会中已经根深蒂固。不仅高官富商、纨绔子弟从洋药中寻求快乐、兴奋、刺激，就连普通劳动者也

---

① 夏东元编：《郑观应集》上册，上海人民出版社 1982 年版，第 402 页；薛福成：《答友人论禁洋烟书》，《庸庵文外编》卷 3。
② 《益闻录》第 145 号，光绪八年二月二十四日。
③ 朱寿朋编：《光绪朝东华录》第 4 册，光绪二十三年五月，中华书局 1958 年版，第 3963 页。
④ 瓦格勒：《中国农书》下册，王建新译，商务印书馆 1940 年版，第 442 页。
⑤ 《外交报汇编》第 29 册，第 51 页。
⑥ *Report of the Internation Opium Commission*, Vol. II. p. 57.
⑦ 《户部奏洋药土药害人耗财拟严定分年禁法烟画一办法折》，《东方杂志》1905 年第 2 卷第 2 期。

可以通过土药获得放松、慰藉和忘却烦恼。鸦片的消费孕育了消费文化，也孕育了其他文化。丹尼尔·罗奇强调："任何物品，即使是最普通的物品，都体现了独创性、选择性和文化。一个知识体系和多余的意义附着在所有的物体上。"① 鸦片烟枪就是一个很好的例子，具有收藏品的所有特性，证明了中国人的精巧和工艺的复杂性。许多高级鸦片烟馆中的烟枪都是精致的，装饰着金、银等贵重金属以及宝石等装饰品。有些是精心雕琢的，刻有著名的山水和风景，有些则镌刻着高度文学化的格言。这种艺术从鸦片烟枪延伸到鸦片烟榻、托盘、烟灯、烟膏盒、烟灰罐、烟签等一系列配件上。所有这些收藏品揭示了鸦片的物质生活及其对中国烟民的牢固的控制。

瘾君子随着进口鸦片和土产鸦片数量的增加而迅速增加，烟毒弥漫全国，最明显的标志是城乡各处烟馆林立，"无论山乡僻壤，甚至不成聚落之地，操此业者必有数家，入其室横陈其间者曾无虚榻"②。据《申报》载，1872年的上海就有烟馆1700余家，还有数以千计的烟膏店布满大街小巷。上海附近的宝山县，烟馆多时"竟至百余处"③。去上海数十里的青浦县，"虽小小村镇必有烟室"。1906年重庆有烟馆860家，成都有500余家，吸食鸦片风气不很盛行的长沙也有554家烟馆。④ 吸食鸦片的人数越来越多，遍及社会各个阶层。特别是盛产鸦片的省区，不仅成年男子大多数染上了烟疾，就连妇女儿童也不能幸免。例如，山西巡抚报告说，"（晋省）病在自种自吸，无地不种，驯至无人不吸，取携甚便，祸延妇孺，穷苦力作之民传染殆遍。"⑤ 一位欧洲人游历云南，"所见男妇童孺，类多吸烟"⑥。四川吸食鸦片人数约占总人口的27%。1910年的一项官方统计说，全国戒吸鸦片的官员近1万人，这尽管不是官员吸食鸦片的实有人数，也足可以说明官场吸食鸦片的严重程度。军队吸食鸦片的现象也很普遍。驻

---

① Daniel Roche, *A History of Everyday Things*, Cambridge: Cambridge University Press, 2000, p. 7.
② 思楚：《论中国社会之现象及其振兴要旨》，《东方杂志》1905年第三卷第12期。
③ 梁蒲贵等修：《宝山县志》卷14，《风俗》光绪八年（1882年）刻本。
④ 金惟鳌辑：青浦县《盘龙镇志》，《风俗》光绪元年（1875）稿本。
⑤ 《山西巡抚丁宝铨奏为沥陈晋省禁烟办理为难情形事》宣统二年十二月二十二日，中国第一历史档案馆藏录副奏折，档号：003-7590-031。
⑥ 川上：《论中国禁烟》，《外交报》丙年十二月初五第167期（1906年1月18日）。

福州的八旗官兵"嗜好者几于十之六七"①，驻在成都的清军"沾染殆遍"②，驻在宁夏吸食鸦片之人高达"二成"③。每年中国有多少人经常吸食鸦片？由于没有系统统计，恐怕很难说清。但可以进行粗略地推算。一种说法是一位经常吸食鸦片者每年消费的鸦片有3斤（即4磅），另一种估计是"每人岁食6斤"④。1906年，国际鸦片委员会估计土产鸦片有584800担，当年进口的鸦片有54225担，两项总计639025担。以6斤推算，经常吸食鸦片者有10650416人，以3斤推算则为21300832人，分别相当于全国总人口的2.5%或5%。考虑到偶然吸食等因素，实际吸食鸦片的人数可能还要更多一些。

二 禁烟运动的起因

清廷对于鸦片流毒的严重情形是十分清楚的，并且负有不可推卸的责任。1905年，户部上奏说："窃自洋药之毒已深，土药之禁已弛，始图抵制，终至泛滥，内而年增数千百万无形之惰废，外而年铄数千百万立罄之脂膏，国计民生两受其害，故中西智士咸谓中国欲为自强计，为致富计，均非禁烟不可，然一禁烟则百难毕集。"⑤清廷当时面临的主要难题有二：一是无法禁止外国鸦片的输入，二是很难筹措大宗款项抵补鸦片税厘。19世纪末20世纪初，鉴于甲午战争失败，一些官员认识到鸦片的危害，呼吁禁烟，但提不出切实有效的禁烟办法。

到20世纪初年，禁烟问题受到越来越多的人士关心。首先是中国知识分子又一次开始呼吁禁烟。他们认为："凡吸烟之人不耐劳苦，筋力减也；不能振作，精神颓也；不思久远，心术坏也。图片刻之安不问来日，贪一身之适不顾全家，安能任以天下事哉！以至朝廷无刚断而官弱，胶庠无气

---

① 《福州将军朴寿奏为闽省驻防遵旨办理禁烟情形折》光绪三十四年七月二十九日，中国第一历史档案馆藏朱批奏折，档号：04-01-01-1090-017。
② 姚贤镐编：《中国近代对外贸易史资料》第2册，中华书局1962年版，第862页。
③ 《宁夏将军台布副都统志锐奏为续请推广禁烟办法披沥直陈实在情形事》宣统元年四月二十日，中国第一历史档案馆藏朱批奏折，档号：04-01-01-1104-056。
④ 郑观应：《鸦片》，《郑观应集》上册，上海人民出版社1982年版，第187页。
⑤ 《户部奏洋药土药害人耗财拟严定分年禁法烟画一办法折》，《东方杂志》1905年第二卷第2期。

节而士弱。举天下群趋于萎靡而无勇往直前之慨,皆鸦片阶之厉也……不先禁烟,即开矿亦无用也,矿之所出不敌烟之所耗,相安糜费储积仍无由基,是灌漏卮也。即练兵亦无裨也。持戟之士即属吸烟之徒,一遇惊慌遁逃惟恐不速,是张空弮也。"① 在他们看来,中国之前途存亡,实以鸦片烟之能否驱除为断;鸦片是全体中国人的公贼,应当急起驱除;救中国之亡不能不驱除鸦片,不驱除鸦片不能救中国之亡。一些知识分子采用各种通俗的方式宣传禁烟和批评清廷的鸦片政策。② 在新政时期,知识界一些人再三建议政府禁烟,"比年以来,政府怵于外祸,始悟独王之国弱而不强,乃稍稍致意于教育,余于西来医术与妇女缠足恶习之宜急祛,凡所以为强植族类之事咸稍致意。……独于吸烟之人……袖手旁观而不为法以救正,此诚失职不道之尤"③。把扫除鸦片烟毒看成是国家转弱为强的根本转机之一,这样的社会舆论对于禁烟运动的兴起有重要的促进作用。

另一方面,光绪初年禁烟失败后,在华的外国传教士继续努力宣传鸦片造成的社会危害。《万国公报》基于人道主义考虑,一贯反对毒品贸易。该报有大量关于鸦片的论文和消息报道,尽管有些内容不免对英国政府的罪责有所开脱,但没有一篇文章公开支持鸦片贸易。在这个时期,西方传教士反对鸦片贸易的真诚是毋庸置疑的。

为了使英国人了解鸦片的毒害和中国人对于鸦片贸易的憎恨,有的传教士将有关论述编印成书,在英国散发。其中《关于吸食鸦片的真相》(*The Truth about Opium Smoking*)一书有这样一段话:"作为一个民族和一个国家,我们已使罪恶成为行动的力量,而这种力量又非我们现在所能控制。我们对中国和中国人负有责任。如果由于使用鸦片在中国造成摧残与死亡,是由于英国的一些个人的行为所造成的,那也就够糟了;但如果是由于英国政府的行动所造成的,那么造成罪恶的责任便落在我们全体人身上,我们每个人都对中国负有责任。"④ 这大致可以反映英国传教士的基本观点,可以说明传教士反对鸦片的理由,可以代表除了鸦片利益集团以外

---

① 何良栋编:《皇朝经世文四编》,台北:文海出版社1966年版,卷24,第451—452页。
② 晚清有许多诗歌、散文和小说,批评清廷的鸦片政策。著名的小说有观我斋主人的《罂粟花》,吴中梦华居士的《芙蓉外史》和我佛山人的《黑籍冤魂》等。
③ 《禁烟私议》,《东方杂志》第3卷第4期,1905年5月18日。
④ 《关于吸食鸦片的真相》,第16页。

第九章　清末新政时期的禁烟运动

的英国公众的一般看法。

当时，由于鸦片对人类的毒害已为大多数国家的人民所认识，引起了各国政府的警惕，鸦片贸易在全球声名狼藉。传教士认识到必须同这种罪恶勾当划清界限。另一方面，由于强行输入鸦片激起了中国人的仇恨，从而增加了中国人对于外来传教活动的怀疑。为了博得中国人对西方宗教文化的好感，传教士认为必须反对鸦片贸易。1890 年，外国传教士集会于上海，讨论在华传教问题，一致认为鸦片贸易是人类的一种罪恶，是传播西方宗教的一种障碍。大会一致通过了 6 项决议案，号召发动新的戒烟运动，"申述继续对鸦片贸易持反对态度"，"建议中国基督教徒尽力唤起公众舆论，反对鸦片毒害之传布，设法使之灭除"。① 他们成立了中国禁烟会，指导禁烟运动。上海基督教大会之后，各地传教士举办了各种戒烟所。到 1907 年，属于内地会的传教士设立的戒烟所在成都就有 101 处，太原有 71 处。其他各教派在中国各城市设立的戒烟所数以千计。1906 年 5 月，担任外国传教士禁烟委员会会长的杜布斯医生与两江总督周馥晤谈时，再次请求中国政府禁止鸦片。周馥答应愿意将传教士的一份联合请愿书代递清廷。杜布斯立即起草了一份禁烟请愿书，寄给各地传教士，结果有 1333 人签名，足以证实在华传教士对于鸦片的一致反对态度。杜布斯收到各地复信后，于 8 月 19 日将请愿书和签名信件装订成册，送交两江总督衙门。② 这次外国传教士的联合请愿，对于清廷决策禁烟起了一定促进作用。

正当在华外国传教士发起联合请愿时，英国下议院针对鸦片贸易进行了一场新的辩论。1906 年 5 月 30 日，下议院议员得雷发表演说。他认为，1858 年中英条约关于鸦片弛禁的规定，是英国政府强加给中国的；鸦片的毒害已为世界所公认，而英国继续维持这种毒品贸易是可耻的；必须尽快停止这项贸易，废止关于鸦片的条约。针对类似的见解，印度部大臣约翰·莫莱（John Morely）辩解说，鸦片贸易之所以不能停

---

① 《基督教外国大会记录》（1890 年）卷首，第 51 页，转引自于恩德《中国禁烟法令变迁史》，台北：文海出版社 1973 年版，第 119 页。
② 《教会年鉴》（The China Mission Year Book, 1910），第 64 页。按：《周馥全集》中没有这项活动记录，也许是周馥没有代转请愿书，也许是代转后，被清廷留中不报。继任者端方的奏稿也未显示。存疑待考。

止,是中国人利其重税,自身不努力,不是英国人的责任。"华人若欲禁烟,固吾英人之所乐从者。然据美国专员报告,知中国吸烟之风尚炽盛,未尝有欲禁者。果欲禁之,我英当不阻拒。……虽印度财政有损所不惜也。"① 这些辩解说明,鸦片贸易已经很不得人心,在国际国内舆论压力下,英国政府的鸦片贸易政策开始有所变化。中国禁烟的最大国际障碍正在逐渐消失。

英国下议院关于鸦片辩论的消息第二天就刊登在各家报刊上,新闻界纷纷对此发表评论。中国驻英公使汪大燮得知这个消息后,经过一段时间的认真思考,为肃清鸦片烟毒专门具折上奏清廷。他分析了以土药抵制洋药的失败,认为:"设我果有禁意,英必投袂而起以表同情,可断言也。纵观前事,历历如绘。积贫在此,积弱在此,贻笑在此,受侮亦在此。禁之一说,何待再计。"对于国内"以征为禁"的鸦片政策,他一针见血地指出,这不过是徒托禁烟之美名,"但利税收,无意除害";"有损于国家之声名,而大欲终不可偿,大效终不可收"。他提出了一整套包括稽查、限种、专卖和戒烟在内的禁烟方案,建议清廷尽快实施。认为"涤恶名,振国势",在此一举。②

英国印度部大臣在下议院的发言,刊登在5月31日的《泰晤士报》上。这份报纸最迟在8月初邮寄到中国。该报驻北京记者莫理循立即将这份报纸送交清廷外务部侍郎唐绍仪。这个发言很快被译成中文,"为中国人所熟知"。清廷当时对此似乎表示怀疑,没有任何积极的反应,以致莫理循认为,清廷"目前无意限制他们的鸦片税收"③。汪大燮的奏折寄达清廷之后,这一问题才引起清廷的重视。这时,清廷受到国际国内两种压力,国际方面的压力来自世界各国对鸦片流毒的一致谴责。英国政府在议会辩论中已经把可耻的鸦片贸易责任推卸给中国政府,清廷不得不做出积极的反应。国内方面的压力来自社会各界对于清廷鸦片政策的一致谴责,以及统治集团内部的公开批评。清廷不得不承认种植罂粟抵制外来鸦片和

---

① 《鸦片贸易问答》,《外交报》第152期丙年七月初五(1905年7月24日)。
② 《出使英国大臣外务部右丞汪大燮奏为罂粟流毒日深请旨设法铲除事》光绪三十二年六月初五日,中国第一历史档案馆藏录副奏折,档号:03-7403-004。
③ [澳]骆惠敏编:《清末民初政情内幕》上册,刘桂良等译,知识出版社1986年版,第464页。

"以征为禁"政策的失败,不得不认真对待鸦片流毒造成的种种社会危害,承认必须禁绝鸦片。但是,若要禁烟,清廷还必须解决两道难题。一是鸦片税厘已经成为清廷财政收入的大宗款项,适值清末库款支绌之时,在没有其他大宗入款可以替补情况下,势难立即禁断;二是英国方面有无诚意停止鸦片贸易,会不会阻挠和破坏。如果英方不能给予配合,禁烟不能实力推行,可能成为新的国际笑柄,影响清廷的国际声誉。对于第一道难题,清廷的解决方案是:一方面命令度支部筹集新的款项抵补鸦片税厘,一方面采用逐渐禁止的方法,以10年为期,每年递减十分之一,同时加强征收手段,保证鸦片税项不致因为禁烟突然中断,以免加剧财政困难。这种设想应当说是切合实际的。对于第二道难题,在讨论时,有的大臣对于英国政府的诚意表示怀疑,拿不定主意。最后军机大臣瞿鸿禨认为汪大燮驻伦敦,主张禁烟必有把握,议遂决。①

9月20日,清廷谕令政务处妥议禁烟章程:"自鸦片烟弛禁以来,流毒几遍中国,吸食之人废时失业,病身败家,数十年来,日形贫弱实由于此,言之可为痛恨。今朝廷锐意图强,亟应早儆国人,咸知振拔,裨去沉痼而踏康和。著定限十年以内,将洋土药之害一律革除净尽。其应如何分别严禁吸食,并禁种罂粟之处,著政务处妥议章程具奏。"② 清末禁烟运动就此拉开了序幕。

三 禁烟运动的主要经过

自1906年9月20日发布禁烟上谕,到1911年10月辛亥革命起义爆发为止,清末禁烟运动持续了五年多时间。在此期间,清廷一面积极与英国交涉,努力寻求国际的同情和支持;一面制定和颁布了一系列章程,并认真督促检查执行情况,禁烟运动因而卓有成效,现将主要经过略述如下:

(一) 1906年11月30日颁布禁烟章程

政务处接到禁烟上谕后,根据"遏绝来源,限制销路,先劝导而后惩

---

① 《中国近时外交史》,太平洋印刷公司1921年版,第506页。
② 朱寿朋编:《光绪朝东华录》第5册,光绪三十二年八月,中华书局1958年版,第5570页。

儆，宽既往而严将来"的精神①，拟定了禁烟章程，于 11 月 30 日奏请颁布施行。这一章程共有十款，大致内容是：通令各州县调查罂粟种植面积，造册逐级上报，由官府发给统一牌照，令其递年减种九分之一，9 年减尽；凡吸烟成瘾者，必须到附近衙署注册登记，领取牌照，60 岁以上者发给甲牌，以下者给乙牌，没有牌照不许购烟；持甲号牌者稍宽其禁，持乙号牌者限几年内一律戒断烟瘾，逾限不戒，注名烟籍以示不齿于齐民之列；勒令各城镇乡村的烟馆于半年内一律停歇；烟膏店必须注册登记，每年停歇一批，十年内禁绝；提倡各地绅士成立戒烟会，劝导人们戒烟；严禁官吏吸食鸦片，逾期不戒一律参革；商请各国禁止贩卖吗啡、鸦片②。这个章程就其内容来说是全面的，包括了禁吸、禁种与禁卖，比以往的任何禁止鸦片章程都详细和具体。但禁烟的关键是如何对待外国鸦片，如果不能对外来鸦片实行限制和禁运，其他一切努力都是徒劳的。这个章程颁布之后，各省督抚将军虽立即下令封闭烟馆，而于禁种、禁吸很少采取行动，他们对于中英鸦片交涉均持观望态度。

（二）中英禁烟交涉

11 月 30 日，即政务处所拟禁烟章程颁布的当天，外务部向英国驻华使馆递交了一份照会。次年 1 月 25 日，驻英公使汪大燮接到外务部通知后，又向英国外交部递交了一份备忘录。照会内容共有六条：1. 中国政府现已下令十年内禁绝土药，印度鸦片应当同时限制禁止。请以 1901—1905 年进口数量的平均数，自 1907 年开始逐年递减十分之一；2. 中国派一官员常驻加尔各答检查鸦片的装运；3. 中国土药税已由每担 60 两增至 115 两，请将印度鸦片进口税提高到 220 两；4. 请香港总督限制输入中国的烟膏，若继续输入，必重征其税；5. 请禁止各租界的烟馆、酒馆、茶楼和旅店以鸦片供客，以便中国实施禁烟新章；6. 根据 1902 年中英《续议通商行船条约》第十一款禁止吗啡任便来华的规定，俟其他国家允诺，即应按约章实施。③

---

① 《光绪丙午年交涉要览》上篇，第 1183 页。
② 朱寿朋编：《光绪朝东华录》第 5 册，光绪三十二年十月，中华书局 1958 年版，第 5594 页。
③ 《英国蓝皮书·为中国禁烟事驻华英使朱尔典致英外交大臣葛雷公文附件》，《外交报》第 223 期，戊申九月十五日（1908 年 10 月 9 日）。

英国外交部接到照会后，立即转呈印度部，然后移交印度政府。1907年5月30日，英国外交部收到印度政府关于鸦片问题说略。《说略》共有11条，主要答复中国照会的前三条，略谓：印度同意中国政府禁止鸦片的方案，主张印度自己限制出口，而不赞成中国限制进口；同意中国派代表到加尔各答调查鸦片装运事项，而拒绝中国提高关税。① 根据印度政府的这些意见，英国外交部又加上对中国照会后三条的意见，训令驻华公使朱尔典复照中国外务部。1907年8月12日，中国外务部接到复照，对于英国政府愿意协助禁烟表示感谢，对于英国的答复意见，除了对入口鸦片总数提出异议外，表示基本同意。又经过一番交涉，中国代表让步，于1908年3月，双方达成如下协议：

> 第一节，印度洋药以运往各国全数为限制，以印度出口五万一千箱之数为定额，按年递减五千一百箱，自1908年为实行之始，十年减尽。第二节，派员前往印度之加尔古达监视打包，申明该员只查发运洋药实数，并不干预他权。第三节，洋药税厘征收加倍，以土药统捐及土药价值非一时所能调查明确，所有加征税厘之议稍缓续商。第四节，香港所熬之烟膏禁止运入中国境内，两国各行设法自防在本境私入之弊，声明港膏禁止出口入华，并禁止烟膏由华入港之贸易。第五节，各口岸租界禁止烟馆及吸烟处，并不得售卖烟具。如华官在各项租界外实行照办，各该处工部局不俟华官之请，自行设法办理。第六节，禁止任便运入吗啡针，一俟有约各国全允，即应照行。②

同时英国还声明，禁烟限制进口先试办三年，届期若中国禁种、禁吸没有明显成效，英国有单方面废止这个条约的权力。

(三) 禁烟运动加紧进行

清廷对于中英达成上述协议，感到相当满意。1908年3月22日的上谕说："鸦片烟盛行以来，流毒异常惨烈……近来官绅士庶多知悔悟，争

---

① 《英国蓝皮书·为中国禁烟事驻华英使朱尔典致中国外部照会》，《外交报》第225期，戊申十月初五（1908年10月29日）。
② 《英国蓝皮书·中英禁烟条件》，《外交报》第236期，己酉二月初五（1909年2月24日）。

相结社劝戒……各国善士尚多倡设公会，劝禁栽买，广施药方，每以中国鸦片不除引为深憾。……现经英国政府允许分年减运，各友国亦多乐为协助，文明之举，嘉慰良深。英国现已实行递减，相约试行三年，视中国栽种吸食实行减少，限满再为推减。我若不如期禁查，转瞬三年，何以答友邦政府之美意，何以慰各国善士之苦心。此机一失，时不再来。若永远困于沉痼，势必无以为国。我君臣上下一念及此，能无愧悚难安，引为疚责。"① 这道长篇上谕，除了对传教士（即善士）数十年来在华努力禁烟的活动和英国政府愿意"协助"，表示公开感谢外，主要是动员各级官员切实禁烟。烟毒原本肇始于英国政府的侵略政策，到不得不同意中国禁烟时，英国政府仍然提出试行三年，意存观望。清廷对此称为"美意"，确实缺乏独立自强意识，称为奴才相，似乎也不为过。不过从此以后，禁烟章程逐道下达，禁烟诏令一次比一次严厉，禁烟运动由此掀起高潮。

  1908年3月，民政部与度支部拟定了《稽核禁烟章程》，共分9章23条，主要针对政务处原订章程的各种措施，把期限、检查、考核和奖惩方法加以明确规定。根据1906年11月政务处禁烟章程第9条规定，各级官员（除60岁以上者外）限六个月一律戒断。到1908年3月，清廷发现官员中仍有许多人继续吸食鸦片，或陈明戒断而未尽祛除，或表面巧为掩饰私下仍旧吸食，或明目张胆吸食如故。清廷认为若不专派重臣负责查验各级官员的吸食问题，担心禁烟法令首先在官员中失去效力。为表示禁烟的诚意和决心，先将睿亲王魁斌、庄亲王载功等王公大臣暂行开缺，以示惩罚，然后派恭亲王溥伟、协办大学士鹿传霖等为禁烟大臣，设立戒烟所，轮番调验地方监司、京师堂官以上的大员。溥伟等人于4月21日在京师设立戒烟所，于6月8日拟定查验章程十条，奏请批准执行。并令各省成立戒烟分所，检查各级官吏有无烟瘾。这一章程对于各级官员起了警戒、督促作用。同年8月，吏部又拟订了《禁烟考成议叙议处章程》，这项章程对于官员认真执行禁令，积极设法查禁鸦片烟毒，起了激励官吏恪尽职责的督促作用。

---

  ① 朱寿朋编：《光绪朝东华录》第5册，光绪三十四年二月，中华书局1958年版，第5868页。

四 上海万国禁烟会

（一）万国禁烟会的发起

1906年，清廷发动禁烟运动时，对于自己的主权信心不足。禁烟本属于中国的内政问题，清廷却认为必须得到列强的应允，致信各国寻求同情和支持。① 由于美国及其属地菲律宾鸦片流毒正在蔓延，美国历届政府都表示反对鸦片贸易，是最早主动同中国签订禁止鸦片贸易条约的国家之一。② 由布伦特主教（Bishop Charles H. Brent）领导的美国传教士对欧洲大国在从鸦片中牟利方面所扮演的角色感到不满，他们试图通过建立一个禁毒体系，为各国树立一个新的道德基准。美国政府对禁毒的重视，在很大程度上受到了亚洲国家以前试图完全禁止毒品销售和使用的影响。但与以前的尝试不同，美国对毒品控制的推动充满了宗教热情，这与之前任何反对毒品的政治有所不同。美国总统，西奥多·罗斯福相信布伦特的宗教责任，他不像以前的总统，仅仅满足于门罗主义，他想扩大美国在世界各地的影响。当美国传教士向罗斯福指出，"门户开放"政策旨在确保美国商品进入中国消费市场，而由于鸦片祸害在中国的广泛流行，反鸦片运动可以成为美国外交政策更广泛的目标之一。阿诺德·泰勒（Arnold Taylor）指出，政治行动和宗教传教工作与毒品贸易之间的联系在许多方面都是独一无二的，应该"被称为传教运动——或者更好地说，是传教外交"③。当然，在这一时期鸦片在各个帝国的贸易中所起的作用具有极大的讽刺意味。一方面，它是一个必不可少的经济和政治基石，是英国的一个绝对必要的部分；另一方面，它是在亚洲新发现的美帝国的政治和宗教基石，并试图通过道德来证明其自身扩张的正当性。

美国总统罗斯福得悉中国呼吁禁烟，同时又收到在菲律宾的美国主教

---

① "中国人真正在使他们自己变得难以言喻的荒谬可笑，到处寻求忠告，竭力寻找威胁他们主权的某些动机，屈从美国政府提出能与调查的要求。换句话说，他们不知道做些什么事才能使他们取得同列强平等的待遇。"[澳]骆惠敏编：《清末民初政情内幕》上册，刘桂良等译，第511—512页。

② 《李文忠公（鸿章）全集》译署函稿11，第40—42页；王铁崖编：《中外旧约章汇编》第1册，第380页。《英国蓝皮书·英国外部大臣致驻美英使达兰文》，《外交报》第223期。戊申九月十五日（1908年10月9日）。

③ Allan, *Opium Production in Afghanistan and Pakistan*, p. 141.

勃兰特提请毒品问题的信件，立即决定发起在远东地区召开禁止鸦片会议的倡议。美国之所以努力推动建立一个国际药物管制制度，这在很大程度上是因为美国正在迅速成为世界上主要的毒品消费国之一。因此，对于反毒品斗士来说，国家禁令不起作用，因为毒品是一个全球性问题，只能通过建立一个国际体系来解决。

1906 年 10 月 17 日，美国驻英公使黎德谒见英国外交大臣葛雷时，转达美国政府意见说，美国政府很重视鸦片问题，希望美、英、中、法、荷、德、日等主要国家组成一个联合委员会，调查远东地区的鸦片问题，讨论是否应当禁止鸦片。希望英国政府给予满意的答复，或提出有关建议。英国外交大臣当时回答说，禁止鸦片有损于印度财政收入，"果然使吸烟积习得以扫除，则英国政府亦允将此问题加以研究，而亦不计及饷源。比闻华人欲定办法限禁吸烟，诚若是也，我等自宜勉力扶助"。一个月后，英国政府正式答复美国公使，愿意派员调查鸦片问题。又经过一年多的国际公文来往，各国意见渐趋一致，定于 1909 年元旦在上海召开国际禁烟讨论会。是时，"美国的外交政策目标与宗教、道德改革和倡导泛亚控制措施的医疗领导人联盟的利益相吻合。国务院发起了一场外交运动，说服不情愿的殖民大国在一次国际会议上审议这个问题。主要当事方最终默许了，但只派代表担任顾问；事实证明，各国政府不愿指定全权代表，授权他们谈判达成一项具有约束力的协议"①。由此产生的国际鸦片委员会于 1909 年 2 月在中国港口城市上海举行会议。

（二）上海万国禁烟会的经过

上海国际禁烟会因故推迟了一个月，于 2 月 1 日在上海汇中饭店正式开幕，参加会议的有中、美、法、德、英、日、荷、葡、巴、俄、意、奥、加、伊和暹罗等 15 个国家，共 41 名代表，会场设于汇中旅馆，大会主席是美国主教勃兰特。

---

① Edited by David R. Bewley-Taylor Professor of International Relations and Public Policy and Director of the Global Drug Policy Observatory, Swansea University, UK Khalid Tinasti Visiting Teaching and Research Fellow, Global Studies Institute, University of Geneva, Executive Secretary of the Global Commission on Drug Policy, Switzerland and Honorary Research Associate, Global Drug Policy Observatory, Swansea University, UK, *Research Handbook on International Drug Policy*, Edward Elgar Publishing, Inc William Pratt House 9 Dewey Court Northampton Massachusetts, US catalogue, 2020, p. 5.

表 9-1　　　　　　　上海万国禁烟会 13 国代表及其职务一览表

国别	代表姓名	职务	国别	代表姓名	职务
中国	端方	南洋大臣两江总督	法国	巨籁达 Ratard	法国驻沪领事
	瑞澂	江苏布政使		白赉宜 Brenier	越南农商部协办
	蔡乃煌	上海道员		考里伦 Cornillon	越南税关稽查员
	刘玉麟	外务部右丞	德国	罗斯乐 Rossler	驻广州总领事
	唐国安	外务部储才馆学员		裴尼赤 G. ernizsch	驻沪总领事
	徐华清	北华军医学堂总办	日本	宫冈	驻华使馆参事
	吴葆诚	外务部候补主事		田原良纯	卫生试验所所长
	柯乐乐	江海关税务司		高木友技	台湾总督府技师
	湛玛斯	江海关造册处		横山	日本代表书记员
意大利	法罗纳		俄国	阔雷明	驻海上总领事
英国	谢立山 A. Hosie	驻天津总领事	荷兰	巨恩 A. A. de Jong	巴达维亚鸦片稽查员
	史密斯 C. C. Smith			方怀敦	代理稽查员
	祁英		葡萄牙	博帝业 O. G. Potier	驻沪总领事
	勃伦业脱 J. B. Brunyate			宋次生	澳门翻译官
	莱特劳 R. Laidlaw		巴西	贝瑞尔 Pereira	驻华公使
	金文泰 C. Clementi	香港副辅政司	伊朗	塞恩纳 B. C. Sethna	
	包恩士		奥地利	李善甫	
				拨拉玛 那玛尼	
美国	勃伦脱 C. H. Brent	美国圣公会教士	暹罗	梁味如高沙	
	丁家立 C. D. Tenney	美国驻华公使馆驻华使馆参赞		翡霞烁 地师尼	
	汉密尔顿·莱特 H. Wright	美国医学博士	加拿大	麦克齐·金 Mackenzie King	

资料来源：《申报》1908 年 12 月 15 日，1909 年 1 月 10—12 日，2 月 1—2 日报道。

大会分为三个阶段：第一阶段从2月1日至4日，为会议的协商阶段，主要酝酿大会主席、会议的官方语言以及发言讨论程序。正式推选主教勃伦脱为会议主席，文牍使用英文，每国一票，以投票方式决定大会议案。①

第二阶段从2月5日至22日，这是实质性讨论阶段，各国与会代表相继依照抽签顺序发言，设立了统计委员会和起草总结报告委员会。勃伦脱和赖特代表美国宣读美国及其属地菲律宾鸦片问题的报告；英国代表呈递了英伦三岛、澳大利亚、锡兰、新加坡、巫来由群岛，以及香港、威海卫鸦片问题报告；日本代表宫冈递交了日本本土，以及台湾地区的鸦片问题报告；中国代表唐国安递交了中国的鸦片报告；德国代表罗斯乐递交了胶州半岛的鸦片问题报告；荷兰代表巨恩作了关于荷属东印度公司鸦片问题报告；暹罗代表递交了本国鸦片问题报告；英国代表勃伦业脱作了关于印度鸦片与吗啡问题的报告；法国代表巨籁达和白赍宜使用英法两种语言介绍了法国属地越南的鸦片问题；葡萄牙代表博帝业提交了关于澳门鸦片问题的报告；意大利代表法罗纳提交了本国禁烟报告。在讨论时各国代表之间相互提出了质疑。例如，英国代表史密斯和谢立山提交了对中国代表报告的质疑，美国代表针对英国的报告提出关于印度报告的问题，日本代表针对伊朗报告提出了波斯鸦片大量输入台湾问题，等等。②

第三阶段从2月23日至26日为大会总结阶段，听取了莱特的记录报告。③ 大会经过反复表决，通过9条议案。针对美国代表莱特的8项提案、英国代表的4项提案、荷兰代表的两项提案、中国代表的4项提案，等等，进行讨论表决。④

经过26天的发言讨论，最后以每个国家代表一票的方法，通过了九条

---

① *Report of the International Opium Commission Shanghai, China, February 1 to February 26, 1909*, Shanghai: Printed and Published by the North China Daily News & Herald. Ltd. 1909, pp. 13 - 14.

② *Report of the International Opium Commission Shanghai, China, February 1 to February 26, 1909*, Vol. Ⅱ Reports of the Delegations, pp. 50 - 270.

③ 涉及召集新的国际会议，成立国际组织，坚决打击鸦片犯罪，如何控制鸦片种植、生产和贸易等方面，各国提出的不同意见。(《来自莱特博士的报告》1910年2月，*The Opium Trade*, 1910 - 1941, Vol. Ⅱ, 1910 - 1911, pp. 71 - 79)

④ *Report of the International Opium Commission Shanghai, China, February 1 to February 26, 1909*, Shanghai: Printed and Published by the North China Daily News & Herald. Ltd. 1909. pp. 46 - 72.

议案。① 主要内容是：肯定中国禁止鸦片的真诚努力，建议各国政府推行吸食鸦片禁令；建议各国互相禁止药用以外的鸦片或鸦片质的提制品贸易；建议各国限制使用吗啡，并防止吗啡流毒蔓延；建议各国关闭在远东地区居留地、租借地内的鸦片烟馆，禁止贩卖含有鸦片烟质的戒烟丸药。由于这次大会属于讨论性质，所通过的各项议案对于任何国家都没有直接约束力。尽管如此，这次国际会议首次把鸦片贸易作为不道德的行为来看待，形成了一致的国际压力，使英国政府及其鸦片利益集团惮于国际舆论，不便向中国横加压力破坏和阻挠禁烟运动。这次大会对于中国的禁烟运动表示了道义上的支持，有力地促进了禁烟运动的开展，造成了一个有利于中国禁烟的国际大背景。中国人民的正义斗争由此获得了广泛的国际同情和支持。

五 制定《贩卖吗啡及制造施打吗啡针治罪专条》的艰难进程

20世纪初年，随着制剂的大量进口，吗啡名为戒毒药物，实际已经成为严重社会公害。清朝官府注意到，"如果不能采取特别措施加以限制，吗啡走私将会日益猖獗"②。1902年和1903年，中英、中美续议通商章程已经开始限制吗啡自由输入。例如，1902年签订的《中英续议通商行船条约》第11款规定："英国兹允禁莫啡鸦任便贩卖来华，中国亦须应允：凡英国领有执照之医生如运莫啡鸦进口，应在本国领事署内具立切结，实为自用，或为某医院专用。凡遇有英国药铺如运莫啡鸦入口，亦在本国领事署内出具切结，声明非由西国医生药单，不得出售。"③

1907年11月29日，署理江苏巡抚陈启泰会同两江总督端方，奏请朝廷敕令法部会同修订法律大臣议定"贩卖吗啡及制造施打吗啡针治罪专条"。"当兹实行禁烟之际，烟馆业已尽闭，穷民习惯灯吃，无力制具。既

---

① 详见《万国禁烟会决议案》，撷华书局编：《宣统己酉大政记》，台北：文海出版社1975年版，第十册，卷七，第838—840页。
② Memorandum on Opium from China, *Reports of the Delegations*, p. 67.
③ 王铁崖编：《中外旧约章汇编》第2册，生活·读书·新知三联书店1959年版，第108页。

有吗啡针可以打用抵瘾,且一针之费不及十文,可以抵数十文之瘾。蚩蚩者罔知利害,鲜不为其所愚。若不及时挽救,恐鸦片虽除,适驱而尽入于吗啡一途,转贻莫大之害。江苏情形如此,他省当亦相同。亟宜明定科条,严予罪名,为惩一儆百之计。"① 奏请按照置造、收藏蛊毒,蓄意杀人条例治罪。

1908年,总理衙门和总税务司共同颁布《申呈禁运莫啡鸦章程》,对于吗啡国际贸易加以限制性规定:"凡领有执照之外国医生欲将莫啡鸦及刺莫啡鸦之各等器具输运进口,应在本国领事署具立切结,声明欲运若干,估价若干,从何处来,用何法起运,即如由某轮船或铁路或邮政运进,并保此药及器具专为疗病之用,或该医生自行施用,或为某医院专用,云云。该领事即将此项切结送交海关接受,由货主照章完税,海关方发给放行专单,准其起岸。""未领海关发给之专单擅行起岸者,由海关将货充公。"②

1908年7月16日,法部会同修订法律大臣沈家本等奏定《贩卖吗啡及制造施打吗啡针治罪专条》,规定:"嗣后拿获制造、施打吗啡针之犯,不论杀人与否,应比照造畜蛊毒律斩罪上酌减,为极边烟瘴安置。其贩卖吗啡之铺户,如查系未领海关专单者,亦照知情卖药律与犯人同罪,仍将该铺户即行查封,并请饬下各海关申明条约,严杜私贩而绝根株。"③

1909年2月4日,在上海国际禁烟会上,中国代表刘玉麟提出四项议案,其中第三条谓:"国际鸦片委员会强烈要求在中国有居留地或租界的各国政府采取必要步骤,禁止在上述居留地或租界内销售含有鸦片、吗啡或其任何衍生物的任何形式的戒烟药,除非有合格的医嘱。"④

这项提案当时遭到日本代表宫冈常次郎(Tsunejiro Miyaoka)和法国代表巨籁达(Louis Ratard)的非难。宫冈常次郎强调,未经两国政府沟通而由中国代表径交大会讨论的做法不合程序。巨籁达亦表示,"提案中涉及

---

① 《署理江苏巡抚陈启泰奏请法部会同法律大臣议定贩卖吗啡及制造施打吗啡针治罪专条事》光绪三十三年十月二十四日,中国第一历史档案馆藏军机处录副奏折,档号:03-7228-036。

② 《署总税务司申呈禁运莫啡鸦章程》,于恩德:《中国禁烟法令变迁史》,台北:文海出版社1973年版,第271—272页。

③ 《法部为奏请定贩卖吗啡及制造施打吗啡针治罪专条事》(光绪三十四年),中国第一历史档案馆藏,宗人府全宗档案,档号:06-01-001-000643-0196。

④ Minutes of the Twelfth Session, 24th February, 1909, *Reports of the Proceedings*, p.70.

的某些商品（即含吗啡戒烟药），并未为现行条约所禁止。对中国来说，通过外交渠道解决这些问题是更好的主意，正如他们在吗啡问题上做的那样"①。日本和法国两国代表显然只是强调立法禁止应当通过外交谈判来进行，并没有正面回应中国代表的建议。是时，美国代表汉密尔顿·赖特出面调解。他一方面对日本和法国代表的意见表示理解，认为禁止吗啡输入的确属于外交谈判领域；另一方面强调国际禁烟委员会作为一个整体如果通过这项提案，必然引起各国政府对此一问题的高度重视，势将大大推进其解决进程。在这种情况下，中国代表随即提出一项修正案："本会会员敦促凡在中国有居留地或租界之国各代表，须陈请各该国政府，与中国议定条例，禁止制造贩卖内含鸦片烟质或鸦片提制品之戒烟丸药。"② 最后，在汉密尔顿·赖特的推动下，法国代表的修正案获得一致通过。

"国际鸦片委员会认识到以注射为目的的使用吗啡正给中国人民带来极大伤害，并建议参加本委员会的各国政府迫切需要立即制定相关法律，以禁止其在中国的臣民或公民从事吗啡及其衍生物或皮下注射器的进口与销售——以医疗为目的出售给合格医生的情形除外。委员会还建议，所制定的法律应该规定对违反这些规定的臣民或公民施以相应的惩罚，并应被清楚地理解，未经授权持有吗啡及其衍生物或皮下注射器将被视为犯罪的初步证据。"③

另外，中国代表唐国安提议各国领事在中国租界和居留地限制吗啡的使用，获得一致通过："本会会员劝勉各国代表陈请各该国政府，凡在中国有居留地或租界者，施行药商专律于领事裁判权限之内，俾该国之民有所遵守。"④

与此同时，清廷亟须尽快终结国内吗啡泛滥局面以清其流。1910年，东三省总督锡良等重提禁止吗啡问题。5月30日和6月14日，锡良两度咨行法部，对奉天提法使吴钫在执法过程中遭遇的诸多难题提出疑问，

---

① Minutes of the Thirteenth Session, 25th February, 1909, *Reports of the Proceedings*, pp. 75 - 76.《附件：会议公决条款》，《晚清国际会议档案》第7册，广陵书社2008年版，第3854—3855页。
② Minutes of the Thirteenth Session, 25th February, 1909, *Reports of the Proceedings*, p. 76.
③ Minutes of the Twelfth Session, 24th February, 1909, *Reports of the Proceedings*, p. 71.
④ Minutes of the Thirteenth Session, 25th February, 1909, *Reports of the Proceedings*, p. 77；《附件：会议公决条款》，《晚清国际会议档案》第7册，广陵书社2008年版，第3855页。

如：受打（吗啡针）者是否有罪，如何量刑？在"购买吗啡针多具，雇人四出施打"的情形中，雇人者与受雇者是否同罪？在"自有吗啡针而托人为之施打"的情形中，施打者与受打者如何量刑？法部针对上述情形，对《专条》做出进一步阐释："嗣后拿获吗啡针人犯，除被打之人照违制律处十等罚外，其购买吗啡针多具雇人四出施打及受雇之人，均照例拟发烟瘴地方安置；如自有吗啡针而托人为之施打或自行打用者，亦均照违制律拟处十等罚，因而致死者，受托之人减斗杀罪一等，拟流三千里。"①

至此，制造、贩卖、施打（无论雇人抑或受雇、受托）、受打吗啡等情，在中国均有律例明文加以惩治。稍后，法部将其通行各省问刑衙门并转饬各级审判厅，要求一体遵照新规办理。②

六 中英禁烟缩短限期谈判

上海万国禁烟大会之后，各省督抚认为国际环境有利于中国禁烟，同时认为分期限种难于稽查，不如一律禁种行之有效，纷纷奏请缩限禁种，表示可在一两年内完成，以便提前扫除鸦片烟毒。这些要求陆续得到清廷批准。到1910年，只剩下贵州、四川、陕西和甘肃四省为限种罂粟区，其他各省一律禁种。总的来说，各省督抚对于禁种是比较认真的，不仅每年派出许多官吏到各地巡视督查，而且还出动大批军队下乡弹压查拔，成效十分显著。清廷考虑到三年试禁期限将满，担心英国横生枝节，通令各省不得松懈，要禁种、禁吸一齐抓，以免功败垂成，又陆续颁布了《续拟禁烟调验章程》和《购烟护照及管理售卖膏土章程》等，督促各地切实施禁。

1911年1月，中英约定三年试验禁烟期届满，中国禁烟成绩得到了举世公认，"英国难于有效地阻止中国，逃避履行条约中仍然生效的有关鸦片的规定"③。然而，英国驻华公使朱尔典又横生枝节，以广东地方政府提

---

① 《法部编置司奉天科为查核盛京被打吗啡针人犯作何治罪咨请部示一案事等》（宣统二年五月），中国第一历史档案馆藏，法部全宗档案，档号：16-02-005-000008-0053。

② 《法部为被打吗啡针人犯作何治罪咨请部示一案抄单查照事致宗人府等》（宣统二年十一月二十五日），中国第一历史档案馆藏，宗人府全宗档案，档号：06-01-001-000796-0181。

③ ［澳］骆惠敏编：《清末民初政情内幕》上册，刘桂良等译，上海知识出版社1986年版，第704页。

高鸦片税和波斯鸦片进口有所增加为借口，向清廷提出抗议照会，扬言美国、德国商人取道波斯，暗将洋药输入，"为数颇巨。据去年计算进口，重量逾十万磅。英国遵照约章，按年递减进口一成，俟十年后全行减尽，现仍切实守约。乃中国政府漫然蔑视，任外商狼狈为奸，而独于英国强加制限，增抽捐税，殊不合理，若不照约严禁外商进运，则我英亦不能拘守约章，甘受巨耗。应请速筹外商办法。否则，英国只有以约作废"①。清廷外务部复照驳斥说，中国各省已将土药缩限于一两年内全行禁止，禁种已获很大进展，土药已减种七成，由于鸦片价格顿涨数倍，英国商人所运鸦片箱数虽减，而获利大增，出而抗议，未免不合情理。同时答应对于其他国家进口的鸦片严格限制。英国公使向中国外务部索取"已禁七成"的证据，外务部将各省报告禁种鸦片清册展示，并请英方派员调查。

事实上早在1909年10月18日，英国驻天津领事谢立山即建议查证中国罂粟种植情况，以确认禁种成效。这个建议先是得到英国外交部的认可，后来又征得印度部的同意。1910年4月6日，英国外交部正式任命谢立山负责调查中国罂粟种植情况。②谢立山奉命之后，立即结束度假，返回中国。他主要调查了中国西北西南罂粟重点种植区。于1910年10月19日，他将调查山西、陕西和甘肃的情况写了一个非常详细的报告，"确认山西省百分之五六十的吸食者已经戒断了烟瘾"，罂粟种植在1910年已经停止，尽管在1910年春天文水县仍有少量种植，但毫无疑问取得了很大进展③；陕西省的官路两边30里左右的地区的罂粟种植面积已经大幅度减少，而60里之外仍有大面积种植。他承认，在他经过的所有地区，"都有一些采取禁种措施的证明，尽管这些措施并非完全有效，但他们毫无疑问采取了限制生产的措施"④。甘肃的罂粟种植面积减少了百分之二十五至百

---

① 《中英最近鸦片之交涉》，《外交报》第282期，庚戌七月二十五（1910年8月29日）。

② Foreign office to A. Hosie, 6 April 1910. The Opium Trade, 1910 – 1941, Vol. Ⅰ, 1910 – 1911, Wilmington, Delaware: Scholarly Resources Inc, 1974, p. 28.

③ 《总领事谢立山先生致格雷先生》（附件）1910年10月19日，The Opium Trade, 1910 – 1941, Vol. Ⅰ, 1910 – 1911, p. 139; Presented to both Houses of Parliament by Command of His Majesty. June 1911. London: Published by his Majesty's Stationery office. pp. 1 – 3。

④ 《总领事谢立山先生致格雷先生》（附件）1910年10月19日，The Opium Trade, 1910 – 1941, Vol. Ⅰ, 1910 – 1911, p. 146. Presented to both Houses of Parliament by Command of His Majesty. June 1911. London: Published by his Majesty's Stationery office. p. 10。

分之五十①。1911年3月4日,谢立山将调查中国罂粟最大产区四川的种植情况向英国外交大臣格雷进行了汇报,在他看来,经过30余天的亲自踏勘和传教士的证词,使他确信"四川的罂粟种植已经基本停止"②。1911年4月15日,谢立山在给英国外交大臣格雷的报告中承认,云南鸦片生产已经大量减少,在他经过的地方,"尽管在边远地方仍有罂粟在生长,罂粟的种植要么实际上已经停止,要么在很大程度上已经减少"③。总之,经过谢立山周历山西、陕西、甘肃、四川和云南罂粟重点种植区的田野调查,确认禁种"成效卓著"。

按照英国外交官的允诺,如果调查结果令人满意,中国政府认真履行了《中英禁烟条件》所规定的义务。④那么,英国政府就必须遵守《中英禁烟条件》的规定,继续递减印度鸦片对中国的进口量。在这种情况下,双方于1911年5月8日签订了新的《中英禁烟条件》,内容共有10条⑤,主要是:英国在未满七年期限内逐年继续限制出口,到1917年禁止向中国输入;并应允如不到七年,有确实凭据能够证实土药绝种,则印度向中国进口的鸦片同时停止;如某省先行禁种,该省亦可停运印度鸦片;同意将进口鸦片税每担由110两提高到350两。总的来讲,英国在又被迫作了一些让步,但并没有根本改变其强行向中国输入鸦片的立场,仍然垄断着臭名远扬的毒品贸易。而清廷却对此十分满意,表示感激,再次下诏督促各省于禁烟一事严加整顿,"无负友邦赞成之美意!"⑥

腐败无能的清政府,习惯于仰人鼻息,不懂得禁烟是中国内政,限制各国输入毒品是自己的主权,根本无须看洋人的脸色行事。到辛亥革命前

---

① 《总领事谢立山先生致格雷先生》(附件)1910年10月19日,*The Opium Trade*,1910 – 1941, Vol. Ⅰ, *1910 – 1911*, p. 154. *Presented to both Houses of Parliament by Command of His Majesty. June 1911. London*:Published by his Majesty's Stationery office. p. 18。

② 《总领事谢立山先生致格雷先生》(附件)1911年3月4日,*The Opium Trade*,1910 – 1941, Vol. Ⅲ, *1910 – 1911*, p. 102; *Presented to both Houses of Parliament by Command of His Majesty. June 1911. London*:Published by his Majesty's Stationery office. p. 20。

③ 《总领事谢立山先生致格雷先生》(附件)1911年4月15日,*The Opium Trade*,1910 – 1941, Vol. Ⅲ, *1910 – 1911*, p. 143; *Presented to both Houses of Parliament by Command of His Majesty. June 1911. London*:Published by his Majesty's Stationery office, p. 22。

④ 《麻穆勒给中国外务部的备忘录》1910年7月9日,*The Opium Trade*,1910 – 1941, Vol. Ⅰ, *1910 – 1911*, p. 56。

⑤ 《清宣统朝外交史料》卷22,台北:文海出版社1985年影印本,第21—23页。

⑥ 《清宣统朝外交史料》卷22,台北:文海出版社1985年影印本,第23页。

夕,即将倾覆的清政府,除了派遣代表团赴海牙参加新的国际禁烟大会之外,因忙于镇压革命而将禁烟活动丢在一边。腐败的清王朝终于没有能够在灭亡前洗掉鸦片给它带来的七十年耻辱。

结 论

　　清末各地鸦片流毒程度不同,种植情况亦不同,各地禁烟侧重点自然有所不同,有的侧重禁吸,有的侧重禁种,有的禁吸与禁种并重。因此各省的查禁方法、步骤亦不同,统计方法也有所不同,故很难以某项统计数字显示其禁烟成效。这里只能作一综合的简略介绍。

　　大致来说,在禁烟令下达之后,各省在1907年迅速关闭了各城镇数以万计的鸦片烟馆。同时开始限制吸食,到1911年时,京师戒吸的人数有21000人,山东有85000人,河南有100000人,陕西有560000人,湖南有20000人,湖北戒吸者117000人,浙江有221000人,福建有55000人,云南收缴的烟枪有46000枝,贵州戒吸鸦片人数无确切统计,有人估计戒食者"十之四五",其他各省虽无确切统计,据情类推,戒吸人数肯定不少。各省禁种自1908年开始加紧进行,到1910年秋季,各省禁种罂粟的亩数当以数十万计。经民政部派人下乡实地踏勘,调查结果显示,直隶与山东两省禁种净尽;奉天、山西、湖北、广东四省仅有零星种植;黑龙江、江苏、安徽、广西、福建各有几个州县尚未禁绝;河南、浙江、江西、湖南四省虽宣布禁绝,仍在个别地方发现较多种植;云南、吉林和新疆三省虽有较多私种,但大面积种植的局面已经改变;陕西、甘肃、贵州和四川为缩期禁种省区,其中四川基本禁种,其他三省计划于1911年彻底禁种。[①]由以上简略叙述,可以看出禁烟成绩是巨大的。国内舆论认为:"综观各省禁烟之成绩,欲作违心之论,谓非良好而不可得。"[②] 英国政府承认:"中国于禁种一事立意诚笃,且成效卓著。"[③] 驻在北京的英国《泰晤士报》记者莫理循对于禁烟运动的成就感到惊奇。美国的《拿呼美报》发表

---

　　① 以上资料主要来自《政治官报》1910年第1051号的《各省禁种土药情形单》及《国风报》第1年第18号《各省禁烟成绩调查记》,宣统二年七月初一日。
　　② 《各省禁烟成绩调查记》,《国风报》第1年第18号,宣统二年七月初一日。
　　③ 《清宣统朝外交史料》卷22,台北:文海出版社1985年影印本,第25页。

评论，称赞中国禁烟成效显著①。清末禁烟运动获得的重大的成就是举世公认的。笔者认为，禁烟运动获得成效的基本原因是：

第一，清除鸦片烟毒得到了人民的理解和支持。禁烟谕令和章程颁布之后，首先得到社会舆论界的积极响应。如《中外日报》称鸦片之毒为中国振古未有之奇祸，禁烟之举亦为振古未有之大事，中国之前途荣辱系于禁烟一举。《云南杂志》认为："中国存亡之关系，即以能否祛除阿片之问题为解决"；"扫除世界之瘴烟，吸收文明之清气，柔脆萎靡之病夫，变为雄武伟大之国民，此四万万人所鼓掌而欢迎者。"②各城市的市民纷纷组织禁烟会、去毒会和各种拒毒会。一些开明人士到各地发表演说，宣传鸦片危害，解说禁烟的伟大意义。一些青年学生更以新的方式走到街头向民众宣传，给禁烟运动带来了生机。

1910年，随着国内反对清朝统治的政治情绪日渐高昂，反对鸦片贸易，要求尽快清除烟毒的呼声亦越来越高。人们对清廷把禁烟期限定为10年强烈不满，希望缩限禁绝，强烈抗议英国政府尽力延长鸦片贸易的侵略政策。有位外国人这样描写上海的群众禁烟活动说："最早禁止种植罂粟的法令颁布于1906年9月，接着是官员、绅士，最后是并非微不足道的新近出现的学生们，都积极地进行了活动。上述这些人对于努力促使舆论赞成帝国法令的劲头极大。"③人民群众在禁烟运动中焕发出来的极大爱国热情，反映了日益高涨的民族主义精神。在这次禁烟运动中，只有个别靠贩卖和种植鸦片获取暴利的人略有反抗。一般种植者和贩运者，对于自己的行为也表示忏悔，遵守禁令。那些已经染上烟瘾的人往往深自痛悔，大多表示要同这种不良习惯一刀两断，甚至有人为戒断烟瘾，宁可丢掉生命。④至于极个别地方发生抗拔烟苗事件，主要是地方官吏方法简单，态度粗暴，办理不善造成的，并不是民众不愿禁烟。

其二，清朝各级政府重视禁烟并制定了比较完整的禁烟章程。清廷在决定禁烟初期一度信心不足，禁烟令下达后，各省督抚由于禁烟尚未取得

---

① 1909年1月《拿呼美报·论中国禁烟》，《外交报》第237期己酉二月十五（1909年3月6日）。
② 中国科学院历史研究所第三所编：《云南杂志选辑》，科学出版社1985年版，第101页。
③ 徐雪筠编译：《上海近代社会经济发展概况（1882—1931）》，上海社会科学院出版社1985年版，第140—141页。
④ 例如，浙江提督马玉崑即因戒烟而死。参见《中西教会报》第195册，1908年11月。

英国同意，对于能否成功表示怀疑，多数持观望态度，除令各城镇关闭烟馆外，很少采取其他积极行动。1908年3月，中英禁烟条约的签订解除了清廷对英国的疑虑和恐惧。英国声明前三年为试验期后，为了在限期内取得实在成绩，清廷对于禁烟高度重视，颁布了一系列严厉的诏令，制定了一整套禁烟章程。为便于检查和执行，颁布了《稽核禁烟章程》；为督促各级官吏恪尽职守努力禁烟，颁布了《禁烟议叙议处章程》；为清除官吏吸食鸦片的恶习，专门制订了《禁烟查验章程》和《续禁烟查验章程》，并派员专门负责查验高级官员的烟癖；将睿亲王、庄亲王等开缺，以示惩罚；为表示禁烟的诚意，它公开表示不惜丢掉巨额鸦片税厘。这种决心和措施收到了相当的效果。到1910年，京师经查验陈明戒断鸦片烟瘾的官员有3229名，各省戒断鸦片烟瘾的官员有5399名，有27人因继续吸食被参革，因戒吸鸦片而病故的官员有136名。[①] 清廷的这种态度与光绪初年的禁烟行动形成了鲜明的对比。光绪初年，清廷决策人物对是否禁烟拿不定主意，尽管在部分大臣的要求下，重申了以前种植罂粟的禁令，并下令推广山西禁烟章程，但并没有决心和诚意，既没有制订切实可行的禁烟章程，也不督促地方督抚禁烟，实际是倾向李鸿章主张的种植罂粟以抵制外来鸦片的观点，光绪初年的禁烟因此归于失败。就各省地方官员而言，到清末禁烟时，除了河南、贵州和陕西等省的巡抚初期禁烟不够认真，办事拖沓外，其他各省督抚于禁烟一事态度都比较积极认真，特别是中英禁烟条约签订后，山东、直隶、山西、云南、四川等省的督抚对于禁烟更加雷厉风行，成效十分明显，这与光绪初年各省督抚的禁烟态度也形成对比。光绪初年，除了西北三省督抚对禁种持比较积极的态度外，其他大多数省区都采取了观望态度，几乎没有实际行动，西北各省取得的暂时的禁种成绩自然难以保持。英国驻华公使朱尔典也观察到，清末禁烟，各级政府极为认真办理，"非如曩日之泄沓也"[②]。

其三，有利于禁烟的国际环境。20世纪初，鸦片烟毒对人体的毒害已为世界各国人民所公认，鸦片烟毒在远东地区，特别是在中国的严重泛滥引起了各国政府关注。各国舆论一致谴责这种不道德的贸易，呼吁采取有

---

① 刘锦藻编：《清朝续文献通考》，商务印书馆1936年版，卷55，征榷27，总8102页。
② 《英国蓝皮书·第二次鸦片问题说贴》，《外交报》第232期，戊申十二月二十五日（1909年1月16日）。

效措施，制止鸦片流毒向其他地方蔓延，形成了一种国际压力。英国因继续维持这种不道德的贸易，处境十分难堪。由于在华传教士不懈的努力，中国遭受鸦片毒害的情况不断被介绍给英国人民，鸦片问题在议院引起激烈的辩论，越来越多的英国人民对于本国政府的鸦片政策表示强烈不满。例如，1910 年，英国许多大学教授签名递交英国外交部，多次请求英国政府尽快停止印度鸦片贸易；① 伦敦多家反对鸦片贸易组织联合致函英国外交部，强烈反对英国政府对于中国禁烟运动设置任何障碍。② 英国政府面对日益增加的反对意见，不能不对以往的鸦片政策有所改变。再如，1910年 4 月 18 日，参加上海万国禁烟会的汉密尔顿·莱特博士（Hamilton Wright）回到华盛顿之后，立即发起召开新一届国际禁烟会的倡议。当他得悉渥太华商业界"鉴于中国政府和中国人民在镇压鸦片罪恶的斗争中所表现出的不容置疑的诚意"③，签名支持中国禁烟的消息，立即致函在上海参加万国禁烟会时结识的麦克齐·金先生（Mackenzie King），请他转告英国外交部的克莱门蒂·史密斯先生（C. Clementi Smith）。略谓：从上海回来后，诺克斯（Mr. Knox）先生委托我为即将召开的会议进行外交商谈。参加上海万国禁烟会的国家都受到了邀请，目前已经接受邀请的国家有：中国、法国、德国、意大利、日本、荷兰、葡萄牙、波斯、俄罗斯、暹罗。目前尚未接到奥匈帝国回复，但这可能只是外交上的轻微迟误。现在唯有英国没有正式答复。因此，请加拿大的麦克齐·金先生把他的信函转交英国外交部的克莱门蒂·史密斯先生，敦促英国外交部尽快做出决定。一场新的国际禁烟大会正在酝酿召开，这对英国政府的鸦片政策不能不产生重大影响。国际舆论和环境对于中国禁烟十分有利。

---

① Professor Caldecott to Sir Edward Grey, 10 February, 18 February, 21 Marc 1910. *The Opium Trade*, 1910－1941, Vol. Ⅰ, *1910－1911*, Wilmington, Delaware: Scholarly Resources Inc, 1974, pp. 13－24.

② London and Edinburgh Anti-opium Organizations to Foreign Office. *The Opium Trade*, 1910－1941, Vol. Ⅰ, *1910－1911*, Wilmington, Delaware: Scholarly Resources Inc., 1974, pp. 13－17.

③ 《麦克齐·金先生致克莱门蒂·史密斯爵士》1910 年 5 月 5 日，*The Opium Trade*, 1910－1941, Vol. Ⅰ, *1910－1911*, Wilmington, Delaware: Scholarly Resources Inc., 1974, p. 65.

第十章

英国鸦片商、外交官与中国清末禁烟运动

近年来,学术界对于清末禁烟运动给予较多关注,已经发表丰富的研究成果。从这些研究成果看,学者们较多地使用了中文资料,但英文档案资料尚未得到充分的发掘、利用和解读。笔者曾经围绕广东鸦片牌照捐的征收,利用英国原始档案资料,撰文探讨了中英禁烟谈判代表的分歧和争论情况。① 当时由于篇幅所限,既没有具体说明英国鸦片商人及其利益集团通过哪些活动操纵和影响了英国政府的外交政策,也没有阐述英国的外交官在哪些方面顺从了鸦片利益集团的要求,同时受到国际国内哪些社会力量的制约。这里就这些问题再作探讨。

一 英国鸦片商的请求与其外交官的连番抗议

清末禁烟运动不仅在内陆省区开展得蓬蓬勃勃,在沿海地区亦富有成效。面对中国的禁烟运动,长期从事毒品贸易发了横财的英国鸦片商,不但不对他们犯罪行径进行忏悔,反而变本加厉,为扩大鸦片贸易利益和延长鸦片贸易时间,对中国官员的禁烟措施横加指责,唆使英国外交官干涉中国禁烟行政,试图制造摩擦,再次挑起一场中英之间新的鸦片战争,重演历史闹剧。

(一)抗议两江总督取缔非法经营的鸿春行

1909年春天,江苏遵照《政务处奏定分给牌照章程》第5条规定②,

---

① 王宏斌:《清末广东禁烟与中英外交风波》,《近代史研究》2003年第6期。
② 朱寿朋编:《光绪朝东华录》第5册,光绪三十年十月,中华书局1958年版,第5593—5594页。

开始在本省推行牌照制度，通饬各属实力奉行，"务使膏土各店非有牌照不能售烟，吸食之户非有牌照不能购烟，渐收勒限减瘾之效"①。江苏推行牌照制度半年之后，一家名为鸿春行的鸦片行在南京开始挂牌营业，招揽鸦片生意。这家鸦片行既没有从事鸦片营业的历史，又没有得到官方的批准，分明是一家黑店，理应受到取缔和惩罚。鸿春行老板郭云敬之所以敢顶风作案，违反朝廷法令，公开挑衅地方官府，是因为得到了英国鸦片商新沙逊洋行（Messrs E. D. Sassoon & Co.）的公开支持。在鸿春行被查封和郭云敬被逮捕之后，新沙逊洋行的老板开始四处活动，他一面宣称，鸿春行是新沙逊洋行的合作伙伴，中国官员查禁鸿春行的零售鸦片业务，就是侵犯英国人的鸦片批发生意；一面请求英国驻南京领事和驻北京公使出面抗议中国官员的查禁行动，要求两江总督立即释放郭云敬。

英国驻北京公使朱尔典（Sir J. Jordan）尽管意识到中国的法令只是对本国鸦片零售生意的规范，并非干涉英国进口商与中国购买者之间的批发贸易②，英方利用这一事件抗议和阻挠中国的禁烟法令，是不公平的。但他还是多次出面督促中国官方，要求立即释放鸿春行老板。③

（二）抗议《杭州鸦片烟膏店牌照章程》

浙江宁波也发生了类似南京英国鸦片商抗议中国官方取缔鸿春行的事件。1909年，以禁绝土产鸦片为主要目标的浙江禁烟运动达到高潮。秋冬季节在全力铲除罂粟幼苗的同时，浙江巡抚增韫开始推行严格控制吸食鸦片的牌照制度。"实行凭照、牌照办法，遴委干员，分赴各属会同官绅，编定土膏店铺及烟籍人数，给发凭牌。所有大小膏店勒令归并，不准他项店铺零星带售，俾销数有可清查，庶吸烟者日渐减少，将来刻期禁绝。"④ 浙江禁烟总局据此制订《杭州鸦片烟膏店牌照章程》10条，要

---

① 《江苏巡抚陈启泰奏为遵旨办理禁烟情形折》宣统元年三月初四日，中国第一历史档案馆藏朱批奏折，档号：04-01-01-1104-045。

② India Office to Foreign Office, 26 January 1910, *The Opium Trade*, 1910–1941, Vol. Ⅰ, 1910–1911, Wilmington, Delaware: Scholarly Resources Inc, 1974, p. 7.

③ Sir J. Jordan to Sir Edward Grey, 21 February 1910, *The Opium Trade*, 1910–1941, Vol. Ⅰ, 1910–1911, p. 6.

④ 《浙江巡抚增韫办理禁烟事宜折》宣统元年九月二十八日，《政治官报》1909年第739号，宣统元年十月初四日，第10页。

求在全省实施。① 很明显，采取这一措施，既是合理的，也是合法的，其根本目的是彻底禁绝本省的鸦片吸食现象。然而，这也遭到英国鸦片商和外交官的蛮横指责和干涉。

1910年4月18日，新沙逊洋行致函英国驻宁波代理领事巴尔（Barr）说，浙江巡抚增韫下令关闭宁波城外兼营商品和鸦片的所有行店，严重伤害了他们的利益，所以请求领事出面干预。② 巴尔接到大鸦片商的来信后，认为"这是对英国贸易的严重歧视"，遂向宁波当局发难说，禁烟局拒绝向宁波城外兼营商品与鸦片的店铺发放牌照，伤害了新沙逊洋行的合法生意。他蛮横要求禁烟局为已被禁止营业的行店重新颁发牌照。③ 宁波领事的这一要求理所当然地遭到中国官员的拒绝。英国代理公使麻穆勒（Max Muller）得知这一消息后，认为巴尔的行为在一定程度上与英国政府的观点相背离，因为在此之前英国外交官从未对中国官方通过颁发牌照控制零售市场的权利表示过怀疑。因此，麻穆勒制止了巴尔的抗议，并将这一事件的公文呈报给伦敦外交部，得到了英国外交大臣格雷（Sir Edward Grey）的肯定。④

新沙逊洋行的老板看到宁波领事巴尔的抗议没有达到预期效果，立即联合上海的9名外国鸦片商向英国驻北京公使馆告状。这一次他们不仅是老调重弹，抱怨"近来受到的待遇不够公平"，而且详细说明鸦片贸易对于英国和印度的重要财政作用，强调他们的毒品贸易的合法性不该受到侵犯。他们列举的维持鸦片贸易的理由是："（1）鸦片贸易是一个具有久远历史的贸易，在这一贸易中有大量的英国资金投入；（2）印度政府每年提供给我们大量鸦片，并允许我们在缴纳出口税之后随时出口这些鸦片；（3）根据与中国签订的条约，我们可以自由经营鸦片生意，无论是中国的

---

① 原章程很难找到，而在英国外交文件中保留有译文。*The Opium Trade*, 1910 – 1941, Vol. Ⅱ, 1911, p. 39。

② Messrs. E. Sassoon and Co. to Acting Consul Barr, 18 April 1910, *The Opium Trade*, 1910 – 1941, Vol. Ⅱ, 1911, p. 55.

③ Acting Consul Barr to Sang Tao-tai, 28 April 1910, *The Opium Trade*, 1910 – 1941, Vol. Ⅱ, 1911, p. 36.

④ 格雷对麻穆勒说："我同意你的决定，既不干涉中国对国内鸦片零售商的管理，也不要求对不具备资格的商人发放执照，而且我赞成你给巴尔的复信。"Sir Edward Grey to Mr. Max Muller, 12 August 1910, *The Opium Trade*, 1910 – 1941, Vol. Ⅱ, 1911, p. 51；另外参考 Foreign Office to India Office, 28 July 1910, *The Opium Trade*, 1910 – 1941, Vol. Ⅱ, 1911, p. 51。

中央还是地方的官员都无权再次对这些鸦片收税;(4)虽然在中国可以对成品鸦片抽税,但只能在消费地抽一次,并且要对中国的土产鸦片征收同样的捐税;(5)中国的垄断和对外国鸦片自由贸易的干涉都侵犯了条约赋予我们的权利;(6)根据条约,我们将外国鸦片进口到中国是合法的,我们可以不受干涉自由出售鸦片。"① 这些理由不过是对中英不平等条约的再次肯定,完全是老殖民主义的思维逻辑。最后他们恶愿说:"我们相信,一旦中国当局认识到英国政府不会容忍他们对外国鸦片合法贸易的干涉,他们就会停止阻碍,并遵守条约规定。"② 在另一封信中,新沙逊洋行叫嚷道:"(英国经营鸦片的)商人希望英国政府让中国承担因违约而造成的损失。"③

麻穆勒接到鸦片商人的抗议信件后,完全明白新、老沙逊洋行等鸦片商人的目的是让英国外交官干涉中国政府限制鸦片零售的活动。他自知理亏,没有完全按照这些毒品贩子的意愿行事。在他看来,中国政府如果直接干涉鸦片的批发市场,那就应该加以反对;但如果指的是间接影响批发市场和零售贸易,英国政府就不应该支持新、老沙逊洋行的观点。

(三) 关于广东禁烟总局牌照捐的抗议活动

1910年5月5日,当《广东全省禁烟总局筹办推广牌照捐章程》尚处于讨论阶段时,④ 新、老沙逊洋行等大鸦片商便致函香港商会,声称该章程是对《烟台条约续增专条》的公然破坏,要求香港商会为保护鸦片商的利益采取必要的措施。⑤ 5月25日,印度部收到鸦片商拍发的一份电报,内称广东即将推行的牌照捐已经引起商人们的恐慌。⑥ 6月14日,新沙逊

---

① Shanghai Opium Merchants to Mr. Max Muller, 20 June 1910, *The Opium Trade*, 1910-1941, Vol. Ⅱ, 1911, p. 43.
② Shanghai Opium Merchants to Mr. Max Muller, 20 June 1910, *The Opium Trade*, 1910-1941, Vol. Ⅱ, 1911, p. 43.
③ Messrs E. D. Sassoon and Co. to Foreign Office, 19 July 1910, *The Opium Trade*, 1910-1941, Vol. Ⅱ, 1911, p. 45.
④ 关于《广东全省禁烟总局筹办推广牌照捐章程》的内容,请参阅拙文《清末广东禁烟与中英外交风波》,《近代史研究》2003年第6期。
⑤ Opium Merchants to Hong Kong Chamber of Commerce, 5 May 1910, *The Opium Trade*, 1910-1941, Vol. Ⅰ, 1911, p. 79.
⑥ India Office to Foreign Office, 25 May 1910, *The Opium Trade*, 1910-1941, Vol. Ⅰ, 1911, p. 67.

第十章 英国鸦片商、外交官与中国清末禁烟运动

洋行在伦敦向英国外交部递交了一份告状信,抱怨英国驻广州总领事杰弥逊(J. W. Jamieson)不是按照他们的意愿,而是按照中国希望的那样考虑牌照捐问题,请求英国政府采取积极行动,迫使广东当局撤销广州牌照捐并赔偿鸦片商的损失。① 6月24日,中国协会(China Association)主席安德逊(F. Anderson)按照香港商会的要求,将其抗议广东牌照捐的电报转呈英国外交部,主要是要求英国政府采取措施,维持中英条约赋予的权利,确保印度鸦片在中国的贸易不受影响。②

英国外交部收到新沙逊洋行和中国协会的信件后,于7月1日,由路易斯·玛丽特(Louis Mallet)代表格雷向他们分别复信说明,总领事杰弥逊已经解释了广州推行牌照捐的目的,是"为了防止大批量存贮鸦片"③。新沙逊洋行接到外交部的复信后,于7月6日向外交部写了一份长信,借指责杰弥逊之机,又不厌其烦地陈述了他们的观点。为了反驳杰弥逊的牌照捐是"为了防止大批量存贮鸦片"的说法,新沙逊洋行故意歪曲事实说,广州向来没有大批量库存鸦片,只是需要消费时才将外国鸦片输入。该信还说,牌照捐名义上是针对外国熟鸦片,实际上是对生鸦片在运输过程中再次征税,违反了《烟台条约续增专条》的第2、3、5条。④ 第二天,新沙逊洋行意犹未尽,又向英国外交部写了一封信,强烈要求英国政府尽快采取措施,敦促中国官员在规定的时间内,撤销广州"令人反感的牌照捐",并对英国鸦片商的损失进行赔偿。⑤

正是在英国鸦片商的极力怂恿下,英国政府决定向中国政府施加外交压力。1910年6月17日,英国外交大臣格雷向驻华公使提出英国继续限

---

① Messrs. E. Sassoon and Co. to Foreign Office, 14 June 1910, *The Opium Trade*, 1910 – 1941, Vol. Ⅰ, 1910 – 1911, p. 73. 按照禁烟总局发布的章程,查禁的范围是全省的,自然以"广东"表述比较准确。但是,英文中相关的地方,总是称"广州"。大概系牌照捐主要在广州推行的缘故。

② China Association to Foreign Office, 24 June 1910, *The Opium Trade*, 1910 – 1941, Vol. Ⅰ, 1910 – 1911, p. 88.

③ Foreign Office to Messrs. E. D. Sassoon and Co.; Foreign Office to China Association, 1 July 1910, *The Opium Trade*, 1910 – 1941, Vol. Ⅱ, 1910 – 1911, p. 1.

④ Messrs. E. Sassoon and Co. to Foreign Office, 7 July 1910, *The Opium Trade*, 1910 – 1941, Vol. Ⅱ, 1911, p. 15.

⑤ Messrs. E. Sassoon and Co. to Foreign Office, 8 July 1910, *The Opium Trade*, 1910 – 1941, Vol. Ⅱ, 1911, p. 15.

制印度鸦片递减的两个前提条件：（1）现在正在中国考察鸦片生产情况的谢立山先生（Sir Alexander Hosie）所提供的中国履行《中英禁烟条件》义务的报告，能够使英国政府比较满意；① （2）保证英国鸦片商人在中国自由从事贸易，并且不得任意减少鸦片批发商的人数。如果中国政府接受以上条件，并且在禁烟10年期结束时中国已经根绝了土产鸦片，英国政府答应采取一切合理措施，配合中国政府禁止印度鸦片输入。② 英国驻华代理公使麻穆勒奉命之后，于7月9日向清外务部提出了谈判要求。

二 英国外交官在谈判中不断提出新的要求

（一）英国代表要求中国政府撤销通商口岸有关外国鸦片贸易的限制

对于麻穆勒提出的谈判要求，清外务部于1910年7月22日作出回应，正式委派外务部右丞刘玉麟为中国谈判代表。中英双方代表于7月30日就是否继续维持第一次《中英禁烟条件》规定的试验期问题进行了初次会晤。麻穆勒提出的备忘录的主要内容为：（1）英国政府在中方不能提供罂粟种植面积减少3/10的确切证明的情况下，准备承认中国的禁烟成效，同意将现存协议继续延长3年，一如既往地继续递减从印度出口的鸦片总量。但是，前提条件是中国政府不得任意削减在通商口岸经营鸦片生意的批发商人数。（2）从印度出口的运往其他国家和地区的16000箱鸦片，可能在中途或目的地转运到中国。如果中国接受前一条建议，英国政府答应，在10年禁烟期结束时，只要中国停止土产鸦片的生产，那么，英国将采取必要和合理的措施，禁止印度鸦片输入中国。（3）目前对印度鸦片出口采取的是直接限制的措施，是否采取间接限制的措施（即在中国的通商口岸限制鸦片进口数量），可以由中方做出选择。③

---

① 谢立山，即亚历山大·霍斯（Sir Alexander Hosie），1853—1925，英国外交官，1902年4月任英国驻成都总领事，1905年至1908年任北京使馆代理商务参赞。1908年年底，代表英国出席在上海举行的第一届万国禁烟会。1909年出任天津总领事。著有《鸦片问题的探索：中国主要生产鸦片省区旅行记》。

② Mr. Max Muller to Sir Edward Grey, 15 June 1910, The Opium Trade, 1910–1941, Vol. II, 1911, p. 55.

③ Memorandum of British Legation, 30 July 1910, The Opium Trade, 1910–1941, Vol. II, 1911, p. 86.

第十章　英国鸦片商、外交官与中国清末禁烟运动

同一天，英国外交大臣格雷致电代理公使麻穆勒，训令说："如果你认为可以得出任何有用的结果，你可以暗示，如果中国政府对鸦片问题继续坚持目前的阻碍态度，英国政府将不得不考虑废除'禁烟条件'；另一方面，如果他们撤销了牌照捐，并答应遵守现有条约的规定，英国政府将同意提高进口税。"在另一则电文中，格雷进一步威胁说："如果外务部承认牌照捐是非法的，中国政府应当撤销正在推行的牌照捐。或许可以对中国政府给予适当的压力，使之这样做。"①

8月1日，麻穆勒根据7月30日格雷的电报训令，向清外务部总理大臣庆亲王奕劻递交了一封信，说明发出抗议的理由。略谓：英国政府仔细研究《广东全省禁烟总局筹办推广牌照捐章程》，认为第4、6、7条违背《烟台条约续增专条》的有关规定，授权驻北京公使向中国政府发出抗议。"如果中国政府答应撤销这一令人厌烦的章程，并遵守'条约'规定的义务，英国政府同意相应提高目前的统一进口税厘标准，不过，前提条件是中方提供土产鸦片增加捐税的有关证明。"②

得知英国外交部准备就禁烟问题与中国开始谈判的消息，英国鸦片贩子立即发动了持续不断的请愿活动，试图直接操纵英国的外交谈判进程。7月18日，新沙逊洋行再次催促英国政府尽快采取紧急措施，迫使中国政府撤销广东等省的牌照捐。③ 7月19日，在鸦片商的鼓噪下，香港总督致电殖民部大臣克鲁伯爵（Earl of Crewe）说，鸦片贸易已经陷于混乱，香港的鸦片商强烈要求英国政府采取措施，设法撤销牌照捐。④ 7月22日，伦敦商会也向英国外交部递呈，特别强调说："千万不要忘记，所有的鸦片都是从印度政府那里购买的，购买者购买印度鸦片的前提条件是根据条约规定可以在中国合法贸易，而鸦片商人在中国的这种权利应当得到英国政府代表的保护。"⑤

---

① Sir Edward Grey to Mr. Max Muller, 30 July 1910, *The Opium Trade*, 1910 – 1941, Vol. Ⅱ, 1911, p. 51.

② Mr. Max Muller to Prince Ch'ing, 1 August 1910, *The Opium Trade*, 1910 – 1941, Vol. Ⅱ, 1911, p. 86.

③ Messrs. E. Sassoon and Co. to Foreign Office, 18 July 1910, *The Opium Trade*, 1910 – 1941, Vol. Ⅱ, 1911, p. 45.

④ The Officer Administering the Government of Hong Kong to Foreign Office, 19 July 1910, *The Opium Trade*, 1910 – 1941, Vol. Ⅱ, 1911, p. 47.

⑤ London Chamber of Commerce to Foreign Office, 22 July 1910, *The Opium Trade*, 1910 – 1941, Vol. Ⅱ, 1911, p. 49.

与此同时，英国鸦片商还连续制造事端，为英国外交官提供抗议的口实。8月2日，在佛山三水地方一位商人携带20个印度帕特纳（Patna，印度北部比哈尔邦首府，鸦片的重要产区）鸦片球通过，由于没有营业执照，被缉私人员查获。同一天，又有一位商人携带两箱鸦片，也是由于没有执照在汕头被查获。货主被押往广州，在缴纳了1855两银子罚款后获得释放。① 英国鸦片商借机发动了新一轮抗议活动。8月6日，赫威特（Mr. Hewitt）代表香港商会将上述事件电报英国外交部，请求格雷责令驻华代理公使尽快废除广东等省的牌照捐。8月9日，新、老沙逊洋行也致电外交部，要求英国政府向北京提出强烈抗议。② 英国驻华代理公使麻穆勒得到消息后，立即向清外务部发出了抗议照会。8月11日，香港商会致信英国外交部，除了老调重弹之外，反复强调的是，只要中英协议有效，英国商人就可以依据条约自由经营鸦片生意。15日，中国协会在伦敦致函英国外交部，同样要求将撤销广东等省的牌照捐作为中英协商逐年递减印度鸦片的先决条件。他们谎称自己遭受的损失不下800万银圆，说什么"最基本的正义是，从事鸦片贸易的英国商人应当受到条约的保护，他们不应当因（中国人）任意违反条约而蒙受不必要的损失"③。

9月28日，中国代表刘玉麟针对麻穆勒7月30日的备忘录作出书面答复，略谓：逐渐递减从印度出口鸦片到中国的协议不是3年而是7年。如果中国政府未能履行禁烟协议，英国政府有权抗议；中国将利用1907年约定的条款在加尔各答派驻人员监视鸦片的拍卖和装运。英国应对转运中国的印度鸦片发放许可证和加盖印章，中国海关只允许持有许可证和加盖印章的鸦片进入中国。如果英国政府同意这种办法，中国将要求其他国家采取相同方案，这样就可以有效防止运往其他国家和地区的16000箱鸦片在途中转运中国。④

---

① Sir Hewitt to Sir Edward Grey, 8 August 1910, *The Opium Trade*, 1910 – 1941, Vol. II, 1911, p. 65.

② Messrs. E. D. Sassoon and Co. and Messrs. D. Sassoon and Co. to Foreign Office, 9 August 1910, *The Opium Trade*, 1910 – 1941, Vol. II, 1911, p. 79.

③ China Association to Foreign Office, 15 August 1910, *The Opium Trade*, 1910 – 1941, Vol. II, 1911, p. 82.

④ Mr. Max Muller to Sir Edward Grey, Enclosure, 29 September 1910, *The Opium Trade*, 1910 – 1941, Vol. II, 1911, p. 104.

第十章 英国鸦片商、外交官与中国清末禁烟运动

9月29日，麻穆勒在答复中列出英国继续执行1907年达成的"禁烟条件"的前提条件：第一，英国政府在下列三个条件下，根据1907年达成的协议，继续逐年递减印度鸦片输出量：（1）中国继续逐年递减土产鸦片产量；（2）中国政府应当撤销在通商口岸限制印度鸦片批发贸易的一切法规，并答应直到1917年年底不在通商口岸颁布任何限制印度鸦片批发贸易的任何法规，也不会在通商口岸任意撤销经营印度鸦片的商人数量；（3）中国政府如果能够提供土产鸦片税厘增长的足够证明，英国政府同意相应地增加征收印度鸦片的统一税厘。如果中国政府违反（1）或违背（2）和（3），英国有权终止协议。第二，英国政府同意中国政府派出一名官员到印度监视鸦片的拍卖和装运，条件是他没有干预权利。①

从上述英国外交文件中可以看出，1910年7月9日至9月29日，是双方确定谈判代表，并提出各自观点的初步阶段。在这一阶段，英国外交官在其鸦片利益集团的怂恿下，以是否继续执行1907年达成的"禁烟条件"为要挟条件，就印度鸦片的销售问题向中国政府提出了三项要求：其一，中国政府撤销对通商口岸鸦片商人数量的限制；其二，中国政府撤销关于外国鸦片贸易的相关规定；其三，中国政府以后不得颁布针对外国鸦片的任何限制性新法规。

（二）英国谈判代表向中国政府提出新的要求

麻穆勒1910年7月30日的备忘录经过印度政府和印度部的讨论和修改，于10月24日通过电报传到英国驻北京使馆。经过印度政府修改后的协议草案，与麻穆勒最初的备忘录相比，有两个重要变化：一是拒绝中国官员在加尔各答对印度输华的鸦片箱加盖印章，认为这种做法使印度政府官员感到不快；二是暂时不宜协商提高印度鸦片的统一税厘问题，除非中国政府完全答应英国和印度政府的要求。② 格雷授权麻穆勒和休假后回到北京的朱尔典在修改草案的基础上，"根据印度政府的提议行事"。11月1

---

① Mr. Max Muller to Sir Edward Grey, Enclosure, 29 September 1910, *The Opium Trade*, 1910 - 1941, Vol. II, 1911, pp. 104 - 105.

② India Office to Foreign office, Enclosure, 21 October 1910, *The Opium Trade*, 1910 - 1941, Vol. II, 1911, pp. 104 - 105.

日，麻穆勒将一份几经修改的备忘录送交清外务部。① 由于其中没有提及鸦片进口税厘的提高问题，清外务部官员于11月5日拜访了麻穆勒，要求与英国代表商议原来由英国代表提出的提高鸦片进口税问题，并要求麻穆勒或者以正式文件重新予以声明，或者在协议中将其具体化。于是，麻穆勒向庆亲王写了一封信，强调只有在印度政府提出的条件下，才能同意提高印度鸦片的统一进口税厘。

就在此时，中国政府的主张也发生了变化。当时，资政院举行了开院典礼，各地官绅纷纷上书请愿，要求禁烟，而中国国民禁烟会的成立则标志着禁烟运动走向新的高潮。10月12日，中国国民禁烟会60余名会员在北京西城区口袋胡同私立商业学堂集会，其中既有资政院的议员、大学堂的学者，又有外国传教士等对华友好人士。大会决议，"以国民名义，呈外务部，与英政府预行约定，以新订缩短年限届满时为废止鸦片输入条约之期"。②12月2日，在资政院会议上有人提议以翌年六月三十日（7月25日）为彻底禁止土药生产和洋药输入的最后日期。中国国民禁烟会和资政院的这种要求不能不对正在谈判的中国外交官产生影响。因此，清外务部会办大臣那桐于12月5日告诉朱尔典："中国政府由于受到这一运动的影响，将不得不重新审视自己的草案。"③

以上是中英禁烟谈判的第二个阶段。在此阶段，英国鸦片商继续向英国和印度政府递交各种请愿书，试图影响谈判结果。例如，11月8日，新、老沙逊洋行再次致信外交部，说中国的鸦片市场形势仍然没有好转。他们希望英国政府指示驻北京的代理公使向清外务部发出强烈抗议，要求立即撤销广东等省的牌照捐。④ 12月12日，香港商会致信英国驻华公使朱尔典，再次抗议广州牌照捐，认为这种牌照捐无论是由广荣元行单独负责征收还是由鸦片行共同负责征收，都不能改变其"垄断"性质，要求立即

---

① Sir J. Jordan to Sir Edward Grey, Enclosure, 6 December 1910, *The Opium Trade*, 1910 – 1941, Vol. Ⅱ, 1911, p. 181.

② 《中国国民禁烟会初记》，《东方杂志》第7卷，第10期，1910年12月26日版，第327—329页。

③ Sir J. Jordan to Sir Edward Grey, Enclosure, 5 December 1910, *The Opium Trade*, 1910 – 1941, Vol. Ⅱ, 1911, p. 147.

④ Messrs. E. D. Sassoon and Co. and Messrs. D. Sassoon and Co. to Foreign office, 8 November 1910, *The Opium Trade*, 1910 – 1941, Vol. Ⅱ, 1911, p. 156.

撤销这种制度。① 同时，英国外交官自食其言，拒绝了中国政府向印度加尔各答派出代表，监督鸦片拍卖和装船的正当建议。

（三）英国代表提出解决库存鸦片新问题

1910 年 12 月 23 日，朱尔典致函庆亲王奕劻，巧舌如簧地说，英国政府的谈判代表对于中国是极为友好的。他们根据中国代表的要求，将顺延限制鸦片出口的 3 年期限已经修改为 7 年；他们自愿放弃了 1907 年协议中规定的权利，即要求中国出示在过去 3 年内本国鸦片种植减少的证据；他们对于广东省官方不断的非法行为表现出了极大的耐性；他们还表示，如果中国国内鸦片税确实有提高，英国政府愿意相应提高印度鸦片统一的进口税；他们还接受了麻穆勒的建议，准备采取措施保证实际进口到中国的与计划递减的印度鸦片箱数一致。"总之，英国政府总是尽可能满足中国的要求，但是失望地看到中方并没有准备满足其愿望。"最后威胁道，英国代表希望中国政府继续研究麻穆勒 11 月 1 日备忘录的可行性和放弃它的严重后果。②

庆亲王奕劻于 12 月 29 日复信指出，中国政府愿意在麻穆勒备忘录的基础上继续进行谈判，并希望英国政府代表对于中国的三项要求给予明确承诺：其一，在未来不到 7 年时间内，中国政府如果禁止了罂粟种植和吸食鸦片，英国政府应提前结束印度鸦片输入；其二，在未来不到 7 年时间内，如果中国的某一省区提前禁止了罂粟种植和鸦片吸食，英国政府应配合中国政府禁止印度鸦片输入该省；其三，英国政府应尽快采取措施，使协议允许递减进口的印度鸦片箱数与实际进口的箱数保持一致。③

朱尔典接到庆亲王的复信后，立即将中国的要求通过电报拍发给英国外交部，英国外交部又将其转发印度部和印度政府。印度政府和印度部的复电认为可以接受中国外务部的要求：第一，如果中国在 1917 年前完全停止了鸦片生产，印度政府保证即刻结束向中国出口鸦片；第二，如果中国

---

① Hong Kong Chamber of Commerce to Sir J. Jordan, 12 December 1910, *The Opium Trade*, 1910 – 1941, Vol. Ⅲ, 1911, p. 24.

② Sir J. Jordan to Prince Ch'ing, 23 December 1910, *The Opium Trade*, 1910 – 1941, Vol. Ⅲ, 1911, pp. 12 – 13.

③ Prince Ch'ing to Sir J. Jordan, 29 December 1910, *The Opium Trade*, 1910 – 1941, Vol. Ⅲ, 1911, p. 18.

有证据证明某一省区不仅禁止了罂粟种植，而且禁止了邻省鸦片输入，印度政府同意限制印度鸦片输入该省；第三，在下列三个前提条件下，同意推行印花制度：（1）撤销广东等省的牌照捐；（2）最少给出6个月的时间，以处理通商口岸和香港库存的没有许可证的鸦片；（3）在6个月内，对有印花的和没有印花的印度鸦片一视同仁。① 这里隐藏着一个准备瞒天过海的计谋。在1906年清廷颁布禁烟诏令时，每年通过海关输入中国的印度鸦片大约有51000箱，另有16000箱虽然名义上是向东南亚其他国家和地区出口的，事实上其中的绝大部分被走私转运到了中国。尤其是中国实施比较严厉的禁毒政策后，土产鸦片供应迅速减少，外国鸦片贩子开始哄抬鸦片价格，高昂的鸦片售价吸引更多的鸦片进入中国。香港总督、印度政府和鸦片商都故意隐瞒了这一事实。实行印花制度，严格按照计划递减的数目颁发许可证，对于鸦片贩子来说，就有两部分鸦片亟待处理：一部分是1907—1910年输入中国但仍然库存于香港和中国其他通商口岸的鸦片；另一部分是通过走私方法进口中国的鸦片（即名义上出口到其他国家和地区的16000箱鸦片）。要让中国政府承认前一部分鸦片，允许在6个月内销售完毕，或许是可能的，但要让中国政府接受后一部分无许可证的（即走私的）鸦片，将是困难的。

1911年1月27日，英国外交大臣格雷接到上述电文后，电令朱尔典就上述问题与中国代表进行协商。2月15日，中英双方代表再次举行谈判。中国代表首先声明将在两年时间内完成禁种罂粟任务，接着提出了两个方案：一是对洋药和土药采取一视同仁原则，即中国政府所有关于禁止和限制吸食、贩运和生产土药的命令，也同样适用于洋药；二是对洋药按照时价征税，即按照洋药市场价格变化征收一定比例的税捐，每半年调整一次。朱尔典当即拒绝了中国代表的提议，强调只能在上年11月1日麻穆勒备忘录的基础上进行谈判。② 此时，朱尔典已经意识到英国关于《烟台条约续增专条》的片面解释难以得到中国官员的认可，撤销广东等省的牌照捐也是困难的。因此，他请求英国政府对本国鸦片商人的过分要求提出

---

① India Office to Foreign Office, 25 January 1911, *The Opium Trade*, 1910 – 1941, Vol. Ⅲ, 1911, p. 26.

② Sir J. Jordan to Sir Edward Grey, 15 February 1911, *The Opium Trade*, 1910 – 1941, Vol. Ⅲ, 1911, p. 43.

适当劝告,并提醒说:"新、老沙逊洋行和其他公司多次要求保护条约权利。在严格遵守条约的基础上,无疑可以制造事端以反对中国政府。但是,他们似乎忘记了这一事实,即现在的情况与签订《烟台条约续增专条》时的情况完全不同了。"①

2月22日,中国代表又提出两项建议:其一,中国政府和官员为禁止鸦片而发布的法律和法规,同样适用于印度鸦片;其二,在禁烟过程中,如果情况发生变化,或者有了更好的禁烟计划,就应该对现存的协议进行修改。朱尔典再次拒绝了中方的提案。而他提出的处理1911年前的库存印度鸦片的方案也遭到了中国的拒绝。双方代表不欢而散。②

这是中英禁烟谈判的第三个回合,关键是库存鸦片问题的提出使双方立场陷于僵持状态。在此阶段,广州和香港的英国鸦片商仍在积极活动。他们不仅极力怂恿英国政府采取必要的措施,制止广东牌照捐的继续实施,而且蛮横要求中国政府承认并帮助解决全部库存鸦片问题。

(四)关于库存鸦片问题的妥协与退让

1911年2月28日,中英代表继续在北京谈判。中方代表要求将鸦片的进口税厘统一提高到每箱400两白银。对于中国政府的这一要求,朱尔典尽管当面表示难以做到,但他还是向英国外交部作了汇报。英国外交大臣接到电报后,立即转发给印度部和印度政府。3月3日,印度政府复电称:如果能够与中国达成令人满意的协议,并撤销广东等省的牌照捐,印度政府不反对将进口中国的鸦片统一税厘提高到每箱400两白银。③ 格雷接到印度部的这一答复后,于3月18日训令朱尔典照印度政府的电报内容采取行动。④

3月17日,印度政府官员就库存鸦片问题进一步陈述其主张。他们同

---

① Sir J. Jordan to Sir Edward Grey, 28 January 1911, *The Opium Trade*, 1910 – 1941, Vol. Ⅲ, 1911, p. 47.
② Sir J. Jordan to Sir Edward Grey, 22 February 1911, *The Opium Trade*, 1910 – 1941, Vol. Ⅲ, 1911, p. 51.
③ India Office to the Earl of Crewe, 3 March 1911, *The Opium Trade*, 1910 – 1941, Vol. Ⅲ, 1911, p. 65.
④ Sir Edward Grey to Sir J. Jordan, 18 March 1911, *The Opium Trade*, 1910 – 1941, Vol. Ⅲ, 1911, p. 68.

意按照每箱中国土产鸦片税银 400 两的标准征收印度鸦片的进口税；并同意在 1912 年之后，将原来每年出口到非中国地区的 16000 箱鸦片降低为 12000 箱；还同意按照中国政府禁止罂粟的限期（假定为 5 年），相应缩短其输入鸦片的时间。①但前提条件是，中国政府必须放宽其进口限制，以便其鸦片商人能够顺利销售其库存鸦片。到 3 月 22 日为止，尽管双方经过了艰难的谈判，却进展不大。尤其是在处理库存鸦片问题上，中英双方立场针锋相对。中国代表同意海关接受约定的 30600 箱鸦片，而拒绝另外的 18000 箱库存鸦片。他们义正词严地说中国政府正在为了遏制毒害而削减鸦片进口，而不是增加鸦片进口。②朱尔典狡辩说，这些库存鸦片是在 1907 年前进口的，每箱鸦片已经交纳了税银 110 两，是合法的商品。如果禁止其输入，英国的鸦片商人将遭受巨大损失。

3 月 24 日，朱尔典与那桐继续商谈。朱尔典提议将禁烟期限按照印度政府的提议缩短为 5 年，那桐认为中国政府志在短时间内彻底禁止国内外的鸦片，不能认可这种期限。对于库存的 18000 箱鸦片，他能够提出的建议是，在以后的 4 年时间内按照平均数每年相应减少其鸦片输入中国的数量。③朱尔典认为这是唯一可行的办法，当即接受了那桐的建议，并提出在新的协议签订之日，由香港总督署和中国海关税务司列出库存鸦片清单，并迅速贴上标签，以保证这些鸦片在中国得到与有许可证的印度鸦片同样的待遇。④

到了 4 月上旬，关于鸦片的谈判仍然没有最后的结果。一方面是中国政府正在思考是否提议废除《天津条约》，是否在 1912 年彻底禁绝一切土药生产，是否继续坚持在禁绝罂粟的所有省区立即禁止外国鸦片输入等问题，对于立即签订协议有些犹豫不决；另一方面是朱尔典在反复征询印度部、印度政府的意见，等待伦敦的明确训令。4 月 21 日，格雷在给朱尔典

---

① Government of India to Viscount Morley, 17 March 1911, *The Opium Trade*, 1910 – 1941, Vol. Ⅲ, 1911, pp. 85 – 86.
② Sir J. Jordan to Sir Edward Grey, 22 March 1911, *The Opium Trade*, 1910 – 1941, Vol. Ⅲ, 1911, p. 82.
③ Sir J. Jordan to Sir Edward Grey, 24 March 1911, *The Opium Trade*, 1910 – 1941, Vol. Ⅲ, 1911, p. 85.
④ Sir J. Jordan to Sir Edward Grey, 30 March 1911, *The Opium Trade*, 1910 – 1941, Vol. Ⅲ, 1911, p. 89.

的电报中指出:"英国政府希望你尽早找到解决问题的方法,不要考虑印度政府的意见。如果你认为可行,应把这些方案呈报给英国政府,以便得到批准。"同时指出,只要中国政府保证有许可证和无许可证的鸦片享有同样的待遇,英国政府同意从印度出口的有许可证的鸦片中减少相应的部分;如果中国政府继续坚持在禁绝罂粟的所有省区同时禁止印度鸦片输入,势必产生严重的后果,为了换取广州和上海作为最后结束鸦片的通商口岸的条件,甚至可以采用缩短鸦片输入期限的方案。①

朱尔典接到格雷的训令后,与中国代表就如何处理香港库存鸦片和印度鸦片停止向禁绝罂粟种植省区输入的条件进行了再次磋商。双方于4月25日达成如下协议:(1)自新的协议签订之日起,香港总督署和中国海关税务司应查清库存在香港和中国其他通商口岸的所有无许可证的印度鸦片箱数;所有库存在香港的印度鸦片应贴上标签在7日内运入中国通商口岸,在交纳110两税厘后,拥有与有许可证的印度鸦片一样的权利;新的协议签订后两个月内,所有无许可证的印度鸦片只能输入上海和广州,这些鸦片在按照新的标准交纳统一进口税后,不许再转运其他通商口岸;英国政府同意在每年递减5100箱鸦片的基础上按照库存鸦片的总量自1911年起每年再削减1/4。(2)英国政府同意,印度鸦片不得输入那些提供确凿证据证明已经禁止土药生产和输入的省区。然而,中国政府在彻底完成全国禁种罂粟之前,上海和广州不得拒绝印度鸦片的输入。(3)印度鸦片每箱统一进口税银为350两,一旦中国对土产鸦片征收了同样的税率,并撤销了地方当局对于大宗印度鸦片贸易的限制(例如广东省的牌照捐),新的规定即刻生效。②

格雷接到朱尔典的电报后,又接到印度政府关于将削减香港等地库存鸦片的时间由4年变为3年的建议,当即授权朱尔典签订协议,并酌情考虑印度政府的这一请求。由于1911年已经过去了4个月,改变当年出口计划,削减库存鸦片数千箱,的确存在一定困难。清外务部答应了这一要求。

---

① Sir Edward Grey to Sir J. Jordan, 21 April 1911, *The Opium Trade*, 1910 – 1941, Vol. Ⅲ, 1911, p. 111.

② Sir J. Jordan to Sir Edward Grey, 25 April 1911, *The Opium Trade*, 1910 – 1941, Vol. Ⅲ, 1911, p. 121.

(五) 新的《中英禁烟条件》的签订

1911年5月8日，清外务部尚书邹家来与英国驻华公使朱尔典代表两国政府在北京签订新的《中英禁烟条件》。该禁烟条件用中文和英文缮写，各有4份。分为序言、正文和附件3个部分。正文部分10条，主要内容是，中国在以后7年时间内继续采取措施禁种罂粟，英国每年继续递减印度鸦片5100箱；如中国有确实凭据证实在不到7年时间内完全杜绝了罂粟种植，则英国政府答应停止向中国输入印度鸦片；如中国某省先行禁种，同时禁止了土药运入，英国政府答应停止印度鸦片向该省输入，但同时规定上海和广州为最后输入之口岸，不受江苏和广东省限制印度鸦片之影响；英国政府同意将进口鸦片税厘每箱由白银110两提高到350两，中国政府答应撤销广东等省关于大宗贸易的各项限制和牌照捐，并相应提高土药的税率；英国政府派人随时调查中国禁种情况，中国政府答应提供便利并派员协助；中国派官员到加尔各答监视印度鸦片的拍卖、装箱和转运，英国政府答应提供便利，并实施鸦片许可制度，"发给出口准单，按箱编列号数"。

在附件部分规定："条件签押日，所有在通商口岸存放关栈之印药未经粘有印花者及香港存积之印药未经粘有印花，确系拟销中国市面者，由中国税务司会同港属官员及领事官等开单登记，所有该项印药务须一一标记，完纳税厘一百一十两后，即得在中国享受条约权利，一与粘有印花者相同……除业经商定每年减运五千一百箱外，英国政府现允于一千九百十二年、一千九百十三年、一千九百十四年，每年再为减少。其所减之数，按照条件签押日所查明存放关栈之无印花印药及香港存积之无印花印药及条件签押后两个月内起岸之无印花印药之总数合三分之一。"①

从1910年7月9日英国驻华公使朱尔典就中国禁烟问题要求与中方谈判开始，到1911年5月8日中英两国代表签订新的《中英禁烟条件》为止，双方经历了整整10个月的艰难谈判。总的来说，在新、老沙逊等大鸦片商人及其利益集团的活动下，英国政府和印度政府并没有根本改变其强

---

① 王铁崖编：《中外旧约章汇编》第2册，生活·读书·新知三联书店1959年版，第711—713页。

行向中国输入鸦片的立场。英国外交官顺从鸦片利益集团的要求,不断向中国谈判代表施加压力,试图继续延长在华鸦片贸易时间,继续坚持和扩大鸦片贸易利益。不过,在中国外交官的积极抗争下,英国外交官也作了一些让步。新的《中英禁烟条件》的签订对于双方代表来说,都是既有坚持又有妥协,既是英国外交官顺从其鸦片利益集团的要求,千方百计地坚持扩大鸦片贸易利益的结果,又是中国代表在其官员和民众积极支持下坚持反对毒品危害的结果。

结 论

现在的问题是,如何理解英国外交官既顽固坚持又时有妥协的立场?如前所说,英国外交官在谈判中不断受到新、老沙逊洋行等鸦片利益集团的操纵和影响。正像第一次鸦片战争和第二次鸦片战争时期一样,他们始终在坚持维护其鸦片贸易集团的利益。但是,时代毕竟不同了。

(一) 两次国际禁毒大会的召开构成了对于英国政府的国际舆论压力

1909年2月1日在上海召开的万国禁烟会,标志着国际社会第一次团结起来开始向毒魔公开宣战。在这次会议上,美国与中国提议禁止鸦片贸易,限制毒品运输和吸食,得到与会国的理解和支持。英国面对这种正义要求,虽心怀不满,但不便公开表示反对。上海万国禁烟会闭幕后不久,美国代表在其政府支持下,开始照会各国政府,建议在荷兰海牙召开第二届国际禁烟大会,使上海会议达成的共识得到各国政府的尊重,并希望各国派出的代表有足够的权力,最终签署对各国政府具有约束力的国际禁毒公约。1910年6月8日,美国驻伦敦使臣怀特劳·里德(Whitelaw Reid)致函英国外交部说,美国、德国、意大利、日本、尼德兰(即荷兰)、中国、葡萄牙、波斯、俄国和暹罗等国已经同意派出代表参加大会,希望不久收到英国、法国和土耳其等国的通知。①

印度政府的官员得到美国公使的信件后,反应也非常激烈。在一封信

---

① Mr. Whitelaw Reid to Sir Edward Grey, 8 June 1910, *The Opium Trade*, 1910 – 1941, Vol. I, 1910 – 1911, p. 70.

件中他们旁征博引，列举了16种反对理由，不仅认为召开新的国际禁烟大会的决定过于草率，各国难以达成共识，而且认为制订禁毒公约没有实际意义，难于找到"实践的领域"，还认为美国人提议召开禁毒会议似乎包藏祸心。最后特别强调说："在印度完全禁止对华出口鸦片的生产，或者放弃这项贸易的所有相关收入，都需要一段时间……我们不打算自愿以印度纳税人的利益做出进一步地牺牲了。"① 由于印度政府矢口否认即将召开的国际禁毒大会的意义，由此不难看出英印两国政府都感受到了空前的国际压力。

（二）英国人民反对鸦片贸易的运动束缚了英国政客们的手脚

1910年春天，在英国发生了一场请愿活动。参加这次请愿活动的主要社团组织有英国反对鸦片协会、伦敦禁止鸦片协会、断绝英帝国和鸦片贸易基督教协会、妇女反对鸦片协会、教堂反对鸦片协会和爱丁堡反对鸦片委员会等，这些协会的负责人大都是英国各个大学的教授和讲师，或者是著名的学者。2月8日，伦敦金学院（King's College, London 这是伦敦大学国王学院）伦理学教授卡德科特（Caldecott），将一份27名学者共同署名的信件，寄送给英国外交大臣格雷和剑桥大学的瓦特博士（Dr. Walter）。② 他在信件中指出，参加签名的人，要么是英国大学伦理学和哲学的教授和讲师，要么是伦理学方面的著名学者，他们渴望格雷仔细听一听学者们的观点，希望他们的政府对中国的禁烟运动采取真正同情的态度。③ 在签名部分，他进一步强调指出，他们之所以发起这一请愿活动，是因为这些学者被中国政府的积极努力和中国人民的真心诚意所感动，他们深深感到，"有一种道德的力量迫使大不列颠在鸦片进口问题上应当恢复中国的自由"④。

---

① Government of India to Viscount Morley, 26 May 1910, *The Opium Trade*, 1910 – 1941, Vol. II, 1911, p. 3.

② 参考 Professor Caldecott to sir Edward Grey, 18 February 1910, *The Opium Trade*, 1910 – 1911, Vol. I, 1910 – 1911, p. 16.

③ Professor Caldecott to sir Edward Grey, 18 February 1910, *The Opium Trade*, 1910 – 1941, Vol. I, 1910 – 1911, p. 13.

④ Professor Caldecott to sir Edward Grey, Enclosure in No. 11, 10 February 1910, *The Opium Trade*, 1910 – 1941, Vol. I, 1910 – 1911, p. 13.

第十章 英国鸦片商、外交官与中国清末禁烟运动

这份信件指出，1908 年 3 月英国政府通过签署《中英禁烟条件》所表现出的意愿与此前对鸦片贸易的态度相比，"是一个很大的进步"。请愿者既不愿贬低它，轻视它，也不愿坚持它。因为，他们一致认为这个协议的签订对于英国人来说，既不是良知的真正体现，也不是补偿其罪过的理想的援助计划。在他们看来，无论中国代表是否向英国正式提出缩短禁烟期限，英国政府都有义务停止其对华鸦片输入。① 总之，这份由 27 名学者共同署名的信件的发出，意在督促英国政府修改其罪恶的鸦片生产和输出政策，给予中国的禁烟运动以必要的帮助。

接到卡德科特转交的上述信件之后，英国外交大臣格雷在其复信中指出，除非由中国政府正式提出缩短期限，否则，英国将继续坚持 10 年协议。得到这样的答复，卡德科特教授大为失望，他当即致信外交部，愤然指出，英国政府继续坚持所谓的 10 年协议，是对全体英国人良知的一种亵渎，将使英国人在国际事务中无颜面对世界。②

与此同时，在格雷授意下，卡姆贝尔（Sir F. Campbell）代表英国外交部于 2 月 21 日向印度部发出机要信件，授意印度部在其复信中应让爱丁堡和伦敦两个城市的反对鸦片贸易的协会相信，在禁种罂粟问题上，四川省的东部地区没有采取任何有效措施。不仅没有任何进展，而且某些地区的罂粟种植面积甚至超过了 1908 年以前。他要求，印度部的答复应当详细和具体，且要与英国驻北京的公使保持相同的立场。③ 印度部大臣接到英国外交部 2 月 21 日的来信后，一方面认为目前印度部不可能提供具体而详细的答复；另一方面指出，现在要讨论的不是缩短鸦片贸易期限的问题，而是到 1910 年 12 月三年试验期满，中国政府能否提供履行协议的情况，能否令英国人满意的问题。④

从以上这些信件中我们可以看出，英国外交部和印度部事实上已经拒

---

① London and Edinburgh Anti-Opium Organizations to Foreign Office, 10 February 1910, *The Opium Trade*, 1910 – 1941, Vol. I, 1910 – 1911, pp. 14 – 15.

② Professor Caldecott to Foreign Office, 21 March 1910, *The Opium Trade*, 1910 – 1941, Vol. I, 1910 – 1911, p. 24.

③ Foreign Office to India Office, 21 February 1910, *The Opium Trade*, 1910 – 1941, Vol. I, 1910 – 1911, pp. 16 – 17.

④ India Office to Foreign Office, 24 March 1910, *The Opium Trade*, 1910 – 194), Vol. I, 1910 – 1911, pp. 25 – 26.

绝了爱丁堡和伦敦反对鸦片贸易的协会的正义请求,将继续坚持英国政府既定的鸦片政策。尽管如此,我们看到,英国政府的手脚已经受到英国人民抗议运动的束缚。

(三) 富有成效的中国禁烟运动使英国外交官难以找到抗议中国的合适口实

富有成效的清末禁烟运动,不仅证明中国人民的禁烟决心是坚定的,各级官员在断绝毒品方面是真诚的,中国已经履行了1908年3月签订的《中英禁烟条件》所规定的义务,而且证明在没有外国干涉情况下,中国人完全有能力消除毒品问题。

在这种情况下,英国外交部决定委派其驻天津领事谢立山为其官方调查员,负责调查中国各地禁种、禁运和禁吸的情况,主要目的是确定到1910年年底,即禁烟三年试验期满时,中国政府在种植罂粟方面是否已经履行禁烟条件,是否已经缩减罂粟种植面积,为英国政府的政策提供详细且准确的资料依据。谢立山在报告中指出,中国在禁种方面已经取得巨大成绩,尤其是在盛产鸦片的云南、四川和山西,1910年已基本消灭罂粟种植。关于云南的禁烟,他在结论中指出:"云南省内罂粟种植的大幅度减少应当归功于云贵总督锡良。他在任期(1907年5月至1910年2月)内不知疲倦地致力于铲除罂粟,他宣布云南的罂粟种植必须在1909年1月21日全部根除。"①

关于四川的禁烟情况,他在结论中说:"经过34天的亲自调查,以及其他人的证词,我对四川境内禁止罂粟种植的成果表示满意。而这个成功毫无疑问应当归功于总督赵尔巽的能力和魄力。"②

在北京负责谈判的朱尔典,对中国禁烟运动的认识经历了一个由怀疑到确信的过程。1911年3月11日,他在机密信件中终于承认:"对于中国人来说,目前对于洋药进行征税不是主要的,在不远的将来完全禁烟才是

---

① Report by Consul-General Sir A. Hosie on the Cultivation of the Poppy and the Production of Opium in the Province of Yunnan, 15 April 1911, *The Opium Trade*, 1910 – 1941, Vol. Ⅲ, 1911, p. 144.

② Report by Consul-General Sir A. Hosie on the Cultivation of the Poppy and the Production of Opium in the Province of Szechuan, 4 March 1911, *The Opium Trade*, 1910 – 1941, Vol. Ⅲ, 1911, p. 100.

第十章　英国鸦片商、外交官与中国清末禁烟运动

他们公认的目的。而且我认为，以他们的政治才能完全可以实现这个目标。在我看来，最大的鸦片产地——四川省的罂粟已经完全消失。这意味着中国三年前设定的伟大目标正在转折点上。除非出现巨大的阻力，否则，我没有理由怀疑许多中国人表达的愿望——在两年时间内完成禁烟事业。即使在目前，仍有不少人认为，除印度鸦片的进口外，他们完全有能力维持其切断供应的政策，而这正是将来威胁我们的危险所在。另一个季度的禁烟运动和去年一样成功，将会真的切断土药供应。另一次反对印度鸦片贸易的骚动即将发生，对于它是很难抵制的。或许只有与中国达成协议，才可以防止有巨大盈利的鸦片贸易的中断。"①

1910—1911年，尽管在禁烟问题上中英两国外交官之间时有摩擦，英国外交官最终放弃强硬的立场，主要是因为他们受到了国际国内各种社会力量的制约。正如一位英国内阁高级官员所说的，"面对中国国内的禁烟运动的高涨以及其他国家对此表现出的广泛同情态度，当中国政府试图限制国内鸦片生产和进口时，英国政府发现，要求中国遵照在不同情况下缔结的条约越来越困难。"②

总之，1911年5月8日签订的第二个《中英禁烟条件》，既是多种利益集团相互冲突和妥协的结果，又是多种社会力量相互制约的结果。

---

① Sir J. Jordan to Sir Edward Grey, 11 March 1911, *The Opium Trade*, 1910–1941, Vol. Ⅲ, 1911, p. 92.
② India office to Foreign Office, 13 April 1911, *The Opium Trade*, 1910–1941, Vol. Ⅲ, 1911, p. 103.

第十一章
清末广东禁烟运动与中英外交风波*

清末禁毒是新政时期一项重要政策,也是中国近代史上的一件大事。在《清末新政时期的禁烟运动》① 一文中,笔者比较全面地介绍了这次禁烟运动的起因与经过,在论及1911年春天中英关于禁烟条件谈判时指出,英国驻华公使朱尔典(John Newell Jordon,1852 - 1925)代表本国鸦片利益集团,不愿放弃毒品贸易的暴利,曾经以"广东征收鸦片营业牌照捐"为借口,多次向清廷提出交涉,试图破坏中国禁烟运动的顺利开展。由于当时搜集到手的外交资料不足,未能描述、分析这场斗争的具体经过和性质。1996 年,笔者在中山大学图书馆看到《复庵遗集》,其中有7卷禁烟文牍,对于这场鲜为人知的外交争端才有了比较完整的认识。作者以道员资格,担任广东全省禁烟总局会办,住局负责广东全省禁烟事宜,是这次外交斗争的主要当事人,因此,资料价值十分珍贵。本章拟联系清末广东的禁烟运动,着重探讨这场外交风波的起因、经过与性质。

一 "牌照捐"的内部酝酿与争论

众所周知,广东烟毒泛滥最早,并且一直是鸦片毒害的重灾区。1906年,一项官方统计说,广东本年度消费的外国鸦片为19204担,土产鸦片8075担,自产鸦片约有500担。考虑到还有相当数量的走私品,每年本地

---

* 本章内容见王宏斌《清末广东禁烟运动与中英外交争执》,《近代史研究》2003 年第6期。
① 《历史研究》1990 年第4期。

区消费的中外鸦片至少有 3 万担。由于广东土产鸦片无多，禁毒的重点只能是禁吸。又由于广东消费的鸦片主要来自国外，如何对待外国鸦片便成为禁烟的焦点问题。此外，由于庚子赔款分摊给广东的数额每年为白银 200 万两，度支部三令五申要求如数解纳。在额征之外每年加征 200 万两，即使对于比较富庶的广东来说，也是相当困难的。广东过去对于鸦片吸食者曾经征收"牌膏捐"，数量虽不大，而毕竟是一种收入。实施禁烟令之后，如何加筹白银 200 万两，成为广东官员的一道难题。

在日益高涨的爱国主义、民主主义和民族主义精神促进下，同全国各地一样，1906 年的清廷禁烟令得到广东各界群众的支持和拥护，尤其是"广东禁烟会与学界中人无不力主施禁，且常集议此事"。广东地方官员在各界群众支持和监督下，1907 年下令关闭了所有鸦片烟馆。但是，毒瘾乃是痼疾，一纸命令显然无法根除患者对鸦片烟毒的躯体与心理依赖。公开的吸毒场所被取缔了，秘密的地下烟馆如毒菌一样到处滋生。"近闻省城内外偏僻之处私行秘密开设者仍复不免。"1908 年 3 月，《中英禁烟条件》签订，在清廷的严令督促下全国各地陆续掀起禁烟运动高潮。就在这一年的冬天，长期在中国驻外使馆供职的许珏以道员资格再次被分发到广东，担任禁烟总局会办①，实际主持全省禁烟事宜。

许珏（1843—1916），字静山，号复庵，江苏无锡人。光绪八年（1882）举人，1884 年随张荫桓出使美国、西班牙、秘鲁等国，办理华工各案交涉事宜。1889 年，以参赞资格随薛福成出使英国、法国、意大利和比利时，"在英闻英议院不直印度种烟为邻害，则大喜。以为中国自强之机在此矣。拟禁烟章条甚具，时不能用也"。1895 年再以参赞资格随杨儒使美洲。三随使节，先后以同知保充知府，加盐运使衔。1899 年在无锡组织由乡绅领导的戒烟局，"欲以数书生之志力，就百里之地倡之"，掀起群众性的自觉戒毒运动，再由局部推广到全国。② 在实践中他感觉到这种方案困难重重，以无锡与金匮二县来说，城乡烟馆 2000 余家，一馆一年增添成瘾者不止十人，"是有二千余家之烟馆即岁添二万吸烟之人"，而戒烟局

---

① 以民政使司、提法使司、提学使司和巡警道首席官员为总办。1905 年改学政为提学使司，1907 年设民政使司，改按察使为提法使司。

② 《与旅京同乡诸君拟试办本籍禁烟书》光绪二十五年七月二十五（1899 年 8 月 30 日），《复庵遗集》卷 7，禁烟胈存 1，第 2 页。

设立之后，一月所戒多不过数百人，一年合计不过数千人。戒除鸦片烟瘾者远远赶不上新吸成瘾者，杯水车薪，无济于事。1901年以道员发广东，负责筹饷公所事宜，主张对进口鸦片加重膏捐，寓禁于征，因英国领事、公使抗议而罢。1903年，加二品顶戴，出使意大利，差满而归。1908年，仍以道员资格派到广东办理全省禁烟总稽查事宜。

（一）《广东全省禁烟事宜章程》的拟订与实施

长期以来，许珏对毒品在中国的严重危害有着清醒的认识，一到任他就调阅了全省的禁烟卷宗，决心严加整顿，迅速拟订了禁烟入手办法。在他看来，广东土产鸦片无多，禁止栽种不难做到，"应整顿者，只在贩卖、吸食两项而已"。这个"禁烟入手办法"很快得到督抚衙门批准，并且立即下令成立广东全省禁烟总局，将原来巡警道设立的戒烟公所和广州府设立的戒烟局改隶禁烟总局统一管理。

1909年2月禁烟总局正式成立后，立即根据1906年9月政务处《禁烟章程》和1908年5月民政部与度支部共同拟订的《稽核禁烟章程》精神，拟订《广东全省禁烟事宜章程》。这个章程共有六条：第一条，认为广东种植罂粟无多，1908年已经下令全部禁种，此后应责成地方州县认真查勘，发现私种，立即派遣兵勇拔除，并将栽种之田主、佃丁枷责示众，种植罂粟田亩追契充公。本局不时派员密查，发现查禁不力州县，"详请撤参，以儆效尤"。第二条，以半年为一期，定期清查膏土各店，鼓励兼营他业，尽早停止鸦片生意。发现违章店铺，立即吊销营业牌照。第三条，认为部定吸食牌照制度烦琐，发售混乱，"报名领牌多非确实，往往捏冒假造，借牌购烟，其弊不一而足"。此后应简化规定，除年老、痼疾两种人之外，其他领牌之人，应当填明戒断时间，以便日后按册稽查。届期未能戒断烟瘾者，"有职者斥革，无职者注名烟籍"。第四条，鸦片烟馆已经严令禁止，而仍有秘密开设者。这些秘密开设者之所以敢于违法牟利，"半由各署差役得贿包庇，地方官查究不力"。此后，各署内如再有秘密开设鸦片烟馆者，一经派员查出，即将该管正佐各官分别记过、撤任，以示惩儆。第五条，地方绅士为一乡之望，应以身作则，广设戒烟分会，协助警局扫除鸦片烟毒。第六条，各地研制戒烟丸散，不得掺

第十一章 清末广东禁烟运动与中英外交风波

入吗啡。①

总的来说，这个禁烟章程比政务处、民政部制订的章程更严厉，更具体。如前所说，广东禁烟的主要任务是禁吸，而禁吸毒品的唯一有效办法就是断绝来源。要遏断来源，就必须彻底限制鸦片输入。这是广东禁烟的要害所在。不从根本上限制外国鸦片输入，广东禁毒很难取得实效。在《广东全省禁烟事宜章程》实施半年后，负责人许珏已感到实际作用不大。他说，本局成立以来，将近半年，"局用所费已及万金，课其成绩不过查验断瘾职官六十余员，及封闭开灯烟馆二百余间而已，此于通省禁烟全局并无大益"②。如此下去，广东禁烟令势必成为一纸空文。

许珏不肯坐视这种实际效果不大的局面持续下去。他认为"禁烟"好比与强盗打仗，对于不同的对象应采取不同的策略。"大抵种烟、贩烟譬犹依贼为利者也，吸烟者则被贼胁房之人也。吾于为贼胁房之人，当力拔而拯出之。内地种烟、贩烟萑苻啸聚之类也，发号施令以解散之，足矣。外洋贩烟，疆场（塲）侵掠之寇也，宜坚壁清野以力拒之。如此则贼势自蹶，寇且引退，吾民出水火而登衽席矣。"③所以，他建议加大禁毒力度，增设戒烟所，散发戒烟丸药，此所谓拯救"被贼胁房之人"。与此同时，缩短全省戒毒时间，要求每三个月递减二成，限一年内全部断瘾，"果能一年之中吸食之人减瘾戒断使居八九计，土膏各店自能陆续闭歇。此于发号施令中，即寓坚壁清野之法，藉以抵御外寇于无形者也"。这就是他所说的"禁烟扼要办法"。简而言之，就是缩短戒毒期限，最大限度降低需求，借以抵制外国鸦片继续输入。这种观点与道光中期"重治吸食"的思路有些近似。第一次鸦片战争以前，面对鸦片飞剪船的猖獗走私活动，许多人找不到"遏断来源"的正确办法，只好求助于严厉法令的制订，试图通过严厉惩治本国毒品消费者，以限制鸦片销售。世界各国禁毒历史证明，"限制消费"的禁毒方案虽有一定作用，却不是最佳的方案。

---

① 《详督院拟定全省禁烟事宜章程请核准立案》宣统元年闰二月初九（1909年3月30日），《复庵遗集》卷10，禁烟牍存4，第3—6页。

② 《上护院说帖筹议禁烟扼要办法》宣统元年六月初六（1909年7月22日），《复庵遗集》卷10，禁烟牍存4，第6页。

③ 《上护院说帖筹议禁烟扼要办法》宣统元年六月初六（1909年7月22日），《复庵遗集》卷10，禁烟牍存4，第6页。

（二）关于鸦片烟膏加价的内部讨论

广东禁烟无法取得重要进展，使许珏感到焦虑不安，他当然知道"遏断来源"是最有效的禁烟方法，只是由于中英鸦片条约的限制，他无法提出像林则徐"遏断来源"那样的强硬措施，只好重提前人所谓"寓禁于征"的方案，希望由此限制"鸦片销路"。"一言禁贩洋药，则事涉外交。土药则关系练兵经费，于遏断来源一层殊不易言，唯有限制销路一层尚可因地制宜，妥筹办法。"①

1909年7月，许珏提出"寓禁于征"的"烟膏加价"方案。他说："查省港烟价相悬太殊，港价每膏一两，银二两五钱；省价每两仅一两有余。若骤令抬价过高，恐多阻碍。现拟半年加价一次，每两熟膏每次加价银五钱，俟三次加足，于原价外计，每两实加银一两五钱，与港烟价值相埒，均取之购膏吸户，于膏店牌费毫无出入。所加之银，以八成归官，二成津贴商人……此次寓禁于征，计所收加价开办戒烟所外，尚有余款，藉可弥补洋土药税厘。且此由英领事译送港督来函而起，自无虑外人阻挠。"②这里的"港督来函"，指的是7月5日两广总督张人骏札行禁烟总局的一件外交公文。香港总督的信件是由英国驻广州领事杰弥逊（James William Jamieson，1867—1946）转交的。大意是，省、港两地鸦片价格过于悬殊，希望广州把鸦片烟膏价格抬高到与香港同等水平，以防鸦片从广州走私倒灌香港。"庶彼此禁烟可收实效"。③许珏对此信以为真，他以为实施"烟膏加价"，既可以弥补正在减少的鸦片税厘，增加财政收入，又可以解决添设戒烟所造成的经费困难；既符合政务处、民政部、度支部禁烟章程的有关规定，又与英国驻广州领事和香港总督来函的思路一致，不用担心英国外交官的干涉。真是"一举而数善备，于禁烟前途大有裨益"。这种设想过于天真和乐观，对于英国外交官的诡谲，许珏显然估计不足。

实施"烟膏加价"方案的具体措施是成立"官督商办"性质的"稽

---

① 《禀督院请招商设立稽征公司》宣统元年九月十六日（1909年10月29日），《复庵遗集》卷10，禁烟牍存4，第10页。
② 《上护院说帖请开办烟膏加价》宣统元年六月初七日（1909年7月24日），《复庵遗集》卷10，禁烟牍存4，第8页。
③ 《禀督院请招商设立稽征公司》宣统元年八月十二日（1909年9月25日），《复庵遗集》卷10，禁烟牍存4，第9页。

征公司"。许珏赋予"官督商办"的含义是:"清查贩卖实数非假手商人莫由悉其底里。惟权必操之于官,商人仍须听官指挥,庶不蹈广东向来商包积习。"① 按照禁烟总局的最初设想,首先饬令最有实力的膏商敬信堂承办"稽征公司",如果该商推托不办,即令各膏店共同推举承办者;如果各膏店仍不愿承办,那就从外地招商。"烟膏加价",势必限制鸦片销路,而加价后的主要利益"八成归官,二成归商",广州鸦片烟膏商人感到获利不大,他们因此拒绝合作。"一味支吾,并屡次抗传不到。"禁烟总局不得不改变分配比例为"官得六成,商得四成",另外招商承办。香港商人许景新、黄鸿年等表示愿意承办。

这样,摆在两广总督面前就有三种加征鸦片税厘方案:一是善后局已经推行的"膏牌费",征收的对象是售出的熟鸦片膏。具体方案是,承包商按销售的鸦片烟膏价值抽收,每售银一两,抽牌费四分,统计全省1908年抽收合计"只有192070余两"。二是度支部要求推广的"牌照捐",对象包括所有零售出的生熟鸦片。按吸烟牌照,每购生土一两,捐钱40文;买熟膏一两,捐钱60文。"每土一担析计之为一千六百两,购土时应捐钱六十四千文;以一担之土煮膏可得一千两,购膏时又捐六十千文。是每担共收捐钱一百二十四千文,折合目前银价约得库平银八十两。"按1908年广东消费中外鸦片27940担计算,应收捐银2235200两。三是禁烟总局提出的"烟膏加价",对象是鸦片烟膏店的所有加工成的熟鸦片膏,以香港鸦片烟膏"每两需洋银三元五毫"为标准。"拟分三次递加,现定烟膏一两收取加价银三钱六分,官督商办,一切经费均由商认,所收加价,官得六成,商得四成。计每土一担煮膏一千两,应收加价银三百六十两,除去商费四成,官得加价银二百六十两,如按两万担销数计算,应岁收银四百三十二万两……较善后局现办之膏牌多三十倍矣。"②

上述三种办法,都是强调寓禁于征,而征收的数额悬殊,最为简捷,也最为诱人的当然是禁烟总局的"烟膏加价"。就其流弊与问题来说,善后局的"膏牌费"单征鸦片烟膏而不及零售的生鸦片,且商人包办,志在

---

① 《禀督院详陈烟膏加价并无流弊》宣统元年九月十六日(1909年10月29日),《复庵遗集》卷10,禁烟胲存4,第13页。
② 《禀督院详陈烟膏加价并无流弊》宣统元年九月十六日(1909年10月29日),《复庵遗集》卷10,禁烟胲存4,第13页。

牟利，缺乏官方有效监督，透漏较为严重；度支部要求征收的"牌照捐"依赖于严密的牌照制度，由于吸烟牌照发售烦琐，变化较大，查验不易，所报又多不实，自然难于有效征收；禁烟总局"烟膏加价"的根据是海关的洋药进口数和统税局的土药行销数，由行店批发商代为抽收。以为即使小有出入，不至于大相径庭。代收制也符合特殊行业的惯例，1885 年的"鸦片税厘并征"中的"厘"就是一种代征的内地税。问题在于，"烟膏加价"征收的对象是鸦片烟膏店已经购入而尚未完全售出的鸦片。鸦片烟膏店批量购入的生鸦片，可能立即加工成鸦片烟膏用于零售，也可能整包或整箱暂时存放起来。对于这些鸦片加征"烟膏加价"可能会因"尚未拆包"引起外交风波。

当年 10 月 10 日由两广总督张人骏将禁烟总局拟订的"烟膏加价"方案与商人许景新所拟章程一同批转到民政使司和善后局核议。善后局不同意许景新所拟章程，认为"于外交、内政均有窒碍难行之处"。12 月 27 日，新任两广总督袁树勋札令"毋庸再议"。许珏看完民政使司和善后局意见，认为他们从公文上看，只是不同意许景新的章程，并没有直接否定"烟膏加价"方案。于 1910 年 1 月 6 日上书两广总督袁树勋，详细申述实施"烟膏加价"和成立稽征公司的基本理由。他说，"烟膏加价"方案经过前任总督张人骏批准，商人许景新所拟章程也经过藩、学、臬、运四司讨论，都说可行，而现在善后局又有指驳阻挠，不可理解。接着指出，善后局所指外交、内政窒碍之处模糊不清，不够实事求是。不过，既奉钧批"毋庸再议"，也就算了。他强调说，"烟膏加价"方案是从江苏学来的，既然，苏州推行顺利，没有受到外国干涉，广东当然也可以实施。再说，即使引起外交干涉，我们也有条约根据，完全可以据理力争。"且职道前已一再声明，此议由香港总督来函欲平省港价而起，凡与外人交涉务在批邰导綮，不容胶柱鼓瑟。"① 在他看来，举办"烟膏加价"刻不容缓。为了这个方案的推行，他甚至答应从征收的数额中每月拨给善后局白银 1.5 万两，全年为 18 万两，以减少其阻力。并重新修订了《康和稽征公司简明章程》。

---

① 《上督院禀另拟烟膏加价章程》宣统元年十一月二十七日（1910 年 1 月 8 日），《复庵遗集》卷 10，禁烟牍存 4，第 16 页。

《康和稽征公司简明章程》共有10条，大意是，稽征公司暂定开办3年，征收的烟膏加价主要用于抵补鸦片税厘。"每熟膏一两抽加价银三钱六分，洋膏土膏一律并征。"以南海、番禺两县为试点，烟膏商应缴纳5万元担保费，成功后再推广到全省各地。"省外各府厅州县各商分认开办一处，即交一处担保银两。"所征加价费不可预先确定，只能尽收尽解，每3个月一结。分配比例再次调整为"八成归官，二成归商"。根据海关和内地关卡册报，禁烟局、巡警道和康和公司协力稽查，防止透漏。公司在城镇设立煮烟公所，无论发售及自行吸食，均需到所煮烟，任何人"不得私自在店内家中开煮"。"凡煮烟发售及自行吸食者均需领有禁烟总局所发购土凭照"。"此项加价原为实行禁烟，以冀销数日减"，如半年后查核烟土来源仍未能锐减，该公司按禁烟总局命令，再次加价，数额临时确定。①

针对善后局、咨议局提出的"烟膏加价"以及"专煮"等措施可能引起英国干涉的各种顾虑，许珏进一步分析说，此次加价的对象为鸦片烟膏，限制的是熟鸦片，而不是生鸦片，这正是为了避免外人交涉，"已属苦心迁就"。而就条约来说，对于外国零售鸦片，无论是生土，还是熟膏，均可加征税厘，这是中国的内政。他据理反驳说："查《烟台条约续增专条》第五条，'洋药拆包零卖之后本可与土药一律加征'。曾惠敏原奏具存，可以复按，今善后局并不考求条约原文，乃因'专煮'二字，谓与'专卖'无异，望文生解。且谓'此事应由外务部与各国公使妥商订有专条，方能开办'。窃意加征土税，则涉及外交；加征膏费，纯属内政。查江苏自光绪三十三年四月即起征土膏加价，现已三年，并未请示外务部，岂江苏可行，广东独不可行乎！"② 对于"专煮"二字，他解释说，《康和稽征公司简明章程》既然允许各地商人"分认开办"，"即不得谓之专"。

两广总督袁树勋基本上采纳了许珏的意见，但他站在了更为稳妥的立场上，要求禁烟总局按照度支部"牌照捐"办法，重新拟订章程，迅速开办。批文明确否定了善后局的方案，"度支部奏定牌照捐办法，固以抵补土药税厘，亦与禁烟事宜相为表里，粤省因开办膏牌在前，故此项牌照捐

---

① 《上督院禀另拟烟膏加价章程》宣统元年十一月二十七日（1910年1月8日），《复庵遗集》卷10，禁烟胪存4，第18—19页。

② 《上督院说帖驳善后局核议错误》宣统元年十二月初八日（1910年1月18日），《复庵遗集》卷10，禁烟胪存4，第20页。

尚未实行,近来迭准部电询催,自应照章改办。即责成该局经理,以为禁烟之助。度支部原奏既声明不得再有别项征收名目,所有善后局原办膏牌应限年底截止。"① 官方内部争议遂告平息。

二 "牌照捐"的推行与外交风波的掀起

许珏接到总督的批文,认为度支部的"牌照捐"是仿照江苏办法,立即派遣禁烟委员华蔺到江苏调查征收情况,抄录全部章程和办法。当时江苏征收的"牌照捐"有两种办法:苏州按膏抽收,每膏一两加抽至三百文;江宁(南京)则是"责成市土公行在批发时按数代收"。综合江宁、苏州征收"牌照捐"办法,广东禁烟总局重新拟订了新的章程。

《牌照捐简明章程》共有八条,基本内容是:广州"牌照捐"由本市20 余家鸦片行店代为经理,在发售时按数代为抽收,由禁烟总局派员稽查。广东省由于缺少制钱,通行银圆,所以,每鸦片烟膏一两收银圆三毫。所收牌照捐八成归官,二成归商,作为津贴花红。鸦片行店代理禁烟总局抽收牌照捐,"非有担保不足以资信用",合计应缴纳15 万元。收回善后局所发牌照,一律更换新牌。所收捐款,由各土店存储银行,每十日将收数报告一次。除了禁烟总局提存一部分禁烟办公经费外,其余按季上缴藩库。把这个章程与《康和稽征公司简明章程》相比,可以看出二者精神一致,内容大同小异。"寓禁于征"的思想在这个章程中更为明确体现出来。不料,这个章程尚未正式实施,就引起了英国鸦片商的注意,他们认为这项税收针对的是生鸦片,要求驻广州领事杰弥逊干涉。

(一)征收"牌照捐"是否符合条约规定

英国商人的抗议得到了"他们政府的支持"②。1910 年 4 月,英国驻广州领事杰弥逊致函两广总督声称,近来广东禁烟总局要开办"烟膏新捐","由广荣元所谓洋药生理最大者承抽,又闻其安泰土药生理最大者不

---

① 《详督院开办牌照捐并拟订简明章程》宣统二年二月十五日(1910 年 3 月 25 日),《复庵遗集》卷 11,禁烟牍存 5,第 1 页。

② 张富强等译:《广州现代化历程——粤海关十年报告,1882—1941》,广州出版社 1993 年版,第 86 页。

愿附和。此举本领事觉有奇异。故请贵部堂将《烟台条约续增专条》为禁烟总局提明，该专条既明示洋药不得歧待。又，已纳进口税厘，货包未经拆开，在通商口岸不准增抽，如有违背，本总领事自当驳阻"①。不久，总督衙门又接到杰弥逊的第二封信，信中认为，"此次抽捐既为熟膏而设，似应向熟膏贩家抽取"，不应以经营生鸦片的行店为目标。这两封信提出了三个问题，或者说是三个要求："牌照捐"的对象是洋药与土药并抽呢还是单抽洋药？"牌照捐"的征收对象是经营生土的行店还是熟鸦片膏店？不知是否了解未经拆包的印度鸦片在通商口岸享有不再纳税的特权？

两广总督袁树勋立即将杰弥逊的信件批交禁烟总局处理。许珏针对杰弥逊提出的问题，分别回答说，按照度支部的要求，抽收"牌照捐"，洋药土药一律抽取，"不论洋土药，每膏一两均抽银三毫"。之所以要求鸦片行店代为抽取，主要是为了防止走漏。"因膏店与吸户散处各乡，最易走漏。故于发给购土牌照时，即令认交捐银矣。"这既不是"货包未经拆开即行增抽"，也不是向生鸦片商家抽取，与《烟台条约续增专条》毫无违背。② 至于派广荣元、其安泰两店代收捐款，是由于两家平日销售洋土药数量最多，故派为商首。其安泰所不愿附和者，是不肯为商首，而"非谓土药独不收捐"。此次抽取"牌照捐"的对象当然是熟鸦片烟膏，而非生土。最后，许珏在公文末尾提醒两广总督说，禁烟总局要求中国商人协助禁烟，纯属中国内政，外国人不得妄加干涉。希望在禁烟问题上官方改变过去那种一味妥协退让的软弱立场，要求据理力争，捍卫国家主权和利益。

从3月到5月，禁烟总局的《牌照捐简明章程》，经历了总督衙门、外务部、度支部的往返几番公文旅行后，由最初的8条增加到20条，终于在6月4日获得度支部的批准。"牌照捐"于1910年6月7日开始试行，几天后，英国驻华公使朱尔典风闻此事，立即与中国外务部进行交涉，他说："广东现行鸦片新章，有每洋药一两于提出关栈时征银三钱之说。查洋药照章每百斤只完税厘一百一十两，若照此办，则每百斤须另完五百

---

① 《呈复督院声明牌照捐与条约并无违碍》宣统二年五月十一日（1910年6月17日），《复庵遗集》卷11，禁烟胰存5，第2页。
② 《呈复督院声明牌照捐与条约并无违碍》宣统二年五月十一日（1910年6月17日），《复庵遗集》卷11，禁烟胰存5，第2页。

两。请按约章税则办理。再，该省广运公司有包揽洋药之事，与约不符。"这虽然只是一般性的外交询问，却引起了外务部的高度重视，5月9日向两广总督衙门拍发了"佳电"，要求查明电复。

许珏奉命答复。他首先针对朱尔典对事实的表述错误，以外交的辞令尖锐批驳说："本局现在筹办者，乃系遵奉部章之牌照捐，并非加征洋药税银，亦无所谓现行鸦片新章及每洋药一两征银三钱之事。"关于是否遵守约章问题，许珏胸有成竹地说，本局在起草章程时，就仔细研究过《烟台条约续增专条》，早已知道必须拆包零卖之后方可抽收，所以现定办法征收的对象只是熟鸦片烟膏，而非生鸦片。既无征银三钱之说，亦无包揽洋药情事。"本局所办之牌照捐乃抽之于膏店、吸户煮膏以后，并非抽之于洋药提出关栈之时，其界限本极分明，既与约章税则绝无违背，更与厘税之取诸生土者截然不同。每膏一两抽银三毫，洋土药一律，确照约章，并无歧待。……并无征银三钱之说。英使得自传闻，未能深明实际。""代收商人为广荣元公所，亦非广运公司。该商广荣元号梁超棠系经本局谕饬联商办理，并由总商会开会公酌，呈移有案，现复详加访查，开办以来，尚无包揽洋药情事。"①

许珏的复电于5月18日正在翻译，准备发出时，又接到外务部"巧电"。电文一面催促广东尽快给予答复，同时抄录了英国公使新近发出的带有威胁性的公文。"英使又称：'广东膏捐章程致令每箱洋药暗受三百元之损，并限令各铺将洋药三日内熬化成膏，违背约章。若任该省如此妄为，印政府必不肯照原议再行递减。'"②

在呈文中，许珏首先声明，征收鸦片"牌照捐"完全是中国的内政，洋药土药一律办理，并无歧视，外人不应干涉。"倘此等内政，任令外人干涉，于禁烟前途将不免大生障碍。"接着，他明确指出，规定各铺将洋药于三日内熬化成膏，用意在于防止商人在禁烟特别时期囤积居奇。"此次办理牌照捐，欲防偷漏，不得不先清其源，清源之法，首以破除商人囤积为第一要义，故特限令各铺于购土三日后将洋土药熬化成膏。再，查

---

① 《呈复督院详陈办理牌照捐原委并声明并无包揽违约情事》宣统二年五月十二日（1910年6月18日），《复庵遗集》卷11，禁烟牍存5，第6页。
② 《再呈复督院声明牌照捐并不违约并请电部商减洋药进口》宣统二年五月二十三日（1910年6月29日），《复庵遗集》卷11，禁烟牍存5，第8页。

《烟台条约续增专条》首段载有，'深愿声明于行销洋药之事须有限制约束之意'一语。是英政府未尝不顾念邦交，思助吾国速除鸩害也。今限令三日成膏，既可破商人囤积之弊，而揆之'续增专条'内所云限制约束之意，亦深相暗合。英使乃遽以此为违背约章。约章固未载有洋药既入中国商人之手，不准中国限令各铺将洋药于三日内熬化成膏之明文。既无此不准之明文，则此举即不为违约。且牌照捐系遵奉部章办理，何得谓之'妄为'！"① 而后，他针锋相对提出，英国应当履行条约义务，按土药禁种比例进一步缩减洋药进口数量。"按年递减之说，原系指洋土药同时并减，现各省禁种土药，已减至七八成，则洋药进口数目似应由宪台电商外务部，竭力与英使磋商，按照原议递减之数，再大加锐减，方于禁烟要政多所裨益。"最后，他希望外务部在禁烟问题上应当积极抗争，不必惧怕英国公使的恫吓。

许珏的答复条理明晰，逻辑严密，合情合理。但是，英国领事、公使为了延长外国毒品在华贸易时间，他们继续胡搅蛮缠，试图阻挠中国禁烟运动的顺利开展。英国驻广州领事杰弥逊奉令"驳阻"。他首先说："洋药到内地行销地方后，中国政府才可抽收无歧待之捐。因此，在通商口岸行销洋土，在新开牌照捐章程之外。"这是说牌照捐的征收只适应于内地，广州是"通商口岸"，不是中国的内地，所以，在广州不应征收牌照捐。这显然是胡说八道。其次，他认为中国官员令鸦片烟膏店在三日内将购买的生鸦片熬成熟膏，而后抽取"牌照捐"的做法，如同购买时加抽一样，没有什么区别，这等于是对生鸦片抽捐。最后，他认为行商广荣元兼营生鸦片，近似垄断。要求两广总督将章程内凡违背《烟台条约》者，迅速撤销。②

许珏接到两广总督批交的英国领事来函，认为这是"横生枝节"，不值一驳，继续坚持抽收"牌照捐"属于中国内政的基本原则，但在策略上做了一些变通，将原来章程规定的限三日熬成烟膏后抽捐，稍予展缓，改为十日。至于广荣元承办"牌照捐"一事，许珏解释说，并无垄断内容，因为章程明确规定，广荣元要联络各家商号承办，并无不准其他行栈参与

---

① 《再呈复督院声明牌照捐并不违约并请电部商减洋药进口》宣统二年五月二十三日（1910年6月29日），《复庵遗集》卷11，禁烟胪存5，第8页。
② 《呈督院英领抗阻牌照捐妥议驳复并变通办理》宣统二年六月初五（1910年7月11日），《复庵遗集》卷11，禁烟胪存5，第9页。

承办字样①。许珏的复电到达北京后,英国公使朱尔典找不到继续发难的理由,认为"煮膏十日期限已属通融,与英商似无妨碍"。但以英国商人对此意见很大为由,要求粤督与英国广州领事商议,妥善了结。

外务部7月28日"勘电"要求广东方面寻找一个所谓"禁烟与售土两不相妨"的两全之策。"禁烟与售土"本来就是一对此消彼长、互相妨碍、无法相容的矛盾事物,逻辑上的如此严重混乱只能从外务部乃至整个清廷所扮演的尴尬角色中求解。这份电报经过总督衙门,于8月10日转交给禁烟总局。许珏立即看到了外务部公文中存在的逻辑错误,他对外务部官员的软弱立场和无能感到强烈不满,作为下属他直接批驳说:"禁烟既已实行,吸食之人数日见其少,则售土之销数自随以日减,此固相因之理,似难求两不相妨之术中立于其间。倘任令售土如故,尚何禁烟之足云!故禁烟之功令愈严,则妨碍于售土愈甚,势所必至。"② 他痛斥英国鸦片商人的罪恶行径说,既然拥有那么多的资本,你们为什么不改变一下经营对象?在中国实施禁烟时期,你们继续千方百计销售毒品,难道这不是有意破坏中国禁烟大局吗?他请求外务部转告英国公使朱尔典,希望他不要专顾少数毒品商人的利益,"于吾国禁烟前途多生阻力,而大负其(英国政府)允助之初心"。最后,他说,英国公使这次只不过是随便说说,无理取闹而已,既然不是正式的外交公文,那么,外务部完全可以当面驳复,何必听任其胡搅蛮缠。

以上双方争论的主要观点是,英国外交官认为"牌照捐"征收的对象是行店里的整箱生鸦片,违犯了条约规定,并认为广元公所承包"牌照捐"是垄断鸦片销售。中国官员据理反驳,认为"牌照捐"征收的对象是熟鸦片膏,为了防止透漏征收的方法采用代收制,洋药土药同样对待,纯属中国内政,并不违反条约规定,并认为广荣元公所代收"牌照捐"并未排斥其他行店参与,中国政府有权取缔违反章程的鸦片行店的营业执照。这些争论内容涉及《烟台条约续增专条》有关规定。查,条约第3条说:"凡有此等运货凭单之洋药运往内地之际,如货包未经拆开及包上之海关

---

① 《呈督院英领抗阻牌照捐妥议驳复并变通办理》宣统二年六月初五(1910年7月11日),《复庵遗集》卷11,禁烟牍存5,第9页。
② 《呈复督院请电外部勿听英使浮词阻碍烟禁》宣统二年七月初六(1910年8月10日),《复庵遗集》卷11,禁烟牍存5,第12页。

印封、记号、号码均未擦损、私改,即无须再完税捐等项。"第 5 条是,"中国国家应许此等货包在行销洋药地方开拆者,如有应纳税捐等项,或当时所征,或日后所设,或有明收,或由暗取,均不得较土药所纳税捐格外加增,亦不得别立税课。"① 这两条规定的含义是明确的。前一条对整箱鸦片不再纳税的必备条件进行了明确规定:一是"未经拆包",二是必须"持有运货凭单",三是海关封记必须完好无损。后一条说明,中国政府对于外国非整箱鸦片加征税捐时,应与土产鸦片同等对待。也就是说,中国政府对于拆包之后的外国鸦片可以征收税捐,只要与土药同等对待即可。将双方的观点对照一下条约规定,不难看出,英国外交官的观点不仅未能正确理解原文,而且超出了条约规定的范围。相比而言,许珏正确地把握了条约的基本含义。所以,双方是非曲直,判若黑白,不容混淆。

(二)"加税停捐"的外交诱饵

朱尔典对广东禁烟章程的说三道四,未能阻止禁烟总局推行"牌照捐"。一计不逞,又生一计。他在给清廷外务部的照会中利诱说:"中政府若肯将该章程撤回,则英政府允将进口统税之税加增。"附加条件是,广东停止"牌照捐"后,方可讨论。② 这明明是个阴险的外交陷阱,而清廷外务部禁不住进口税大幅度增加的利诱,于 8 月 14 日电令广东暂停"牌照捐",并要求查明每年统计收入数额,准备与英国公使就此进行外交谈判。两广总督衙门认为,征收"牌照捐"是以征为禁,外务部接受英国加税的建议也是以征为禁,"办法不同,而用意则一",要求禁烟总局就"抽膏"与"加税"两种问题切实研究,推勘利弊,"熟审彼我情势,剀切复陈"。

在广东禁烟总局内部讨论时,禁烟稽查处非常详细地分析了停止"牌照捐",加征鸦片进口税可能造成的严重危害。按照外务部要求,他们首先回答说,广东"牌照捐"加价分为十期,开办伊始,每熟膏一两先抽银三毫,以后陆续递加,至每两熟膏除原价外抽银 5 元。以每两加价三毫计,

---

① 《烟台条约续增专条》,王铁崖编:《中外旧约章汇编》第 1 册,生活·读书·新知三联书店 1957 年版,第 471—472 页。
② 《呈复督院加税停捐有碍烟禁请电外部驳复英使》宣统二年七月二十四日(1910 年 8 月 28 日),《复庵遗集》卷 11,禁烟胈存 5,第 14—16 页。

每箱鸦片100斤熬成熟膏后应为960两，合计抽银288元左右，1909年广东进口的外国鸦片共有18500余箱，总计"应收捐银四百四十余万元"，（此处计算有失误，实数为5328000元）。过去洋药税厘并征每担为110两白银，现在英使即使答应成倍加价，不过220两（折合银圆305元），与现在征收的"牌照捐"基本相当。"牌照捐"以后可以按期增加，而鸦片进口税一旦确定，将很难改变。接着，从捍卫国家主权角度着重分析说，抽收"牌照捐"是我国的内政，可以自由加价。如果撤销了"牌照捐"，签订新的关税条约，这样使内政变成为外交，处处要受条约约束，国家主权将会受到严重伤害。进而提醒说，增加鸦片进口税，可能是英国公使故意设置的外交陷阱。中国若同意加收关税，自己撤销"牌照捐"，很可能授人以口实，坐实加收土捐之嫌。最后一针见血地指出，"英使之用心不特永欲畅销其洋土于中国，吸我国民之金钱，直欲破坏我国禁烟政策，以图他日藉口之地步耳。在洋人居心叵测，外交阴险，以利饵人本为惯技。而我断不可不加研究，致遂其诡谋"[1]。许珏完全同意稽查处的意见，明确指出，"抽膏与加税"，是非得失，判若黑白。征收"牌照捐"完全是内政，万万不可掉进英国公使设计的外交陷阱。

英国外交官以"加税"为诱饵，要求清廷撤销"牌照捐"，试图利用国际条约限制中国的禁烟主权。以许珏为代表的广东禁烟总局拒绝"加税停捐"，坚持认为推行"牌照捐"是中国的内政，英国公使无权干涉。

（三）无端要挟与退让：关于禁烟案件的争执

就在中英之间围绕着广东"牌照捐"进行交涉的同时，在禁烟方面广州方面又发生了多起外交争端。禁烟运动在广东得到各界群众的热烈拥护，他们认为官吏必须戒烟，烟馆必须查封，鸦片店必须登记注册[2]。在各界群众的监督和支持下，广东官员执行禁令也比较认真，违章贩卖洋土案件一次次被查获。为了在中国禁烟运动时期继续获得毒品暴利，中外鸦片贩子相互勾结在一起，极力怂恿英国领事、公使出面干涉。英国公使接

---

[1]《呈复督院加税停捐有碍烟禁请电外部驳复英使》宣统二年七月二十四日（1910年8月28日），《复庵遗集》卷11，禁烟牍存5，第14—16页。

[2]《英国蓝皮书·中国禁烟说帖》，《外交报》戊申九月二十五日（1908年10月19日）第223期。

到驻广州领事报告后,一次次向中国外务部发出抗议照会,要求发还各项被查禁扣留的外国鸦片,并免其罚款。① 清廷外务部受到英国公使压力,仓皇失措,不敢据理反驳,反而认为"广东办法名为膏捐,实则仍是就土抽捐,无论如何解说,外人断难折服"②。一味妥协退让,饬令广东发还扣留的外国鸦片。

与此同时,葡萄牙澳门当局趁火打劫。1910年7月,两广总督衙门忽然接到葡萄牙驻广州领事转交的澳门总督照会。照会声称:"澳门谣传贵国抽收洋膏委员会有意在高沙附近关闸之地起棚一所,为收该膏厘之厂,澳门总督照知本署总领事,转致贵部堂迅饬贵属员,勿为是举,庶免生事,盖因中葡两国未将分界之事立妥之前,澳门总督万不能准人在该处有所建盖,因高沙系附近澳门关闸,尚算局外地也。"③ 此处所说的中葡两国所谓"分界"谈判,指的是1908年葡萄牙欲扩大澳门租借地,因中国政府不答应而发生的争论。这个问题较为复杂,此处无法展开讨论。需要注意的是,高沙这个地方虽是澳门到前山寨的必经之地,但并不邻接澳门,历来属于广东前山寨同知直接管辖。广东地方政府为了控制鸦片走私入境,于1910年7月16日(六月初十)在此设立稽查牌照分厂,这完全是中国的内政。葡萄牙澳门总督要求中国政府撤销高沙的稽查机构毫无道理。

许珏调查情况后,认为葡澳总督完全是无端干涉。他说:"高沙为澳门至前山必经之路,过关闸后,始则经过茶亭,由茶亭至拱北关分卡,过拱北分卡后,尚有第二十六营勇厂一座,过勇厂方为查验烟膏牌照分所。是该厂之前本有中国之关卡及勇营,实为中国完全之属地。何得谓之'尚

---

① 《英国蓝皮书·中国禁烟说帖》,《外交报》戊申九月二十五日(1908年10月19日)第223期。

② 外务部歌电说:"英使又来言:'汕头、三水、新塘各处违例扣留烟土之案,迭经函致面谈,毫无效果,近仍有似此相类之举,七月初四,三水宝丰、宝益两行各被罚款三百五十五元,系售烟球一百一十六枚,未报广荣元总局,未向购主索取新捐之故。且该两行出售之烟系在新捐实行以前;又,肇庆西江佐记行被广荣元恫吓,非将新章未出之前所售之八箱烟土照纳新捐,即将撤回执照,查封看押,竟置已完税厘于不顾。本大臣已将粤省大吏所为转报本国政府。奉电嘱声明,英政府于大局商议之间,惟有力驳华官此类之举。'"[《呈复督院酌改牌照捐办法仍请电部维持》宣统二年八月十一日(1910年9月14日),《复庵遗集》卷11,禁烟胪存5,第19页]

③ 《呈复督院澳门高沙地方设厂稽征葡官不应干预》宣统二年七月初四(1910年8月8日),《复庵遗集》卷11,禁烟胪存5,第10—11页。

算局外地'?"① 中国政府在自己领土内实施禁毒,葡萄牙澳门总督和驻广州领事加以蛮横干预。这是西方殖民强盗不顾国际准则,肆意践踏中国主权的典型事例。更为奇怪的是,英国公使对此也"啧有烦言"。

禁烟总局接到两广总督关于修改章程的命令,也只好委曲求全。经过反复讨论,在三个方面做出让步。一是展缓"牌照捐"的期限。原订章程规定,鸦片烟膏店在购买鸦片后,3天内将鸦片熬成烟膏,如数缴纳"牌照捐"。由于英国公使、领事认为时间过于紧迫,多次交涉,先是改为10天,接着改为15天,现在改为一个月。二是撤去澳门稽查分所。因为英国公使对于在澳门附近马溜洲和通利关两处设立稽查分所和在前山寨河面设立巡船啧有烦言,现在予以裁撤,以免口舌之争。三是将查获的鸦片免于扣留,"原土发还",责令违章者将鸦片交给领有营业牌照的烟膏店熬制发卖。禁烟总局的这些退让是有分寸的,其目的仍然是维持既定征收"牌照捐"的基本方案。

(四) 插曲:两次挑衅性试探

对于广东禁烟总局的退让,外国鸦片商人并不满足,他们得寸进尺,连续挑起事端,试图破坏中国禁烟运动。一起事件发生在1910年9月,法国亨泰洋行"迭运洋药入口",着将商号既无鸦片营业牌照,又未将进口的鸦片"报明入仓",准备自行发卖。这不仅是对广东禁烟"牌照捐"办法的故意挑衅,而且违背中英《烟台条约续增专条》关于外国鸦片进口必须封存货栈,待完纳税厘之后方可售卖,以及只准中国商人运销内地等规定。

另一起事件也发生于9月,据粤海关税务司欧森(James Frederick Oiesen, 1857-1928) 申称,一位外国商人到海关报运洋药3箱前往内地,请发洋货进入内地三联税单。粤海关认为洋药入内地,按1885年条约规定可以发三联税单,而问题是从未向外国人发过,海关因此无法做出决定,请求总督衙门批示。当时袁树勋辞职,两广总督暂由广州将军增祺署理。增祺认为洋商的行为"于禁烟前途大有障碍",至于如何办理,无法做出

---

① 《详督院修订牌照捐章程及办事细则请分咨立案》宣统二年八月二十二日(1910年9月25日),《复庵遗集》卷11,禁烟牍存5,第22—29页。

决断，要求禁烟总局提出办法。欧森所说的 1885 年条约，即《烟台条约续增专条》，其中第 3 条规定："此等运货凭单，只准华民持用，而洋人牟利于此项洋药者，不许持用凭单运寄洋药，不许押送洋药同入内地。"① 这个规定十分明确，这种进入内地的外国鸦片三联单既然只准中国商人使用，也就排除了一切外国人使用它的可能性。许珏认为，条约规定十分明确，外国人从未报领过这种进入内地的三联单也足以证明外国人不得持用它。税务司明知规定，而以究竟如何办理具文申称，只不过是想尝试而已。他以坚定的语气说："此项运单即在平日尚不准发给洋商，何况当烟禁森严，遵奉部章推广牌照时，该洋商所请显与约章不符，断难准行。"② 两广总督衙门采纳了许珏的建议，拒绝了外国鸦片商人非法要求。

（五）是"歧视"还是正当的禁烟措施

英国驻广州领事杰弥逊不愿看到广东采取行之有效的办法限制外国鸦片的销路。这一次他抗议的内容既不是"牌照捐"该不该抽收，也不是抽收的具体方法了，而是"牌照捐"中有无"歧视"的内容。在他看来，勒令吸食者在指定的行店购买鸦片烟膏就是一种不能容忍的"苛待"行为，并认为"有膏店数家均为牌照内所不列者"是广荣元公所利令智昏的"垄断之计"，要求撤销"牌照捐"章程，撤销广荣元公所。许珏接到巡抚衙门的咨文，据理驳斥说，"吸户只准在牌照内所定之店买膏"，系遵照章程办理。之所以有此规定，是因为从前吸户领有烟牌，可随意到各店购烟，以致一日之间往往一牌而重购数次。吸户以牌照为护符，除了自己吸食外，兼供他人借牌购烟吸毒，鸦片烟膏店藉此广招吸户，兜售毒品，希图厚利。"特定此条，以示限制而便稽查。"至于"有膏店数家均为牌照内所不列者"，系因这些行店曾经违犯章程，已经勒令停歇，改营其他生意。英国领事所称广荣元公所串通某某膏店欲为垄断之计，纯属臆测。所以，英国领事杰弥逊的"竭力驳阻"行为，完全是无理取闹。究竟是谁违背了约章？许珏反击说："按约章所载，凡洋药入内地，一经拆包零卖之后，

---

① 蒋良骐编：《光绪朝东华录》，中华书局 1980 年校点本，光绪十一年六月，第 2 册，第 1965 页。
② 《呈覆督院洋商领单洋药入内地与约不符请饬税司遵照》宣统二年八月初四（1910 年 9 月 7 日），《复庵遗集》卷 11，禁烟胠存 5，第 17 页。

既不能再事干涉，何况由土成膏，则纯为中国货物；而限制膏店吸户，又纯为国内行政，无论如何彼均不得过问。"明明是英国领事在践踏约章，还要侈谈什么约章。最后，他一针见血地指出，英国领事是"有意干涉我内政，侵夺我权限"①。

此处，英国外交官认为规定吸食者定点购买鸦片烟膏属于"歧视"，取缔部分烟膏店营业是一种"垄断"行为，这些指责全部超出了条约范围，完全是对中国内政的粗暴干涉。中国官员认为指定吸户定点购烟与取缔部分烟膏店的营业权均属正常的禁烟措施，并不存在"歧视"和"垄断"，这些观点无论从道义上讲，还是从条约规定来看，都是完全正确的。

从上述情况来看，围绕着广东推行"牌照捐"禁烟办法，中英之间展开了激烈的外交争论。由于许珏坚决主张禁烟，并具体负责全省禁烟事宜，他深入研究了中外约章中关于鸦片的条文，利用自己的外交知识，针对英国公使、领事蓄意干涉和破坏中国禁烟的行为，有理有节地进行了坚决斗争。

广东禁烟总局在许珏主持下，为了彻底禁止鸦片烟毒，一方面与英国鸦片势力做坚决的斗争，另一方面同全国步调一致，加紧了各项查禁活动。当时，广西巡抚张鸣岐在舆论支持下，奏请在二十个月内（从宣统二年四月初一日至宣统三年十二月初一日）禁绝全省土膏各店，并请求相邻的云、贵、川、粤四省给予配合。接到清廷谕令后，广东禁烟总局为此再次修改了"牌照捐"办法。许珏认为广东吸毒比广西严重得多，很难与广西同时禁绝，拟稍为变通，分为十期，每期三个月，从宣统二年七月初一开始，三十个月后广东也一律禁止鸦片销售。鸦片销售数量按期递减一成。这种办法虽比广西稍缓，而与政务处、民政部十年限期相比，提前了许多，同样是一种积极的禁烟措施。② 1909 年进口广东的外国鸦片有18332 担，由于推行"牌照捐"，使鸦片价格大幅度上涨，在一定程度上限制了外国鸦片的销路。1910 年，"较宣统元年减少一万一千余担，计收捐

---

① 《上兼院禀英领事干预禁烟内政请据情驳复》宣统二年十二月初一日（1911 年 1 月 1 日），《复庵遗集》卷 11，禁烟牍存 5，第 37—38 页。

② 《详兼院请照牌照捐定章减销加价并派员赴各属稽查》宣统二年十月二十一日（1910 年 11 月 22 日），《复庵遗集》卷 11，禁烟牍存 5，第 32—33 页。

款银圆一百零八万四千余元"①。

三 "加税停捐"的北京外交谈判

　　正在许珏满怀信心，设法祛除广东鸦片烟毒之时，他突然接到被调离禁烟总局的命令，要他到地方自治筹办处当差。这显然不是许珏的志愿，他立即以自己素未讲求宪政不能胜任新职为理由，当面向新任两广总督张鸣岐明确表达了他志在祛毒的强烈愿望。对此，张表示可以理解，但似乎有不得已苦衷，仍要求他到地方自治筹办处当差，所谓"委屈成全"的方案不过是他到差后可以"请假"而已。许珏的离任原因是一个谜，我们不知道究竟是因为内部权力重新分配的结果，还是受到了某种压力的牺牲品。如果是后者，最大的可能来自外务部。因为这时外务部就输入鸦片如何稽查问题正与英国公使进行谈判。清末，对外妥协性成为政府机构的普遍特征，尤其是外务部很少进行抗争。如前所说，英国公使、领事对于广东的禁烟措施强烈不满，多次就"牌照捐"问题与清廷或两广总督衙门交涉，要求撤销"牌照捐"和广荣元公所，而许珏总是据理力争，坚持推行"牌照捐"。对于许珏的这种坚决态度，外务部的官员非但不予理解和支持，反而认为这些争执"无关扼要"，多次电令广东另拟妥协办法，"以免交涉纷起，有碍大局"。这种妥协性与许珏的抗争性形成了鲜明的对比。许珏禁烟的决心是坚定的，尽管离开了禁烟总局，他不愿离开禁烟事业。在征得两广总督张鸣岐同意后，许珏以回籍休假为名，打算赴江苏联络，共同推行"牌照捐"，"并与沿海沿江各省联为一气，务使洋药来源与土药同时禁绝"，② 以促进禁烟运动深入发展。个人的力量终归是有限的，我们不知道许珏在江苏的活动情况如何，即使有一些成果，也没有实际作用了。因为，清廷外务部正在英国外交官的压迫下，准备接受一项"不得已"条款。

　　1911年1月，中英禁烟条约规定的三年实验期限届满，中国禁烟已取

---

① 《上外务部说帖陈洋药加税停捐利害》宣统三年四月初一日（1911年4月29日），《复庵遗集》卷12，禁烟牍存6，第1页。
② 《上督院禀卸禁烟局差并请赴江苏将牌照捐联络开办》宣统三年正月二十五日（1911年2月23日），《复庵遗集》卷11，禁烟牍存5，第40页。

得巨大成绩，英国应当履行条约规定的有关义务，承认中国禁烟的诚意和成绩，继续限制印度鸦片对中国的输入。而英国公使朱尔典却横生枝节，向中国政府发出外交照会，声称，德国、美国的鸦片商取道波斯、南洋，将鸦片走私输入中国，为数很大，抗议中国政府不加限制，抗议中国地方政府对于英属印度鸦片加征"牌照捐"。他威胁说："中国政府漫然蔑视，任外商狼狈为奸，而独于英国强加限制，增抽捐税，殊不合理。若不照约严禁外商进运，则我英亦不能拘守约章，甘受巨耗，应请速筹外商办法。否则，英国只有以约作废。"① 这明明是恫吓。清廷外务部复照批驳说，中国禁种成绩巨大，"土药已禁七成"，有目共睹，英国借口加征"牌照捐"，出而抗议，不合情理。英国公使索取"已禁七成"的证据，外务部出示了各省报告清单。英国方面经过派人调查后确认中国禁种成效显著，才答应续订禁烟办法。经过谈判，于1911年5月8日在北京签订了新的《中英禁烟条件》。

该条件承认中国禁种成效显著，答应继续履行条约义务，设法限制印度鸦片出口数量；同意按照土药统一征收税厘比例，相应提高洋药税厘标准，每担为白银350两；撤销广东"牌照捐"办法。第7条规定："此项条件准行后，起征新定税厘并征时，中国应将各省宪所有在广东等省近准行于印药大宗贸易之各项限制及征收他项税捐立即消除。《烟台续增专条》现仍施行，自不应另行设立此等限制及他税捐。又言明，印度生土，如厘税并征一次完清后，在所进之口岸内，全行免其输纳他项税捐。若查得以上二节中所载有不照行之处，则英国政府可将此次所订条件或暂行停止，或即行作废。惟中国政府为禁绝吸烟及整顿稽查烟土零卖事宜，凡所已经颁布之法令，不得因以上条款致其效力稍受阻抑。"② 仔细分析，这一条款共有四层含义：一、撤销广东等省对于洋药加征的"牌照捐"以及运销过程中的一切限制办法；二、除洋药税厘并征之外，在通商口岸免除其他一切洋药税厘，也就是说，对于零售的洋药，也不得征收任何名目的税厘；三、中国政府过去颁布的法令中，凡是与上述规定有抵触的自动失效；四、英国有单方面废止该"条件"的权力。条文虽然确认了英国公使和领

---

① 《中英最近鸦片之交涉》，《外交报》庚戌七月二十五日（1910年8月29日）第282期。
② 王铁崖编：《中外旧约章汇编》第2册，生活·读书·新知三联书店1959年版，第712页。

事关于《烟台续增专条》的曲解,但这不是正义与邪恶、正确与错误的真实判断。国际条约通常只是强国力量的显示,弱国外交的屈从。清廷外务部官员之所以接受这些条款完全是被迫的。

参与谈判的外务部官员对于英国公使"最注重"的内容自然非常清楚。他们在奏折中汇报说:"近年各省自禁烟以来,办理牌照等捐,于土膏两项未尽分析。英使以为有违《烟台续增专条》,迭来抗论交涉,几无虚日。查该'续增专条'只言洋药未经拆包无须再完税捐,若收捐于熬土成膏之后,原不在该约范围以内。至牌照捐本所以稽核吸户,亦与条约无涉。无如各省办捐辄就土计膏,以期简便。故英使于此续议所最注重者,必须将广东等省对于洋药大宗贸易之各项限制及征收各捐立即消除,情愿增加进口税厘,以免种种捐项之苛烦。"① 在英国外交压力之下,他们知道,不答应英国关于撤销广东等省"牌照捐"的要求,"此次条件决难成议"。更重要的是关于印度鸦片递减的条约一旦取消,"恐于禁烟大局殊多妨碍,不得已而议加税"。既然是"不得已",对于清廷来说便是被迫接受。所以,《中英禁烟条件》的签订对于英国来说是强权意志的体现,对于中国来说则是外交上的又一次弱势屈从,邪恶借助于强势嘲弄了正义,赢得了谈判桌上的胜利。英国方面试图通过这个条约,阻挠中国的禁烟运动,延缓鸦片在中国消失的时间,保护其毒品贸易利益,罪恶目的昭然若揭。

4月下旬,中英禁烟谈判进入最后阶段,许珏正好因事在北京逗留,他得知"英使仍执加税停捐之议"后感到非常气愤,立即上书外务部,详细分析了加征洋药税厘与撤销"牌照捐"的严重危害。在他看来,"加税停捐"有五个害处:第一,国家一方面停止土药统税,另一方面又加征洋药税厘,禁烟政策自相矛盾;第二,既然同意加征洋药税厘,不便采取强制措施限制洋药运销,既不禁运,禁吸何从谈起;第三,加征洋药税厘之后,此后中国任何抽捐措施,都将受到批评,"我必受其束缚";第四,依靠洋药税厘补充财政收入,不过是饮鸩止渴,"为利至微,为祸至巨";第五,加征洋药税厘不能有效阻止洋药进口。所以,"有此五害,则加税之

---

① 《外务部奏续订禁烟条件折》宣统三年四月十一日(1911年5月9日),许同莘等编:《宣统条约》,台北:文海出版社复印本,第537页。

约万不可订"。① 总之,加税必须有利于禁烟,而不能妨碍禁烟;为禁烟可以加税,为加税不可以放松禁烟。不幸而言中,民国初期中国各地禁烟运动经常遭受英国公使抗议和责难,他们依据的条款主要来自这个"禁烟条件"。木已成舟,许珏的上书活动未能产生实际作用,未能阻止《中英禁烟条件》的签订。对于英国外交压力造成的结果,作为当事人,许珏目睹身受,自然终生不能忘怀,他此后又多次写了《禁烟最近刍议》。

结　论

综上所述可知,清末新政时期广东禁烟运动在许珏的主持下,针对中外鸦片运输、销售和吸食等各个环节采取了许多积极措施。这些措施在一定程度上限制了鸦片的销路,从而影响了中外鸦片势力的利益。他们相互勾结在一起,制造种种借口和事端,千方百计地破坏中国的禁烟运动,要求英国领事、公使出面干涉。英国领事、公使不顾世界人民对于毒品贸易的强烈谴责,代表邪恶的毒品利益集团一次次向中国政府发难,他们忽而抗议广东禁烟总局推行"牌照捐"的措施,忽而指责"牌照捐"的内容,忽而攻击中国官员的查禁活动,"抗论交涉,几无虚日",根本目的是保护英国商人的毒品利益,设法延长毒品贸易时间。许珏站在正义的禁烟立场上,为了维护中国的禁烟主权,针对英国外交官的蛮横干涉和无理取闹,进行了坚决反击,他反复揭露了英国外交官的罪恶阴谋。1911年5月8日签订的《中英禁烟条件》,同第一次鸦片战争以来所有关于鸦片贸易的条约或条款一样,均属不平等条约,中国的主权又一次受到践踏。正义的事业遭受羞辱,邪恶的贸易得到保护,英国政府在中国毒品贸易史上始终扮演的是一个可耻的角色。另外,由于资料所限,笔者在《禁毒史鉴》一书中评述新政时期全国禁烟运动时,曾经认为广东"在清末禁烟运动中未起重要作用",这话应当予以纠正。现在应当肯定,在历次中国反对外国毒品贸易斗争中,广东由于受害最深,始终起着重要作用。

---

① 《上外务部说帖详陈洋药加税停捐利害》,宣统三年四月初一日(4月29日)《复庵遗集》卷12,禁烟胲存6,第1—2页。

第十二章
清代禁止鸦片烟毒的教训

一 禁毒政策与立法精神的演变

自鸦片流祸社会，1729年（雍正七年）颁布禁止"鸦片烟"法令，迄1911年共182年。在这182年中，中国禁毒政策数度变迁，禁烟法亦随之演变。大致说来，经历了如下几个时期。

第一，从1729年到1799年，是禁止鸦片与烟草拌合吸食时期。这一时期尽管已经认识到"鸦片烟"（鸦片与烟草拌合物）的危害，已经将兴贩、制造"鸦片烟"，开设"鸦片烟馆"，引诱良家子弟吸食"鸦片烟"定为犯罪行为。但由于当时人们关注的重点在烟草，并不禁止鸦片合法输入。加之"鸦片烟"祸害尚不十分严重，惩治"鸦片烟"犯罪尚未采取重刑主义。1729年的条例规定："兴贩鸦片烟，照收买违禁货物例，枷号一个月，发边卫充军。若私开鸦片烟馆，引诱良家子弟者，照邪教惑众律拟绞监候，为从杖一百，流三千里。船户、地保、邻右人等，俱杖一百，徒三年。"①

第二，从1800年到1858年，清廷对于鸦片流毒实施的是"断禁政策"。起初，没有专门的贩卖鸦片治罪条例，对贩卖鸦片人犯的惩处是比照相关条例治罪，对于吸食者没有任何规定。到了1813年，因单纯吸食鸦片问题日益严重，不惩办吸食者，很难杜绝鸦片贩卖，为此刑部专门制订惩治买食鸦片条例，规定："侍卫官员买食鸦片烟者革职，杖一百，另枷

---

① 《大清律例案语》卷50，潘氏海山仙馆1847年刻本，第45页。

号两个月；军民人等杖一百，枷号一个月。"① 1830 年，因种植罂粟，熬制土膏日渐严重，清廷不得不制订禁种罂粟章程，规定："有种卖、煎熬鸦片烟者，即照兴贩鸦片烟例治罪"，"所种烟苗拔毁，田地入官"。② 以上各种治罪条例，是随着鸦片危害的程度加深，临时分别制订的。直到1839 年6月15日，清廷才颁布了一个比较完整的《钦定严禁鸦片烟条例》，这一条例产生于禁烟运动达到高潮时期，体现了从重惩治毒品犯罪的精神，不仅规定将开设窑口者处以极刑，而且规定沿海放纵鸦片员弁及受雇私运鸦片船户都要处以死刑；不仅规定将开设烟馆者处以死刑，而且规定将种植罂粟者处以死刑；对于吸食鸦片者，勒限于一年半内戒除烟瘾，逾期未戒者，无论官民盖拟绞监候。这一条例尽管不够周密，而从重治罪的精神已达到了极点。鸦片战争中国失败，1839 年颁布的禁烟条例无法贯彻执行。1858 年，中国被迫承认鸦片贸易合法化，于是"洋药"贸易公开进行，先前的禁烟条例等于一纸空文。

第三，自 1859 年到 1906 年，是清廷采取所谓"寓禁于征"禁毒政策时期。③ 由于"寓禁于征"的主要目的是征收"洋药"税厘，不是为了禁毒，从重惩治鸦片犯罪的条例与之相抵触，不得不下令废止，而为了表面的"禁烟"政策，又必须颁布新的法令，以掩盖其官府的纵毒行为。1859 年的鸦片条例规定：洋药只准洋货商人出售，但不得开设烟馆；官员、兵丁、太监等人不得开设烟馆，不得兴贩、买食洋药，违者照旧例治罪；民人概准买食鸦片，但不得开设鸦片烟馆，违者，照赌博例处罚，此所谓"禁官而不禁民"④。条例虽然规定禁止开设鸦片烟馆，但因规定超过 5 人吸食才予以处罚，事实上等于承认了烟馆存在的合法性。法令自相抵牾，既然不能禁民，又何能禁官吸食？1862 年虽对禁止鸦片烟馆又有明文规定，拟杖一百，徒三年，而事实上是有名而无实。关于种植罂粟治罪曾一度废止，1869 年因种植日多，又下令禁止比照在馆吸食鸦片例杖一百，徒三年。但不久，因地方官吏利其重税，驱民种植，特别是光绪初年李鸿章公开主张广种罂粟以抵制洋药输入，减少白银外流，以后所有鸦片禁例等于具

---

① 《大清仁宗圣训》卷 83，第 5 页。
② 刘锦藻编：《清朝续文献通考》卷 53，上海商务印书馆 1936 年版，总第 8028 页。
③ 朱寿朋编：《光绪朝东华录》光绪七年五月，中华书局 1958 年版，总第 1095—1097 页。
④ 崑冈、李鸿章主修：《光绪朝大清会典事例》卷 828，第 3—4 页。

文，鸦片烟毒泛滥全国不可收拾。清廷的"寓禁于征"政策，一是要增加财政收入，一是借提高税率以抵制"洋药"大量输入。实行之初，洋药税每担税银30两；后来税厘并征，每担为80两①；到1904年提高到150两②。每次加税和借口都是"寓禁于征"，而事实上并不能使外国鸦片有所减少，反而使流毒愈演愈烈。所以，自1859年到1906年，在"寓禁于征"的幌子下，鸦片烟禁令没有实际作用，鸦片烟毒自由泛滥。名为"寓禁于征"，实为纵毒。所以，"寓禁于征"政策实际是一种愚蠢的民族自杀政策。

第四，自1906年到1911年，是清政府对鸦片实行"渐禁政策"时期。1906年由于国内反鸦片运动的高涨和英国鸦片政策的松动，清帝诏令禁止鸦片流毒，以十年为期，逐渐限禁，并与英国订立十年禁烟约期。为适应"渐禁政策"，颁布了各种禁烟章程。1909年颁布的禁烟条例规定，凡违背章程，栽种罂粟，制造鸦片烟及兴贩图利者，处四等有期徒刑；凡制造及贩卖吸食鸦片烟器具者处五等有期徒刑；凡开设鸦片烟馆供人吸食者，处四等有期徒刑或1000元以下罚金；凡违背定章吸食者，处20元以上500元以下罚金。这种规定主要体现了以传播恶习，损害社会国家他人之罪为重，而以个人行为不良为轻的原则。③ 这一条例，对于鸦片犯罪者的惩罚较之道光以前要轻得多，而收效却较为明显。1908年还颁布了吗啡治罪条例，规定：凡拿获制造、施打吗啡之犯，不论杀人与否，应比照造畜蛊毒律斩罪酌减，为极边烟瘴安置；其贩卖吗啡之户，如查系未领海关专单者，亦照知情卖药律与犯人同罪。这一条例较鸦片条例为重，其目的在于重刑防止毒品蔓延。

二 禁烟的方法与措施

从1729年到1911年的182年间，中国鸦片流毒程度越来越深，流毒范围越来越广，禁烟政策和法令不断变化，禁烟方法亦由简单而趋多样。

---

① 李圭：《鸦片事略》卷下，见中国史学会主编《鸦片战争》第6册，上海人民出版社1957年版，第221页。

② 《英国蓝皮书》驻华英使朱尔典致外交大臣葛雷文，《外交报》第223期，戊申九月十五日（1908年10月8日）。

③ 《大清新刑律》，转引自于恩德《中国禁烟法令变迁史》，中华书局1934年版，第134页。

大致说来，初期的禁烟缺乏经验，方法比较简单，后来随着经验教训的积累和社会政策条件的变化，禁毒措施日渐严密。主要方法有如下几种：

其一，刑罚惩办贯彻于清代禁烟的始终。自 1729 年清廷颁布第一道禁烟条例，到 1909 年颁布的禁烟条例规定，均以刑罚惩办为禁烟的主要方法。对于制毒、贩毒、运毒、吸毒这些严重危害社会的行为，采用刑罚惩办是必要的，但由于毒品的传播是一个极其复杂的社会问题，单纯依靠刑罚惩办，并不能彻底解决问题。刑罚惩办，不仅容易产生官员弄法舞弊的行为，而且也解决不了人们对毒品危害的认识问题。

其二，宣传禁毒，劝诫吸食毒品是积极有效的禁毒方法。宣传禁毒意义和鸦片的危害，发端于外国传教士。清末，随着中国民族资产阶级力量开始聚集和参与政治意识有所增强，一些代表人物，便利用报纸杂志，宣传鸦片的社会危害，尖锐抨击清廷的鸦片政策，表达其反侵略的意愿，使禁烟运动不再是一项单纯政府的禁烟活动。民国时期，各种群众性的拒毒团体，都充分利用这一手段，促进禁烟运动。

其三，提倡成立群众性的禁烟团体，发动禁烟运动。在 1835 年以前，禁烟完全是政府的一项行政措施，并未成为大规模的群众活动。从 1835 年到 1840 年，朝野人士鉴于鸦片烟毒危害，力倡禁烟，道光帝决心禁烟，自上而下地发动了一场规模很大的禁烟运动。这一运动主要是在朝的士大夫倡导的，人民群众的参与成分是较小的。1906 年以后，随着资产阶级参与政治意识的增强，一些自发的群众团体，开始在禁烟运动中扮演重要角色。

其四，划分权责，严密考核奖惩。清代行政与司法权不分，禁烟权与行政权统一，如果没有英国的干扰破坏，鸦片烟毒虽不能彻底肃清，却不至于发展到泛滥全国的严重程度。道光时期的禁烟运动曾经取得了一定成绩。清末的禁烟也取得了一定的效果。

其五，争取国际支持，加强国际合作。鸦片等毒品问题自 18 世纪就成为国际问题，直到当今依然威胁着人类安全。中国自 18 世纪就成为殖民强盗倾销毒品的市场，随着殖民强盗瓜分中国的斗争日渐加剧，中国成了最大的毒品倾销市场，中国的毒品问题一直是一个国际问题。每一次中国的禁烟拒毒运动，无不遭受帝国主义强盗的干涉和破坏；每一次中国人民反鸦片的正义斗争，无不受到国际的同情和支持。1840 年，当中国禁烟运动出现高潮时，在英国也出现了一次反鸦片贸易运动。鸦片战争中国失败，英国人民反鸦片贸易运动更加高涨，英国政府在一片反对声中，不便公开强迫中国使鸦片贸易合法化。1906年，当中国再度兴起全国禁烟运动时，英国人民的反鸦片贸易运动重新高涨，给予中国人民的禁烟斗争以有力支持。①

三 破坏中国禁烟的三大邪恶势力

在中国二百多年的禁烟禁毒史上，有三大邪恶势力始终是禁烟的阻力。这三大邪恶势力——外国侵略强盗、不法的官僚军阀与土匪流氓团伙——在不同时期起着不同的破坏作用，扮演着不同的角色。他们尽管在争夺鸦片税利上经常互相殴斗厮打，而在纵毒危害人民，破坏中国政府的禁烟法令上所起的作用是一样的。

其一，外国侵略强盗是中国鸦片流毒的祸根。鸦片输入中国的历史非常久远，最初输入中国的鸦片主要起的是医药作用，属于正常的国际贸易。自从葡萄牙人占领澳门，荷兰人占据台湾，开始大规模输入鸦片，鸦片贸易便具有了殖民掠夺性质。20世纪初年，在世界各国人民的强烈谴责下，英国的鸦片势力开始撤退减弱，接踵而至的是日本军国势力，他们野心勃勃地制订了"大陆政策"，不顾人间道义，强行向中国推行毒化政策，犯下了滔天罪行。除了英、日之外，在近代中国的历史中，充当英、日鸦片势力帮凶角色的还有一部分法国人、美国人、俄国人、印度人和葡萄牙人。中国近代史上的许多大事件，都与鸦片问题联系在一起，1840年至1842年英国对中国发动的鸦片战争就是典型的事例之一。由于鸦片问题中国走向半殖民地的苦难深渊，中国的主权遭受严重破坏。鸦片贸易榨干了中国的血汗，极度破坏了中国的生产积累和生产力，致使民族经济难以振兴。许许多多的先进中国人都意识到，只有根除鸦片流毒，中国才有振兴的希望。然而，中国的每一次禁烟，几乎都遭受外国侵略强盗的极力阻挠和破坏。外国侵略势力是中国禁烟的最大障碍。不打倒外国侵略势力，中国无法完成禁烟任务。一百多年中国禁烟失败的历史事实和新中国成立迅

---

① 《鸦片贸易问题》，《外交报》第152期，丙午七月初五（1906年8月24日）卷7。

速清除烟毒的胜利，无可辩驳地证明了这一结论。

其二，不法的官僚军阀起了为虎作伥的作用。早期殖民强盗向中国非法输入鸦片的主要手段是通过贿赂海关关员和兵弁进行的，没有贪污受贿的官吏、兵弁，也就没有鸦片的走私贸易。鸦片战争以及难以遏止的鸦片走私贸易均由官吏枉法受贿所致。鸦片弛禁时期（1859—1906）各级官吏纵毒取利。清末民初禁烟时期，不法官吏军警弄法舞弊层出不穷。不根除政治腐败，不能杜绝毒品传播；欲消灭烟毒，必须根除政治腐败。

其三，土匪、流氓和烟毒贩子团伙是传播烟毒的媒介。没有这种黑社会势力，鸦片无法传播扩散。外国鸦片贩子、受贿纵毒的不法官员、兵弁与土匪、流氓、不法商贩互相勾结，贩毒运毒，传播毒品，共同危害中国社会。

上述三种邪恶势力互相依靠，狼狈为奸，干尽罪恶勾当。外国鸦片势力或借助贿赂手段通过关卡，将鸦片运到近海城市，或以武力强迫清廷接受毒品；腐败政府和官吏或放纵毒品以收受贿赂，或"寓禁于征"与强盗合伙推销毒品取利；黑社会势力为牟取暴利，勾结不法官员与外国强盗，四处推销鸦片，直接纵毒杀人。不驱除外国侵略势力，中国不能独立，无法清除鸦片烟毒；不改变腐朽统治，政治不清明，无法杜绝鸦片烟毒走私；不消灭黑社会势力，社会不安定，无法防止死灰复燃，恶习蔓延。

四 沉痛的教训

综上所述，可以得出如下几条沉痛的教训：

其一，坚决维护国家的独立。晚清时期是中华民族饱受外国侵略势力欺凌压迫的历史。中国人民近代遭受的苦难和屈辱，主要是外国侵略造成的；近代毒品的泛滥完全是帝国主义列强强卖鸦片、吗啡、海洛因和高根造成的；近代中华民族身体素质的下降，也是帝国主义列强驱使鸦片恶魔造成的；近代中国经济的衰败，也是与列强通过鸦片对中国进行野蛮的掠夺所造成的恶果有关。中国欲独立富强，不能不消灭毒品；中国不独立，无法彻底消灭毒品，根绝祸源。在近代，许多先进的中国人为消灭鸦片烟毒、国家独立，而英勇捐躯。

其二，防止政治腐败。毒品传播是一个非常复杂的社会问题。大体说来，人们服用毒品有两种原因，一是因为一些人思想苦闷，病魔缠身，需要借服用毒品，麻醉精神，求得暂时的安乐；二是因为形成了一种病态习尚，达官贵人、富家子弟以服用毒品为奢侈生活内容，败坏了社会风气，相习成风，恬不知耻，反以为荣。官僚追求奢侈的生活方式，必然导致政治腐败。不贪赃枉法，他们靠俸禄和薪水很难维持穷奢极欲的生活。所以，毒品传播与政治腐败密切相关。历史事实告诉我们，1800年到1840年的毒品泛滥是政治腐败造成的。由此可见，不根除政治腐败，就不能防止毒品再度蔓延。

其三，严厉惩治贩运、种植、制造、销售、隐藏、服用毒品的犯罪分子。中国鸦片流毒有一个发生发展的过程。当最初造成社会危害时，如果能引起清廷的高度警惕，使用国家机器予以严厉打击，是有可能将鸦片烟毒遏制在萌生状态的。可惜由于清廷的腐败、蒙昧贻误了时机，待到英国大举东侵时，想杜绝鸦片贸易已不可能了。另外，吸食鸦片成瘾，是一种很难革除的恶习，一旦泛滥成灾，再设法戒除，困难特别大，没有十倍、百倍的努力，就没有明显的成效。清末民初乃至国民政府的历次禁烟失败，原因多种，有法不依，弄法玩法，对烟毒犯罪分子不能严厉惩治，不能不是重要因素之一。

其四，加强社会宣传。毒品问题是一个现实的社会问题，每一民族，每一国家，都不能躲避它，掩盖它，必须使用积极的方法，防患于未然。宣传鸦片等毒品对人身的危害，对社会的危害，对国家的危害，这是一种积极的方法。广泛的社会宣传，可以使人人懂得毒品的危害和禁烟禁毒的意义，人人承担反对毒品的责任与义务。广泛的社会宣传，不仅可以唤醒吸毒者已经堕落的道德观念，还可以对国家机关的行为实行有效的监督，有利于禁烟法令条例的推行贯彻，可以起到事半功倍的社会效果。

其五，促进国际的合作。毒品传播始终是一个国际问题，欲制止毒品对人类的危害，必须加强国家间的友好合作。由于烈性麻醉毒品价值高（已是等量黄金价值的数倍或数十倍），体积小，走私贸易可以牟取暴利，国际贩毒组织严密，装备先进，交通工具发达，走私贸易活动十分猖獗，同时在一国或数国兜售毒品，所以，防止毒品传播，必须建立持久的国际联系，采取共同的行动，才能对国际贩毒团伙实施毁灭性的打击。对于陆地相邻的国家，也只有密切合作，才能有效制止边界上的贩毒走私活动，有利于边境地区的社会安定。

  其六,非政府禁毒组织是社会发展到一定阶段,需要补充政府职能不足而产生的。晚清出现的非政府禁毒组织既可以将民间要求及时反映到政府机构,也可以将政府禁毒政策迅速传递到民众,从而架起民众与政府之间联系的桥梁。晚清的非政府禁毒组织不仅承担了政府禁毒机构无法承担的不计报酬的多样性公益性服务,而且发挥了协商功能,平息了一些因禁毒而产生的社会矛盾。

征引的中外档案与文献

一 中国第一历史档案馆藏朱批奏折和录副奏折

《安徽巡抚程楙采奏报安徽续获烟犯办理查禁情形并特参和州直隶州知州善贵等查拿不力事》道光十九年十二月初四日,录副奏折,档号:03-4012-045。

《贵州学政黄统奏为收洋烟税开罂粟禁以遏制纹银流出等事》咸丰四年正月二十二日,录副奏折,档号:03-9508-038。

《贵州巡抚乔用迁奏为审拟龚益计等兴贩鸦片烟一案事》咸丰元年正月二十五日,录副奏折,档号:03-4586-001。

《贵州巡抚乔用迁奏为遵旨督饬并护送官兵赴广西出境日期及拿获兴贩鸦片烟犯事》道光三十年十月二十五日,朱批奏折,档号:04-01-01-0846-009。

《河南布政使英榮奏请重收鸦片烟税事》咸丰五年七月初三日,录副奏折,档号:03-4395-068。

《湖广道监察御史汤云松奏为现拟绞监候人犯于情法未尽允协请变通禁烟章程事》道光三十年十二月十五日,录副奏折,档号:03-4016-014。

《江西巡抚陆应谷奏为前任嵩县勒休知县刘彬贩卖烟土提讯狡展请革职审办事》咸丰元年六月二十日,录副奏折,档号:03-4086-108。

《礼科给事中黄兆麟奏为敬陈禁烟保甲等管见事》道光三十年十一月二十五日,录副奏折,档号:03-2856-037。

《两江总督陆建瀛江苏巡抚杨文定奏为遵旨查访江苏候补通判袁云贩卖鸦片请革职究办事》咸丰元年六月十三日,录副奏折,档号:03-4086-065。

《闽浙总督裕泰福建巡抚徐继畬奏为拿获烟犯杨熙元等人请从严审究事》咸丰元年四月初九日,录副奏折,档号:03-4586-002。

《闽浙总督裕泰奏为审拟侯官举人候选教职杨熙元等人贩卖鸦片一案事》咸丰元年八月初二日,录副奏折,档号:03-4586-011。

《陕甘总督杨遇春呈甘省查禁鸦片烟章程》道光十一年四月二十七日,中国第一历史档案馆藏录副奏折,档号:03-3597-014。

《盛京将军奕兴盛京副都统承志奏为拿获霸留勒赎犯奸妇女并吸食鸦片烟人犯太平寺关三喇嘛请送部审办事》咸丰四年正月十八日,朱批奏折,档号:04-01-01-0856-003。

《盛京将军奕兴奏为拿获觉罗青山等伙同搜翻吸食鸦片烟案各犯请转刑部审理事》咸丰三年正月十二日,朱批奏折,档号:04-01-01-0856-037。

《盛京将军奕兴奏为拿获栽种罂粟花制造鸦片烟人犯杜继耀等人送部审办事》咸丰元年八月十八日,录副奏折,档号:03-4586-010。

《盛京将军奕兴奏为宗室良浩贩卖鸦片请送盛京刑部审办事》咸丰三年八月初三日,录副奏折,档号:03-4569-016。

《四川总督宝兴奏报川省获办鸦片烟犯数目等情事》道光十九年十二月二十日,录副奏折,档号:03-4013-003。

《通政使罗惇衍奏请禁食鸦片烟事》咸丰元年十一月二十六日,录副奏折,档号:03-4586-014。

《乌鲁木齐都统毓书奏为原浙江南浔巡检刘玉麒吸食鸦片发新疆效力十年期满请释回事》道光三十年五月初八日,录副奏折,档号:03-4004-109。

《刑部尚书阿勒清阿等奏呈官犯吸食鸦片烟清单》道光二十三年闰七月十四日,录副奏折,档号:03-4016-012。

《刑部尚书阿勒清阿等奏为缓决案内烟犯可否拟准减流事》道光二十四年十二月二十二日,录副奏折,档号:03-4016-024。

《刑部尚书阿勒清阿等奏为遵将秋审案内吸食鸦片官犯张际垣先期具奏事》道光二十三年闰七月十四日,录副奏折,档号:03-4016-011。

《刑部尚书阿勒清等奏为审拟宛平县籍民王俊等吸食鸦片一案事》道光二十六年九月初八日,录副奏折,档号:03-4016-031。

《刑部尚书德兴赵光等奏为遵议盛京将军等会同审明关三喇嘛吸食鸦片烟勒赎逼奸妇女案按例定拟事》咸丰四年十一月初十日,朱批奏折,档号:04-01-01-0856-063。

《刑部尚书德行赵光奏为查明咸丰四年朝审案内吸食鸦片烟灯乡缓决五次

征引的中外档案与文献

人犯请准减事》咸丰四年十二月二十一日，朱批奏折，档号：04-01-01-0856-064。

《巡视中城兵科给事中舒光等奏为拿获泾县监生汪应瑞等贩卖鸦片交部事》道光二十二年正月二十九日，录副奏折，档号：03-4015-033。

《巡视中城御史联福、吴若准奏为拿获匪棍贩烟人犯王老等并起获鸦片烟具等物请交部审讯事》咸丰元年六月初四日，录副奏折，档号：03-4586-007。

《伊犁将军萨迎阿奏为已革江西大庾县知县李明恩吸食鸦片发新疆效力派船共处当差期满请旨事》道光二十八年五月十二日，录副奏折，档号：03-4004-003。

《伊犁将军萨迎阿奏为已革武举署安徽太和汛把总邸指南因吸食鸦片等发新疆效力当差期满事》道光二十八年八月二十八日，录副奏折，档号：03-4004-018。

《云贵巡抚颜伯焘等奏为密陈严刑禁烟不可行事》道光十九年，朱批奏折，档号：04-01-30-0514-015。

《浙江道监察御史奏请饬令江苏巡抚严办江苏候补通判袁云贩卖鸦片事》咸丰元年五月初一日，录副奏折，档号：03-4085-095。

《浙江巡抚刘韵珂奏为奸民私种罂粟不遵铲除逞凶拒捕事》道光二十三年二月十三日，朱批奏折，档号：04-01-01-0814-046。

《直隶总督琦善奏为直隶续获烟土等项验明销毁事》道光十九年十二月初二日，录副奏折，档号：03-4012-037。

《周天爵、伍长华奏报湖北各属拿获兴贩吸食烟土种植罂粟唐升等各犯名数并完结及在审案件数目事》道光十九年十二月二十四日，朱批奏折，档号：40-01-08-0178-011。

《周天爵奏为敬陈饬禁鸦片等管见事》道光三十年八月初四日，录副奏折，档号：03-2856-050。

《宗人府宗令载铨等奏为宗室奕漪等吸食鸦片案犯可否减流事》道光二十六年十二月十四日，录副奏折，档号：03-4016-034。

《奏为销毁外商呈交烟土情形事》道光二十七年，朱批奏片，档号：04-01-01-0822-010。

林则徐：《奏为察看广东禁烟情形请早颁严例事》道光十九年，朱批奏折，档号：04 - 01 - 30 - 0513 - 049。

Beattie, *Protestant Missions and opium in China, 1858 - 1895*, Papers on China, 1969.

British Opium Trade with China, Chadwyck-Healey：Avero Publications Ltd., 1997.

China Maritime, *Decennial Reports on the Trade, Navigation, Industries, etc., of the ports open to Foreign Commerce 1882 - 1891*, 1893.

John R. Pritechard and Sonia M. Zaide, eds., *The Tokyo War Crimes Trials*：*The Complete Transcripts of the Proceedings of the International Military Tribunal for the Far East*, Vol. 2, N. Y.：Garland Publishing Inc., 1981.

Letters Received by the East India Company, Vols. 1 - 4, Marston & Company, 1896.

Sessions Opium War and Opium Trade 1840 - 1885, British Parliamentary Papers, China 31, Irish University Press Shannon Ireloud.

Sir Alexander Hosie, M. A., F. R. G. S., *On The Trail of the opium poppy, A narrative of Travel in the Chief opium-producing provinces of China*, George Philip & Son, LTD., 32, 1914.

The Opium Trade, 1910 - 1941, Wilmington, Delaware：Scholarly Resources Inc, 1974.

二　已刊档案资料汇编

《帝国主义与中国海关·第六编·中国海关与中葡里斯本草约》，科学出版社1959年版。

《钦定大清会典事例》（嘉庆朝），台北：文海出版社1991年影印本。

《清实录》，中华书局1986年影印本。

《外交报汇编》，台北：广文书局1964年影印本。

《总理衙门档案》，《晚清四部丛刊》，台北：文听阁图书有限公司2013年版。

宝鋆编：《筹办夷务始末》（同治朝），台北：文海出版社1971年版。

葛士濬辑：《皇朝经世文续编》，光绪十四年图书集成局本。

故宫博物院编：《史料旬刊》，民国二十年铅印本。

广东省文史研究馆译：《鸦片战争史料选译》，中华书局1983年版。

贺长龄辑、魏源编:《皇朝经世文编》,中华书局 1992 年版。
贾桢编:《筹办夷务始末》(咸丰朝),中华书局 1979 年版。
蒋良骐撰:《东华录》,中华书局 1980 年版。
刘锦藻撰:《清朝续文献通考》,商务印书馆 1955 年版。
卢坤、邓廷桢主编:《广东海防汇览》,道光十八年刻本。
齐思和等整理:《筹办夷务始末(道光朝)》,中华书局 1964 年版。
盛康编辑:《皇朝经世文续编》,光绪二十三年思补楼刊本。
台北故宫博物院编:《清代外交史料》(道光朝),台北:成文出版社 1968 年版。
台北故宫博物院编:《清代外交史料》(嘉庆朝),台北:成文出版社 1968 年版。
王宏斌、范国平主编:《近代海外涉华禁毒史料》第一辑,社会科学文献出版社 2019 年版。
王铁崖编:《中外旧约章汇编》,生活·读书·新知三联书店 1987 年版。
王彦威、王亮编:《清季外交史料》,台北:文海出版社 1985 年影印本。
王彦威、王亮编:《清宣统朝外交史料》,台北:文海出版社 1985 年影印本。
徐雪筠等译编:《上海近代社会经济发展概况(1882—1931)》——《海关十年报告》译编,上海社会科学院出版社 1985 年版。
姚贤镐编:《中国近代对外贸易史资料(1840—1895)》,中华书局 1962 年版。
中国第二历史档案馆、中国社会科学院近代史研究所合编:《中国海关密档》,中华书局 1990 年版。
中国第一历史档案馆编:《鸦片战争档案史料》第一册,天津古籍出版社 1992 年版。
中国社会科学院历史研究所宋辽金元史研究室点校:《名公书判清明集》,中华书局 1987 年版。
中国史学会主编:《鸦片战争》(全书六册),上海人民出版社 1957 年版。
朱寿朋编:《光绪朝东华录》,中华书局 1958 年版。

三 中国古代文献

(后晋)刘昫:《旧唐书》,《文渊阁四库全书》本。

（宋）陈师文：《太平惠民和剂局方》，《文渊阁四库全书》本。

（宋）黄庭坚：《山谷外集》，《文渊阁四库全书》本。

（宋）李复：《潏水集》，《文渊阁四库全书》本。

（宋）苏轼：《东坡全集》，《文渊阁四库全书》本。

（宋）苏辙：《栾城集》，《文渊阁四库全书》本。

（宋）唐慎微：《证类本草》，《文渊阁四库全书》本。

（宋）杨万里：《诚斋集》，《文渊阁四库全书》本。

（宋）周紫芝：《太仓稊米集》，《文渊阁四库全书》本。

（明）方以智：《物理小识》，《文渊阁四库全书》本。

（明）高濂：《遵生八笺》，《文渊阁四库全书》本。

（明）李时珍：《本草纲目》，《文渊阁四库全书》本。

（明）缪希雍：《神农本草经疏》，《文渊阁四库全书》本。

（明）孙一奎：《赤水元珠》，《文渊阁四库全书》本。

（明）谢肇淛：《滇略》，《文渊阁四库全书》本。

（明）徐伯龄：《蟫精隽》，《文渊阁四库全书》本。

（明）杨士聪：《玉堂荟记》，全国图书馆缩微中心 2005 年版。

（明）姚旅：《露书》，明天启刻本。

（明）叶梦珠：《阅世编》，上海通社 1935 年版。

（明）张燮：《东西洋考》，《文渊阁四库全书》本。

（清）《御定佩文斋咏物诗选》，《文渊阁四库全书》本。

（清）《御定全唐诗》，《文渊阁四库全书》本。

（清）丁丙：《当归草堂遗书丛书初编》，光绪四年线装书。

（清）蓝鼎元：《鹿洲初集》，《文渊阁四库全书》本。

（清）谈迁：《枣林杂俎》，上海国学扶轮社 1911 年版。

四　清人文集

《郭嵩焘奏稿》，岳麓书社 1983 年版。

《魏源集》，中华书局 1983 年版。

《张文襄公（之洞）全集》，北平：1928 年文华斋刻本。

包世臣：《安吴四种》，光绪十四年铅字本。

范咸纂修：《重修台湾府志》，台湾银行，1961 年。

黄叔璥:《台海使槎录》,台北:成文出版社1983年版。
蒋湘南:《七经楼文钞》,同治九年刻本。
雷瑨辑:《蓉城闲话》,上海扫叶山房1917年版。
梁廷枏:《粤海关志》,广东人民出版社2002年版。
梁廷枏著,邵循正校注:《夷氛闻记》,中华书局1959年版。
林则徐:《林文忠公政书》,上海:商务印书馆1935年版。
林则徐:《信及录》,神州国光社1946年版。
刘彦:《中国近时外交史》,太平洋印刷公司1921年版。
马建忠撰:《适可斋记言记行》,光绪二十二年刻本。
齐思和整理:《黄爵滋奏疏许乃济奏议合刊》,中华书局1959年版。
吴汝纶编:《李文忠公全集》,光绪三十一年金陵刻本。
夏东元编:《郑观应集》,上海人民出版社1982年版。
许珏:《復庵文集》,台北:文海出版社1985年影印本。
薛福成:《庸庵文外编》,光绪二十四年刻本。
严中平等编:《中国近代经济史统计资料选辑》,科学出版社1955年版。
杨书霖编:《左文襄公(宗棠)全集》,光绪十六年刻本。
姚薇元:《鸦片战争史实考》,新知识出版社1955年版。
印光任、张汝霖:《澳门纪略》,台北:成文出版社1968年版。
俞蛟撰:《梦厂杂著》,上海古籍出版社1988年版。
俞正燮:《癸巳类稿》,光绪十年刻本。
中山大学历史系中国近现代史教研组研究室编:《林则徐集·公牍》,中华书局1963年版。

五 中国近现代鸦片史著作

曹大臣、朱庆葆:《刺刀下的毒祸——日本侵华期间的鸦片毒化活动》,福建人民出版社2005年版。
龚缨晏:《鸦片的传播与对华鸦片贸易》,东方出版社1999年版。
蒋秋明、朱庆葆:《中国禁毒历程》,天津教育出版社1996年版。
李秉新:《近代中国禁毒历程》,河北人民出版社1997年版。
李圭:《鸦片事略》(与《信及录》合订本),神州国光社1946年版。
刘增合:《鸦片税收与清末新政》,生活·读书·新知三联书店2005年版。

刘志琴主编：《烟毒兴灭》，民主与建设出版社 1997 年版。

罗运炎：《毒品问题》，上海：商务印书馆 1936 年版。

罗运炎：《中国烟禁问题》，大明图书公司 1934 年版。

马模贞、王玥、钱自强编著：《中国百年禁毒历程》，经济科学出版社 1997 年版。

秦和平：《云南鸦片问题与禁烟运动》，四川民族出版社 1998 年版。

邵雍：《中国近代贩毒史》，福建人民出版社 2004 年版。

史能之：《重修毗陵志》，全国图书馆缩微中心 2001 年版。

苏智良：《中国毒品史》，上海人民出版社 1997 年版。

苏智良、刘效红：《全球禁毒的开端：1909 年上海万国禁烟会》，上海三联书店 2009 年版。

苏智良等：《上海禁毒史》，上海三联书店 2009 年版。

王宏斌：《近代中国价值尺度与鸦片问题》，东方出版社 2001 年版。

王宏斌：《禁毒史鉴》，岳麓书社 1997 年版。

王宏斌：《禁烟史话》，社会科学文献出版社 2012 年版。

王宏斌：《鸦片：日本侵华毒品政策五十年（1895—1945）》，河北人民出版社 2005 年版。

王宏斌：《鸦片：日本侵华毒品政策五十年（1895—1945）》，上海社会科学院出版社 2016 年版。

王宏斌主编：《毒品问题与近代中国》，当代中国出版社 2001 年版。

王金香：《中国禁毒史》，上海人民出版社 2005 年版。

肖红松：《近代河北烟毒与治理研究》，人民出版社 2008 年版。

于恩德：《中国禁烟法令变迁史》，上海：中华书局 1934 年版。

赵长青、苏智良主编：《禁毒全书》，中国民主法制出版社 1998 年版。

朱庆葆、蒋秋明、张士杰：《鸦片与近代中国》，江苏教育出版社 1995 年版。

六　中国近现代鸦片史论文

傅娟：《19 世纪中英鸦片贸易合法化探析》，《四川师范大学学报》1996 年第 2 期。

甘开鹏：《美国来华传教士与晚清鸦片贸易》，《美国研究》2007 年第 1 期。

郭卫东：《不平等条约与鸦片输华合法化》，《历史档案》1998年第2期。

黄百灵：《清朝云南的罂粟种植及其对农村经济的影响》，《四川大学学报》2004年第1期。

李伯祥、蔡永贵、鲍正廷：《关于十九世纪三十年代鸦片进口和白银外流的数量》，《历史研究》1980年第5期。

连东、程慧：《学界关于英印鸦片输华数量分歧之原委》，《历史教学》2010年第2期。

刘鉴唐：《鸦片战争前四十年间鸦片输入与白银外流数字的考察》，《南开史学》1984年第1期。

刘增合：《度支部与清末鸦片禁政》，《中国社会经济史研究》2004年第1期。

刘增合：《清末鸦片禁政与新政改革之契合》，《史学月刊》2003年第8期。

刘增合：《鸦片税收与清末警政改革》，《江苏社会科学》2004年第4期。

刘增合：《鸦片税收与清末练兵经费》，《史学集刊》2004年第1期。

刘增合：《鸦片税收与清末兴学新政》，《社会科学研究》2004年第4期。

彭厚文：《论民国初年无锡的禁烟》，《江南大学学报》2005年第3期。

秦和平：《清末民初云南的禁毒运动》，《中国边疆史地研究》1997年第4期。

邵雍：《清末烟苗禁种与反禁种的历史考察》，《史林》2007年第6期。

王宏斌：《"毒品问题与近代中国"学术讨论会综述》，《近代史研究》2002年第1期。

王宏斌：《从英国议会文件看英国外交官关于鸦片贸易合法化的密谋活动》，《世界历史》2010年第3期。

王宏斌：《两次鸦片战争期间禁烟的困境——以"重治吸食"为中心的考察》，《历史研究》2013年第1期。

王宏斌：《论太平天国时期银价下落问题》，《近代史研究》1987年第6期。

王宏斌：《乾嘉时期银贵钱贱问题探源》，《中国社会经济史研究》1987年第2期。

王宏斌：《清末广东禁烟运动与中英外交争执》，《近代史研究》2003年第

6期。

王宏斌：《清末新政时期的禁烟运动》，《历史研究》1990年第4期。

王宏斌：《孙中山论中国近代毒品问题》，《民国档案》1993年第2期。

王宏斌：《鸦片史事考三则》，《近代史研究》1993年第5期。

王宏斌：《英国鸦片商、外交官与中国清末禁烟运动——以第二次〈中英禁烟条件〉谈判为中心》，《近代史研究》2011年第1期。

王宏斌：《罂粟传入中国及其在古代的医药价值析论》，《广东社会科学》2009年第5期。

王宏斌：《罂粟传入中国及其在古代的医药价值析论》，《中国社会科学文摘》2010年第1期。

王宏斌：《中、英、印围绕鸦片税厘征收之博弈（1876—1885）》，《历史研究集刊》2021年第1期。

王金香：《近代国际禁烟会议与中国禁烟》，《史学月刊》1997年第4期。

王金香：《近代中国的禁毒运动》，《光明日报》1998年3月13日。

王金香：《南京国民政府初期的禁烟政策》，《民国档案》1994年第2期。

王金香：《清末鸦片税收述论》，《山西师大学报》2000年第4期。

王中茂：《许乃济弛禁策再认识》，《史学月刊》2004年第7期。

吴春梅：《近代民族主义的兴起与清末的禁毒运动》，《江海学刊》1998年第4期。

吴义雄：《邓廷桢与广东禁烟问题》，《近代史研究》2008年第5期。

吴义雄：《开拓中国禁毒史和毒品史的研究》，《史学月刊》1999年第6期。

吴义雄：《鸦片战争前的鸦片贸易再研究》，《近代史研究》2002年第2期。

吴志斌、王宏斌：《中国鸦片源流考》，《河南大学学报》1995年第5期。

萧致治：《林则徐禁烟研究中的几个问题》，《江海学刊》2006年第3期。

张志勇：《辛亥革命与禁烟运动》，《史学月刊》2002年第12期。

郑大华：《包世臣与嘉道时期的禁烟和抗英斗争》，《安徽史学》2007年第2期。

周松柏：《清末民国贵州鸦片百年危害反思》，《贵州社会科学》2005年第2期。

Kathleen Lorraine Lodwick, Chinese, Missionary, and International Efforts to End the Use of Opium in China, 1890—1916, University of Arizona, Ph. D., 1976.

Thomas D. Reins, China and the International Politics of Opium, 1900 – 1937: The Impact of Reform, Revenue, and the Unequal Treaties, Claremont Graduate School, Ph. D., 1981.

七 外国译著

［澳］骆惠敏编：《清末民初政情内幕》，刘桂梁等译，知识出版社1986年版。

［德］瓦格勒：《中国农书》，王建新译，商务印书馆1940年版。

［法］米歇尔·福柯：《规训与惩罚》，刘北成、杨远婴译，生活·读书·新知三联书店2003年版。

［韩］朴橿：《中日战争与鸦片，1937—1945》，游娟译，台北"国史馆"1998年版。

［美］费正清编：《剑桥中国晚清史（1800—1911）》上卷，中国社会科学院历史研究所编译室译，中国社会科学出版社1985年版。

［美］马士：《东印度公司对华贸易编年史》，区宗华译，中山大学出版社1991年版。

［美］马士：《中华帝国对外关系史》，张汇文等译，商务印书馆1963年版。

［美］迈克尔·D. 贝勒斯：《法律的原则：一个规范的分析》，张文显等译，中国大百科全书出版社1996年版。

［美］泰勒·丹涅特：《美国人在东亚》，姚曾廙译，商务印书馆1959年版。

［日］江口圭一：《日中战争时期的鸦片政策》，东京：岩波书店1985年版。

［意］贝卡里亚：《论犯罪与刑罚》，黄风译，中国大百科全书出版社1993年版。

［意］恩里科·菲利：《犯罪社会学》，郭建安译，中国人民大学出版社1990年版。

[英] N. A. 伯尔考维茨：《中国通与英国外交部》，江载华、陈衍译，商务印书馆1959年版。

[英] 格林堡：《鸦片战争前中英通商史》，康成译，商务印书馆1961年版。

[英] 马丁·布思：《鸦片史》，任华梨译，海南出版社1999年版。

[英] 马戛尔尼：《乾隆英使觐见记》，刘复译，台北：学生书局1973年版。

[英] 斯丹东：《英使谒见乾隆纪实》，叶笃义译，上海书店出版社2005年。

八 外文著作

Bayly, C. A., *Indian Society and the Making of the British Empire*, Brace, Jovanovich, 1975.

Bello David, *Opium and the Limits of Empire: Drug Prohibition in the Chinese Interior, 1729 – 1850*, Cambridge, MA: Harvard University Press, 2005.

Berridge Virginia, *Demons: Our Changing Attitudes to Alcohol, Tobacco, and Drugs*, Oxford: Oxford University Press, 2013.

Brook, Timothy and Bob Tadashi Wakabayashi (eds), *Opium in East Asian History*, Berkeley: University of California Press, 2000.

Brook, Timothy, and Bob Tadashi Wakabayashi (eds), *Opium Regimes: China, Britain and Japan, 1839 – 1952*, Berkeley: University of California Press, 2000.

Chang, Hsin-Pao, *Commissioner Lin and the Opium War*, Cambridge, MA: Harvard University Press, 1964.

Chatterjee, S. K., *Legal Aspects of International Drug Control*, The Hague, Martinus Nijhoff, 1981.

Courtwright, David T., *Forces of Habit: Drugs and the Making of the Modern World*, Cambridge, MA: Harvard University Press, 2001.

Dikötter, Frank, Lars Laamann, and Zhou Xun, *Narcotic Culture: A History of Drugs in China*, Chicago: University of Chicago Press, 2004.

Epstein, Edward Jay, *Agency of Fear, Opiates and Political Power in America*,

New York: Putnam, 1977.

Farooqui, Amar. Smuggling as Subversion, *Colonialism, Indian Merchants and the Politics of Opium*, New Delhi: New Age International Publishers, 1998.

Fischer-Tiné, Harald, and Jana Tschurenev, eds., *A History of Alcohol and Drugs in Modern South Asia*, New York: Routledge, 2014.

Foreign Office: *Foreign office correspondence and other documents relating to Anglo-Chinese relations covering the period from 1856 to 1885*, filed under series F. O. 17/-and F. O. 228/ - , in public records office, London.

Grace Richard J., *Opium and Empire: The Lives and Careers of William Jardine and James Matheson*, Montreal: McGill-Queens University Press, 2014.

Greenberg, Michael, *British Trade and the Opening of China, 1800 – 1842*, Cambridge: Cambridge University Press, 1951.

Herzberg David, *White Market Drugs: Big Pharma and the Hidden History of Addiction in America*, Chicago: University of Chicago Press, 2020.

Hunt Janin, *The India-China Opium Trade in the Nineteenth Century*, McFarland Company, Inc., 1999.

In Opium Regimes, China, Britain and Japan, 1839 – 1952, Berkeley: University of California Press, 2000.

Jennings, John M., *The Opium Empire: Japanese Imperialism and Drug Trafficking in Asia, 1895 – 1945*, Westport, Conn., Praeger, 1997.

Joshua Rowntree, *The Imperial Drug Trade*, The Gift of Charles William Wason Collection Class of 1876, 1918.

Lodwick, Kathleen Lorraine, *Crusaders Against Opium: Protestant Missionaries in China, 1874 – 1917*, Lexington: University of Kentucky Press, 1996.

Madancy, Joyce, *The Troublesome Legacy of Commissioner Lin: The Opium Trade and Opium Suppression in Fujian Province, 1820s to 1920s*, Cambridge, MA: Harvard University Press, 2004.

Man-Hong Lin: *China Upside Currency, Society, and Ideologies, 1838 – 1856*, Published by the Harvard University Asia Center and Distributed by Harvard University Press Cambridge and London, 2006.

McMahon Keith. *The Fall of the God of Money: Opium Smoking in Nineteenth-*

Century China, Lanham, MD: Rowman and Littlefield, 2002.

Melancon Glenn, *Britains China Policy and the Opium Crisis*, Ashgate: Aldershot, 2003.

Mills James H. and Patricia Barton, eds., *Drugs and Empires: Essays in Modern Imperialism and Intoxication, c. 1500 – c. 1930*, Palgrave: Basingstoke, 2007.

Mills, James H., *Cannabis Britannica: Empire, Trade and Prohibition, 1800 – 1928*, Oxford: Oxford University Press, 2003.

Nathan Allen, M. D. S, *The Opium Trade, as Carried on in India and China*, 1852.

Owen, David Edward, *British Opium Policy in China and India*, New Haven: Yale University Press, 1934.

Paulès Xavier, *Living on Borrowed Time: Opium in Canton, 1906 – 1936*. Translated by Noel Castelino, Berkeley: University of California Press, 2017.

Plenipotentiary of the Governments of Great Britain and China Signed at Chefoo on September 13, 1876, Great Britain, HMSO 1880.

Sir George Thomas Staunton, *Miscellaneous Notices Relating to China, and Our Commercial Intercourse with That Country, Including a Few Translations from the Chinese Language*, London: Murray, 1822.

Smith Norman, *Intoxicating Manchuria: Alcohol, Opium, and Culture in Chinas Northeast*, Vancouver: University of British Columbia Press, 2013.

Stelle, Charles Clarkson, *America and the China Opium Trade*, New York: Arno Press, 1981.

Tan, Chung, *China and the Brave New World: A Study of the Origins of the Opium War*, New Delhi: Allied Publishers, 1978.

Thomas De Quincey, *Confessions of an English Opium-eater*, London, 1927.

Trocki, Carl, *Opium, Empire and Global Political Economy: A Study of the Asian Opium Trade 1750 – 1950*, London: Routledge, 1998.

Waley, Arthur, *The Opium War through Chinese Eyes*, London: Macmillan, 1958.

William B. Mcallister, *Drug Diplomacy in the Twentieth Century An International History*, London and Now York: Routledge, 2000.

Willoughby, Westel W., *Opium as an International Problem: The Geneva Conferences*, Baltimore: Johns Hopkins University Press, 1925.

Wong, John, *Deadly Dreams: Opium, Imperialism, and the Arrow War (1856 – 1860) in China*, Cambridge: Cambridge University Press, 1998.

Wright Ashley, *Opium and Empire in Southeast Asia: Regulating Consumption in British Myanmar*, Basingstoke: Palgrave, 2014.

Zheng Yangwen, *The Social Life of Opium in China*, Cambridge: Cambridge University Press, 2005.

［日］江口圭一：《證言日中アヘソ戦争》（《日中鸦片战争》），东京：岩波书店1991年版。

［日］《续·现代史资料·鸦片问题》，东京：みすず书房1986年版。

［日］佐佐木正哉编：《鸦片战争前中英交涉文书》，东京：岭南堂书店1967年版。

九　报刊资料

《成都将军奏城防官兵遵照禁烟查验折》，《政治官报》1908年第343号。

《大英国事·译请禁鸦片大略》，《万国公报》第七年第322卷，1875年1月30日。

《福州将军朴寿奏为闽省驻防遵旨办理禁烟情形事》，《政治官报》1908年第321号。

《各省禁烟成绩调查记》，《国风报》第1年第18期，宣统二年七月初一。

《各省禁种土药情形单》，《政治官报》1910年第1051号。

《户部奏洋药土药害人耗财拟严定分年禁法烟画一办法折》，《东方杂志》1905年第2卷第2期。

《江苏巡抚陈启泰奏为遵旨办理禁烟情形折》，《政治官报》1909年第546号。

《禁烟交涉》，《外交报》第207期，庚申二月二十五日（1908年3月27日）。

《禁烟联合会纪事》，《申报》1912年3月29日。

《禁烟说略》，《万国公报》第七年第329卷，1875年3月27日。

《禁烟私议》，《东方杂志》1905年第3卷第4期。

《两江沈制军奏参吸食洋烟人员》,《万国公报》第十年第470卷,1877年12月29日。

《两江总督为试办官膏照会驻沪领事文》,《外交报》第193期,丁未十月初五(1907年11月10日)。

《论禁烟与外交之关系》,《外交报》第147期,丙午五月十五日(1906年6月26日)。

《论美国对华政策》,《外交报》第258期,己酉九月十五(1909年10月28日)。

《论中国禁烟》,《外交报》第167期,丙午年二月初五(1906年1月18日)。

《论中国社会之现象及其振兴要旨》,《东方杂志》1905年第3卷第12期。

《拿呼美报·论中国禁烟》,《外交报》第237期,己酉二月十五日(1909年3月6日)。

《拟禁上洋烟馆论》,《万国公报》第十四年第684卷,1882年4月8日。

《宁夏将军奏禁烟办法片》,《政治官报》1908年第412号。

《普劝各省教堂添设戒烟所说》,《万国公报》第九年第425卷,1877年2月3日。

《山西巡抚丁宝铨奏晋省禁烟办理情形为难折》,《政治官报》1910年第1176号。

《通饬严禁烟馆示》,《万国公报》第十二年第582卷,1880年3月27日。

《外交大事记》,《外交报》第245期,己酉五月初五(1909年6月22日)。

《暹罗国实行禁烟》,《外交报》第238期,己酉二月二十五日(1909年3月16日)。

《新中国与鸦片问题》,《东方杂志》1910年第8卷第5期。

《鸦片贸易问答》,《外交报》第152期,丙午年七月初五(1906年8月24日)。

《严禁催闭烟馆谕》,《万国公报》第十二年第599卷,1880年7月24日。

《严禁鸦片告示》,《万国公报》第十二年第584卷,1880年4月10日。

《羊城劝除鸦片公会谨启》,《万国公报》第八年第382卷,1876年4月8日。

《羊城劝除鸦片公会谨启》,《万国公报》第八年第383卷,1876年4月15日。

《英东力除鸦片贸易公会告白》,《万国公报》第八年第370卷,1876年1月8日。

《英国蓝皮书·第二次鸦片问题说贴》,《外交报》第232期,戊申十二月二十五日(1909年1月16日)。

《英国蓝皮书·为中国禁烟事》,《外交报》第223期,戊申九月二十五日(1908年10月19日)。

《英国蓝皮书·为中国禁烟事》,《外交报》第225期,戊申年十月初五(1908年10月29日)。

《英国蓝皮书·为中国禁烟事驻华英使朱尔典致英外交大臣葛雷公文附件》,《外交报》第223期,戊申九月二十五日(1908年10月19日)。

《英国蓝皮书·为中国禁烟事驻华英使朱尔典致中国外部照会》,《外交报》第225期,戊申年十月初五(1908年10月29日)。

《英国蓝皮书·英国外部大臣致驻美英使达兰文》,《外交报》第223期,戊申九月二十五日(1908年10月19日)。

《英国蓝皮书·中英禁烟条件》,《外交报》第236期,己酉二月初五(1909年2月24日)。

《英国下议院会议中国禁烟事》,《外交报》第214期,戊申六月十五日(1908年7月13日)。

《栽种罂粟续闻》,《万国公报》第十年第485卷,1828年4月20日。

《浙江巡抚增韫办理禁烟事宜折》,《政治官报》1909年第739号。

《治沪先策》,《万国公报》第十五年第734卷,1883年4月7日。

《中国国民禁烟会初记》,《东方杂志》1910年第7卷第10期。

《中英最近鸦片之交涉》,《外交报》第282期,庚戌七月二十五日(1910年8月29日)。

《驻汉英总领事为牌照土捐事致湖广总督陈照会》,《外交报》第248号,己酉六月初五(1909年7月21日)。

《驻华英使朱尔典致外交大臣葛雷文》,《外交报》第223期,戊申九月二十五日(1908年10月19日)。

严中平编译:《加尔各答经营鸦片生意或与鸦片生意有利害关系的英籍商

人与英籍居民上枢密院请愿书》,《近代史资料》1958年第4期。

严中平编译:《英国鸦片贩子策划鸦片战争的幕后活动》,《近代史资料》1958年第4期。

严中平编译:《英国资产阶级纺织利益集团与两次鸦片战争史料》,《经济研究》1955年第1—2期。

后　　记

　　自1990年8月在《历史研究》第4期发表《清末新政时期的禁烟运动》一文之后，清朝鸦片问题一直成为我的研究课题，到2021年6月在《中国历史研究集刊》第1期发表《中英印围绕鸦片税厘征收之博弈（1876—1885）》为止，这项研究历时30年整，先后发表了10余篇论文，有的涉及清廷鸦片政策，有的涉及中外关系，均是个人见解。佛曰刹那生灭，众生说十年一梦。就个人而言，这本书代表着笔者30年有关鸦片问题的研究成果。30年来春华秋实，砥砺奋进。先是负笈求学，后是养家谋生，辗转奔波，从河南大学飞机楼到中山大学永芳堂，再从开封的河南大学历史文化学院调到石家庄的河北师范大学，最后落脚西安的陕西师范大学人文社会科学高级研究院。倏忽之间，而有"尚能饭否"之叹。岁月摩顶，书不尽言。研究本无止境，尽管我心依旧，而这一问题的研究必须暂告一段落。

　　本书是在一组关于清代鸦片问题的论文基础上修改而成的，由于发表时每篇论文需要相对独立性和完整性，各篇之间不可避免地出现一些重复叙述的地方。在修改成书的过程中，为了删除重复的内容，笔者已做了一定努力，但很难完全抹掉所有痕迹。特别是有的句子在书中起着承前启后作用，若完全删除，则难免出现上下不接现象。因此，希望读者见谅本书的个别重复现象。另外，在修改和校对过程中发现了一些问题，但本书一定还存在未曾发现的问题，敬请读者赐教。如果本书在多维思考问题上能给读者一点启发，那么，我将感到十分荣幸。

　　应当感谢的是，河北师范大学历史文化学院将其列入双一流学科建设文库，资助出版。长存于心的是，中国社会科学出版社的责任编辑安芳女士，她在编审本书的过程中，工作认真，一丝不苟，提出了不少具体修改意见；不曾慕面的外审专家斧正疏误，也提出了很好的建议；正是他们的辛勤劳动和无私帮助，使拙稿质量明显提高，并得以顺利付梓出版。在此特致谢忱！

最后要感谢家兄，他是我的人生导师。大学毕业之后，我一直在外工作，亲兄弟见面机会并不多，数年一晤是常态。然而每次见面，兄弟总是茶水一杯，天南海北，竟夜畅谈。无论处于顺境还是逆境，长兄总是用电话给予鼓励和鞭策。"海内存知己，天涯若比邻。"吾有家兄作导师，何其幸也！

作者谨识
2024 年 7 月 9 日于石家庄恒大华府寓所